图书在版编目（CIP）数据

中国新型城镇化 / 胡必亮主编；胡必亮等著 . —
北京：中国大百科全书出版社，2024.1
　ISBN 978-7-5202-1439-1

　Ⅰ . ①中… Ⅱ . ①胡… Ⅲ . ①城市化—研究—中国
Ⅳ . ① F299.21

　中国国家版本馆 CIP 数据核字（2023）第 194746 号

出 版 人	刘祚臣
策 划 人	曾　辉
责任编辑	鞠慧卿
封面设计	末末美书
责任印制	魏　婷
出版发行	中国大百科全书出版社
地　　址	北京市阜成门北大街 17 号
邮政编码	100037
电　　话	010-88390969
网　　址	http://www.ecph.com.cn
印　　刷	中煤（北京）印务有限公司
开　　本	710 毫米 ×1000 毫米　1/16
印　　张	33.5
字　　数	510 千字
版　　次	2024 年 1 月第 1 版
印　　次	2024 年 1 月第 1 次印刷
书　　号	ISBN 978-7-5202-1439-1
定　　价	128.00 元

· 国家社会科学基金重大项目研究成果 ·

中国新型城镇化

New
Urbanization
in
China

胡必亮 郑艳婷 刘清杰 孙祥栋 等著

中国大百科全书出版社

1984 年 12 月下旬，我当时所在的中国社会科学院农业经济研究所推荐我去江苏无锡，参加费孝通先生及其研究团队在太湖饭店举行的"江苏小城镇研究讨论会第二次会议"。按照会议要求，我基于自己非常有限的相关知识与经验，向会议提交了《建设好农村集镇 促进产业结构调整》一文。在 25 日举行的全体会议上，费孝通先生做了一个发言，主要讲了他做小城镇研究的一些感受和体会，包括如何从小城镇入手做好社会学研究的看法，内容非常丰富，尽管讲的都是他的亲身经历，但也涉及一些相关理论和方法，既有理论高度，又有现实意义，深入浅出，使我大开眼界，深受启发。会议期间，我们还跟随费孝通先生一起到无锡的几个小城镇和几家乡镇企业进行实地调研，与基层领导和企业家进行座谈交流；每天晚上分成不同小组开会研讨，费孝通先生每晚都到不同小组参加座谈，令我从中受益良多。

正是因为那次经历，尤其是受到费孝通先生的影响和启发，我开始对小城镇研究产生浓厚兴趣。1988 年，我主持完成国务院农村发展研究中心委托的课题"2000 年中国农村乡镇发展研究"并执笔写成最终研究报告，该报告使我获得该中心颁发的 1989 年度"农村经济社会发展研究优秀成果三等奖"。也是在同年，我被吸收加入由国家科委和美国东西方中心组成的"中国城市化道路"联合课题组，并于 1988 年和 1989 年两次短期在夏威夷参与课题研究，与中国和美国一些从事城市化研究的专家学者有了比较多的关于城市化问题的交流，特别是与北大的城市地理学家周一星教授、夏威夷大学城市化专家道格拉斯教授（Michael Douglass），以及中国城规院的赵燕菁等一起研讨并写出最终英文报告 *Urbanization and Policies in China*《中国的城市化及其政策》，从他们那里学到了很多城市化知识，开始对城市化有了一些初步的理解和认识。

1989 年 8 月 16-19 日，我参加由联合国区域发展中心在曼谷举行的关于新型都市区域发展研讨会时，认识了加拿大不列颠哥伦比亚大学地理系麦基教授（T.G.McGee）。受他影响，我开始研究新型都市区和都市带问题以及相关的城乡一体化问题。

就这样，我从小城镇研究入手，逐步进入城市化研究领域，并进一步研究新型都市区和都市绵延带问题，直至 2014 年通过主持国家社会科学基金重大项目"中国新型城镇化：五个维度协同发展"的探讨，形成目前此部由我和我的同仁们共同撰写的著作。

经过近 40 年的学习、调研和思考，现在回过头来看，我发现不同时期所关注的问题及其重要性是很不相同的。结合自己的亲身经历，根据自己自 20 世纪 80 年代初期到现在 40 年的研究，将中国城镇化的经历概括为四个单词：规模、机制、区域、多维。我个人的城镇化研究就是这样走过来的，这也从一定程度上反映出中国城镇化 40 年发展的客观事实。当然，需要说明的是，这四个单词所代表的含义在不同时期不是绝对相互排斥的，客观上可能一直都是相互伴生的，但体现在不同时期的政策重点上，却是不同的。

规模。1980 年 10 月，当时的国家住建委在北京召开第一次全国城市规划工作会议，提出了"控制大城市规模，合理发展中等城市，积极发展小城市"的城市发展方针。同年 12 月，国务院批转了这次会议的纪要，确认了这一方针。

1983 年 9 月 21 日，费孝通先生在南京举行的"江苏省小城镇研究讨论会"上做了"小城镇 大问题"的长篇发言，并于当年年底和 1984 年年初发表，在社会上特别是在学术界和政策界引起巨大反响。于是，城市化研究就出现了一股强大的力量，主张中国应该走以发展小城镇为主的城市化道路，甚至不少人认为中国的城市化模式就应该是小城镇模式，以区别于资本主义国家的大城市模式。

同时，也有一些人坚持认为中国应该走大城市主导的城市化道路，因为大城市具有更高的集聚效率。此外，也有人主张发展中等城市，因为当时中国的中等城市发展相对不足，刘纯彬和我就曾于 1988 年 6 月 6 日向有关决策部门提交过我们合写的《关于加快我国县城镇发展的建议》。当然，也有人主张完善城市体系，而不应过分强调小城镇或大城市、中等城市的问题。还有人主张走城乡一体化道路。

很显然，在整个 80 年代，发展小城镇的观点明显地占据了上风，不仅表现在学界的研讨会上，而且也体现在中央出台的相关政策文件中，更是展现在现实生活中，那就是乡镇企业和农村小城镇得以快速发展，成为当时中国改革发展过程中"异军突起"的重要生力军。

由于我当时在中国社科院农村发展研究所（1985 年由农业经济研究所更名）的产业结构研究室从事研究工作，乡镇企业、农村服务业、小城镇等都是我研究的基本内容，加上又有了一次与费孝通先生亲密接触的特殊经历，更主要的是我当时对大城市和城市化的理论储备和实践经验都十分有限，因此自觉不自觉地就成为小城镇这一"派"的人了，那时做的研究、发表的文章也基本上都是与小城镇相关。

机制。80 年代以前，由于中国整体上实行的是一套计划体制，因此城市化和城市发展自然而然地也就属于计划的重要范畴了。80 年代中期开始实行有计划的商品经济，相应地，城市化也就成为有计划的城市化了，主要的表现形式是人、财、物在城乡之间的流动受到限制，尤其是人的流动受到了户口制度的严格限制。但是，1989年春节刚过，不知道突然从哪里涌来了那么多农民工进入各级各类城市，当时被称之为"民工潮"。3 月初的几天，我们研究所的庾德昌主任、姚梅等几位同事，还有我，在北京站出口向一些刚下火车的农民工了解情况。我们发现来北京打工的农民工绝大多数来自四川和河南，也有一些人来自湖北、湖南和苏北地区，基本上都是来自乡镇企业不太发达的地方。

通过与农民工交流，我们发现他们进城的直接原因多种多样，包括农业生产资料涨价难以承受，出来挣点钱补贴农业生产；家里生活困难出来挣钱补贴家用；到北京旅游，顺便打工挣钱；家乡遭灾，出来另谋生路；等等。很显然，这些原因每年都有，为什么唯独 1989 年春节后出现大批农民工集中涌入城市的现象呢？

从理论上讲，我认为主要有三个比较深层次的原因：一是农村实行家庭联产承包责任制十年后，农业生产率水平的提升累积到了一定程度，绝大多数农民家里都有了一定的粮食库存，可以抽出 1-2 名家庭劳力脱离农业而到城市打工挣钱；二是由于十年农村改革带来了农村产业结构的巨大变化，但同时中国长期以来形成的工业化发展相对超前、城市化发展相对滞后的情况并没有发生根本改变，两者的矛盾运行到了一个拐点；三是相对工业而言，农业的比较利益太低，因此农民已经不太安心务农了。

正是在这样的背景下，随着党在农村的有些政策在 1988 年有所放松，就出现了 1989 年的"民工潮"问题。

当时从中央到地方都比较紧张，担心大量农民工涌入城市后会扰乱城市正常生活，破坏城市社会治安，带来不可预测的不利影响。于是研究所的陈吉元所长和我于 4 月中旬给中央写了一份政策报告《关于解决农民进城问题的对策建议》，认为这种现象是商品经济发展的必然结果，只要采取"疏"的办法就没有问题，但如果采用"堵"的办法，就会带来很大的后遗症。我们进一步提出了两方面"疏"的办法：一方面是通过发展农村经济特别是通过发展农村工业来增加农民在农村的就业机会，增加农民收入水平；另一方面是从城市方面提出了三条具体的"疏"的意见：第一，小城镇——全面放开；第二，中等城市——部分放开；第三，大城市及特大城市——控死一头（体制内的城市居民），放活一头（进入城市的农民工），建议国家在大城市试办农民开发区，让有能力的农民工在特定开发区里创业发展。这份政策报告以《中国社会科学院要报》形式于 1989 年 4 月 25 日报中共中央、国务院、全国人大、全国政协主要领导同志。实际结果也确实出乎很多人的意料之外，不仅没有出现大家担心的不利影响，反而是给城市工程建设、环境保护、各类服务业发展等都带来很大好处，城市居民因为大量农民工进城而生活更加方便，生活质量大幅提高。

从那次的经历中，我比较清醒地意识到了一个十分严重的问题，那就是我们几乎在整个 80 年代争论得"你死我活"的关于是应该发展小城镇还是应该发展大城市，抑或发展中等城市的问题，实际上是一个在现实中根本不存在的伪问题！问题的实质在于：在商品经济环境中，城市的发展规模客观上不是由政府决定的，根本上也不应该由政府来决定！不仅城市发展规模如此，城市在哪里产生、如何成长、形成什么类型的城市等，客观上都不可能也不应该是由政府决定的！之所有城市的规模、性质、区位在计划经济时代由政府决定，是因为计划经济体制与机制作用的结果；但在商品经济环境下，资金、人口、产业、技术等经济要素的自由流动状况（流不流、流多少、流多快、流到哪等）决定了城市的形成、发展、性质、规模等基本特征，也就是说资源流动的市场逻辑决定了城市的生死、发展、特性、规模等。当然，这样的情况在市场经济时代就更是如此了！

想明白这个道理后，我当时有一种顿悟的感觉，于是利用 1989 年 4 月最后几天的时间写成了《中国城市机制及转换》一文，投稿给《经济研究》杂志后就于 5 月 1 日出国留学了。随后编辑部人员把这篇文章放在中国社科院经济研究所的内部刊物《经济研究资料》1989 年第 23 期上，作为封面文章和开篇文章予以发表。

区域。现代城市与古代城市相比，很重要的一个差别就在于它的开放性。因为其开放性，通过更好的输入输出关系获取更多能量，赢得更好的发展机会。伴随中国改革开放的深化和市场经济的逐步完善与发展，特别是伴随着交通基础设施条件的不断改善，城市的开放度越来越大。城市与其周边农村地区以及城市与城市之间的联系越来越紧密，形成了共生系统。因此，城市化研究就不能只是研究孤立的单个城市了，而是要将周边乡村以及周边城市结合起来进行研究。正是在这样的情况下，城市化变成了城镇化，城镇化研究变成了对于一个以区域城市为中心而包括了周边中小城市和乡村地区的区域研究，有些地方更多地变成了区域一体化研究了。

因此，进入 90 年代后，我开始研究城市与周边乡村地区之间的关系，于 1993 年在《经济研究》上发表了《灰色区域理论概述》，以及在《经济学家》杂志上发表了《城乡联系理论与中国的城乡联系》等文章，探讨城市与其周边的区域一体化发展问题，以及其中的核心概念——联系。

随着城市和周边乡村的联系越来越强，就出现了城乡一体化发展趋势，而随着城市与城市之间的联系不断加强，就出现了城市圈、城市带的城镇化新形态。这些概念目前不仅已经得到了很大的拓展，而且已经成为新型城镇化的主体空间形态了。

多维。2010 年后，我将自己的城镇化研究拓展到了多维（多位）一体的研究方面，就是从多个维度来研究和评估中国中心城市及其周边区域的协调发展变化过程及其所带来的影响。譬如，我于 2013 年 6 月 28 日在《光明日报》发表了《论"六位一体"的新型城镇化道路》，就是这方面的一篇文章。后来又有"五个维度综合发展"的提法。实际上，具体多少个维度并不重要，重要的是必须是多维的（或多位的），而且是一体的，多维形成一体，促进综合协调发展，促进城镇化可持续发展。

基于新时代发展的新特征和新要求，我认为研究目前的新型城镇化问题，至少有四个维度是必须予以充分重视的：

一是市民化维度，指农业转移人口市民化的维度。首先就是需要进一步推进户籍制度改革，这是实现农业转移人口市民化的前提条件，然后就是要有好的机制安排，包括但不仅限于"人地钱挂钩"机制、积分落户机制等，落实这些机制时应逐步扩大市场机制在其中的作用；最后就是基本公共服务均等化问题，这应该由政府、市场、社会合力完成，而不仅仅只是依靠政府的力量。

二是脱碳化维度，指城市脱碳化发展的维度。联合国的测算结果表明，世界城市所排放的温室气体占全球温室气体排放总量的75%，因此，现在和将来的城镇化必须是脱碳减排的城镇化。这是全世界所有城镇的共同任务，我认为也是最重要的任务。从城镇发展特点出发，应重点从电力、工业、建筑、交通等方面着手推进城镇脱碳减排，推动实现城镇碳中和，为在21世纪内将全球温度升幅与工业化前相比控制在2摄氏度以内，并努力争取控制在1.5摄氏度之内做出重要贡献。

三是智慧化维度，指城镇智慧化发展维度。新型城镇化，必须推进智慧城镇建设，将所有城镇都建设成为智慧城镇。通过广泛地运用数字技术，不断加强数字基础设施建设，推进城镇的数字化转型发展，实现城镇经济、社会、文化等方面的智能化、智慧化发展。

四是一体化维度，包括城乡一体化、城市群一体化、城市带一体化发展的维度。主要是通过进一步改善交通基础设施条件、加强现代产业联系和完善体制机制而实现更好的一体化发展。

2014年3月，中国的《国家新型城镇化规划（2014—2020）》（以下简称《规划》）发布并实施。《规划》重点对三方面做出了部署：第一，致力于推进城乡一体化发展，包括有序推进农业转移人口市民化、试图建立起城乡间统一的土地市场、实行城乡一体化规划，以及一体化的基础设施建设和一体化的公共产品和公共服务提供等。第二，确定以城市群为主体空间平台和主要形式来推进新型城镇化。第三，提高城市可持续发展能力，通过产业发展与就业提供相结合、疏散与紧凑相结合，提升基本公共服务水平，提高社会治理能力等。

2022年5月31日，《国务院关于"十四五"新型城镇化实施方案的批复》（以下简称《批复》）发布。这个《批复》内容丰富，对"十四五"期间新型城镇化发展的基本思路进行了清晰地概括。首先，强调了推进新型城镇化发展的指导思想：习近平新时代中国特色社会主义思想。其次，明确了"十四五"新型城镇化发展的主题和主线：以推动城镇化高质量发展为主题，以转变城市发展方式为主线。再次，指明了推动"十四五"新型城镇化发展的根本动力：体制机制改革创新。最后，提出了"十四五"新型城镇化发展的五项主要任务：第一，实施以人为核心的新型城镇化战略，持续促进农业转移人口市民化；第二，完善以城市群为主体形态、大中小城市和小城镇协调发展的城镇化格局；第三，推动城市健康宜居安全发展；第四，推进城市治理体系和治理能力现代化；第五，促进城乡融合发展。

不论是《规划》还是《批复》中提到的一些核心思想和重要举措，在我所经历的城镇化发展与研究历程中，有些是有所涉及的，但有些还没有涉及，毕竟一个人的观察与研究经历是非常有限的，从中所获得的感悟和体会就更是具有很大的局限性。正是由于我对此深有感触，于是在"中国新型城镇化"的后期研究过程中，我邀请了对城镇化进行长期研究的同事、同行郑艳婷、李一丹、潘峰华、孙祥栋、刘清杰、张坤领、李菲菲、钟绍颖、倪艳婷、李泽星、李兰涛、李叶妍、刘敏、聂莹、陈超凡、范莎、孙艳艳、马悦、罗佳等加入研究团队，共同开展研究，并集体写出了这本著作。作为国家社科重大研究项目"中国新型城镇化"研究的主持人，我对各位同仁和朋友表示最热烈的祝贺和最衷心的感谢！

这是一项集体研究成果，每章的作者都已经专门标注清楚。除了作者外，需要特别提到的是，最后统稿是由郑艳婷副教授和马悦、李智贤、宋金禹、王莹莹、许婉婷、杨慧丹、黄锦媛、李爽共同完成的，他们为本书的出版做出了突出贡献。

感谢出版社负责本书出版工作的曾辉同志和其他几位同志，没有他们的辛勤付出，这本书也不可能面世。书稿付梓前，曾辉同志请我一定要做个序。我琢磨良久，决定把自己近40年在这个领域的初步探索的情况以及自己的一些初步体会，结合这项研究内容向读者做个汇报，希望有助于帮助读者结合我的城镇化研究经历来更好地阅读和理解本书所涉及的十分丰富的内容,从而更好地理解中国城镇化的发展历程、卓越表现、重点问题及未来趋势。

胡必亮

2022 年 6 月 14 日

CONTENTS
目录

应用研究

第一章

多维视角的中国新型城镇化

胡必亮　张坤领　刘　敏

随着城市的诞生，与城市相关的研究就没有停歇。在社会分工的深入以及工业革命进程扩大的基础上，城市化成了时代最强音，城市化研究也随之呈现愈演愈烈态势。"Urbanization"直译为"城市化"，一般而言与"城镇化"同义 [1]，本研究选用城镇化作为统一的表述概念。中国传统城镇化进程主要动力是工业化，并体现为出口和投资导向型的经济增长模式。但粗放型工业化生产方式在城镇化推进过程中，已经引起了一系列严重的经济社会问题，包括严重的资源浪费和环境污染问题；人口老龄化趋势加深，使以廉价劳动力为主要竞争力的出口导向型制造业面临着"人口红利"日益衰微的困境；由政府主导的大规模基础设施和固定资产投资难以为继，导致土地城镇化速度远远高于人口城镇化速度。此外，中国城镇户籍制度本身的"制度红利"也未能惠及城市中的农民工群体，造成了公共服务非均等化问题。因此，中国的传统城镇化正处于发展的拐点，面临着关键的转型。如何突破传统城镇化发展困境，走出一条有中国特色的新型城镇化道路，实现真正"人的城镇化"，已成为中国城镇

---

[1] 两者概念上的区别主要在于，"城镇化"是一个具有中国特色的概念，学术层面由来始于20世纪80年代，以国内社会学家费孝通先生对农村问题研究的突破口定位于小城镇开始，产生了"城镇化"代替城市化概念的运用；官方层面由来始于2001年，中共第十五届四中全会通过的《关于制定国民经济和社会发展第十个五年计划的建议》中，首次明确提出"要不失时机地实施城镇化战略"，正式采用了"城镇化"一词，这是中国首次在最高官方文件中使用"城镇化"的概念。

化过程中面临的重要问题。

一、从传统城镇化到新型城镇化

片面追求城镇人口增加和规模扩张的传统城镇化模式是不可持续的，且已暴露出很多问题，亟须在转型过程中探索一条可持续发展的城镇化道路，由此新型城镇化思路应运而生。

（一）传统城镇化所面临的约束条件

传统城镇化所面临的约束条件正在发生深刻的变化，高消耗、高污染的粗放型增长模式已经难以为继，这就意味着，新型城镇化发展的首要任务就是由高碳化向低碳化的转型，资源有效利用、环境友好保护的新型城镇化道路是必然选择。传统城镇化的粗放型发展模式所面临的困境表现在以下几个方面：

第一是高耗能。2015 年，中国国内生产总值（GDP）占世界总量的15%[1]，一次能源总消耗量为 43 亿吨标准煤[2]，约占全球的 22.9%[3]，其中，大部分能源的消耗量发生在城市。目前，中国正处在高能耗和低效率的双重缺陷中，城市能耗将随着城市化率的不断增长而逐年增加。国际能源署曾做出预测，中国 2015 年城市能耗占全国 80% 左右，与同年城镇化率 56.1% 相比高了 20 多个百分点。

第二是高耗水。中国的水资源短缺与污染问题严重，是世界上严重缺水的国家之一，尤其在快速城市化阶段，城市用水从工业需求向民用为主转变，城市居民用水效率将直接决定城镇化质量。据水利部发布的《关于加强城市水

---

① 数据来源：国际货币基金组织（IMF），《世界经济展望》，2016 年 4 月 12 日。
② 数据来源：中国国家统计局官网。
③ 数据来源：英国石油公司 BP，《BP 世界能源统计年鉴》，2016 年。

利工作的若干意见》称，全国661个建制市中，接近400个城市处于缺水状态，缺水城市占到了 2/3 以上，其中 100 多个城市处于严重缺水状态，其他城市的缺水现象也越来越突出。

第三是高耗地。传统城镇化进程中的土地问题痼疾难除，"摊大饼"现象屡见不鲜，建设用地使用效率极低。据国家统计局数据，1990 年中国的城镇建成区面积为 12 856 平方千米，到 2014 年已飙升至 49 772 平方千米，年均增长率达到 5.56%；而同时期的城镇化率仅从 26.4% 提高到 54.8%，年均增长率仅为 2.96%，建成区面积增速是城镇化率增速的近 2 倍（见表 1-1）。这充分说明了中国传统城镇化进程中土地城镇化速度远高于人口城镇化。

表 1-1　中国历年城镇化率与建成区面积

	1990 年	2000 年	2010 年	2013 年	2014 年
城镇化率（%）	26.4	36.2	50.0	53.7	54.8
建成区面积（平方千米）	12 856	22 439	40 058	47 855	49 773

数据来源：《中国统计年鉴》（2015）。

第四是高污染。当前中国污染问题日趋严重，许多城市全年长期被雾霾笼罩，PM2.5 已经成了当下热议的话题。根据环保部 2015 中国环境状况公报数据，第一批按照《环境空气质量标准》实施新空气质量标准的 74 个城市中，2015 年的空气平均达标天数约为 260 天，达标率仅为 71.2%，PM2.5 的浓度年均值为 55 微克 / 立方米，是中国二级标准（35 微克 / 立方米）的 1.57 倍，其中仅有舟山、福州、厦门、深圳、珠海、江门、惠州、中山、海口、昆明和拉萨等 11 个城市完全达标。水污染的情况同样牵动人心，据地表水环境质量标准要求，Ⅰ、Ⅱ、Ⅲ类水质可用于饮用水源，在 2015 年全国地表水环境监测数据中，此三类共占 64.5%，另外的近四成水质不达标。

因此，在高碳化、不可持续的传统城镇化道路面前，走资源有效利用、环境友好保护的新型城镇化道路是首要任务，更是必然选择。就此学术界与政府部门均有共识，中央经济工作会议曾多次强调，"走集约、智能、低碳、绿色的新型城镇化道路"；李克强同志也曾强调，新型城镇化要采取集约节约、绿色低碳的发展模式，必须强调资源和能源的集约利用和支撑。魏后凯和张艳认为，"新型城镇化要走绿色城镇化的道路，绿色治废"[1]；辜胜阻认为，新型城镇化必须摒弃传统的粗放发展方式，而是要采取集约、低碳、绿色的发展方式[2]。

（二）城镇化所处的国内外环境

目前城镇化所处的国内外环境正在发生深刻变化，依靠传统制造业推进传统城镇化已面临困境，因此，实现产业转型升级，走经济持续增长的新型城镇化道路势在必行。

中国传统城镇化的发展主要是依靠投资和出口拉动，城市经济的发展表现出非常明显的"投资导向型"和"出口依赖型"的特征。但是，当前国内外所面临的发展环境正在发生深刻的变化，这些变化对于中国传统城镇化的发展动力构成了严峻的挑战。"投资导向型"的发展模式为中国过去几十年的经济快速发展做出了巨大贡献，但是过度依赖投资驱动的经济发展并不具有可持续性。2008年应对金融危机所启动的4万亿救市计划就是一个典型案例，以政府主导的基础设施和房地产投资不仅没有解决经济发展所面临的实质性问题，反而恶化了结构性矛盾，造成产能过剩等一系列问题。另外，2020年第七次人口普查结果表明，中国60岁以上人口总数为1.64亿，占总人口的18.7%，和2000年相比上升了8.37个百分点，而且受计划生育政策影响，目前80后、90后等年轻一代人口数远远低于现在的中老年人口数，预计在未来的20年，中国的老龄化进程将呈现出急剧加速的趋势。人口老龄化的加速以及"人口红利"的消失，已经使得中国之前依靠廉价劳动力无限供给而得以大力发展的出口导向型经济面临困境，许多沿海城市已经出现了用工荒。此外，中国以制造业为主的出口导向型经济处于"微笑曲线"的最低端，在全球产业链中仅能获取极其微薄的利润。以苹果手机的生产为例，苹果公司并不参与实际的生产环

---

[1] 魏后凯、张艳：《全面推进中国城镇化绿色转型的思考与举措》，《经济纵横》，2011年第9期，第15—19页。

[2] 辜胜阻：《实现中国城镇化的五大转型》，《中国人大》，2013年第11期，第34—35页。

节，却获取了高达 58.5% 的利润，而中国制造业组装环节却仅能获得 1.8% 的利润。因此，随着劳动力成本的上升、金融危机导致的外需不足、欧美制造业回流以及制造业向一些劳动力及土地资源成本更为低廉的发展中国家（如越南、印度等）转移，这种发展模式将面临巨大冲击，无法成为今后城镇化发展的经济引擎。

产业结构严重失衡使城镇化难以发挥核心驱动力的作用，要实现新型城镇化必须要实现产业从传统制造业到现代服务业的转型升级。李克强在讲话中指出，新型城镇化需要产业发展，特别是大力发展服务业来支撑，目前发达国家的服务业的产值比重已经超过了 70%，能够在最大程度上吸纳城镇就业人员，而且有助于实现从传统制造业到现代服务业的转型升级。推进新型城镇化的推动力不再是传统的投资和出口，而应该是内需和绿色消费[1]，实现城镇化、工业化、信息化和农业现代化"四化"分离向"四化"同步发展[2]。

（三）传统城镇化出现的社会问题

传统城镇化进程中，贫富差距逐渐扩大，社会问题频发，因此，不断追求社会公正和谐成了新型城镇化的必然要求，这也是新型城镇化"以人为核心"的本质体现。

2014 年中国的乡村人口占总人口的比重高达 45%，所创造的农业总产值仅占国民总收入的 16%，且仍有下降趋势；城镇人口（包括农民工）占总人口的 55%，却创造了 84% 的国民收入，且仍有增长趋势。这表明，45% 的乡村人口通过农耕等只获得总收入的 16%，剩下 55% 的城镇人口获得了总收入的 84%（见图 1-1）。由此产生了中国社会发展悖论，即上升的国民收入与积贫积弱的农民并存的局面[3]。

---

[1]　仇保兴：《中国特色的城镇化模式之辨——"C 模式"：超越"A 模式"的诱惑和"B 模式"的泥淖》，《城市发展研究》，2009 年第 1 期，第 1—7 页。

[2]　辜胜阻：《实现中国城镇化的五大转型》，《中国人大》，2013 年第 11 期，第 34—35 页。

[3]　文贯中：《吾民无地》，东方出版社，2014 年。

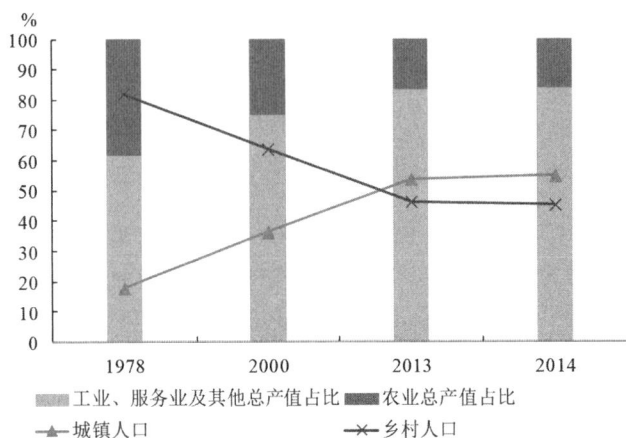

图 1-1　城乡人口及收入对比

　　户籍制度阻碍是造成中国社会发展悖论的重要原因之一。人的城镇化发展所探讨的主要问题也是户籍制度的问题。传统户籍制度下大量农民工无法真正实现市民化,更无法享受到城市的基本公共服务,一系列相关的教育、医疗、养老等都得不到保障。尤其在 2008 年,珠三角地区受到金融危机影响,两千万农民工面临失业。同时,由于大量农民工外出到城市务工,又无法在城市立足安家,导致了大量的留守儿童和留守老人的社会问题。另外,由于城乡土地制度未能实现一体化导致农民的土地财产权缺乏保障,农民土地被征用也难以得到公平的补偿金。因此,深化人的城镇化发展、追求社会和谐公正是新型城镇化道路的本质要求,从制度层面深化户籍制度和土地制度改革,关注农民工的生活质量和收入水平才是新型城镇化道路"以人为核心"的重要体现。

(四)传统城镇化呈现的空间结构失衡

　　中国传统城镇化呈现出明显的空间结构失衡的特征。在区域格局上,东部地区的城镇化率远远高于中西部地区,据统计局公布的数据,2014 年,东部地区城镇化率为 61.0%,而中西部地区则分别为 53% 和 49.7%,差距较大,而北京、上海和天津等城镇化率已经超过了 80%。因此,走空间结构合理的新型城镇化道路势在必行。

目前，中国东部地区城镇化水平高，且以超大城市和大城市群为主要表现形态。在极高人口密度条件下，发展受到一定的限制，城市病征兆凸显；而中西部地区的大城市发育明显不足，中小城市和小城镇分布十分松散，并且由于基础设施、公共服务等水平较低，综合发展力较为落后。这种空间失衡导致了区域间人口大规模流动，尤其是中西部城镇化发展水平滞后致使大量剩余劳动力由西往东向发达城市转移，由此难以避免诸如留守儿童、留守老人等复杂的社会问题的产生。各地区的城镇化水平参差不齐，区域水平分化明显，各省的省会城市均因政策和资源的倾斜而得到较快发展，基本上形成人口—产业集聚效应，但是向周边城市的辐射能力较弱，存在城市孤岛等问题。

因此，东部地区的城镇化发展要注意防治城市病，以城市群作为推进新型城镇化的主要形态，构建多中心城市密集区，促进城市群内的要素跨区流动。而中西部地区提高城镇化水平则需要结合本土条件和特点，采取大中城市规模适度扩大、大力发展小城镇等方式引导推进各区域城镇化的协调发展。同时，通过东西部地区间的统筹协调发展，以及地区内的城乡统筹发展，走出一条空间合理的新型城镇化道路。

新型城镇化是相较传统城市化而言的，在如今全球化后工业化时代，具有深刻的时代性和必然性。目前全球化浪潮下的世界各国已纷纷开启了由传统工业化向后工业化的全方位转型，由此城镇化也走上转型之路。在国内，城镇化转型集中体现在新型城镇化建设上，并已上升为一项国家发展战略，与工业化、信息化、农业现代化一起，形成"四化"同步的中国特色可持续发展道路。其中，城镇化地位特殊、位置关键，加快推进新型城镇化，是摆在当前的一项重大任务。继党的十八大明确提出"走有中国特色的新型城镇化道路"之后，国务院颁布了《国家新型城镇化规划（2014—2020 年）》，该规划对城镇化可持续发展具有积极的战略意义[①]。此后，"十三五"规划纲要也提出"加快

---

① 胡必亮、潘庆中：《中国新型城镇化：规划与完善》，《中共中央党校学报》，2014 年第 6 期，第 89—93 页。

新型城镇化步伐"的要求，新型城镇化建设进入新的阶段，其对中国今后发展的重要性不言而喻。

二、新型城镇化的内涵

就概念而言，国外的研究中鲜有新型城镇化的概念。根据诺瑟姆城市化阶段理论来看，西方国家自第二次世界大战以来已普遍完成了传统意义上的城市化运动，即从农村人口转换为城市人口。其中，最显著的城市革新要数20世纪90年代以来针对"蔓延"（Sprawl）为特征的城市病而兴起的"新城市主义"（New Urbanism），被认为是近20年全球最具影响的城市设计思潮。在此影响下所涌现出的新型的城市化研究成为国外城市领域研究的主流。新城市主义倡导的是一种综合性哲学，强调建立舒适、便捷的城市功能组织模式，它不仅关注城市物质空间的无序扩张，也关心人类生活的终极目标。虽然新城市主义对中国新型城镇化发展有一定的启示价值[1]，但不难看出，这种相关研究无论从问题导向、发展理念等均具有西方化特征，因此与目前正处于中等水平、快速城镇化发展阶段的中国比较而言，在新型城镇化概念界定层面存在一定的本质性区别。

纵观国内城镇化研究脉络发现，相关研究经历了不同的概念发展阶段。从城市化到城镇化，到中国特色城镇化，再到新型城镇化，甚至到中国特色新型城镇化，这些概念均与国家政策紧密相连。学术界对于各概念之间区别与联系的讨论由来已久，这里不再赘述，本文重点关注的研究主题——新型城镇化。准确界定新型城镇化内涵是科学地开展新型城镇化研究的前提，如果对新型城镇化没有一个全面、系统的准确理解，在实际推进城镇化过程中就会出现过于强调某些方面而忽视另外一些方面的问题，很可能出现的结果就是旧的问

---

[1] 孔翔：《新城市主义对我国推进新型城镇化的启示价值》，《北华大学学报》（社会科学版），2014年第2期，第30—35页。

题解决了一些，新的问题又产生了许多①。新型城镇化并不是新的概念，目前来看，虽然国内关于新型城镇化概念并没有统一的界定，其基本是在传统城镇化扬弃中探索一条更加注重质量的可持续城镇化发展道路。那么，如何探索出这样一条可持续发展的道路成为如今热议的重点话题，从现有文献研究中可以发现，不同学者对此所持观点各异（见表1-2）。

经过对国内相关文献梳理可以看出，关于新型城镇化内涵的探索，学术界倾向于从对传统城镇化的反思入手，通过"新型"和"传统"城镇化的背景、理念、路径、目标等对比，得出相关内涵界定，并且对新型城镇化内涵的讨论经历了由抽象到具体的过程。虽然不同学者对新型城镇化内涵的表述有一定差异，但至少在两方面达成了一定共识，体现了各个表述之间有其内在一致性。一是可持续发展，这是新型城镇化必然选择，实现可持续发展也是世界各国的共同目标。二是以人为核心，这是新型城镇化的本质属性，要改变城镇化建设中"重物轻人""只见物不见人"的现象，实现人的就业方式、生活方式、人居环境等一系列方面由"乡"到"城"的转变。

表1-2 代表性文献对新型城镇化内涵的界定

学者	内涵界定
胡际权（2005）	体现以人为本、全面协调可持续发展的理念，以发展集约型经济与构建和谐社会为目标，以市场机制为主导，大中小城市规模适度、布局合理、结构协调、网络体系完善，与新型工业化、信息化和农业现代化互动，产业支撑力强，就业机会充分，生态环境优美，城乡一体的城镇化道路
吴江等（2009）	以科学发展观为统领，以新型产业以及信息化为推动力，追求人口、经济、社会、资源、环境等协调发展的城乡一体化的城镇化发展道路
彭红碧、杨峰（2010）	以科学发展观为引领，发展集约化和生态化模式，增强多元的城镇功能，构建合理的城镇体系，最终实现城乡一体化发展
仇保兴（2012）	从城市优先发展转向城乡互补协调发展、从高能耗转向低能耗、从数量增长转向质量提高、从高环境冲击转向低环境冲击、从放任式机动化转向集约式机动化、从少数人先富转向社会和谐的城镇化

① 胡必亮：《论"六位一体"的新型城镇化道路》，《光明日报》，2013年6月28日，第11版。

续表

学者	内涵界定
胡必亮（2013）	一种以资源有效利用、经济持续增长、环境友好保护、社会公平和谐、空间结构合理为标准的综合性城镇化道路，实质上就是一条可持续的城镇化道路
单卓然、黄亚平（2013）	以民生、可持续发展和质量为内涵，以追求平等、幸福、转型、绿色、健康和集约为核心目标，以实现区域统筹与协调一体、产业升级与低碳转型、生态文明和集约高效、制度改革和体制创新为重点内容的城镇化过程
倪鹏飞（2013）	以科学发展观为指导方针，坚持"全面、协调、可持续推进"的原则，以人口城镇化为核心内容，以信息化、农业产业化和新型工业化为动力，以"内涵增长"为发展方式，以"政府引导、市场运作"为机制保障，走可持续发展道路，建设城乡一体的城市中国
魏后凯、关兴良（2014）	在科学发展观的指导下，立足基本国情，坚持以人为本、集约智能、绿色低碳、城乡一体、四化同步，走多元、渐进、集约、和谐、可持续的特色新型城镇化道路
段进军、殷悦（2014）	由政府主导向市场主导转变；由"化地"到"化人"转变；由外生的城镇化模式向内生城镇化模式转变；由出口和投资驱动向消费驱动转变；由"一维"的经济目标向资源环境、社会和经济发展等"多维"转变
李小建（2014）	以人为本、低碳节约、格局优化、新技术引领的城镇化
李润国等（2015）	统筹兼顾、以人为本、依法治理，走集约化和生态化道路以实现可持续发展的城镇化模式
方创林等（2016）	高效低碳、生态环保、节约创新、智慧平安的可持续健康城镇化
徐绍史等（2016）	一种以人为本、四化同步、优化布局、生态文明、文化传承的中国特色新型城镇化道路
宋连胜、金月华（2016）	生活方式、就业方式、公共服务、空间区域、社会治理城镇化以及人居环境的优美化

新型城镇化是可持续发展的城镇化，这种可持续性既表现为人口、经济、资源和环境的协同与制衡关系，也表现在一系列可持续性的制度和规划安排。它既要保证人口的适度集聚、经济的持续增长，又要做到资源有效利用、环境友好保护，同时在制度安排上要求社会公正和谐，城镇规划上做到空间结构合理。

三、新型城镇化指标体系构建

（一）综述

在厘清新型城镇化内涵的基础上，有必要对相关理论的实证问题进行讨论。传统的城镇化评价方法有两种：一是单一指标法，即利用某一指标衡量城镇化水平的方法。相关指标包括城镇人口比重、非农人口比重和城建区土地比重等，但这种衡量方法容易产生片面追求城镇人口增加或城镇规模扩张的思想误区。二是复合指标法，即通过构建指标体系来反映城镇化真实发展水平。但传统的衡量指标并不能够涵盖新型城镇化的诸多内涵，在新型城镇化的背景下，摒弃以往对于传统城镇化的测评方法，构建新型城镇化指标体系对中国新型城镇化水平进行测评就显得尤为重要。需要说明的是，新型城镇化指标体系构建与以往关于城镇化质量指标体系构建有一定的相关性，所关注的内容也有一定重叠部分，但新型城镇化相对于城镇化质量有其完整的理论内涵和现实的应用基础，因此新型城镇化指标体系构建是基于城镇化质量指标体系构建的优化。有关新型城镇化指标构建研究多集中于 2012 年以后，尤其是 2013 年明显增多。学者针对全国、城市群、省域、地级市等不同研究区域和研究尺度采用多种方法进行指标体系的构建（见表 1-3）。在研究视角方面，不乏单一视角的研究，然而随着新型城镇化概念的提出，越来越多的学者将研究回归到城镇化的系统性上，其研究的视角也呈现出系统化、多维化的趋势。

纵观现有的关于新型城镇化概念及其评价体系的文献，仍然存在一些问题。一是基础理论研究较薄弱，缺乏对于新型城镇化概念的界定、指标体系间的逻辑关系等基础性的研究，这也是导致目前文献中所存在的指标体系构建碎片化，以及在应用层面存在适用度不足等问题的根源。二是有些研究虽然对新型城镇化的概念进行了界定，但仅从新型城镇化评价的层面单纯地进行指标体系构建探讨，缺乏实证研究。或者在指标体系构建时往往片面追求面面俱到，

表1-3 代表性文献对新型城镇化指标体系的研究及测算

区域	尺度	学者	对象	指标	方法
全国	省级	杨惠珍（2013）	30个省市	五类（经济、环境、生活、社会、民生），21项指标	主成分法
		王际宇等（2015）	31个省市	四类（经济、人口、社会、环境），23项指标	等权处理法
城市群	市级	常春林等（2014）	京津冀城市群3个省市	五类（公共服务、人口、经济、社保、生态），21项指标	复合指标法
		杨洋等（2015）	山东半岛城市群8个市	五类（以人为本、统筹城乡、集约高效、生态、文化），15个准则层，100项指标	熵权法
省域	市级	王博宇等（2013）	江西省11个市	四类（经济、人口、基础设施、环境），15项指标	专家打分法
		闫海龙等（2014）	新疆维吾尔自治区15个地州市	七类（人口、经济、社会、空间、基础设施、生态环境、城乡一体化），26项指标	熵值法
		李致平等（2015）	安徽省16市	三维（社会、经济、生态），45项指标	CRITIC法
		王冬年等（2016）	河北省11市	四维（经济、生态、城乡、公共服务），20项指标	主成分、聚类分析法
地级市	市级	郭照庄（2013）	廊坊市	五类（人口、生活、经济、社会、环境），36项指标	主成分、聚类分析
		王珏（2016）	南京市	四类（经济、社会、人口、空间），28项指标	德尔菲法
省域	县级	许海平等（2016）	海南省18个市县	七类（城镇化水平、公共服务、生活、设施、环境、社会经济、城乡统筹），23项指标	主成分法
		闵忠荣等（2016）	江西省11个设区市和79个县（市）	六类（人口转移、公共服务、经济发展、城市建设、社会管理、城乡统筹），51项指标	专家打分、德尔菲、AHP法
		肖国东（2016）	吉林省9个县（市）	三类（水平、质量、功能），35项指标	AHP法

导致指标体系太过庞杂冗乱，各体系内部缺乏内在的逻辑联系。如果将缺乏内在联系的评价体系用之于新型城镇化评估，实际上可能存在割裂城镇化各维度内容，甚至导致各指标间相互冲突的风险，不能真正体现新型城镇化的内涵，进而也切断了规范研究与实证研究的联系。三是现有文献鲜有对中国新型城镇化发展的空间格局的研究，而对中国新型城镇化发展空间格局的认识是实现城市间协调发展的前提条件。鉴于上述问题，有必要在厘清新型城镇化的内涵及概念界定的基础上，以一定的理论框架为指导进行多维度指标体系的构建及应用。

（二）指标体系构建及其解释

中国新型城镇化指数指标体系主要围绕"多维"视角下的新型城镇化进行构建，旨在针对现阶段中国快速城镇化进程中单一评价体系的严重局限性，转变传统物化、半城镇化的发展模式，向以人为核心的新型城镇化方向转型，构建多维视角下的新型城镇化指标体系。根据理论要求，多维视角体系构建不仅切实反映新型城镇化理论的内涵，更从全面的角度反映新型城镇化发展的现状。同时，新型城镇化指标体系构建的应用还体现在与单一维度的传统城镇化指标体系的差异对比上，分析城市在不同维度上所具有的差异特征，以此为依据向中国新型城镇化建设输送科学的政策建议。

结合上述考虑，根据新型城镇化的现实要求，借鉴已有的相关研究成果，从人口、经济、资源、环境、社会和空间六个维度进行指标体系重构，即人口适度集聚、经济持续增长、资源有效利用、环境友好保护、社会公正和谐、空间结构合理，每个维度选取 3 个代表性指标，共包含 18 个具体指标（见表1-4）。六个维度相互联系、相互影响，协同促进新型城镇化发展。其中，人口适度集聚和经济持续增长是推动新型城镇化发展的根本动力，是实现各维度间协同发展的基础和物质保障；资源有效利用和环境友好保护不仅符合经济持续增长和结构转型的时代要求，更是新型城镇化道路的必然选择；社会公正和谐是实现以人为本新型城镇化的核心；空间结构合理是统筹城乡区域发展，推

表1-4 中国新型城镇化指数评价指标体系

目标层	二级指标层	三级指标层	指标要点	指标类型	指标权重(%)
中国新型城镇化指数指标体系	人口维度	人口密度	人口承载能力	正向	5.6
		常住人口占总人口比重	城镇化率	正向	5.6
		暂住人口占常住人口比重	户籍制度阻碍	负向	5.6
	经济维度	人均GDP	经济效益	正向	5.6
		产业结构高级化指数	经济结构	正向	5.6
		GDP增长率	经济增长与规模	正向	5.6
	资源维度	单位GDP水耗	水资源利用效率	负向	5.6
		单位GDP占地	土地利用效率	负向	5.6
		单位GDP电耗	电力利用效率	负向	5.6
	环境维度	空气质量达标天数	空气治理	正向	5.6
		污水处理率	污水治理	正向	5.6
		生活垃圾处理率	垃圾处理	正向	5.6
	社会维度	城乡收入比	城乡收入差距	适中	5.6
		社会保障覆盖率	社会稳定	正向	5.6
		每万人大学生本科学校数量	教育资源分配	正向	5.6
	空间维度	人均道路面积	城镇交通	正向	5.6
		建成区绿化覆盖率	城镇绿化率	正向	5.6
		建成区面积占总面积比重	城镇规模	正向	5.6

注:

1. 定义产业结构高级化变化值W, 计算方法为: 首先根据三次产业划分将GDP分为三个部分, 每一个部分增加值占GDP的比重作为空间向量中的一个分量, 从而构成一组三维向量X0= (x1,0, x2,0, x3,0)。然后分别计算X0与产业由低层次到高层次排列的向量X1= (1,0,0), X2= (0,1,0), X3= (0,0,1) 的夹角 θ1,

$$\theta 2, \quad \theta 3 : \theta_j = \arccos\left(\frac{\sum_{i=1}^{3}(x_{i,j} \cdot x_{i,0})}{\sum_{i=1}^{3}(x^2_{i,j})^{1/2} \cdot \sum_{i=1}^{3}(x^2_{i,0})^{1/2}} \right), j = 1,2,3。$$ 其次, 定义产业结构高级化值W的计算公式为:

$$W = \sum_{k=1}^{3}\sum_{j=1}^{k}\theta_j,$$ W越大, 表明产业结构高级化水平越高 (付凌晖, 2010)。

2. 社保覆盖率为养老保险覆盖率、医疗保险覆盖率和失业保险覆盖率的算术平均值。

3. 每万人大学生本科学校数为本科以上院校数量除以大学生数量 (万人)。

4. 城乡人均可支配收入比为城镇居民人均可支配收入与农村居民人均可支配收入的比值。

进新型城镇化的重要任务。基于此，一个多维视角的新型城镇化指数体系将有助于更好地从综合层面把握新型城镇化建设与发展目标，反映具体城市在多个维度上所具有的不同特征与存在的主要问题，这也是新型城镇化指标体系重构与应用的一个重要的现实性意义。值得注意的是，除综合性、代表性、数据可得性等一般指标选取原则外，为避免重复计算或正负相抵的情况出现，在选取指标的时候尤其注重结果导向原则，如在资源集约利用方面，重点关注相关投入产生了多少效益，而非关注投入本身；又如在环境友好保护方面，重点关注有多少排放是达标的，而非排放量本身等。

1. 人口维度

人口集聚既为城镇化进程提供重要动力，也是城镇化结果的体现。因此，人口集聚是诠释城镇化水平的重要方面。然而，人口集聚与多项重要元素包括经济、社会、环境等共同融合于城镇化系统中，在目前快速城镇化阶段，已经产生了一系列各要素非均衡化所导致的严重问题，亟须探索一条人口适度集聚的新型城镇化道路。根据人口集聚效应理论，人口维度指标的设置在对传统综合性指标，即城镇人口占总人口比重进行保留的同时，增加暂住人口占常住人口比重和城镇人口密度这两项指标，分别表示城镇户籍制度阻碍程度和城镇人口承载能力。一般意义上讲，暂住人口占常住人口比重指标亦可以体现城市人口流动性，是城市吸引力和活力的体现，但就目前中国城镇化发展的现实而言，户籍制度对城镇化的阻碍效应更多，因此本文按负向指标处理。人口多项指标的设计旨在突破传统城镇化率计算模式，完善新型城镇化人口集聚水平指标体系。

2. 经济维度

经济持续增长是推动新型城镇化发展的根本动力和基础，是新型城镇化指标体系构建的一个基础维度。此部分指数的设计思路以现有经济类统计指标为基础，从中选取三个代表性层面，即效益、结构和规模。其中，人均 GDP 表示经济效益，也是经济生产效率的体现；产业结构高级化指数是指经济结构，产业结构转型升级，发展模式由不可持续到可持续，是城镇经济持续发展的前提，也是实现新型城镇化的前提条件；GDP 增长率代表经济规模，也体现了经济增长的含义。以上三项指标均为正向指标，从宏观的角度表明城镇的经济持续增长水平。

3. 资源维度

新型城镇化的基础在于有效利用自然资源[1]，资源有效利用也是新型城镇化可持续发展的必然要求。此维度指标选取三项代表性自然资源，即水资源、土地资源和能源资源，通过单位 GDP 水耗、单位 GDP 占地、单位 GDP 电耗三个负向指标分别代表水、土地和能源的利用效率，从三大自然资源消耗率层面来说明资源被有效利用的程度，突出"资源消耗少"的转型路径。此项评估指标旨在转变传统高能耗工业体系下的城镇化模式，并与多维新型城镇化理论内涵中关于低碳经济、循环经济、绿色经济等新经济与新型产业体系发展的时代要求相契合。需要说明的是，根据结果导向原则，本文并未选取中间指标，如人均用水量或用电量等指标，并且相关指标的正负属性很难界定。另外，考虑到地级市尺度数据可得性问题，本文用单位 GDP 电耗代替单位 GDP 能耗指标。

4. 环境维度

生态环境质量的好坏是衡量城镇是否宜居的重要标准，与传统城镇化相比，新型城镇化的"新"重点体现在环境的友好保护上，也是城市可持续发展的应有之义，更是人与自然是否和谐共存的重要考量。在具体指标设计上，从对人居环境切实相关的水、垃圾和空气三方面入手，分别选取污水处理率、生活垃圾处理率、空气质量达标天数作为相应的表征指标。同样，基于结果导向原则，同时避免计算过程中正负相抵的情况出现，在此并未选取与排放量相关的负向指标。

5. 社会维度

社会公正和谐是实现以人为本新型城镇化的核心，更是人的城镇化的本质要求。多维视角的新型城镇化理论认为，社会公正和谐就是协调和保护公共利益，使社会公平和正义得到切实维护和实现，其重点在于户籍制度和公共服

---

① 胡必亮：《论"六位一体"的新型城镇化道路》，《光明日报》，2013 年 6 月 28 日，第 11 版。

务等方面。关于户籍制度阻碍相关指标已在人口维度中予以体现，这里不再重复选取。公共服务方面选取社会保障覆盖率和每万人大学生本科学校数量指标。社会保障的覆盖率是一个合成指标，包涵失业保险覆盖率、医疗保险覆盖率和养老保险覆盖率，该指标是衡量社会福利的重要标准，也是社会稳定与否的重要影响因素。每万人大学生本科学校数量体现教育资源分配问题，一定程度上表征社会公平程度，也是当下城镇化过程中的热点问题。考虑到医疗因素已在社会保障覆盖率指标中有所体现，为避免重复计算，这里不再单独选取医疗方面的相关指标。城乡收入比表征城乡收入差异和协调程度，表征社会公平程度，指标性质为适中，有学者认为 1：1.2 为佳[①]。

6. 空间维度

空间结构合理是统筹城乡区域发展、推进新型城镇化的重要任务。理论与经验表明，城镇建设规划不能盲目"摊大饼"，应避免因此导致郊区蔓延等问题，而紧凑性是新型城镇化体现在城镇空间布局上的一个基本特征。因此，空间结构在一定程度上反映了城镇集聚发展的水平，一般表现在城镇密度、城镇布局和城镇形态三个方面，理论认为在建设紧凑性结构城市的同时，保持尽可能高的绿化率是一个具有挑战性但必须考虑的问题。基于上述标准，选取三项量化指标：人均道路面积、绿化覆盖率、城建区面积占比。前两项指标表征城镇布局，人均道路面积表征城镇布局中对上下班通勤和生活交通便捷程度的考虑；绿化覆盖率反映宜居环境建设，理论上有合理标准，但对中国大部分城市而言，目前是越大越好。最后一项指标，由于城镇形态与城镇所在区域的地形地貌密切相关，而城镇间地形地貌差异缺乏可比性，因此用城镇规模指标代替。城建区面积占总面积比重代表城镇规模。另外，城镇密度与土地利用率和人口密度指标存在重复之处，这里不再单独选取。

---

① 吴殿廷、赵林、高文姬：《新型城镇化的本质特征及其评价》，《北华大学学报》（社会科学版），2013 年第 6 期，第 33—37 页。

四、研究对象、方法及数据来源

（一）研究对象

基于数据可得性，本文以除台湾省、三沙市、香港特别行政区和澳门特别行政区外的中国 289 个地级及以上城市为研究对象。

（二）研究方法

1. 数据标准化

由于指标体系中各指标计量单位各不相同，无法直接进行计算，且不具有直接可比性，因此需要在不改变数据属性的前提下，对原始数据进行标准化处理，以消除不同指标间量纲的影响。常用的标准化方法主要有最大值最小值标准化法、极差标准化法和标准差标准化法等，本文选取极差标准化法对数据进行标准化处理，公式如下：

正向指标：$X_{ij} = \left[\max_j(x_{ij}) - x_{ij}\right] \Big/ \left[\max_j(x_{ij}) - \min_j(x_{ij})\right]$

负向指标：$X_{ij} = \left[x_{ij} - \min_j(x_{ij})\right] \Big/ \left[\max_j(x_{ij}) - \min_j(x_{ij})\right]$

城乡收入比指标虽为适中指标，但其最小值为 1.2，因此适用于负向标准化公式。

2. 指数合成

指数合成的一般思路是先对各个指标赋权，再进行加权平均处理。常见的赋权方法有主观赋权法（如层次分析法、德尔菲法等）、客观赋权法（如熵值法等）和主客观综合赋权法。其中，主观赋权法，如层次分析法是一种有效的定量与定性相结合的决策方法，但该方法直观性强、人为干扰性大；客观赋权法客观性虽强，但易忽略数据自身误差对评价结果的影响，导致无法反映复杂评价对象的真实情况；主客观综合赋权法也无法完全消除上述弊端导致的决策科学性失效问题。更为重要的是，新型城镇化是可持续发展的城镇化，它强调城镇化过程中多维度的协同发展，因此为突出每个维度的同等重要性，本文采用均权法对各个维度及最终指数进行合成。

（三）数据来源与说明

数据采集年份为 2014 年，数据来源以《中国城市统计年鉴》（2015）为主，缺失值以《中国城市建设统计年鉴》（2015）补充。其中，暂住人口占常住人口比重来源于《中国城市建设统计年鉴》（2015）；城镇常住人口占总人口比重，即城镇化率指标来源于各省市统计年鉴（2015）、国民经济和社会发展统计公报（2014）、2015 年度政府工作报告以及相关省市新闻门户网站，由于吉林省、黑龙江省多数城市（除辽源市与绥化市外）和西藏自治区的拉萨市城镇化率数据可得性较差，因此相关城市城镇化率数据根据全国第六次人口普查数据估算得出，这里假定上述城市城镇化率增长率与省域城镇化率增长速度相同；由于深圳市和克拉玛依市城镇化率为 100%，无法计算城乡收入比，为使数据计算具有数学意义，此类城市按最优值处理，也就是城乡收入比为 1.2；空气质量达标天数指标来源于《中国环境统计年鉴》、各省市统计年鉴（2015）、国民经济和社会发展统计公报（2014）以及中华人民共和国环境保护部数据中心网站；全国本科以上院校数据来源于中华人民共和国教育部网站；全国层面数据来源于《中国统计年鉴》（2015）和《中国城市统计年鉴》（2015）。

五、中国新型城镇化指数评价结果

（一）中国新型城镇化指数基本情况

通过指数合成计算，得出全国以及 289 个地级以上城市的新型城镇化指数。按照对中国东中西部地区的划分^①，把各个地区城市的新型城镇化指数从大到小标记在坐标轴上（如图 1-2 所示）。从东中西对比来看，东部地区城市新型城镇化指数的最大值和最小值，均大于中部地区和西部地区最大值和最小值；中部地区新型城镇化指数最大值与西部地区基本持平，其最小值大于西部地区，表明东部地区新型城镇化发展水平高于中西部地区，而中部地区新型城镇化发展水平略高于西部地区。整体上与中国社会经济发展水平的区域差异一致，也即社会经济较发达地区，新型城镇化指数也较高。此外，东部地区城市新型城镇化指数最大、最小值之差为 27.93 个百分点，分别大于西部地区（23.51 个百分点）和中部地区（20.05 个百分点），表明中部地区是三大地区中城市间新型城镇化水平差异最小的地区，而东部地区城市新型城镇化发展虽然在整体上占据优势，但东部地区内部区域差异较中西部地区更为显著，面临更加严重的区域协调发展问题。从全国层面上看，2014 年中国新型城镇化指数为 47.75%，这与全国城镇化率（54.77%）相差 7.02 个百分点，可见城镇化率高估了中国新型城镇化发展水平。

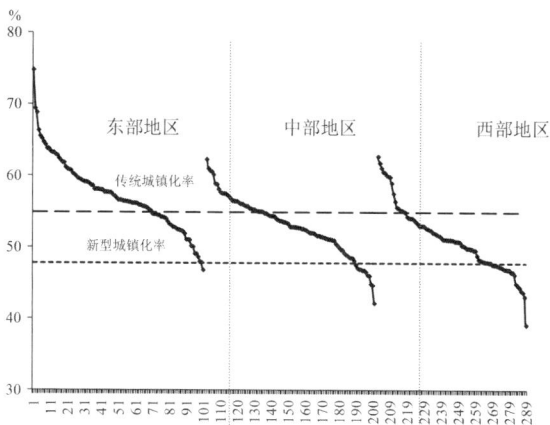

图 1-2 中国地级以上城市新型城镇化指数地区分布

---

① 其中东部地区为北京、天津、河北、辽宁、上海、江苏、浙江、福建、山东、广东、海南，共 11 个省市；中部地区为山西、吉林、黑龙江、安徽、江西、河南、湖北、湖南，共 8 个省份；西部地区为内蒙古、重庆、四川、贵州、云南、西藏、陕西、甘肃、青海、宁夏、新疆、广西，共 12 个省市自治区。

表1-5　中国地级以上城市新型城镇化指数排名前15位与后15位

城市	新型城镇化指数		城镇化率		排名差①
	数值（%）	排名（位）	数值（%）	排名（位）	
深圳市	74.78	1	100.00	1	0
上海市	69.41	2	89.60	7	5
北京市	68.84	3	86.35	12	9
珠海市	66.36	4	87.87	11	7
汕头市	65.53	5	69.85	46	41
厦门市	65.18	6	88.80	9	3
东莞市	64.66	7	88.81	8	1
南京市	64.30	8	80.90	18	10
天津市	63.76	9	82.27	17	8
无锡市	63.75	10	74.50	30	20
舟山市	63.38	11	66.30	62	51
广州市	63.21	12	85.43	13	1
苏州市	63.20	13	74.00	31	18
中山市	62.96	14	88.07	10	-4
威海市	62.81	15	61.32	82	67

城市	新型城镇化指数		城镇化率		排名差
	数值（%）	排名（位）	数值（%）	排名（位）	
中卫市	46.58	275	32.74	265	-10
百色市	46.57	276	57.54	283	7
庆阳市	46.24	277	31.55	284	7
忻州市	46.13	278	44.45	209	-69
运城市	46.05	279	44.70	215	-64
天水市	44.92	280	33.91	279	-1
赣州市	44.86	281	33.14	223	-58
伊春市	44.69	282	43.99	15	-267
海东市	44.62	283	35.35	282	-1
崇左市	44.38	284	84.00	274	-10
定西市	43.93	285	28.77	287	2
拉萨市	43.72	286	46.15	190	-96
白银市	43.10	287	44.39	216	-71
鹤岗市	42.19	288	76.59	25	-263
陇南市	39.17	289	26.65	289	0

① 城镇化率排名减去新型城镇化指数排名。

表 1-5 为中国地级以上城市新型城镇化指数排名前 15 位与后 15 位情况。可以看出，中国地级以上城市新型城镇化指数前 15 位的城市均为东部城市。其中深圳市排在第 1 位，该城市六个维度的表现均位于全国前列，各个维度发展较为均衡，而上海市和北京市受环境维度的拖累（上海市环境维度排名为第 144 位，北京市环境维度排名为第 251 位），分居于第 2 和第 3 位。除深圳市外，新型城镇化指数与城镇化率排名虽然有一定差异，但差异相对较小；后 15 位的城市为中西部以及东北地区城市。值得注意的是，黑龙江省的伊春市和鹤岗市新型城镇化指数与城镇化率排名差距较大，主要原因在于两市经济持续发展能力差，资源利用效率低下，无论是水资源、电力以及土地资源利用效率均大幅低于全国平均水平，严重制约了其新型城镇化发展。因此，能源利用效率也是今后此类城市新型城镇化建设的关注重点领域。

（二）新型城镇化指数与城镇化率的关系

传统上使用城镇化率衡量城镇化发展水平，城镇化率（也称人口城镇化率）是城镇人口占常住人口比重，相当于在测度城镇化发展水平时给城镇人口所占比指标赋予了 100% 的权重。可见传统城镇化发展强调"量"的增长。新型城镇化强调多维度协同发展，因此新型城镇化指数指标体系的构建目的之一也在于弱化城镇人口所占比指标权重，提高其他维度指标权重，达到兼顾多维，力求协同，更加注重"质"的发展。因此，在数量上二者相互联系，却又存在很大差异。

图 1-3 描述了中国地级以上城市新型城镇化指数与城镇化率之间的线性关系。直观上看，新型城镇化指数与城镇化率之间拟合直线的斜率为 0.2571，其统计意义可表述为，城镇化率每增加 1 个百分点，新型城镇化指数仅提高 0.2571 个百分点，存在显著的不匹配现象。另一方面，新型城镇化指数与城镇化率线性关系拟合系数仅为 53.28%，表明线性关系仅能解释二者关系的 53.28%，说明两者在一定程度上可以相互印证。在一定程度上，城镇化率越高的城市，新型城镇化指数越高（如深圳市、上海市等），但并不总是如此

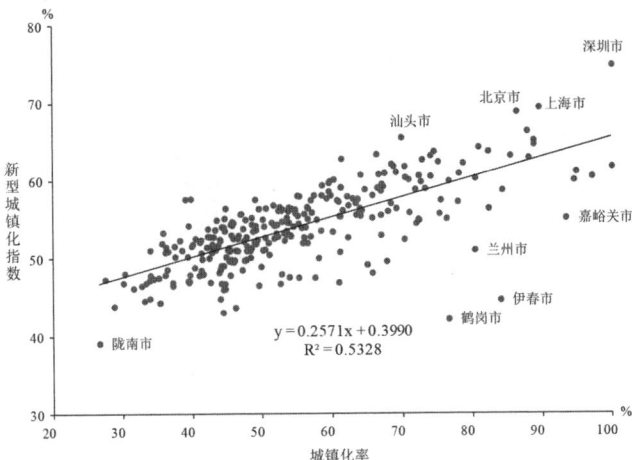

图1-3 新型城镇化指数与城镇化率

（如伊春市、鹤岗市等）。因此，新型城镇化发展不是简单的人口向城镇集聚，而更多是城镇本身全方位的发展，这其中就包括了人口、经济、资源、环境、社会和空间等六个维度。新型城镇化发展规划的制定也需要转变传统思路，从城镇化率的单维视角转向人口、经济、资源、环境、社会和空间等多维视角。

传统意义上，"城镇化固然与地理学、人类学和社会学因素有关，但城镇化与经济之间的关系在更深层次上决定着城市的起源和发展，经济变量是压倒一切的因素"[①]，学术界对城镇化与经济发展之间深刻的互动机理已有广泛的讨论。但相关研究更多建立在传统城镇化水平度量基础之上，对新型城镇化与经济发展关系的关注相对不足。由于新型城镇化较传统城镇化有更为丰富的内涵，涉及城镇发展的各个维度，因此新型城镇化与经济发展之间的关系需要重新考量。

图1-4描绘了新型城镇化指数和城镇化率与人均GDP之间的数量关系，其中人均GDP代表城市经济发展水平。可以看出，新型城镇化指数和城镇化率均与人均GDP之间存在一定的正相关关系，这与前文论述相一致，即经济发展水平越高，新型城镇化水平越突出。但对比图1-4中（a）、（b）可知，新

---

① 〔法〕保罗·贝洛克：《城市与经济发展》，肖勤福等译，江西人民出版社，1991年。

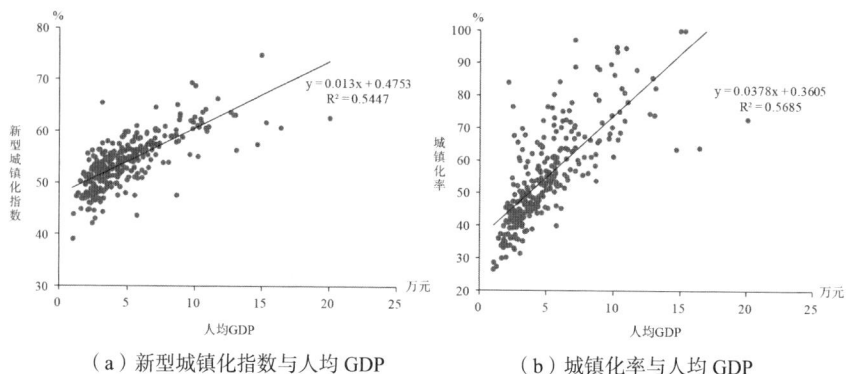

（a）新型城镇化指数与人均 GDP （b）城镇化率与人均 GDP

图 1-4 中国地级以上城市新型城镇化、城镇化率与经济发展水平的关系

型城镇化指数和城镇化率与人均 GDP 之间的相关程度存在一定差异。从统计意义上讲，人均 GDP 每提高 1 单位，新型城镇化指数就提高 0.013 个百分点，城镇化率则提高 0.038 个百分点，人均 GDP 与城镇化率之间的相关程度是其与新型城镇化指数相关程度的近 3 倍，这说明经济发展对传统城镇化的推动作用远远大于其对新型城镇化的推动作用。传统上城镇化建设很大程度上依赖于经济发展水平的提高，也佐证了贝洛克关于"经济变量是压倒一切的因素"的论断[1]。自然而然，发展经济便成为推进城镇化进程的重要战略决策，但新型城镇化的概念弱化了经济变量的影响，更加强调多维协同，经济发展仅仅是多维中的一维。

（三）中国新型城镇化指数空间格局

中国地级以上城市新型城镇化指数空间差异显著，且从东到西呈阶梯状递减分布，说明中西部地区在新型城镇化建设方面与东部地区有一定差距。新型城镇化指数排名前 15 位的城市均分布在东部沿海地区，并且主要分布在中国三大经济圈地区，即京津冀地区、长三角地区和珠三角地区。排名中上游和中下游的城市基本呈带状分布，且排名中上游城市以东部地区城市为主，排名

[1]〔法〕保罗·贝洛克：《城市与经济发展》，肖勤福等译，江西人民出版社，1991 年。

中下游的城市多为中西部地区城市。排名后 15 位的城市空间分布相对分散，但大都分布在东北地区以及中西部地区。

城镇化率空间分布特征与新型城镇化指数分布特征基本相似，从东到西呈阶梯状递减分布，但也存在一定差异。首先，城镇化率排名前 15 位的城市分布较新型城镇化指数分散，在东北地区、西北地区以及中国三大经济圈地区均有分布；其次，城镇化率排名后 15 位的城市分布较新型城镇化指数集中，基本集中分布于西部地区；另外，东北地区多数城市城镇化率排名较新型城镇化指数高。因此，从新型城镇化指数和城镇化率空间分布中亦可大致看出，中国新型城镇化水平若用城镇化率指标衡量，会出现一定的高估或低估的情况。这与前文对新型城镇化与城镇化率关系的论述相一致。

具体来看，除深圳市、广州市和陇南市排名无差异外，全国地级以上城市新型城镇化指数与城镇化率指标差异显著，被高估的城市数量有 127 个，占城市总数的 43.94%；被低估的城市数量有 159 个，占城市总数的 55.02%。另外，东北地区城市指标间差异较高，排名高估 100 名以上城市多集中于此，指标间差异程度最大的是伊春市，其新型城镇化指数排名为 282 位，而城镇化率排名为第 15 位，排名差距达到 267，新型城镇化水平被严重高估。全国地级以上城市中最被低估的城市是茂名市，该市新型城镇化指数排名为第 64 位，而城镇化率排名仅为第 260 位，排名差距为 196，主要原因在于城镇化率指标忽略了茂名市在资源利用和环境保护维度的表现，尤其是在资源维度，茂名市在水资源、电力和土地资源利用效率方面均显著高于全国平均水平。

如表 1-6 所示，全国范围内，地级以上城市城镇化率对新型城镇化水平高估[①]城市数量占比最大的是西部地区，占城市总数的 16.61%，占被高估城市总数的 37.80%；城镇化率对新型城镇化水平低估城市数量占比最大的是东部地区，占城市总数的 22.15%，占被低估城市总数的 40.25%。说明以城镇化率衡量新型城镇化一定程度上拉低了东部地区整体新型城镇化水平，而拉高了西

---

① 新型城镇化指数与城镇化率排名差异是指城镇化率排名减去新型城镇化指数排名的差值。若差值为正，则表示城镇化率低估了新型城镇化水平；若差值为负，则表示城镇化率高估了城市新型城镇水平。

部地区整体新型城镇化水平。

表 1-6 中国地级以上城市新型城镇化指数与城镇化率排名差异地区分布

地区	城市数量（个）	高估		低估		无差异	
		数量（个）	占城市总数比重（%）	数量（个）	占城市总数比重（%）	数量（个）	占城市总数比重（%）
东部地区	101	35	12.11	64	22.15	2	0.69
中部地区	100	44	15.22	56	19.38	0	0.00
西部地区	88	48	16.61	39	13.49	1	0.35
全国	289	127	43.94	159	55.02	3	1.04

如图 1-5 所示，城镇化率与新型城镇化指数排名差异越大，则散点距离45° 线越远。其中，45° 线以上的区域为城镇化率对新型城镇化水平低估区，45° 线以下为新型城镇化水平高估区。可以看出，茂名市、湛江市等城市属于被严重低估的城市，而伊春市、鹤岗市属于被严重高估的城市。

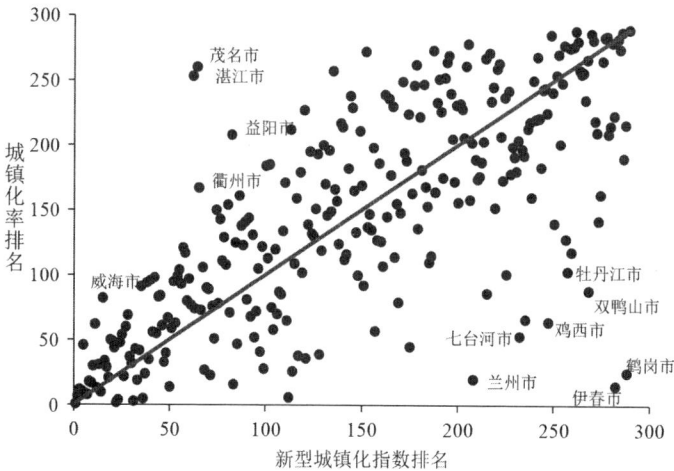

图 1-5 城镇化率排名与新型城镇化指数排名

六、结论与讨论

传统城镇化是由高消耗、高污染的发展模式推动的，同时也导致了经济转型困难、社会不公和空间结构失衡等问题，其不可持续性迫切需要走出一条可持续发展的城镇化道路。在此背景下，新型城镇化的思路应运而生。到底什么是新型城镇化，学术界已有广泛讨论，其内涵界定经历了由抽象到具体的过程。在文献研究基础上发现，学者们至少在两方面达成了一定共识，一是可持续发展，可持续发展的概念不仅需要狭义层面的理解，还需要在广义层面的把握，即城镇化过程中不仅需要坚持人与自然和谐相处的原则，更需要可持续性的组织形式和制度安排；二是以人为核心，城镇化过程中要改变"化"物不"化"人的局面。因此，新型城镇化既要保证人口的适度集聚、经济的持续增长，又要做到资源有效利用、环境友好保护，同时在制度安排上要求社会公正和谐，城镇规划上做到空间结构合理。

为探究中国新型城镇化发展状况、空间格局及其与传统城镇化的关系，本文构建了中国新型城镇化指数评价指标体系。经实证研究发现，2014 年中国新型城镇化指数为 47.75%，这与全国城镇化率（54.77%）相差 7.02 个百分点，城镇化率高估了中国新型城镇化发展水平。因此，如果以城镇化率衡量新型城镇化发展水平则会存在不同程度的高估和低估的问题，被高估的城市数量为 127 个，占城市总数的 43.94%；被低估的城市数量为 159 个，占城市总数的 55.02%，这就对唯"城镇化率论"提出了一定的挑战；虽然经济因素仍是新型城镇化发展的主要驱动力，但其对传统城镇化的推动作用远远大于其对新型城镇化的推动作用，即新型城镇化的概念弱化了经济变量的影响，更加强调多维协同；中国新型城镇化发展水平地区分布整体与中国社会经济发展的地区分布一致，呈东中西依次递减的空间格局，也就是社会经济较发达地区，新型城镇化指数也就较高。

传统城镇化典型特征是单纯追求人口城镇化和土地城镇化，这与传统的城镇人口比重法和城市建设用地比例法的单一指标来衡量城镇化水平的做法有着紧密的关联。这种做法直接影响了地方政府在推动城镇化过程中，因片面重视人口与土地在数量上的提升，而忽视资源、环境、社会、空间结构等多方面的构成指标，最终导致传统城镇化的不可持续性。整体来看，传统城镇化率的衡量指标不足以全面反映出新型城镇化的丰富内涵。比如前文探讨过的传统城镇化率较高的鹤岗市、伊春市等，均由于城乡户籍放开就使得传统城镇化率提高到了 80% 以上的水平，实际上人民的生活水平并未得到显著提高，城市发展质量亦未得到显著提升。本文构建的新型城镇化指数是对于探索未来更科学地衡量新型城镇化水平的一种有益尝试。从结果来看，新型城镇化指数更能全面科学地反映中国城市的新型城镇化发展水平，和传统城镇化率相比，新型城镇化指数强调城市在六个维度的协同发展，任一维度出现短板都将直接影响其新型城镇化水平。因此，多维新型城镇化强调要摒弃传统的单一城镇化衡量指标，或是在坚持原有的单一衡量指标外，参考综合性的新型城镇化衡量指标，从全面的视角衡量一个城市的城镇化水平，建立更加科学的指标考核体系，反映真实的新型城镇化水平。在城镇化推进的实践过程中，应以市场机制为主导，有效地引导地方政府将新型城镇化的建设落到实处，注重六个维度的统筹协调和互动发展。

总的来说，新型城镇化建设要坚持市场化、集约化、生态化的方向。第一，城镇化是资源流动的一种结果，是资源流动表现最显著、最典型、最强烈的一个领域，也就是说，城镇化是市场机制的结果。而现实情况却与之存在很大差异，城市发展往往又受政府管理和控制最多、最强。事实上，人口、资金等资源的流动，是不以人的意志为转移的，而是市场起到决定性作用[1]。新型城镇化的动力源于市场，因此新型城镇化建设要尊重市场的力量，即市场主导、政府引导。但长期以来，中国的城镇化都是政府主导，城市行政区划调整是例证之一，过去东北地区的重工业发展较好，人口集聚效应显著，国家批了

---

[1] B. L. Hu, C. L. Chen, "New Urbanization under Globalization and the Social Implications in China", *Asia&The Pacific Policy Studies*, 2015,Vol.2, pp.34–43.

不少地级市，但如今市场力量导致人口离开这些城市，甚至有的已经达不到地级市的标准。与此相反，东部地区有的村庄经过改革开放以来的快速发展，经济水平提高导致了大量人口集聚，甚至达到了某些地级市的水平。这都是市场选择的结果，但这些城市进一步发展都受制于其行政等级，无法降低或提高城市行政等级，因此新型城镇化建设应在此方面继续发力。第二，新型城镇化要注重资源的有效集约利用。与土地资源集约利用密切相关的是城市密度问题，城市密度对城市发展起着十分重要的作用，城市密度越大，其社会分工就越发达，进而有利于生产效率的提高。提高城市密度的另一个好处是能够降低信息流通的成本和交易费用，不同的信息与思想相互交流碰撞，对城市发展大有裨益[①]，因此要改变以往城镇化发展"摊大饼"的粗放式思维。第三，城市最终是一个生态的城市体系，这个体系是多种因素综合作用的综合体，属于典型的复杂生态系统。城镇化是社会经济系统与资源环境系统相互交织、不断演化的过程，城市也是社会经济系统与资源环境系统相互作用最为强烈的一个领域，因此必须要用多维的视角来看待城镇化和城市发展问题，注重城镇化过程中的市场化、集约化、生态化问题。

---

① 周其仁：《中国城市化的上一程和下一程》，《人民论坛》，2016 年第 13 期，第 70—71 页。

附录1.1　中国新型城镇化指数及排名

城市	新型城镇化指数		城镇化率		人口维度	经济维度	资源维度	环境维度	社会维度	空间维度
	数值（%）	排名（位）	数值（%）	排名（位）	排名（位）	排名（位）	排名（位）	排名（位）	排名（位）	排名（位）
深圳市	74.78	1	100.00	1	43	2	30	2	5	2
上海市	69.41	2	89.60	7	2	11	74	144	2	16
北京市	68.84	3	86.35	12	64	4	19	251	1	6
珠海市	66.36	4	87.87	11	163	9	162	55	14	4
汕头市	65.53	5	69.85	46	1	81	165	181	9	27
厦门市	65.18	6	88.80	9	78	18	76	15	38	5
东莞市	64.66	7	88.81	8	248	31	244	235	10	1
南京市	64.30	8	80.90	18	3	6	72	227	51	8
天津市	63.76	9	82.27	17	6	13	5	237	12	37
无锡市	63.75	10	74.50	30	25	10	39	172	29	11
舟山市	63.38	11	66.30	62	42	35	4	41	18	82
广州市	63.21	12	85.43	13	82	3	37	134	78	9
苏州市	63.20	13	74.00	31	48	7	59	159	28	20
中山市	62.96	14	88.07	10	83	40	50	78	4	101
威海市	62.81	15	61.32	82	123	28	13	75	25	12
鄂尔多斯市	62.68	16	72.80	34	281	1	8	89	236	3
杭州市	62.41	17	75.10	29	101	16	33	170	6	109
铜陵市	62.24	18	78.68	21	21	45	105	90	35	29
青岛市	62.11	19	68.41	50	94	23	10	150	24	21
常州市	61.84	20	68.70	49	33	15	24	156	70	43

续表

城市	新型城镇化指数		城镇化率		人口维度	经济维度	资源维度	环境维度	社会维度	空间维度
	数值（%）	排名（位）	数值（%）	排名（位）	排名（位）	排名（位）	排名（位）	排名（位）	排名（位）	排名（位）
宁波市	61.82	21	70.30	44	115	30	60	71	13	125
克拉玛依市	61.76	22	100.00	2	18	43	149	214	8	32
佛山市	61.16	23	94.89	4	19	32	151	171	22	85
昆明市	61.08	24	69.05	48	30	51	71	5	154	45
新余市	60.97	25	67.43	54	29	63	93	18	119	24
大连市	60.93	26	78.08	22	14	39	66	191	41	50
镇江市	60.83	27	66.60	60	57	17	73	153	79	40
东营市	60.76	28	64.04	69	146	5	18	123	132	26
长沙市	60.64	29	72.34	37	54	21	22	157	44	175
武汉市	60.55	30	74.00	32	51	19	100	212	34	49
乌鲁木齐市	60.52	31	97.12	3	9	14	85	247	36	135
成都市	60.41	32	70.37	43	12	37	35	174	42	197
沈阳市	60.30	33	80.40	19	10	53	26	203	47	61
南昌市	60.15	34	70.86	42	20	49	115	85	113	57
泰州市	60.14	35	60.20	91	40	42	17	167	40	113
乌海市	60.06	36	94.57	5	5	25	236	188	90	53
海口市	59.94	37	76.61	24	50	22	144	45	203	54
重庆市	59.91	38	59.60	94	131	61	53	149	7	165
西安市	59.84	39	72.61	35	7	27	42	241	61	63
台州市	59.70	40	59.50	96	47	70	91	72	75	55
惠州市	59.54	41	67.00	56	236	59	123	12	20	112
烟台市	59.40	42	58.55	98	121	50	14	135	39	77
温州市	59.25	43	67.20	55	98	67	113	82	32	111

城市	新型城镇化指数		城镇化率		人口维度	经济维度	资源维度	环境维度	社会维度	空间维度
	数值（%）	排名（位）	数值（%）	排名（位）	排名（位）	排名（位）	排名（位）	排名（位）	排名（位）	排名（位）
南通市	59.14	44	61.20	83	102	41	56	133	83	52
扬州市	59.11	45	61.20	84	49	34	12	176	101	94
济南市	59.06	46	66.41	61	8	26	15	260	128	44
贵阳市	58.96	47	73.20	33	141	20	134	56	157	88
盘锦市	58.88	48	71.81	40	52	83	32	88	91	91
萍乡市	58.87	49	64.61	67	32	119	40	33	86	180
太原市	58.77	50	84.25	14	13	62	131	224	60	39
福州市	58.68	51	66.90	59	109	48	51	86	106	80
徐州市	58.60	52	59.50	95	28	65	47	201	58	75
淄博市	58.12	53	65.71	63	26	46	43	272	45	47
盐城市	58.12	54	58.50	99	96	90	16	129	46	136
湖州市	58.12	55	57.40	104	251	58	95	184	17	22
淮北市	58.11	56	59.76	93	22	151	44	20	192	67
泰安市	58.06	57	55.02	121	38	72	20	196	68	92
莆田市	58.02	58	55.30	117	86	75	21	47	150	133
绍兴市	57.98	59	62.10	80	253	44	138	182	11	76
嘉兴市	57.71	60	59.20	97	258	60	126	126	21	64
泉州市	57.71	61	62.90	77	206	56	64	39	152	56
湛江市	57.69	62	39.81	253	149	178	125	30	19	199
鄂州市	57.67	63	63.58	74	17	113	45	92	130	220
茂名市	57.64	64	39.01	260	128	132	11	65	23	267
衢州市	57.59	65	49.00	167	180	114	178	105	15	120
大庆市	57.55	66	63.59	73	212	47	28	70	195	25

续表

城市	新型城镇化指数		城镇化率		人口维度	经济维度	资源维度	环境维度	社会维度	空间维度
	数值（%）	排名（位）	数值（%）	排名（位）	排名（位）	排名（位）	排名（位）	排名（位）	排名（位）	排名（位）
长春市	57.50	67	56.94	106	142	73	7	206	31	83
银川市	57.49	68	75.45	27	104	52	193	124	105	59
芜湖市	57.46	69	60.67	90	92	69	81	165	87	60
黄石市	57.29	70	60.88	89	35	127	227	51	74	205
本溪市	57.28	71	77.90	23	34	84	266	152	64	42
金华市	57.13	72	63.30	76	190	55	86	136	56	144
郑州市	57.08	73	68.30	51	63	36	80	259	65	97
龙岩市	56.87	74	51.60	150	135	97	117	25	114	169
景德镇市	56.82	75	62.28	78	70	123	77	175	133	19
滨州市	56.62	76	52.47	143	161	96	104	208	88	7
莱芜市	56.62	77	56.43	111	61	93	135	195	121	23
漳州市	56.56	78	53.80	129	171	110	97	17	168	71
湘潭市	56.48	79	56.55	108	59	80	102	187	117	86
揭阳市	56.47	80	50.53	154	11	153	212	261	3	268
营口市	56.46	81	63.92	71	65	88	94	139	124	183
益阳市	56.46	82	44.76	208	165	189	48	61	107	30
包头市	56.42	83	82.30	16	147	8	38	248	206	73
鹰潭市	56.42	84	54.23	125	124	108	57	36	190	110
合肥市	56.41	85	69.10	47	243	54	34	225	63	17
德州市	56.40	86	49.53	161	119	103	119	266	16	35
宁德市	56.33	87	52.90	138	196	162	58	48	52	168
汕尾市	56.31	88	54.70	123	36	206	184	108	49	206
日照市	56.19	89	52.71	141	111	71	52	161	166	69

续表

城市	新型城镇化指数		城镇化率		人口维度	经济维度	资源维度	环境维度	社会维度	空间维度
	数值（%）	排名（位）	数值（%）	排名（位）	排名（位）	排名（位）	排名（位）	排名（位）	排名（位）	排名（位）
辽阳市	56.19	90	61.46	81	71	139	234	66	137	74
岳阳市	56.18	91	52.29	144	105	128	107	121	72	162
江门市	56.18	92	64.20	68	167	104	140	93	118	58
宿迁市	56.10	93	53.70	131	60	124	112	246	26	129
淮南市	56.06	94	67.90	52	4	271	141	50	177	124
马鞍山市	56.03	95	63.86	72	79	82	232	143	144	62
连云港市	55.92	96	57.10	105	53	112	88	169	120	164
三亚市	55.89	97	70.97	41	132	68	219	62	125	219
通化市	55.86	98	54.72	122	159	147	187	42	81	140
抚顺市	55.76	99	75.25	28	23	115	233	234	43	139
黄山市	55.75	100	47.00	184	221	145	170	1	182	51
襄阳市	55.74	101	56.01	113	97	86	54	112	135	256
梅州市	55.71	102	46.90	185	130	225	148	100	33	150
潮州市	55.61	103	63.41	75	24	142	79	265	82	48
呼和浩特市	55.57	104	66.90	58	250	12	6	207	230	99
三明市	55.49	105	55.10	120	145	130	231	37	146	108
攀枝花市	55.47	106	64.03	70	137	79	258	84	142	95
株洲市	55.44	107	61.00	87	88	87	147	162	161	106
哈尔滨市	55.42	108	61.13	85	107	78	67	219	54	228
辽源市	55.29	109	53.50	134	112	146	41	141	127	158
郴州市	55.26	110	48.50	171	208	118	122	35	136	202
丹东市	55.23	111	65.67	65	84	197	221	74	80	170
嘉峪关市	55.19	112	93.41	6	31	33	288	115	69	96

续表

城市	新型城镇化指数		城镇化率		人口维度	经济维度	资源维度	环境维度	社会维度	空间维度
	数值（%）	排名（位）	数值（%）	排名（位）	排名（位）	排名（位）	排名（位）	排名（位）	排名（位）	排名（位）
遂宁市	55.17	113	44.61	212	108	242	75	23	100	241
白山市	55.12	114	76.28	26	44	155	167	119	84	269
淮安市	55.10	115	56.50	109	77	76	62	236	112	141
池州市	55.05	116	50.06	159	160	154	174	3	208	130
石嘴山市	55.01	117	72.25	38	81	121	274	166	96	18
新乡市	55.01	118	47.60	179	62	175	156	158	93	171
吉林市	55.00	119	57.79	102	95	131	188	185	57	179
抚州市	54.96	120	43.50	227	182	223	150	4	164	79
西宁市	54.90	121	72.35	36	58	38	199	230	197	192
荆门市	54.76	122	52.80	139	175	168	175	117	62	155
许昌市	54.72	123	45.70	195	125	136	196	116	143	137
潍坊市	54.67	124	53.57	132	69	94	101	263	95	78
韶关市	54.64	125	53.80	130	126	106	209	222	48	105
枣庄市	54.63	126	51.34	151	41	91	49	269	147	87
常德市	54.58	127	45.89	193	162	126	3	200	122	119
鞍山市	54.51	128	71.94	39	37	74	261	220	115	182
丽水市	54.49	129	55.20	119	280	109	152	77	73	102
绥化市	54.41	130	45.50	200	176	285	83	8	37	172
衡阳市	54.38	131	48.52	170	164	166	256	113	50	166
朔州市	54.36	132	52.10	146	177	133	55	94	238	65
漯河市	54.28	133	45.70	196	45	195	127	106	193	226
巴彦淖尔市	54.27	134	51.70	149	247	230	197	13	67	178
云浮市	54.25	135	39.47	257	231	227	1	69	59	258

城市	新型城镇化指数		城镇化率		人口维度	经济维度	资源维度	环境维度	社会维度	空间维度
	数值（%）	排名（位）	数值（%）	排名（位）	排名（位）	排名（位）	排名（位）	排名（位）	排名（位）	排名（位）
阳江市	54.24	136	49.05	166	140	149	213	146	53	239
济宁市	54.14	137	50.25	157	129	111	132	257	92	38
北海市	54.13	138	54.46	124	103	138	23	118	261	116
内江市	54.08	139	44.21	217	100	241	27	130	141	190
六盘水市	54.06	140	44.50	214	241	66	158	29	204	262
唐山市	54.03	141	56.21	112	56	117	168	254	108	138
宜昌市	53.96	142	55.65	116	134	89	31	253	140	114
德阳市	53.85	143	47.27	182	174	183	90	131	126	151
娄底市	53.84	144	42.26	238	192	219	237	46	218	13
宜春市	53.71	145	43.28	229	228	203	207	7	160	149
九江市	53.69	146	49.10	165	179	107	68	231	212	15
锦州市	53.59	147	53.51	133	155	201	202	223	103	14
南宁市	53.58	148	58.39	100	191	98	124	142	257	36
吉安市	53.57	149	44.65	211	229	212	198	27	180	72
咸宁市	53.52	150	48.68	169	168	202	133	54	171	223
大同市	53.44	151	60.04	92	87	99	143	155	249	185
广安市	53.36	152	35.81	272	133	216	69	26	244	213
佳木斯市	53.30	153	53.11	137	136	258	211	96	77	194
秦皇岛市	53.26	154	52.02	147	152	176	235	125	217	28
南平市	53.10	155	53.40	135	232	207	206	44	148	174
玉林市	53.03	156	45.60	198	170	236	154	11	205	227
金昌市	53.01	157	66.92	57	150	140	240	95	231	142
防城港市	53.01	158	54.06	127	148	100	114	138	229	245

续表

城市	新型城镇化指数		城镇化率		人口维度	经济维度	资源维度	环境维度	社会维度	空间维度
	数值（%）	排名（位）	数值（%）	排名（位）	排名（位）	排名（位）	排名（位）	排名（位）	排名（位）	排名（位）
自贡市	52.98	159	46.62	186	99	200	9	217	184	134
鹤壁市	52.89	160	54.10	126	46	158	189	243	175	121
石家庄市	52.87	161	56.93	107	80	102	36	283	109	34
安庆市	52.86	162	42.23	239	184	198	228	60	210	104
孝感市	52.86	163	52.25	145	72	228	172	79	145	277
永州市	52.83	164	42.55	236	215	217	208	87	102	208
滁州市	52.80	165	47.75	177	188	232	194	132	183	31
菏泽市	52.80	166	43.05	230	73	167	163	238	139	163
十堰市	52.74	167	56.00	114	151	161	153	43	260	238
晋中市	52.71	168	50.45	155	157	164	223	67	226	193
铜川市	52.71	169	62.22	79	67	125	89	226	248	132
临沂市	52.62	170	51.72	148	114	95	160	262	169	103
眉山市	52.60	171	40.46	249	173	211	46	64	239	218
上饶市	52.59	172	45.86	194	233	188	204	140	187	33
随州市	52.58	173	46.50	188	264	209	65	80	179	123
聊城市	52.48	174	43.95	224	144	143	155	267	156	41
呼伦贝尔市	52.47	175	70.26	45	89	152	278	22	76	288
宣城市	52.44	176	49.32	163	222	171	128	109	224	148
河源市	52.41	177	41.26	246	276	135	241	81	176	84
资阳市	52.37	178	38.20	262	158	243	2	76	242	229
焦作市	52.35	179	53.20	136	39	120	275	239	134	156
肇庆市	52.32	180	44.01	222	270	148	276	145	27	147
葫芦岛市	52.26	181	47.38	181	153	231	169	198	98	184

续表

城市	新型城镇化指数		城镇化率		人口维度	经济维度	资源维度	环境维度	社会维度	空间维度
	数值（%）	排名（位）	数值（%）	排名（位）	排名（位）	排名（位）	排名（位）	排名（位）	排名（位）	排名（位）
信阳市	52.15	182	41.10	247	154	262	98	128	172	188
梧州市	52.08	183	48.92	168	216	237	111	52	234	177
蚌埠市	52.04	184	50.91	153	122	181	216	173	215	117
晋城市	52.02	185	56.49	110	193	150	109	183	223	128
延安市	52.01	186	55.82	115	186	169	120	194	151	225
亳州市	52.00	187	35.66	273	143	261	63	34	253	235
邯郸市	51.92	188	49.13	164	75	214	250	270	104	46
曲靖市	51.87	189	42.89	233	203	281	78	16	202	231
松原市	51.84	190	40.06	251	242	184	96	104	225	209
吴忠市	51.73	191	43.70	226	197	238	260	102	155	146
宝鸡市	51.64	192	47.83	175	169	141	25	164	271	187
邵阳市	51.64	193	39.92	252	224	221	251	99	170	152
宿州市	51.63	194	37.43	264	183	252	84	154	201	127
周口市	51.53	195	36.20	269	116	269	182	180	173	98
黄冈市	51.49	196	42.10	240	210	255	200	24	209	242
乌兰察布市	51.41	197	45.26	205	278	196	224	14	254	66
长治市	51.39	198	48.46	172	187	159	210	232	163	100
四平市	51.30	199	43.02	231	219	273	246	218	110	10
三门峡市	51.19	200	50.40	156	263	129	118	211	211	81
遵义市	51.14	201	43.00	232	227	92	108	179	227	263
张家界市	51.14	202	43.32	228	200	57	130	210	274	215
汉中市	51.14	203	45.09	206	261	182	137	10	269	244
濮阳市	51.10	204	38.50	261	90	173	183	192	263	198

续表

城市	新型城镇化指数		城镇化率		人口维度	经济维度	资源维度	环境维度	社会维度	空间维度
	数值（%）	排名（位）	数值（%）	排名（位）	排名（位）	排名（位）	排名（位）	排名（位）	排名（位）	排名（位）
毕节市	51.10	205	33.97	278	230	163	106	58	222	280
张家口市	51.09	206	50.10	158	195	250	263	111	198	89
玉溪市	51.09	207	45.38	202	267	160	29	168	243	122
兰州市	51.08	208	80.34	20	15	29	142	288	232	233
沧州市	51.07	209	46.21	189	139	144	82	249	240	159
清远市	51.05	210	48.30	174	211	172	195	189	55	281
平顶山市	51.03	211	47.80	176	76	180	252	242	181	176
绵阳市	51.03	212	46.51	187	265	204	110	148	178	196
通辽市	51.00	213	45.36	203	217	156	271	53	196	259
商丘市	50.97	214	36.50	267	110	253	255	160	188	201
柳州市	50.86	215	61.06	86	257	101	239	163	256	90
钦州市	50.85	216	36.12	271	244	192	99	91	250	249
安康市	50.82	217	42.80	234	201	170	136	83	275	224
安顺市	50.74	218	41.30	245	209	77	222	151	265	252
洛阳市	50.52	219	51.00	152	223	85	180	271	216	115
广元市	50.29	220	39.33	259	238	226	226	31	262	243
阜阳市	50.28	221	37.50	263	74	268	145	193	219	247
泸州市	50.25	222	44.84	207	220	179	103	250	186	186
铁岭市	50.18	223	48.33	173	207	284	249	120	162	68
南充市	50.10	224	42.43	237	156	276	121	233	149	160
阜新市	50.08	225	58.06	101	91	272	248	268	97	118
六安市	49.98	226	41.44	242	237	263	116	137	220	222
咸阳市	49.90	227	47.73	178	138	174	61	229	255	251

续表

城市	新型城镇化指数		城镇化率		人口维度	经济维度	资源维度	环境维度	社会维度	空间维度
	数值（%）	排名（位）	数值（%）	排名（位）	排名（位）	排名（位）	排名（位）	排名（位）	排名（位）	排名（位）
桂林市	49.90	228	45.56	199	218	218	186	178	241	161
赤峰市	49.82	229	46.05	191	249	193	230	177	228	145
商洛市	49.78	230	47.50	180	213	199	92	6	281	284
安阳市	49.72	231	45.30	204	66	165	265	258	167	265
七台河市	49.65	232	67.72	53	85	256	267	255	111	203
贵港市	49.63	233	45.63	197	117	270	181	38	264	278
乐山市	49.59	234	45.93	192	202	210	129	221	194	253
阳泉市	49.21	235	64.96	66	55	137	218	287	129	173
承德市	49.12	236	44.50	213	226	222	259	186	237	131
保定市	49.11	237	44.15	218	194	233	215	279	85	70
白城市	48.99	238	49.84	160	178	224	176	215	185	274
张掖市	48.89	239	40.33	250	239	239	277	49	153	282
齐齐哈尔市	48.86	240	44.09	220	189	267	225	277	66	126
驻马店市	48.64	241	36.40	268	172	260	245	240	191	143
朝阳市	48.64	242	44.04	221	235	277	243	103	165	276
临汾市	48.56	243	47.14	183	204	213	161	244	235	230
怀化市	48.53	244	41.30	243	288	240	203	32	233	234
雅安市	48.32	245	41.30	244	225	185	220	190	252	264
宜宾市	48.26	246	43.85	225	199	234	70	278	131	237
鸡西市	48.16	247	65.68	64	68	286	269	275	30	204
保山市	48.13	248	30.31	285	275	249	159	28	266	279
贺州市	48.05	249	41.58	241	234	274	242	122	268	191
廊坊市	48.04	250	52.75	140	118	105	87	289	200	93

续表

城市	新型城镇化指数		城镇化率		人口维度	经济维度	资源维度	环境维度	社会维度	空间维度
	数值（%）	排名（位）	数值（%）	排名（位）	排名（位）	排名（位）	排名（位）	排名（位）	排名（位）	排名（位）
渭南市	47.96	251	39.64	254	181	191	190	252	221	273
巴中市	47.96	252	36.12	270	254	244	185	107	279	248
邢台市	47.89	253	45.43	201	127	257	253	273	199	167
铜仁市	47.89	254	41.00	248	245	134	262	114	273	283
武威市	47.89	255	34.01	277	260	259	229	19	251	286
榆林市	47.63	256	53.86	128	274	64	286	98	247	217
牡丹江市	47.58	257	57.54	103	113	157	283	276	94	212
临沧市	47.58	258	35.18	275	268	278	238	73	272	211
酒泉市	47.57	259	55.23	118	266	122	289	59	189	236
平凉市	47.47	260	34.47	276	252	265	173	63	286	240
昭通市	47.38	261	27.49	288	271	282	146	202	123	271
丽江市	47.27	262	33.88	280	272	264	272	9	284	157
达州市	47.17	263	39.39	258	185	266	191	264	89	287
南阳市	47.14	264	39.60	255	255	229	217	256	159	272
来宾市	46.99	265	39.50	256	205	279	214	101	282	254
开封市	46.98	266	42.60	235	106	215	164	284	214	221
普洱市	46.96	267	37.16	266	282	275	270	97	245	154
双鸭山市	46.94	268	60.91	88	93	288	273	110	138	153
固原市	46.92	269	30.09	286	285	186	247	147	259	260
河池市	46.91	270	33.35	281	284	246	257	21	278	261
衡水市	46.85	271	44.14	219	166	208	177	285	207	107
吕梁市	46.82	272	44.67	210	240	280	179	213	267	189
黑河市	46.81	273	52.58	142	198	283	285	40	99	266

城市	新型城镇化指数		城镇化率		人口维度	经济维度	资源维度	环境维度	社会维度	空间维度
	数值（%）	排名（位）	数值（%）	排名（位）	排名（位）	排名（位）	排名（位）	排名（位）	排名（位）	排名（位）
荆州市	46.59	274	49.50	162	120	254	171	286	158	207
中卫市	46.58	275	37.19	265	256	247	287	68	174	210
百色市	46.57	276	32.74	283	283	245	268	57	280	214
庆阳市	46.24	277	31.55	284	287	177	139	127	285	255
忻州市	46.13	278	44.70	209	214	205	264	228	276	257
运城市	46.05	279	44.45	215	286	248	166	197	258	246
天水市	44.92	280	33.91	279	259	194	201	245	287	250
赣州市	44.86	281	43.99	223	273	190	192	282	246	200
伊春市	44.69	282	84.00	15	16	289	281	216	71	270
海东市	44.62	283	33.14	282	262	116	279	204	277	285
崇左市	44.38	284	35.35	274	246	251	157	281	270	216
定西市	43.93	285	28.77	287	269	220	205	205	288	275
拉萨市	43.72	286	46.15	190	289	24	284	274	213	195
白银市	43.10	287	44.39	216	277	187	282	199	283	232
鹤岗市	42.19	288	76.59	25	27	287	280	280	116	181
陇南市	39.17	289	26.65	289	279	235	254	209	289	289

基础研究

第二章

新型城镇化与自然资源利用

陈超凡

　　城镇化是人类以城市为目标和方向动态渐进的过程，是对自然界适应和改造能力显著提升的自然结果和表征，从某种程度上说，对自然资源的开采和利用是推动城镇化发展的核心动力。相比传统的城镇化进程，可持续的新型城镇化在面对自然资源这一主题时强调的是集约、高效的利用模式。这是推动城镇化进程与自然资源系统和谐共融的新型模式，是人类在城镇化道路探索中对自然界的再认识和再适应的过程，也是人类发展观和自然观的升华。

　　因此，在加快推进城镇化过程中，走具有中国特色的新型城镇化道路，是对传统的城镇化战略和模式的彻底扬弃。既不可能再像过去那样走高消耗、高排放、城乡分割、缺乏特色的传统城镇化老路，也不可能完全照搬其他国家的做法，必须从中国国情出发，走符合中国国情、符合各地实际、有特色的新型城镇化道路。这种特色新型城镇化道路，必然强调集约型、和谐型、可持续发展。

　　城镇化和自然资源的关系主要体现为在城镇化的过程中对土地、能源和水的利用和消耗方面。本章主要从土地利用、水资源处理和能源消耗这三个方面来探究新型城镇化与自然资源之间的内在关系，在描述现状的同时分析问题，并试图给出集约化利用自然资源的政策建议。

一、新型城镇化可持续发展的物质基础：自然资源

自然资源是人类可以开发和利用且天然形成的物质和能量的统称，是人类生存和发展不可替代的物质基础、生产资料和劳动对象。新型城镇化的自然资源基础是指在城镇化进程中，人类对自然资源的数量、质量、分布、组合等基本属性的依赖以及对自然资源的消费。人类的城镇化进程对自然资源产生了复杂而深远的影响，同时可持续的城镇化发展又离不开自然资源的基础保障。

现代城镇的发展离不开自然资源，尽管自然资源的某些功能已逐渐弱化（如土地资源的养育功能），但另一些功能却在得到更新和强化（如土地资源的生态功能、资产功能）。尽管人文社会资源的相对重要性在逐步增强，但自然资源的绝对重要性和基础性作用仍然无法替代。特别是如土地、淡水、能源、稀有矿产等战略性资源，其蕴含的重要潜能是人类社会可持续发展的保障。

（一）资源驱动型城镇化的发展

资源驱动型城镇化的发展充分体现了自然资源的主导性地位。一些城市的自然资源禀赋决定了城市某些不可替代的优势和职能，从而形成了资源型城市。在以自然资源为物质基础的工业化进程中，资源型城市作为区域增长的中心和极核空间，为经济发展做出了巨大贡献。从表2-1可以看出，按照狭义的资源型城市概念，在中国，资源型城市数量占城市总数比重高达28.6%。在城镇化发展的初期阶段，资源的供需矛盾是城镇发展的主要动力，对自然资源的需求形成了对自然资源的大规模开发，这对于促进农村人口的转移和推动城镇的集聚产生了重要作用。

表 2-1 中国资源型城市的区域分布及其等级分类

单位：个

区域	地级行政区	县级市	县	市辖区	合计
华北	20	8	4	4	36
东北	21	9	3	4	37
华东	27	10	9	2	48
华中（含河南）	13	20	6	0	39
华南	5	4	9	1	19
西南	22	6	19	4	51
西北	18	5	8	1	32
合计	126	62	58	16	262

数据来源：国务院 2013 年 11 月 12 日发布的《全国资源型城市可持续发展规划（2013—2020 年）》。

广义的资源型城市还包括林业城市、旅游城市、口岸城市等。在城镇化进程中，这些城市将所拥有的资源禀赋作为城市经济发展的主要驱动力，推动了城镇化的快速发展，因而一些城市发展实质上依靠的也是不同的自然资源。然而，伴随着社会经济体制改革、产业结构的逐步调整和城镇化的不断推进，传统的资源型城市出现了主导型资源枯竭、产业结构畸形化、经济持续衰退、生态环境恶化等一系列问题。这使得城镇化的进一步发展变得不可持续，传统型的资源城市亟待转型。

（二）资源结构非均衡化是制约城镇化发展的重要因素

自然资源是城镇化发展的基础条件，合理的资源结构也将促进城镇化的可持续发展。一个地区的资源结构合理通常表现出资源的综合优势，不会出现城镇化发展过于倚重单一资源的情况，资源的整体配置是协调的。而不合理的资源结构则常表现为某种重要的资源极端匮乏或城市产业的畸形化。在资源结构不合理的类型中，土地资源、水资源、能源资源具有不完全可替代性，在城镇化发展中具有特殊意义。

从水资源来看，在中国的 600 多个城市中，400 多个缺水，其中 100 多个严重缺水，北京、天津等大城市目前的供水已经接近最严峻的时刻。中国水资源空间分布存在明显的差异，沿海经济发达地区虽然社会经济资源丰裕，但水资源短缺成为城市经济发展瓶颈。

在能源资源分布方面，结构也不尽理想。中国能源的探明程度低，且分布比较集中，大于 10 万平方千米的 14 个盆地的石油资源量占全国的 73%，中部和西部地区的天然气资源量超过全国总量的一半，而经济最为发达、能源消耗量大、城镇化发展水平最高的沿海地区能源储量却十分短缺。

因此，国家通过南水北调工程、西气东输工程等跨区域项目的实施在一定程度上改变自然资源的时空分布，从而为城市和区域经济发展提供了重要的资源保障。

二、新型城镇化进程中自然资源的利用

中国的城镇化之路正处于高速发展阶段，新型城镇化战略无疑是未来中国经济社会发展的新引擎。伴随着城镇化和工业化的深入进行，对自然资源的使用量将大幅增加，因此需要以高起点和高标准来促进自然资源的有效利用，加强对自然资源的综合管理，才能为建设"美丽中国"提供坚强的后盾。

（一）土地资源利用应注意的问题

土地是最基本的生产要素，是城镇化的重要依托，土地的集约利用水平直接关系到经济发展方式的转变，是衡量新型城镇化的重要绩效指标。中国虽然整体土地资源丰富，但人均土地资源占有量却十分匮乏。

1. 土地资源利用的集约、立体、高效问题

在传统城镇化分散、极度扩张和土地过度浪费的发展模式下，形成了跳

跃且零散的发展空间，使得土地的增长速度过快，远远超过了人口的增长速度。土地的快速扩张使得土地的利用呈现粗放、平面、低效的特点，这与新型城镇化是背道而驰的。

新型城镇化提倡土地高效集约利用。在这方面，香港就是一个典型。在土地稀缺的现实条件下，香港城市规划的基本原则是优化利用每一块土地，在环境许可的情况下兴建多层、多用途的建筑，提高土地的空间利用价值。香港的面积约 1100 平方千米，总人口约为 710 万，在 2000 年，香港的城市化率就已经达到了 100%，而香港的建成区面积只占总面积的 24%，住宅区只占总面积的 7%，在这 7% 的住宅用地里容纳了 710 万人口。再看单位土地的经济产值，2019 年，香港的地区生产总值为 2.52 万亿元，单位土地的产出为 22.17 亿元 / 平方千米，而大陆土地利用效率最高的深圳，这一指标值约为 13.6 亿元 / 平方千米，仅相当于香港的 61.1%。因此，香港并非依靠土地外延式的扩张来驱动城镇化，而属于世界上典型的土地集约开发、节约利用的城镇化模式。

目前，中国土地利用集约化和高效化程度较好的地区主要是珠三角、长三角、京津冀三大都市圈，但这三个地区的土地利用效率相对仍显不足（见表 2-2）。其中，京津冀都市圈的城市化水平及土地产出效率相对其他两大都市圈较落后。

表 2-2　世界城市圈的城市化率和土地利用效率

	城市化率	人口密度 （人 / 平方千米）	单位土地产出 （亿美元 / 平方千米）
京津冀都市圈	50% 以上	484	0.04
长三角都市圈	60% 以上	724	0.15
珠三角都市圈	70% 以上	507	0.17
纽约都市圈	90% 以上	471	0.22
东京都市圈	80% 以上	2000	0.67
伦敦都市圈	90% 以上	810	0.16

数据来源：根据世界银行和各城市统计年鉴进行整理。

从全球范围来看，中国的三大都市圈中长三角和珠三角人口密度和单位土地产值虽都接近世界领先水平，但与土地集约利用程度最高的东京都市圈相比，仍有很大差距。就城市圈内核心城市而言，中国城市的土地利用效率还有提升的潜力。

2. 土地利用结构的优化问题

新型城镇化发展对土地资源的利用和管理提出了新的要求，土地利用结构优化的问题实质上就是土地规划和布局的问题，推进新型城镇化需要对土地资源进行合理高效的配置，以实现不同类型土地价值的最大利用。土地资源利用涉及居住、农业、工业、商业、基础设施、道路交通等诸多方面，只有协调好土地利用的结构，才能使得土地资源的高效集约利用成为可能。

新加坡是推动土地资源合理高效配置的典型，其土地资源管理、规划和开发对中国具有重要的借鉴意义。新加坡属于典型的人多地少、寸土寸金的城市型国家，城市化率100%，其发展空间受到土地资源的严重制约，优化合理配置每一寸土地，是新加坡经济社会发展的必由之路。作为一个城市主导型国家，新加坡通过城市规划来实现土地利用结构的优化，并使规划具有前瞻性。新加坡的土地规划主要采取二级体系，即战略性的概念规划（30—50年）和实施性的开发指导规划（5—10年）。政府将全国土地划分为900多个小区，并在每一个小区内对土地使用进行详细地规划，公共配套设施、交通网络、产业布局都有明晰的标记和详细的预算，对容积率也有详细的规定。按照用途，土地又被细分为31个类别，主要包括居住用地、工作用地、基础设施、娱乐和社区、空白用地等五大类。

中国和新加坡相比，新加坡各类型土地的比例更加合理，特别是娱乐和社区空间用地面积较大，基础设施用地的比例适中，而中国的城市占最大比例的是居住用地、工业用地，以致压缩了公用设施、商业和服务用地等，这使得各类型土地利用结构失衡，不利于城镇化的可持续发展。因此中国要向新加坡学习土地结构优化的先进经验，以夯实新型城镇化的土地资源基础。此外，中国的新型城镇化建设的土地利用过程中还应该注重各种用地在功能上的相互协调，如在新加坡，工业发展用地必须和居住用地相协调，目的是达到优化土地

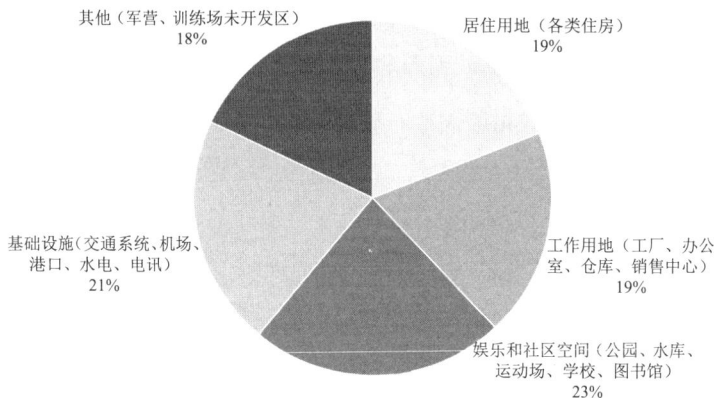

图 2-1　新加坡的土地利用结构（2010 年）

数据来源：新加坡市区重建局。

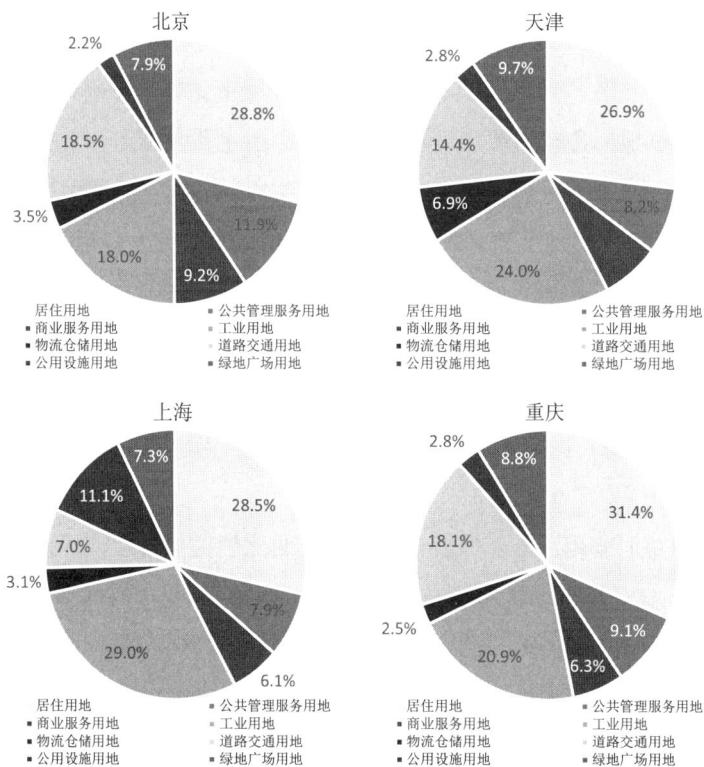

图 2-2　中国四大直辖市的土地利用结构（2010 年）

数据来源：根据《2011 中国城市统计年鉴》综合整理。

利用、环境保护、经济发展等多赢的效果。为了将工业发展带来的环境影响降到最低限度，必须在工业用地周边规划出足够的缓冲空间，而这些缓冲空间可以设置与工业用地冲突不大的用地类型，如商业、休闲娱乐、公园、道路和停车场等，以实现土地资源的优化配置。

3. 土地生态效益的提升问题

土地的生态效益是指在土地利用的过程中，对土地生态系统的生态平衡造成的某种程度的影响，将进而对人类的生产和生活环境产生相应的效应。新型城镇化的土地资源利用要注重经济、社会、生态效应的总和，这应该成为土地资源合理配置的一组完整的准则。在传统城镇化观念中，许多污染性大的用地项目，在不考虑生态成本时，可能土地产出效率较高，但新型城镇化必须考虑生态的投入，这样就会使得该项目的综合效益大打折扣。与此同时，新型城镇化背景下的土地利用不能单纯考虑土地的经济价值而大幅度地占用城市的绿地面积，而应该以建设"美丽城市"为目标，推动土地生态系统和土地经济系统的融合，建设出具有城市特色的"现代田园城市"。充分重视土地资源的生态价值应该从以下几个方面着手：一是要将土地资源的生态价值进行量化，并与经济效益挂钩；二是要将土地资源生态价值资产化，成为"生态资本"，在开发利用土地之前就应该对使用该生态资产付费，采用税收等经济手段让生态资产的受益者明确生态价值的重要性，在土地开发利用过程中，建立土地生态补偿机制，对土地资产的保护或破坏进行奖惩。美国、俄罗斯、荷兰等发达国家已普遍对资源产品进行征税，其中对土地资源的利用征税是资源税的重要组成部分，属于绿色生态税收，主要目的是保护生态和环境，促进土地资源的合理开发。

同时，土地的生态效益还体现在绿地资源的充分配置上。近几年，中国与世界土地绿化程度先进的国家相比，差距在逐步缩小，尤其是北京的人均绿化面积已经比伦敦和巴黎高出了一倍，这与北京在城市发展过程中注重土地生态效益的发挥密不可分。2020年，北京市森林覆盖率达到44.4%，城市绿化覆盖率达到48.5%，森林蓄积量则达到2520万立方米，人均公共绿地面积达到了16.5平方米。但相比北京，上海的人均绿化面积仍然很低，主要与其经济高速发展占用了大量的城市绿地有关。就整体而言，中国还应该继续重视土地的生态效益，更多地还原自然生态的本色，在城市发展过程中追求土地资源可持续的利用模式。

（二）水资源利用应注意的问题

水资源是国民经济可持续发展的命脉，水资源友好利用是衡量城镇化能否持续进行的重要标准。在城镇化过程中，工业、居民对水资源的需求量巨大，水资源的短缺将使城市人口的增长受到限制，使工业生产不能顺利进行，必然成为可持续城镇化的限制因素。中国水资源的时空分布不均衡且供需矛盾尖锐，众多城市发展对水资源的需求不能得到有效供给。与此同时，在城镇化的进程中，还造成了地下水超采严重、水污染日益加重、水资源浪费严重等问题。特别是城镇化、工业化带来的环境污染，使中国饮用水污染问题变得十分严峻。

作为环境承载力的一个关键要素，水资源承载力决定了一个地区所能承受的人口、工业规模上限。一旦超出承载力范围，缺水、水污染、地下水超采以及由此引发的地质沉降、饮水安全等问题将逐一爆发。为了解决新型城镇化过程中的水资源利用问题，需要从减少水资源浪费、提高水资源利用效率、治污技术创新等多方面入手。

1. 水资源节约利用、效率提高的问题

中国水资源短缺的原因与农业、工业、城市居民生活用水造成的大量浪费有关。农业方面，由于灌溉技术落后，灌溉用水利用率一般只有50%；工业方面，生产方式粗放，水资源的重复利用率远不及发达国家；城市方面，浪费严重，污水回用率低。

世界在水资源节约利用方面最为出色的当属以色列，这个60%土地属于干旱或半干旱地区的严重缺水国度，却凭借着节约利用水资源和大力发展节水

技术成为"节水富国"①。在农业方面，滴灌是以色列最著名的节水灌溉技术，1999 年以色列 80% 以上的灌溉农田已经应用滴灌。根据各类作物和土壤类型设置的滴灌控制系统，使田间用水效率显著提高，达到 70%—80%，每立方米由此增产 2.32 千克。发明滴灌以后，以色列农业用水总量 30 年来一直稳定在 13 亿立方米，农业产出却翻五番。由于管道和滴灌技术的成功，全国灌溉面积从 16.5 亿平方米增加到 22 亿—25 亿平方米，耕地从 16.5 亿平方米增加到 44 亿平方米；在工业方面，实行严格的工业用水配额制度，同时大力发展工业节水技术，提高水资源的重复使用效率，特别是工业废水和污水的回收再利用技术，使得污水回收利用率已达 75%，居全球之首。与此同时，新建海水和咸水淡化工厂。2010 年，以色列 3 家运营的海水淡化厂，共为以色列全国提供 2.92 亿立方米的淡水；在居民生活节水的倡导上，为应对水资源短缺问题，以色列水管理局会同以色列环境保护部积极建设节水型社会，通过宣传画、报纸、网站、标语等宣传媒介，大力号召全社会节约用水，开展了具有影响力的宣传活动。以色列水管理局、环保部还专门发布了《家庭节约用水的十项规定》和《花园节约用水的十项规定》《节约用水的建议》等条例来督促居民节约利用水资源。

伴随着中国新型城镇化战略的实行，中国的许多地区也开始大力发展节水产业，推动节水型城镇的构建。在农业节水方面，如中国的京津冀地区，推广先进的农业节水技术，改善灌溉制度，优化输水、灌水的方式，建设了一批高标准的现代化农业节水园区和农业示范区；在工业节水方面，如广东省制订了工业行业用水定额和节水标准，实行滴水计量、限额供水、节水奖励的节水机制，提高工业用水重复利用率。同时严格限制缺水地区发展高耗水工业项目，大力推广工业节水新技术、工艺和设备；在居民生活用水方面，四川成都等节水型城镇走在前列，他们规范城市公共建筑及住宅小区水景工程的循环用水模式，改善人居环境，节约水资源，强化节水宣传，不断提高市民节水

---

① 马乃毅、徐敏：《以色列水资源管理实践经验及对中国西北干旱区的启示》，《管理现代化》，2013 年第 2 期，第 117 页。

意识。

将人类发展指数（HDI）与各国的水资源利用效率联系起来，分析经济结构和用水效率之间的联系。可以看到，HDI 指数越高，GDP 的用水效率就越高，每万美元消耗的水资源也就越少；而 HDI 指数越高的国家，其城镇化水平也越高，城市化率均在 90% 以上，走的是可持续的城镇化发展模式。对于工业用水效率而言，工业用水效率体现出不同的经济结构特征，HDI 在 0.7—0.8 之间的国家工业用水消耗较大，工业用水效率较低与这个阶段的国家正处于城镇化和工业化高速发展阶段有关。与其他国家比较，中国的用水效率与其所处的社会经济发展阶段基本一致，且略有超前，反映出随着新型城镇化的推进，中国加强需水管理、建设节水型社会所取得的成效。

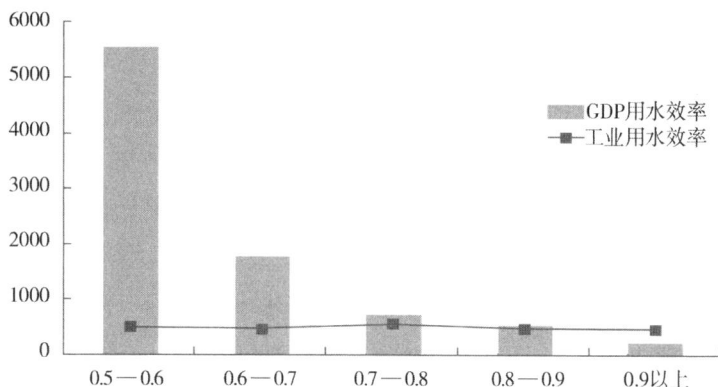

图 2-3　不同人类发展指数下各国用水效率（2009 年）

数据来源：根据《2010 年中国水资源公报》、WDI、FAO、UN data 整理。

2. 水资源污染防治与管理问题

伴随着新型城镇化的建设步伐，中国水污染防治工作取得了显著成绩，但水污染形势依然十分严峻。2019 年中国城市污水排放量为 555 亿吨，县城污水排放量为 102 亿吨，村镇污水排放量为 216 亿吨，合计 873 亿吨。水资源污染不仅给城市经济发展造成巨大损失，更直接危害到居民的饮水安全。德国也曾因为城市和工业的快速发展对水资源造成了严重污染，但由于很快意识到保护水环境对城镇化可持续发展的重要意义，德国在水污染防治方面走在了世界前列。在德国，大约有 96% 的生活污水以及工业污水会被二次循环利用，不仅仅在城市，包括郊区和农村的所有河流湖泊一律都采用了污水二次循环使用的办法，采取严格的四道净化工序，除去重金属、细菌等污染源。在德国南部有一个与瑞士接壤的湖泊，面积 500 多平方千米，因为受到严重污染，已被定义为"死亡"，污染源主要来自家庭污水以及农业污水。为此，德国政府与瑞士一起建立了一个工程浩大的管道项目，把沿湖周边的废水全都导入管道，然后输送至废水处理厂加以循环清理。由于两个国家共同努力，这个湖泊的污染程度近年来已明显减低。

对比中国和世界主要国家的废水处理效果，中国的废水处理受益人口的比重明显低于世界先进水平。因此，新一轮城镇化发展，不仅要提高水资源的利用效率和效益，更要防止水污染，加快对废水的处理力度和循环重复使用，这应该作为一项长期的战略推行。当前，中国的众多城市都出台了针对水污染的措施，如北京市为了保护和改善水环境，保障饮用水安全，推进污水再生利用，促进城镇化的可持续发展推行的水污染防治条例，其主要措施有：坚持水污染防治城乡统筹，实行流域管理，严格保护饮用水水源；坚持水污染防治与水资源开发利用相结合，推进污水资源化，提高水资源循环利用率；坚持污染物排放总量控制，在削减污染物的同时补充生态环境用水，逐步改善水环境质量，恢复和保护水体生态功能等。

（三）能源资源利用应注意的问题

城镇化的发展所引发的直接或间接的各类需求须依赖于能源供给能力的维持与提高，同时，城镇化对能源的需求也产生了一系列复杂问题和深远影响。新型城镇化是能源革命的主战场，在当前严峻的能源环境形势下，需要通过能源资源的高效利用为城市经济、社会的可持续发展提供有效的供应保障。因此，新型城镇化下的能源高效利用需要进行一场深刻的能源革命，要让新型城镇化与能源革命成为新经济增长模式的两翼，并相辅相成。

从资源和环境的角度考虑新型城镇化，核心和难点在于低碳，而长期以来以化石能源为基础的传统能源体系与低碳发展的理念并不相符，这也是新型城镇化发展的症结。因此，中国的能源体系要从粗放、低效、污染、欠安全，逐步向节约、高效、清洁、多元等安全转变，以实现根本性的变革。

1. 能源消费结构优化、新能源的开发问题

新型城镇化对能源结构的优化提出了新的要求和挑战，也为新能源的发展带来了重要机遇。从能源结构的调整上看，中国应该从根本上调整以煤、石油等化石燃料为主导的能源消费，才能从根本上解决化石能源的稀缺性和污染性两大弊端。由此，以可再生能源为支柱的新型能源体系正在成为世界潮流，被喻为"第三次工业革命"的重要标志。目前，中国新能源的发展重心在于核心创新能力的提升和技术经济瓶颈的攻破，重点在于如提高风能的发电效益、建设规模化的核能源体系、降低太阳能发电成本、建立安全清洁高效的电力保障网、加强生物沼气能等低成本能源的开发，逐步实现新能源的规模化和产业化，在这一过程中，新型城镇化能为新能源的开发提供强大的动力。中国的传统能源消费依然处于世界前几位，在"金砖国家"中位居首位，以化石能源为主导的消费结构亟待转变；从电力、核能、生物能等清洁新能源的开发利用角度来看，中国的电力装机总量位居世界第一，但依然是以煤为主要发电动能，水利发电和地热发电与美国等发达国家相比还存在差距，核能以及生物能的开发利用在世界上位居中下水平，而可再生的生物质能源的开发与印度、巴西等也存在较大差距。要实现能源消费结构的实质性调整，就要重新设计中国的能源体系，实现政府引导、市场运作、企业领跑、公众参与等各方面的协调统一。

而与中国同为"金砖国家"的巴西，已成为"新能源的领跑者"。在拉丁美洲，巴西的石油探明储量仅次于委内瑞拉，2007 年以来，巴西在东南沿海相继发现大油气田，有望进入世界十大石油国之列。然而，巴西却没有占据石油资源的优势进行粗放式地推进发展，反而却依托农业优势和先进的生物技术，率先从甘蔗、大豆、油棕榈等作物中提炼燃料，其生产生物燃料的成本是欧盟的 1/2，是美国的 2/3，目前已成为世界绿色能源发展的典范。联合国粮农组织将巴西评为"最具生物燃料生产条件的国家"之一。经过 30 多年的发展，

巴西生物燃料作物的种植面积已扩大到千万公顷，乙醇和生物柴油生产企业分别达到 320 家和 43 家。联合国环境规划署的报告称，2008 年巴西的乙醇和生物柴油产量双双创下 245 亿升和 11 亿升的历史新高，巴西作为生物燃料生产和出口大国的地位得以巩固。[①]巴西的乙醇项目几乎吸引了整个拉美地区的可再生能源项目投资。此外，巴西的科技部门还不断加强生物燃料技术的研发，以绿色科技的创新进步推动生物能源技术的高速发展，由此将生物燃料的原材料拓展到秸秆等农林废弃物，并成功将纳米技术运用于第二代生物燃料的生产中，不仅扩大了生物能源的来源范围，而且攻破了生物能源生产的瓶颈，从而使得生物能源的利用高效化、循环化、集约化。

2. 能源使用效率的提升问题

开源与节流是新型城镇化发展应对能源匮乏的主要解决方式。一方面要进行能源储备，同时积极优化能源消费结构，另一方面就是要在现有的能源利用方式上更加可持续性，即加强对传统能源的高效利用和节约控制。在新能源的技术条件、经济效益等各方面还未完全成熟之际，尽可能地提高现有能源的使用效率是最有效的途径。随着新型城镇化战略的推进，中国的能源利用效率的改善取得了显著成效，与其他国家同一经济发展阶段相比，中国在提高能源利用效率上取得的成绩非常突出。但与世界先进国家相比，中国的能源利用效率总体水平却接近低收入国家的标准，整体低于世界高收入、中等收入国家的平均水平。未来城镇化可持续发展的能源利用效率提升仍有不小的压力。

世界经济论坛发布的《能源展望报告》显示，能源效率的提升是一个国家能源价值链决策过程的核心要素，许多发达国家都将能源效率的提高纳入了战略决策的范畴。日本是一个能源资源匮乏的国家，日本颁布的《能源节约法》已经历时 30 多年，要求各行业包括工业、建筑、运输部门改善能源管理，由于工业部门几乎 90% 的能源消耗处于法规的监管下，因此日本工业部门能耗 30 年没有任何增加。同时，日本一直在努力开发创新性高效能源技术，在过去 30 年中，GDP 翻了近一番，同时能源效率提高了 40%。美国作为能源消

---

① 　韩晶、陈超凡：《巴西绿色经济的发展经验及启示》，《绿叶》，2013 年第 6 期，第 91 页。

费的世界第一大国，一直以来致力于能源效率的提升，特别是在消耗了其能源总量 40% 的建筑物能效改善上进行技术革新。通过一次性对各社区进行整体改建，简化改建流程，大大减少成本。同时，在新建房屋上，通过开发嵌有能源分析程序的建筑物设计软件并建设优化能源效率的建筑物运行体系，实现节能 60%—80%。新加坡国家能效政策的一个关键就是进行新能源技术开发配置的创新活动。如智能电网和电气车辆试点工程，电气车辆可以作为能量储存系统，在高峰时期将电力回馈给电网，让电力系统更加有效[1]。

三、资源集约利用维度中的新型城镇化可持续路径

资源与环境相耦合的城镇化模式是可持续的城镇化所追求的发展状态。如果城镇化对资源基础产生了破坏，必然对环境系统产生负面影响，而脆弱的资源环境系统反过来又会制约城镇化的健康发展。综合而言，新型城镇化实质上就是可持续发展的城镇化，中国虽然是一个资源使用的大国，但却不是资源有效利用的强国。伴随着城镇化和工业化的深入进行，对自然资源的使用量还将大幅增加，因此需要以高起点和高标准来促进自然资源的有效利用，加强对自然资源的综合管理，才能促进城镇化的可持续发展，才能为建设"美丽中国"提供坚强的后盾。

（一）自然资源开发与保护并举的新型城镇化路径

经济发展的主要载体是城市，而城市发展的主要动力是资源，推动新型城镇化要根本上改变"以资源换增长"的发展模式，坚持自然资源的利用与保护并举。具体来说，有以下几个方面。

---

[1]　孟华：《发达国家将提高能源效率纳入战略决策值得借鉴》，《中国信息报》，2010 年 4 月 9 日，第 2 版。

1. 新型城镇化发展应注重城市的内涵式发展

不能盲目扩大城市规模，应在保护耕地和节约用地的前提下，科学合理地制定城市各类用地的规模和标准，对农业、工业、商业与服务业、居民生活用地的比例进行合理的配置，实现土地利用结构的优化。在此过程中，特别要防止农村建设用地的进一步扩张，对耕地资源要实行严格的保护，积极开展土地的整理和流转，促进土地资源的合理配置，挖掘现有土地存量的潜力，改善土地的生态环境，确保耕地总量的动态平衡。土地整理主要是依据土地利用规划，增加有效耕地面积，同时对城镇闲置、存量等利用效率低的土地转为建设用地的土地进行整理，解决城镇发展用地之需。

2. 新型城镇化发展应"量水而城"

将可开采的最大水资源量作为确定城市规模界限的一个重要指标，节约、科学地使用水资源，减少水资源的浪费，同时有效地防治水污染。首先，水资源的开发必须坚持开源、节流与保护并举，把节流作为一项基本方针，"短缺"与"浪费"是中国水资源利用的重要特征，在未来相当长的时间内，中国缺水问题要通过节水来解决。其次，要统筹好各用水部门，特别是解决好工农业在生产过程中的水资源浪费问题。为此，流域管理部门必须将工业和农业放到同一个系统中考虑，做好各行业各部门的水资源分配和节水计划。再次，要特别加强城市废水污染的控制。根据城市经济社会发展实际，制定好城市的近期、中期、远期水资源综合利用整体规划和水污染控制规划，按照城市各功能区的要求和水环境容量，确定水质控制的目标和区域水污染防治的实施方案。

3. 新型城镇化发展应提高新能源和可再生能源消费比重

新型城镇化下的能源资源利用，需要从根本上改变以化石燃料等不可再生能源为主导的能源结构，提高新能源和可再生能源在终端能源消费中的比重。具体来说，要减少不可再生的能源资源的消费总量，节约使用能源资源，防止粗放式利用造成的大量浪费；要调整和优化产业结构，减少高耗能产业的发展，促进能源资源的有序开发和合理利用；建立"现代能源体系"，形成以可再生能源为主、化石能源为辅，因地制宜的多元能源结构，强化以分布式为主、集中式为辅，分布式与集中式互为补充的平衡供应模式；依靠技术进步，特别是加强能源技术创新，改变传统的能源利用模式和研发新能源推广的适用技术；要引导公众树立节约使用能源资源的消费观，并承担起引导能源结构调整的角色，实现能源消费向清洁化、智能化转变。

（二）自然资源集约与高效利用的新型城镇化路径

新型城镇化发展的关键是转型升级，提高城镇化的综合效率，即新型城镇化是质量和效益的统一，其中的关键之义就在于提升自然资源的使用效率。

1. 促进土地开发利用向集约、高效立体的方式转变

新型城镇化并非简单的"圈地造城"，城镇的土地开发利用必须从粗放外延扩张方式转向集约、高效立体的方式。首先要充分利用现有的城镇土地资源，提高城镇的土地利用率和土地产出率。通过追加城镇土地的资本、技术和劳动投入，挖掘土地经济产出潜力，同时促进城市的产业结构升级，推动生产要素的合理配置和土地利用效率的整体提升，以获得最佳的综合利用效益。其次，要制定科学的城镇发展战略，合理确定城镇建设项目标准，运用市场调节机制，坚持土地资源的"有偿使用"，以提高土地的再生产能力和循环利用率，从"土地资源—产品—废弃物"的利用模式转变为"土地资源—再生土地资源—再生产品"的循环模式。再次，土地是一种具有空间立体性的综合体，要提高城镇土地的空间利用效率，使多维空间利用成为城镇土地开发利用的发展方向。

2. 提高水资源的利用效率和效益

提高水资源的利用效率和效益是破解当前中国水资源瓶颈的重要方面，也是水资源可持续利用的动力所在，应该将其作为一项长期的战略进行推行。首先，要提升中国农业、工业用水的效率，关键在于技术进步和创新，农业发展要针对区域实际采用先进的灌溉技术，通过计算机控制水资源灌溉网络，减少渗漏蒸发，提高水资源的综合产出收益。加大政策扶持力度，积极支持节水灌溉技术的开发和研究，对节水灌溉工程的建设，各级财政应给予适当的补

助。其次，要提高水资源的循环和重复利用效率，要转变观念，将污水、废水作为回收再利用的资源加以使用。工农业废水可采用"源分离"的方法，在源头上把废污水的排放分开，对污水进行集中净化处理，提高废污水的重复循环利用率。再次，可尝试实行工业用水和农业用水的配额制度，将用水配额与水价机制结合使用，以激励工业生产集约高效利用水资源。

3. 提高能源资源的使用效率

能源消费总量随着城镇化的进程还将大幅增加，提高能源资源的使用效率迫在眉睫。首先，提高能源利用效率的基本途径是产业结构优化和调整，继续优化第一产业结构，重点优化第二产业结构，大力发展能耗相对较低的第三产业，充分挖掘经济结构推动中国能源强度下降的潜力。其次，合理的城镇化发展模式是提高能源利用效率的重要支撑，要采用集约型、复合型、功能型的城镇化发展模式，结合城市的资源与环境承载力，有序引导人口和经济向适宜开发的区域聚集，推进主体功能区的建设。再次，自主创新与技术进步是提高能源资源利用效率的关键。具体包括加大能源科技的投入力度，鼓励节能型技术的研发与应用；通过技术进步改进生产工艺、调整行业内部结构、挖掘生产过程的节能潜力。最后，要全面推进新型城镇化下低碳社会的建设，为提高能源资源利用效率创造有利的环境。以低能耗、低排放、低污染为基本发展方式，实现经济发展从高碳能源时代向低碳能源时代转变。

（三）自然资源综合管理体系创新的新型城镇化路径

自然资源的集约、高效利用是一项系统工程，需要充分利用行政和市场的手段进行综合管理，才能保障自然资源开发和利用的合理规划，同时在市场杠杆的作用下实现自然资源的合理配置与效率提升。

1. 建立科学规划，运用市场机制

要在《土地管理法》和相关法律制度的指导下，建立科学的土地用地总体规划和城市规划，同时积极推进市场配置土地资源和调整土地价格的杠杆作用。首先，要进一步完善土地的法规和制度，使各种有效的土地管理纳入相关

法律体系中，并探索建立土地利用效率评价、绩效考核制度。其次，要基于资源承载力来建立城市空间的发展布局规划，系统综合地管理城市的用地总量和用地结构，统筹安排各业各类用地，使每个建设项目都做到合理的用地规模、合理的用地布局、高效的产出收益。再次，要充分发挥市场机制的作用，更多地运用土地价格和租税费等经济手段，加大土地取得、使用和保有成本，降低流转成本，矫正土地价格的扭曲，促进土地资源合理高效流动，全面提高土地资源的配置和利用效率。最后，创新体制机制，充分研究国家宏观政策及城乡统筹综合配套改革试点工作的相关政策，以经营城镇的理念，努力破解城镇化建设用地难、融资难等难题。

2. 加强水资源的综合管理

首先，要加强水资源保护与利用的法律与制度建设，将之作为评价政府工作的重要依据，才能从制度上推动经济发展、城市建设中合理利用水资源，避免过度消耗与浪费。要实行最严格的水资源管理制度，并对落实情况进行定期考核，以督促各个城市加强对水资源的保护，实现水资源的可持续利用。其次，要加强水资源的时空综合管理与配置的力度。坚持流域管理与区域管理的协调统一，加强地表水与地下水资源的统一管理，实行地下水有序、合理、可持续利用的管理模式。再次，将经济手段与法律手段结合起来，充分发挥政府职能，促进水资源的合理开发利用。要进一步促进水利行业向水利服务功能社会化、水利经济产业化过渡。注重运用经济手段，如建立产权交易市场，包括水资源开发使用权交易和综合功能的水工程配额交易市场等。

3. 加强能源资源的综合管理

加强能源资源的综合管理是新型城镇化推动能源体系改革的重要保障和系统工程。首先，需要完善能源管理的相关法律和制度，建立能源－经济－环境系统的能源利用效率评价体系以及相应的考核方法，要将其列入国家和地方节能减排综合性的工作方案中，充分引导各地区、各行业进行节能减排，推动能源、经济和环境的可持续发展。其次，要对能源项目进行合理的规划和布局，特别是优化高耗能产业的布局，综合考虑原材料、交通区位、市场需求与项目所在地的能源效率问题，减少能源利用效率低的地区新建高耗能项目。再次，政府应当通过行政、法律和经济手段相结合的方式，用行政、规划、财税费等手段弥补市场机制的不足，为能源体系改革创造良好的外部环境和制度保障。最后，要建立能源资源的战略储备体系，减少对外的能源依赖度，把能源储备当成一个包括法律法规、管理运行、储存基地、配套设施和统计网络在内的整体工程来考虑和建设。

扩展阅读：

专栏 2-1

资源有效利用：深圳加强土地集约高效利用，推进新型城镇化

深圳是一个"弹丸之地"，全市土地面积仅为 1991 平方千米，但在这片土地上却承载了 1500 万人口，即人均用地面积只有 133 平方米。2019 年，深圳 GDP 约为 2.69 万亿元人民币，单位土地产出约为 13.6 亿元。虽然深圳土地集约利用程度与香港等地区相比还有差距，但不可否认的是，深圳在全国土地集约利用方面已是遥遥领先，树立了全国城市土地利用质量的标杆[①]。将深圳在新型城镇化下土地集约高效利用的经验归纳为以下方面。

首先，加强对经营性用地的集约高效利用，以充分处理好城市扩张与土地节约集约利用的关系。深圳的对策是前置筛选、双向调控和市场选择。所谓"前置筛选"，即对经营性用地的承载力有一个事先的调查和评估，对产业用地投资强度、产出率等提出低限控制要求，增加产值能耗控制指标，构建产业筛选和评价机制，不断提高单位建设用地的经济承载力。"双向调控"指的是以小地块、高容积率促进企业集约用地，充分调动供需双方的积极性，提高单位土地的用地效率。"市场选择"指的是在土地资源利用过程中，坚持市场选择的标准，通过市场筛选出有实力、有需求、有潜力的企业和产业项目。市场选

---

① 吕绍刚：《盘活存量土地　打开发展空间》，《人民日报》，2019 年 10 月 10 日，第 6 版。

择机制大大推动了深圳产业优化升级，进而不断提升土地的利用效益。

其次，"三箭齐发"，探索土地资源二次开发新模式。深圳通过政策与制度创新，充分挖掘土地利用的潜力，重点加强对存量土地的二次开发和利用，深圳市供应的建设用地有一多半来自存量建设用地，土地开发建设已经从以增量土地为主转入以存量土地为主的时期。为了达到对存量土地资源利用效益的最大化，深圳从城市发展单元制度、推进土地整备制度改革、完善城市更新办法三个方面入手，"三箭齐发"，积极探索存量建设用地的二次开发模式。

第三，深圳为实现土地高效利用，在独具特色的组团式空间结构基础上，形成了轴带结合的多中心网络组团结构，重要提高节点土地的产出效益。深圳通过五大新城等区域战略性节点的建设增加发展极核，增强组团结构的发展内力。如罗湖"金三角"片区每平方千米GDP现超过130亿元，已成为领跑全国的"高产田"。除此之外，深圳率先划定全国首个城市生态控制线，实现了土地资源的可持续利用。

总之，深圳正是在城镇化土地利用的高度压力之下，通过规划、制度、政策的创新成为土地管理改革与创新的先行者。其土地资源集约高效利用的模式及方法，可以为国内城市推进新型城镇化与土地资源高效利用提供先进经验和模式。

专栏 2-2
资源有效利用：四川成都大力推进节水型社会构建，推进新型城镇化[①]

四川省成都市自从 2005 年获得"全国节水型城市"称号以来，不断深化节水型城市和社会建设，努力实现新型城镇化对水资源节约、高效利用的目标，在节水管理、节水科技、节水宣传等方面取得了一系列丰硕成果。可以说，成都在经济社会全面发展的同时，节水工作取得了显著成效。[②] 成都在节

---

① 资料来源：《成都日报》、作者调研整理。
② 楼豫红、康绍忠、崔宁博等：《基于集对分析的区域节水灌溉发展水平综合评价模型构建与应用——以四川为例》，《四川大学学报》（工程科学版），2014 年第 2 期，第 20 页。

水型城镇创建过程中，有以下经验值得借鉴。

首先，成都进一步加强计划用水管理，以适应城乡发展的需要。根据合理的城市用水计划，成都市在2011年完成了总共7000余户用水单位的计划报批和下达工作，确保了城市生产、经营、办公等用水的正常进行。与此同时，成都还严格执行超计划用水加价收费制度，提高节水监管力度，并加强了城市地下水水资源费和污水处理费征收工作，确保对水资源合理、有效、有偿地使用。

其次，大力推广节水技术，使用节水设施器具。成都采用检查服务和资金补助等办法，指导和支持一定数量的用水大户开展技术改造，促进向节水型方向转变，实现合理用水，提高用水效率。对居民住宅中使用的不符合节水标准的用水器具，采用加强宣传和赠送少量节水器具的办法，以点促面，以小带大，引导和鼓励居民尽快淘汰更换，并提供有效的服务。运用多种措施促使企业、单位定期检漏，按规定进行供水管网的技术改造，降低管网漏失率。

第三，加快创建节水型社区（小区）步伐。为了规范城市公共建筑及住宅小区水景工程的循环用水模式，改善人居环境，节约水资源，成都市城市节水办与市级相关部门共同审查了十家建筑项目建设报建中有关水景观循环用水的设计图纸，以保证节水型社区的顺利创建。

第四，强化节水宣传，不断提高全民节水意识。在"世界水日""中国水周"等期间，成都市城市节水办与水务局等部门和单位联合举办了大型节水宣传活动。在全国节水周宣传期间，成都市还利用网络，举办了网络视频在线实时专访节目，采取线上交流的方式与网友进行了实时互动交流；投放大量富有创意的节水公益广告；在媒体上开展了节水条例知识竞赛活动，吸引了近千名群众的参与；在商业繁华区成都王府井百货商场开展条例宣传及市民签名征集活动……这些活动有力营造了宣传氛围，起到了提高市民节水意识的效果。

未来，成都还将继续发挥节水型城镇的表率，成都市节水办有关负责人表示："水资源的可持续发展将是成都建设世界现代田园城市的重要安全保障之一。"

第三章

新型城镇化与经济增长

范　莎

　　城镇化是一个国家实现经济发展的必由之路，也是 21 世纪全球经济发展的重要主题。根据联合国《世界城市展望》，预计在 2000—2030 年间，全球人口年均增长率大约为 1%，而城市人口年均增长率为 1.8%，换言之，全球城市人口大约 38 年便可以翻一番，其中，发展中国家新增的城市人口是未来城市人口的主要来源。预计在 2025—2030 年间，全球新增城市人口中，将有 98% 来自发展中国家。中国作为世界上人口最多的发展中国家，毫不夸张地说，未来的城镇化发展将对全球的经济发展产生极为深远的影响。因此，许多国外学者都把中国的城镇化与美国的高科技并列为影响 21 世纪人类发展进程的两大关键因素[①]。

一、城镇化与经济增长互动的机理

　　历史经验证明，城镇化与经济增长两者紧密相连。具体来说，随着经济的增长，农村人口向城市转移，城市人口比重增加导致城镇化水平不断提高，也有相当数量的经典理论详细阐述了经济增长作用于城镇化的机制；而在城镇

[①]　2000 年 7 月，诺贝尔经济学奖获得者、世界银行首席经济学家斯蒂格利茨在世界银行中国代表处提出的发言，原文为"21 世纪影响人类社会进程的最主要的两件大事：一是美国的新技术革命，二是中国的城镇化"。

化对经济增长的反向作用方面，曾有学者进行过零散的研究，虽对其机制有所涉及，但并未形成完整的理论，有待于进一步探讨。如今转型时期，中国城镇化与经济增长之间的关系总体如何？城镇化对经济增长产生什么影响？政府可采取怎样的应对措施？要回答这些问题，首要任务就是厘清城镇化与经济增长的关系及其互动机理。基于此，本节详细阐述城镇化与经济增长相互作用的机制及理论模型，以加深对两者关系的认识，为后文的分析奠定框架性基础。

（一）城镇化推动经济增长的理论综述与影响机制

1. 城镇化推动经济增长的理论

目前，关于城镇化问题的经济理论主要包括非均衡增长理论、内生增长理论、新兴古典经济学等几大理论流派。

（1）非均衡增长理论

非均衡增长理论是在探讨城市带动区域发展机制中逐渐演化并形成的，它实际上是一系列理论的集合，包括了法国经济学家弗朗索瓦·佩鲁（Fransois Perroux）于 1955 年提出的增长极理论。该理论认为，增长极是由主导部门和有创新能力的企业在某些地区或大城市聚集而形成的经济活动中心，增长极不仅能迅速增长，而且能通过乘数效应推动其他部门的增长。城市在区域发展中恰似增长极，能够产生吸引（attraction centers）或辐射（diffusion centers）作用，促进城市自身和推动周边地区的经济增长。因此，增长并非出现在所有地方，而是以不同强度首先出现在一些增长点或增长极上，这些增长点或增长极通过不同的渠道向外扩散，对整个经济产生不同的最终影响。

（2）内生增长理论

在内生增长理论的模型框架下，城镇化通过技术创新与扩散、人力资本形成等中介因素来推动经济增长，进一步为经济增长提供持续动力。但内生增长理论在考虑促进经济内生性增长的因素时并未直接考虑城镇化，城镇化只能作为一种间接效应，而且内生增长的关注点较为广阔，城镇化只是众多可能因素中的一种，如何把城镇化效应直接纳入内生增长模型有待进一步研究。

（3）新兴古典经济学

新兴古典经济学利用超边际分析工具所建立的城镇化模型认为，城镇化导致分工进一步深化，形成专业化经济，降低交易成本，促进经济增长。新兴古典城镇化理论假设每个人的居住地点不变，每一对贸易伙伴都到他们之间的中点进行交易，那么当分工水平提高而要求交易网络扩大时，总的交易旅行距离和相关费用就会成超比例地扩大；如果所有人都将交易集中到一个中心地点，则会大大缩减总的交易旅行距离，从而极大地降低交易费用，提高交易效率。

2. 城镇化对经济增长的影响机制

城镇化推动经济增长的主要方式是促进产业发展以及带动区域发展，具体体现在以下几个方面：第一，城镇化促进农业现代化。一般情况下，在城镇化过程中，随着大量农业劳动力从农村转移到城镇，土地日益集中，农业经营规模不断扩大，加之城市技术的革新及扩散和农业生产经营的优化，农业现代化水平将不断提高，并且随着城市数量的增加、人口增多和生活标准的提高，农产品消费将不断增长，从而进一步促进了农业生产的发展。另外，城镇化和工业化的发展，可以反哺农业，加速农业的资金积累。第二，城市人口的增长刺激了工业品的需求。相对于农产品来说，工业品的收入弹性更大一些，随着城市人口规模扩大，人均收入提高，对于工业品数量及种类的需求大大增加，进而促进了工业部门的深度发展。第三，城镇化扩大了服务业规模，提高了服务业效率。城镇化达到一定程度后，促使人类活动从简单的商业流通领域，扩展到为生产服务的广告、运输、批发、零售、金融、房地产等活动领域，以及生活消费服务的旅游、文化、娱乐和满足社会公共需要的服务等领域，促使服务业作为一个独立产业进入自我发展、自我提升的高级阶段。第四，城镇化能够更好地促进区域发展。城镇化除了对三大产业的发展具有促进作用外，在区域整体发展上也具有强大的带动性。城镇化水平提高意味着区域城市数量增加和城市规模扩大，这将进一步扩大城市内部的劳动分工，提高劳动生产率，同时也将提高城市对周边农村地区的扩散效应，促进农村地区的快速发展。城镇化促进经济增长的作用机制可概括为图3-1所示。

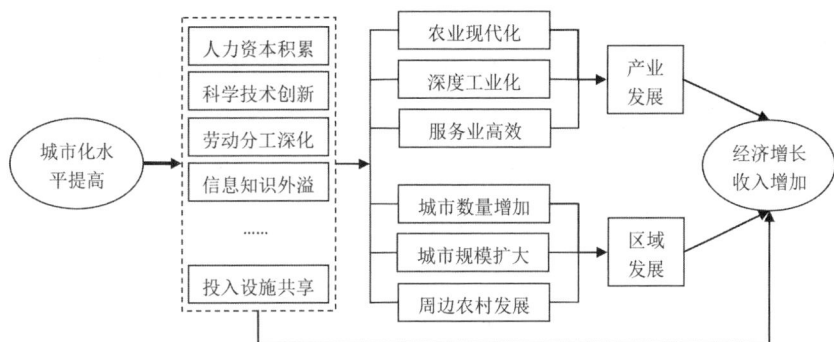

图 3-1 城镇化促进经济增长的路径机制

（二）经济增长促进城镇化的理论综述与影响机制

1. 经济增长促进城镇化的理论

上文分析了城镇化促进经济增长的作用机制，涉及一些产业、就业结构转换理论与模型。但究竟是什么因素导致产业结构、就业结构发生变化？产业与人口为何聚集于城市？对其内在机理的概括主要分为以下几种理论。

（1）古典分工理论

古希腊的色诺芬（Senuofen）曾从分工的角度来研究人口集中和专业技能以及产品开发之间的关系，人口集中无疑是城市出现的先导。柏拉图发展了色诺芬的思想，为城市产生专业化和分工确立了经济基础。城市与分工及专业化经济相辅相成：一方面，城市对单个商品的巨大需求，使分工和专业化具备了存在的基础；另一方面，城市内的分工和专业化又提高了工人们的技术和生产效率。威廉·配第（Weilian Peidi）已认识到大城市与劳动分工的内在关联以及专业化的好处；斯密对专业化、分工经济进行了一般性分析，并将专业化和交换视为城市乃至整个市场理论赖以建立的基础；马克思和恩格斯从社会分工的发展视角，来论证城乡分离和城市出现，认为分工首先引起工商业劳动和农业劳动的分离，进而引起城乡分离和城乡利益的对立，正是工业、商业和农业的分离促使城市产生。

（2）区位理论

区位理论认为城市是一种社会生产方式，以社会生产的物质要素和物质过程在空间上集聚为特征。其中社会经济系统由不同的城镇个体及子系统所组成，城镇之间及系统之间存在着相互作用，城市的集聚性创造出大于分散系统的社会经济效益，导致企业、个人等主体做出向城市集中的空间决策，成为城镇化的动力之源。

（3）新古典增长理论

新古典增长理论认为外部性规模经济和知识外溢是经济增长的基础，也是城市聚集经济的核心。以美国经济学家费希尔·布莱克（Fischer Black）和汉德尔森的城镇化模型最具代表性，其假设城市是专业化的，有厂商和政府二类主体，每个劳动者是一个厂商，而一个城市只有一个政府或土地开发商，并以此为基础进行了一般均衡分析。为进一步考察城市之间的相互作用以及城市体系的形成，他们还对城市规模和城市数量与经济增长的内在机制，以及实现平衡增长的基本条件进行了分析。

（4）新经济地理学观点

与传统城市模型的外部性外生给定和完全竞争的假设不同，美国经济学家保罗·克鲁格曼（Paul R. Krugman）的新经济地理模型（New Economic Geography, NEG）试图以单个厂商水平上的规模经济为基础，通过垄断竞争的市场结构将外部性内生化。克鲁格曼指出当制造业的厂商选择了某个地区，将会雇佣当地居民并在当地消费，从而创造出前向和后向联系。于是，更多的工人、更丰富的多样化和实际收入的上升，会进一步吸引更多的工人来到这一地区；而为了减少运输成本，更多的厂商也会选择进入该地区，从而形成一个自我增强的循环，促使城市产生。

2. 经济增长对城镇化的影响机制

经济增长是城市产生和发展的前提，是城镇化的根本动力。从某种意义上说，考察经济增长对城镇化的促进作用，就是探求城市产生、发展和不断壮大的机制。城镇化固然与地理学、人类学和社会学因素有关，但城镇化与经济之间的关系在更深层次上决定着城市的起源和发展。经济变量是压倒一切的因素，经济发展促使劳动力和其他投入从农村产业部门向城市产业部门大量转移，这种转移正是城镇化本身所固有的特征。

经济增长引起的需求变化，以及技术进步促使产业结构变动，导致农业产值比重下降、工业和服务业产值比重不断上升等一系列集聚效应，最终形成城市数量的增加和城市规模的扩大。另外，产业结构变动还必然引起就业结构转换，农业劳动者向工业和服务业转变，而工业和服务业又主要聚集于城市，所以农村人口大量地向城市迁移，促使城镇化水平提高。这种经济增长促进城镇化的作用机制可概括为图 3-2 所示。

图 3-2　经济增长促进城镇化的路径机制

二、中国城镇化进程与经济增长的关系检验

理论已经证明，城镇化与经济增长两者间具有密切的互动关系，然而这两者间是否存在相互影响的现实性关系，亟待实证分析。本节利用中国多角度的统计数据，对经济增长与城镇化的时空特征进行描述性分析，解析其发展规律，再通过实证模型来分析两者之间的关系。

（一）中国城镇化在经济发展过程中呈现的特点

半个多世纪的中国城镇化进程，无论从数量、质量、结构等各个方面均呈现出了中低水平城镇化的相应特征，虽然较西方发达国家城市化而言，中国城镇化的起步晚，但在改革开放不断深入的背景下，目前已进入快车道。尤其在 1993 年之后，中国进入到快速发展的中等城市水平阶段，存在快速与不稳定发展矛盾，因此将难以避免出现一系列由于不完全城镇化所带来的发展陷阱。跨越传统城镇化陷阱，实现新型多维度城镇化的协调发展，将是现阶段中国推进城镇化的必由之路。在传统城镇化向新型城镇化的演进过程中，中国城镇化具有以下四方面的明显特点。

第一，中国的城镇化与工业化发展不均衡，但差距已经缩小。发达国家的城镇化进程与工业化发展密切相关，两者共同构成经济社会发展的主旋律，因此，一般认为工业化是城镇化的直接原因，而城镇化又是工业化的必然结果，二者存在着交互耦合的协调发展关系。从发达国家城镇化的经验可以看出，只有工业化与城镇化同步发展，才能促进经济社会的发展。然而，中国的城镇化水平在很长一段时间里一直滞后于工业化的发展。尤其是在改革开放以前，由于计划经济体制的制约以及城乡分割的户籍制度，中国的城镇化水平远远低于工业化水平，这种城镇化滞后的现状不但阻碍了中国传统农业向现代化农业的转变，也影响了城市经济的发展。改革开放以后，随着市场经济体制的逐渐完善，工业化与城镇化之间的差距已经缩小（如图3-3）。

图3-3　1952—2017年中国工业化率与城镇化率比较

资料来源：《中国统计年鉴》。

第二，在中国的城镇化进程中，城乡发展呈现出明显的二元结构，城乡收入差距拉大。如图3-4所示，1978年，中国城乡之间的收入差距为2.57倍；1995年，城乡之间的收入差距增加到2.71倍；到2003年，城乡之间的收入差距达到3.23倍，2009年的城乡收入差距为3.33倍，达到最高水平。如果考虑可比性因素，城乡收入差距大约在 4—6 倍左右，远远超过了亚洲其他国家，居亚洲之首。近年来的研究显示，中国的城乡收入差距与城乡生产力差距幅度一致，这表明，随着城镇化进程的进一步发展，将会有更多农民迁移到城市。这样，随着更多的劳动力从生产力低的农村部门转移到生产力相对较高的城市部门，国民收入将大幅提高。

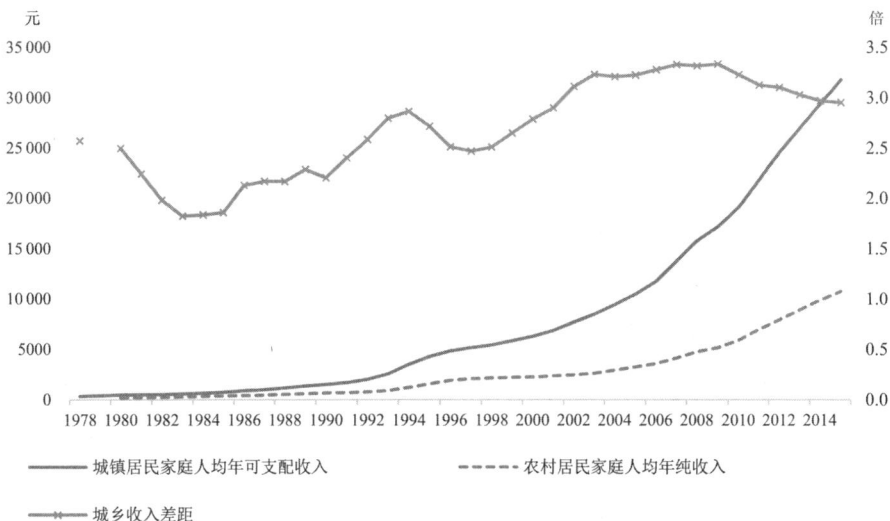

图 3-4　1978—2015 年城乡居民收入情况与城乡收入差距

资料来源：《中国统计年鉴》。

　　第三，在城镇化进程中，城市规模结构得到优化，多层次城市体系正在形成。从城市的布局来看，现在中国 100 万人口以上的城市已经从 1978 年的 29 个增加到 2019 年的 93 个。其中，1000 万人口以上的城市有 14 个，500 万—1000 万的城市有 90 个。然而，中国大部分城市规模偏小，对城市生产力的提高和经济发展具有一定限制，不能有效地产生聚集经济效应，限制了城市生产力的提高和经济增长。以 2000 年为例（见图 3-5），中国拥有 100 万—1200 万人口的城市比例明显偏低。如果这些地区的人口能够增加一倍，那么实际人均产出将会大幅增加。

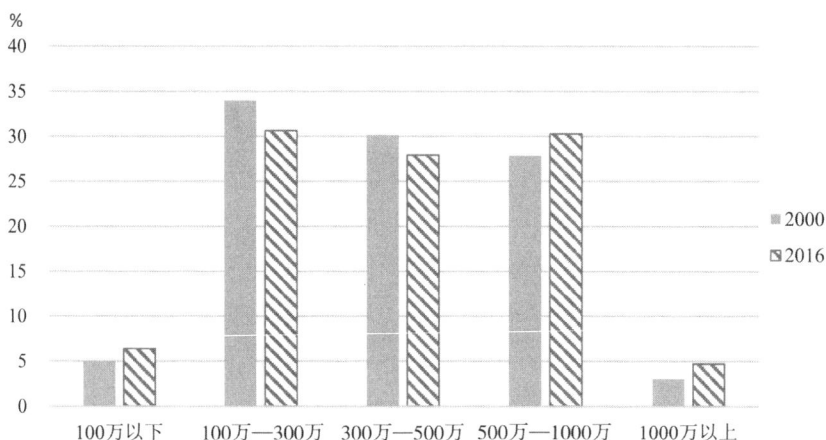

图 3-5　各种规模城市所占比重

资料来源：《中国城市统计年鉴》。

　　第四，中国城镇化水平地区差异明显，过去水平较高的省区发展速度较快，水平较低的省区则发展相对缓慢。中国的传统城市大都集中在东部沿海地区，在 1947 年的 58 个城市中，有 29 个集中分布在面积不到全国 14% 的沿海地区。总的来说，中国城镇化发展水平呈现出东部沿海最高、中部次之、西部最低的区域特征（见图 3-6）。当前，中国东部地区城镇化水平一般已超过 50%，有的甚至趋近 90%，而西部地区城镇化水平只有约 30% 或更低，城镇化发展极不均衡。在 2000 年至 2016 年的十几年间里，重庆、河北、江苏、江西、河南等省区城镇化水平增加超过了 25%，其中重庆城市镇水平增幅达 29.51%，河北次之，增幅也达到 27.24%。而经济欠发达的省区如贵州、西藏、云南、广西等城镇化水平增幅则较低。由此可见，这种城镇化发展不均衡的状态也反映了经济的非均衡发展。

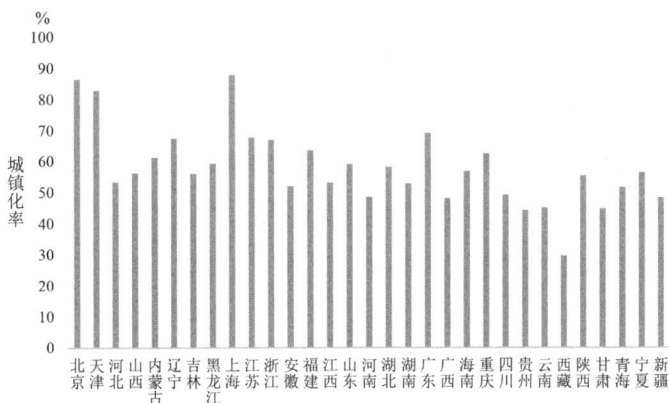

图 3-6　2016 年各省、自治区、直辖市城镇化率

资料来源:《中国统计年鉴》(2017)。

(二)中国经济增长的轨迹及特征

改革开放以来,中国经济、社会等各领域的变化令人瞩目,综合实力明显增强。GDP 在保持较快增长速度的同时,内部产业结构逐步优化,人民生活水平日益改善。中国 GDP 增长轨迹及特征具有一定的规律性,对这种规律的探讨将有助于加深对经济社会发展的全面认识,也为中国经济持续、快速、健康的发展起到一定推动作用。中国 GDP 由 1978 年的 3678.7 亿元增加为 2017 年的 82.71 万亿元,平均每年增加 20 586 亿元(见图 3-7)。

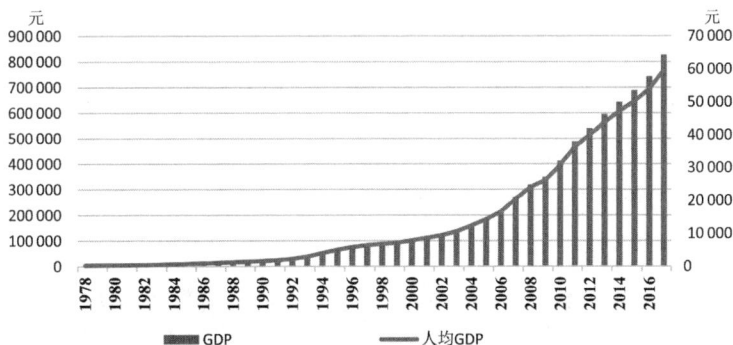

图 3-7　1992—2017 年中国经济发展水平

资料来源:《中国统计年鉴》。

由于国民经济持续快速增长，增长速度大大超过世界经济平均水平，中国经济总量在世界上所处的位次不断上升，2014 年居世界第二位。根据国际货币基金组织（IMF）的统计数据，按照购买力平价（PPP）的计算方式，中国 2014 年的 GDP 为 17.6 万亿美元，而美国为 17.4 万亿美元，中国已经超过美国，成为世界第一大经济体。不仅如此，IMF 还预计，到 2019 年，中国经济规模将超过美国 20%。根据《中华人民共和国 2017 年国民经济和社会发展统计公报》，全年国内生产总值 827 122 亿元，比上年增长 6.9%。其中，第一产业增加值 65 468 亿元，增长 3.9%；第二产业增加值 334 623 亿元，增长 6.1%；第三产业增加值 427 032 亿元，增长 8.0%。第一产业增加值占国内生产总值的比重为 7.9%，第二产业增加值比重为 40.5%，第三产业增加值比重为 51.6%。全年最终消费支出对国内生产总值增长的贡献率为 58.8%，资本形成总额贡献率为 32.1%，货物和服务净出口贡献率为 9.1%。全年人均国内生产总值 59 660 元，比上年增长 6.3%；全年国民总收入 825 016 亿元，比上年增长 7.0%。

（三）城镇化与经济增长关系的实证分析

1. 指标的选取与数据的来源

改革开放以后，中国的城镇化水平有了很大提高，经济增长也十分显著，因此，本文选取 1978—2016 年城镇化水平和经济增长的相关数据。由于影响城镇化和经济增长的因素有很多，而本文主要考察城镇化水平和经济增长的内在关系，因此在指标的选取上，本文采用城镇人口占总人口的比重作为衡量城镇化水平的指标，采用国内生产总值来衡量中国的经济增长。为了消除价格的影响，使用 GDP 平减指数消除价格因素，并以 1978 年为基期。此外，为了消除可能存在的异方差，本文对所选择的变量取自然对数形式，InURBAN 表示城镇化率（%）的对数值，InGDP 表示实际 GDP 的对数值。所有的数据运用 Stata 进行处理。其中，数据均来源于《中国统计年鉴》。

2. 模型建立与分析

（1）单位根检验

为了描述经济增长与城镇化水平之间是否存在协整关系，首先对两个序列分别进行单位根检验，检验的结果如表 3-1。

表 3-1　研究变量的平稳性检验结果

变量	检验序列	统计值	P 值	检验结果
经济水平（lnGDP）	原序列	0.103	0.962	不平稳
城镇化水平（lnURBAN）	原序列	−1.609	0.770	不平稳
经济水平（lnGDP）	一阶差分序列	−6.574	0.000	平稳
城镇化水平（lnURBAN）	一阶差分序列	−4.329	0.008	平稳

注：通过渐近卡方分布计算 P 值。

检验结果表明，在置信水平为 5% 和 10% 时，城镇化水平增长率和实际 GDP 增长率都是不平稳的，但一阶差分后，都是平稳的。这说明这两个时间序列都能通过单位根检验，并且都是一阶单整的。根据协整理论，如果两个变量都是一阶单整的，那么它们的线性组合可以是平稳的，即城镇化水平增长率和实际 GDP 增长率之间可能存在长期的、稳定的均衡关系。在这种情况下，进行回归分析就不可能是伪回归。

（2）协整检验

协整检验有助于避免可能出现的伪回归问题，并且可以区分长期均衡关系和短期动态关系。本文采用约翰森检验方法（Johansen Test）进行协整检验，这是对方程的回归系数进行的统计学检验，建立在 VAR 模型的基础之上。因此首先构建 VAR 模型再进行协整检验。为了准确反映出模型的动态特征效果，需要较长的模型滞后期，然而滞后期过大牺牲了模型自由度，因此需要权衡和选择自由度与滞后期，本文依据常用的判断方法，即以 AIC 和 SC 取值最小为原则来确定模型的滞后期。因此在构建 VAR 模型之前，需要正确设定 VAR 模型的结构。VAR 模型除了满足序列的平稳性要求外，还必须正确确定滞后

阶数。根据赤池准则和施瓦茨准则，在 VAR 中 AIC 值和 SC 值同时达到最小
时的滞后阶数为最优，确定最优滞后阶数为 2。因此建立 VAR（2）模型，下
面对构建的 VAR 模型的平稳性进行检验。从图 3-8 可以看出，该模型中所有
AR 特征根的倒数的绝对值均小于 1，位于单位圆内，因此，该 VAR 模型是
稳定的。

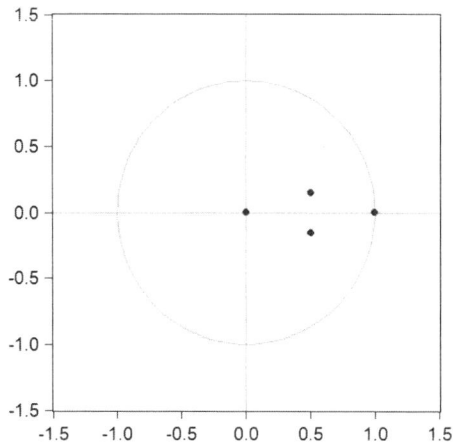

图 3-8　AR 特征方程的特征根结果图

　　从估计出的 VAR 模型结果来看，拟合优度很好，R 平方较合理，AIC 和
SC 比较低，残差决定系数也不高，各项系数基本都通过了显著性检验。模型
拟合效果较高，说明构建的 VAR 模型有效。由于建立的是无约束 VAR 模型，
因此协整检验的 VAR 模型滞后期确定为 1。协整检验的主要目的是分析城镇
化水平与经济发展水平之间是否存在长期稳定关系，本文使用约翰森面板协整
检验，其零假设为不存在协整关系，若小概率事件发生则拒绝原假设，否则接
受原假设。选择截距和趋势项同时存在，滞后区间为两个 1，得出的协整检验
结果如表 3-2 所示。

表 3-2　Johansen 面板协整检验结果

协整向量数目的原假设	特征值	迹统计量	显著性水平为 5% 的临界值	P 值
没有 *	0.356	15.957	15.495	0.043
至多 1 个	0.003	0.120	3.841	0.729
协整向量数目的原假设	特征值	最大特征值统计量	显著性水平为 5% 的临界值	P 值
没有 *	0.356	15.837	14.265	0.028
至多 1 个	0.003	0.120	3.841	0.729

注：通过渐近卡方分布计算 P 值。

表 3-2 中的约翰森协整检验结果拒绝了城镇化水平与经济发展水平之间不存在长期稳定关系的原假设，接受了两个研究变量之间存在最多一个关系的原假设，因此认为城镇化水平与经济发展水平之间存在长期稳定关系。

（3）格兰杰因果检验

协整检验可以揭示变量序列之间是否存在长期均衡关系，但无法揭示二者之间是否存在因果关系，因此下面应用格兰杰因果关系检验法（Granger causality Test），分析城镇化水平增长率与实际 GDP 增长率这两个变量之间的因果关系方向。检验的结果见表 3-3。

表 3-3　LnRGDP 和 LnCSH 因果检验结果

零假设	OBS	F 统计量	概率
LnGDP 不是 LnURBAN 的 Granger 原因	36	3.591	0.043
LnURBAN 不是 LnGDP 的 Granger 原因	36	0.909	0.415

由检验结果可知，在 1978—2016 年这个全样本区间内，经济增长率是城镇化水平增长率的格兰杰原因，但是很难说城镇化水平增长率是经济增长率的格兰杰原因，即可以接受经济增长是城镇化水平增长的原因，但是要拒绝城镇化水平增长是经济增长的原因。由此可见，经济增长对城镇化具有明显的促进作用，而城镇化对经济增长的反推作用不明显。这种现象在中国长期二元结

构的影响下，具有深刻的历史性原因。具体来说，首先，中国的经济改革始于
农村经济改革，在一系列激发农民生产积极性、扩大农村市场等政策制度鼓励
下，农业平均劳动生产率、农民收入以及农民消费水平有了明显提高，从而在
需求和就业结构的调整中促进了城镇化进程；其次，中国长期二元结构导致城
乡差距显著，城市的基础设施、公共服务、教育、就业机会等对农民吸引力巨
大。此外，20 世纪 80 年代中期，中国的改革方向由农村向城市全面转移，乡
镇企业迅猛发展；新颁布的户籍管理政策也为农民进城务工经商和进镇落户提
供了可能性，导致农村剩余劳动力流向城市，小城镇快速发展；再次，改革开
放以来，中国长期经济增长引起了产业结构变动，企业由于规模经济、聚集经
济的效应不断向城市聚集，吸纳了大量人口在城市就业，为推进城镇化起到一
定积极作用。然而，由于在相当长的时间里，中国城镇化水平落后于工业化水
平，超前的工业化模式引起了结构性偏差，致使本该实现转移的劳动力继续留
在了农村；而城市的服务业发展不快，第三产业比重偏低，限制了城市吸纳待
转移劳动力的能力；同时，中国工业虽保持着稳定持续的增长态势，但由于工
业结构升级缓慢，限制了城镇化水平的提高。上述诸多因素共同作用，导致中
国城镇化对实际 GDP 增长的反推作用效果甚微。

而在 1990—2016 年这个样本区间内，再次应用格兰杰因果关系检验法对
这两个时间序列进行检验。检验的结果见表 3-4。

表 3-4　LnRGDP 和 LnCSH 因果关系检验结果

零假设	OBS	F 统计量	概率
LnGDP 不是 LnURBAN 的 Granger 原因	24	8.318	0.004
LnURBAN 不是 LnGDP 的 Granger 原因	24	4.163	0.040

由检验结果可知，在 1990—2016 年这个样本区间内，经济增长率是城镇
化水平增长率的格兰杰原因（在 99.53% 的水平下）。城镇化水平增长率也是
经济增长率的格兰杰原因（在 96% 的水平下）。也就是说，如果不考虑改革
开放初期，可以接受经济增长是城镇化水平增长的原因，也可以接受城镇化水平

增长是经济增长的原因，二者是双向互促共进的关系。

比较而言，90 年代至今，城镇化水平的提高对经济增长率也有了明显的反向推动作用，可能有以下两个原因：第一，随着城镇化水平的提高，人们的收入增加，有效需求发生改变，消费结构也发生了相应的变化。根据国家统计局的相关研究，1981—1995 年，以各行业均衡增长为参照系，农业的结构地位下降约 35%，其中仅消费需求结构变化的影响就占到 65%。其他消费品工业的结构地位上升了 28%，居民消费的影响占到 31%。消费结构的升级拉动了相应产品行业的快速增长。同时，推动产业结构从农业到轻工业，再到衣食住行和重化工业，最后到服务业的演变。由此证明，城镇化水平的提高能够有效推动经济增长，并通过一系列包括消费结构升级、产业结构升级等机制完成。第二，城镇化水平的提高带动了第三产业的发展，更加提高了城市对农村剩余劳动力的吸纳能力，越来越多的剩余劳动力从低效率的部门转移到相对高效率的部门，从而实现了资源的优化配置。

三、中国城镇化发展存在的问题

（一）城镇化滞后于工业化

中国正处于城镇化快速发展阶段，城镇人口占全国人口的比例从 1978 年的 17.92% 上升到 2016 年的 57.35%。与过去相比，虽然中国城镇化进程在加速推进，但依然存在城镇化滞后于工业化的问题，2016 年中国城镇化率与工业化率的比值是 1.42，而 2016 年全球城镇化率与工业化率平均比值却是 2.14，美国为 4.34，法国为 4.55，英国为 4.61，德国为 2.81，日本为 3.12，"金砖五国"中的巴西、俄罗斯、南非和印度分别是 4.71、2.53、2.51 和 1.25。这些数据都显示出中国城镇化依然严重滞后于工业化（如图 3-9）。

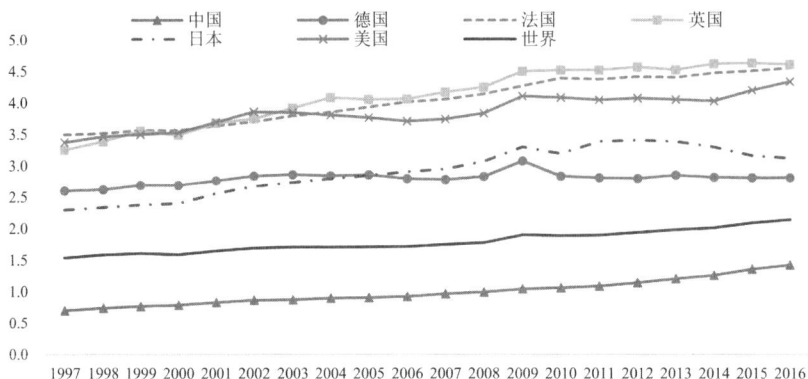

图 3-9　各国城镇化率与工业化率的比值

资料来源：世界银行 WDI 数据库①。

　　首先，与发达国家的发展阶段相比，中国城镇化水平仍然较低。2011 年中国人均 GDP 突破 5000 美元，2016 年 8117.27 美元，而中国 2011 年城镇化率刚刚超过 50%，2016 年也只达到 54.74%。美国在 1920 年城镇化率就超过 50%（51.2%），当时美国的人均 GDP 仅为 830 美元。与包括美国在内的大部分国家工业化过程中的城镇化相比，中国的城镇化严重滞后于工业化。此外，值得注意的是中国 2010 年非农就业人口占总就业人口的比重仅为 63.3%，只相当于人均 GDP500 美元国家的比重。其次，与发展水平相当的国家相比，中国的城镇化进程比较滞后。按照世界银行 WDI 数据库统计数据，2010 年中国按照购买力平价计算的人均 GDP 为 7589 美元，比中国发展水平稍高的厄瓜多尔人均 GDP 为 8028 美元，城镇化率为 66.9%；与中国发展水平接近的牙买加城镇化率为 53.7%；而比中国发展水平低的安哥拉、约旦的城镇化水平也达到 58.5%、78.5%，均高于中国（49.95%）。再次，与非农产业产值和就业比较，城镇化水平仍然滞后。中华人民共和国成立以来，中国城镇化率一直低于非农就业比重，更低于非农产值比重，2010 年非农产值比重达到 89.9%，非农就业比重为 63.3%，而城镇化率为 49.95%，比非农就业比重低 13.4 个百分点，比非

---

① https://data.worldbank.org.cn/indicator/NV.IND.TOTL.ZS?view=chart；https://data.worldbank.org.cn/indicator/SP.URB.TOTL.IN.ZS?view=chart.

农产值比重低近 40 个百分点。

对于中国城镇化滞后问题的解释，主要集中在以下两个方面。第一，改革开放前中国优先发展重工业。出于赶超战略的要求，中国执行了一条重工业优先发展和资本偏向型的发展道路，在改革之前，这一特征尤为明显，因而也导致了改革前城镇化的严重滞后。改革开放以来，重工业优先发展战略的重要性被逐渐降低，但由于历史惯性，这一战略的实施并未得到根本性的变革，城镇化依然落后于工业化和经济发展。这也导致了学者们经常提到的就业结构与产业结构的落差。因而，重工业优先发展和资本偏向型发展战略构成了城镇化滞后的重要原因。第二，中国的户籍制度。大量文献均认为限制居民自由流动的制度，特别是户籍制度，是城镇化滞后于工业化和经济发展的重要原因。该制度导致产业结构调整缓慢，城市集聚经济效应难以发挥，最终制约了国家的经济增长。一些研究也发现，户籍制度改革形成大量的永久移民，促进了城镇化的进程。毫无疑问，户籍制度是城镇化进程的重要障碍之一。

（二）经济结构不利于城镇化的长期发展

城镇化的发展与经济结构密不可分，然而中国现阶段经济结构依然存在较多问题，尤其是需求结构、产业结构和市场竞争结构三大失衡问题，这也是城镇化难以健康推进的原因之一。

一是需求结构失衡。在开放条件下，从需求方面看，拉动经济增长要靠投资、消费和出口这"三驾马车"。国际经验表明，三者只有形成合理的比例关系才有助于经济的持续增长，需求结构如果失衡，即使可以带来短期的增长，也会损害长期增长的基础。中国需求结构失衡主要表现在两个方面：首先是内外需关系的失衡。虽然金融危机之后，出口依存度有所下降，但到 2016年，这一比率仍在 30% 以上，为 37.03%，比日本高 5.77 个百分点左右，比美国高 10.45 个百分点左右（见图 3-10）。中国的这种以出口为导向的发展战略与城镇化的滞后现状有着密切的关系。出口占 GDP 比重过大必然导致国内工业、制造业比重偏高，然而第二产业的就业弹性却远低于第三产业，从而导致了工业化与城镇化的脱节发展。其次是投资消费关系的失衡。近年来，随着出口拉动增长效应递减，投资和消费对经济增长的贡献都在增大。但是，投资的贡献增长更多，2007—2017年，最终消费支出占GDP的比重提高了3.48个百分点，资本形成总额占GDP的比重提高了3.17个百分点，这说明，多年存在的投资和消费两者间的矛盾不仅没有得到解决，反而还在不断加剧。过度投资导致土地城镇化快于人口城镇化，而城镇化的核心便是人的城镇化，这与国家战略显然背道而驰。

二是产业结构失衡。从一、二、三次产业的关系来看，中国产业结构的演进方向符合经济发展的一般规律，表现为第一产业的比重一直在下降，第二产业的比重先上升后下降，第三产业的比重一直在上升，并已超过了第二产业比重。2017年，中国一、二、三产业增加值的比例关系是7.9∶40.5∶51.6，应当说，这一比例关系与中国目前发展所处的阶段比较吻合。然而，中国产业结构矛盾主要存在于第二产业和第三产业内部。从第二产业内部来看，结构矛盾表现为高耗能、高污染等重化工业产能严重过剩，这些高污染的行业在城市聚集，虽然增加了城市的产值，但是却对城市环境产生恶劣的影响。从第三产业内部来看，结构性矛盾表现为整体竞争力不强、现代服务业发展不充分、对第一产业和第二产业支撑力不足。在经济发展到一定阶段之后，农业人口的转移主要依靠服务业的发展，但在中国，服务业并没有对农业转移人口起到很大的吸引作用，这显然不利于城镇化的长期推进。

三是市场竞争结构失衡。一般认为，垄断会扭曲市场机制，阻碍效率提高和技术进步。目前，中国大多数行业的中小企业发展质量较低，竞争力不强；中国市场存在低水平竞争、集中度不足的现象，缺乏具有国际竞争力和影响力的跨国公司。这主要源自国有企业占比过高、国家对中小企业的支持力度不够。一般认为，国有企业效率低下，吸纳就业潜力有限，而中小企业吸纳就业能力较强，这也是导致中国东西部城镇化率差异的原因之一。东部沿海地区民营企业、外资企业密集，不仅对本地农业人口具有吸引力，还对全国范围内的劳动力流动起到促进作用，从而加速城镇化的推进。然而在西部地区尤其是西北部地区，经济发展落后，市场化程度低，民营企业发展欠缺，城市对农业人口的吸引能力较差，由此导致城镇化水平严重滞后于全国平均水平。

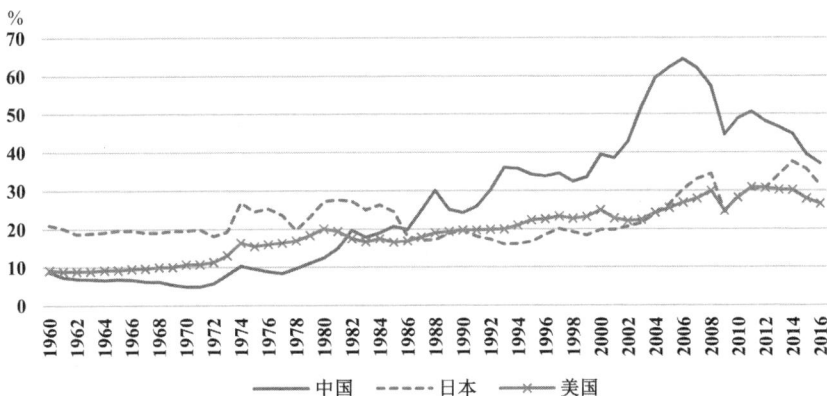

图 3-10　中国、日本、美国进出口总额比重

资料来源：世界银行 WDI 数据库 [①]。

四、新型城镇化与经济转型的协同

（一）协同内涵："多维"的新型城镇化

真正的城镇化，或者说新型城镇化不仅要有"人口的城镇化"，更应是资源、经济、环境、社会、空间结构等多个维度协同发展的城镇化。

新型城镇化是与工业化、信息化、农业现代化同步推进的城镇化。其中，工业化处于主导地位，是发展的动力；农业现代化是重要基础，是发展的根基；信息化具有后发优势，为发展注入新的活力；城镇化是载体和平台，承载工业化和信息化发展空间，带动农业现代化加快发展，发挥着不可替代的融合作用。推进城镇化，要充分发挥工业化的动力作用、农业现代化的基础作用和信息化的引领作用，实现"四化"有机融合。推动信息化和工业化深度融合、工业化和城镇化良性互动、城镇化和农业现代化相互协调，促进城镇发展

---

① https://data.worldbank.org.cn/indicator/NE.TRD.GNFS.ZS.

与产业支撑、就业转移和人口集聚相统一，促进城乡要素平等交换和公共资源均衡配置，形成以工促农、以城带乡、工农互惠、城乡一体的新型工农、城乡关系。

新型城镇化是人口、经济、资源和环境等多因素相协调的城镇化。新型城镇化按照"资源节约和环境友好"的要求，依托城镇的资源和环境承载能力聚集产业和人口，努力发展低耗经济、低碳经济、循环经济，节能减排，保护和改善生态环境，按照城市标准，对垃圾、污水、噪音等污染物进行达标处理和控制，增加绿地、林地面积，突出城市生态建设，推动城市与自然、人与城市环境和谐相处，建设生态城市，保障城镇化的质量、效益和福利，实现城镇化的可持续推进。

新型城镇化是大、中、小城市与小城镇协调发展的城镇化。以资源环境承载能力和公共服务功能配套完善为原则，合理控制大城市过度扩张，加快健全中小城市硬件设施和软件服务，注重产业的合理布局与配套集群发展；注重做大做强新型产业，尤其是现代服务业；注重生产方式和工艺流程创新升级，推动城镇向数字域、信息域、智能域、知识域方向发展，引导人口和产业集中集聚，形成大、中、小城市合理有序发展格局，促使城镇地理空间优化、中心城市与卫星城镇共同繁荣，造就城镇宜居、宜业、宜游的环境。

新型城镇化是人口集聚、市民化和公共服务协调发展的城镇化。只有劳动力的非农业化和劳动力的空间转移不是真正意义上的城镇化，仅有人口的集聚和产业的优化，而不能让进城农民享有基本的公共服务，没有生活质量的提升、人居环境的改善也称不上高质量的城镇化。要改革城镇人口社会管理制度，逐步建立城乡统一的居住地登记体制，让外来常住人口在医疗、教育、养老、失业救济等方面与城市人口享受平等的权利，赋予外来落户人口以完全的市民权。

（二）协同路径：中国的经济转型

改革开放以来，伴随着人口红利与改革红利的释放，中国的经济发展取得了举世瞩目的成绩，从一个落后、贫穷的国家跻身为全球第二大经济体。但是，随着这些后发优势与红利消失殆尽，中国的经济发展已经到了一个新的阶段。

从国内看，经济环境有两个值得重视的变化：一是经济发展的要素条件正在或将要发生新的变化，主要是指成本上升和要素组合变动。经过30多年的高速增长，劳动力、土地、矿产资源等经济增长的基础要素成本都在上升，传统行业及其增长方式的利润空间已经逐渐变小。同时，人口老龄化日趋明显（见图3-11），储蓄率在逐步下降，过去长期支撑经济增长的高投资模式将难以为继。二是经济增长面临的国内舆论环境在发生变化，信息传播和社会评估十分活跃。微信、微博、博客等互联网新媒体，把经济转型不到位的许多信息都第一时间公布出来。此外，学术界和社会团体组织的与经济转型有关的各类评估也相当活跃。还有一些社会调研机构都在不断发布与经济转型有关的评估结果。尽管这些结果不能决定各地干部的升迁，但是它能形成一种舆论环境，迫使政府进行反思，进而推动政府加快转变职能，实现国家治理能力与治理体系现代化的转型要求。

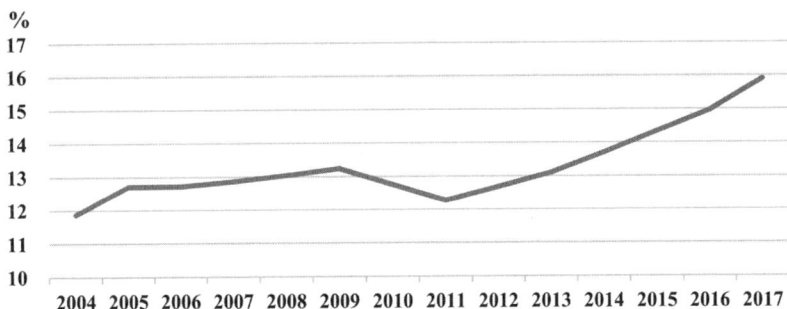

图 3-11　2004—2017 年中国老年人口抚养比

资料来源：《中国统计年鉴》。

在新形势下，中国需要改变经济发展方式，实现经济转型，这也是新时期推进新型城镇化与经济转型协同的必由之路。具体来说，需要从以下三点入手：

第一，改变需求结构。马克思主义经济学理论指出，发展经济的最终目的是为了人的消费。消费是生产的先导，没有消费就不需要生产。城乡居民数量不断增加和质量不断提升带来的消费需求，将推动着生产不断发展。但必须指出的是，长期以来中国需求结构存在一个明显的缺陷，即主要靠扩大投资需求和对外出口需求驱动经济增长，居民消费率过低，对经济拉动力不足。2013年，中国最终消费率仅为48.2%，根据世界银行统计，20世纪90年代以来，世界各国平均消费率稳定在73%—79%，一些发展中国家的最终消费率也达到65%—70%左右（如图3-12）。消费率偏低，经济增长过度依赖投资和出口，结果必然带来经济比例关系失衡，大量生产能力闲置，导致无效投资和银行呆坏账增加，直接影响经济持续平稳、较快发展。因此要推进和实现中国经济的整体转型，理所当然应首先调整需求结构，把扩大国内居民消费需求作为当下保增长的现实选择，又作为推进中国经济整体转型的持久动力和增进社会福祉的根本途径。

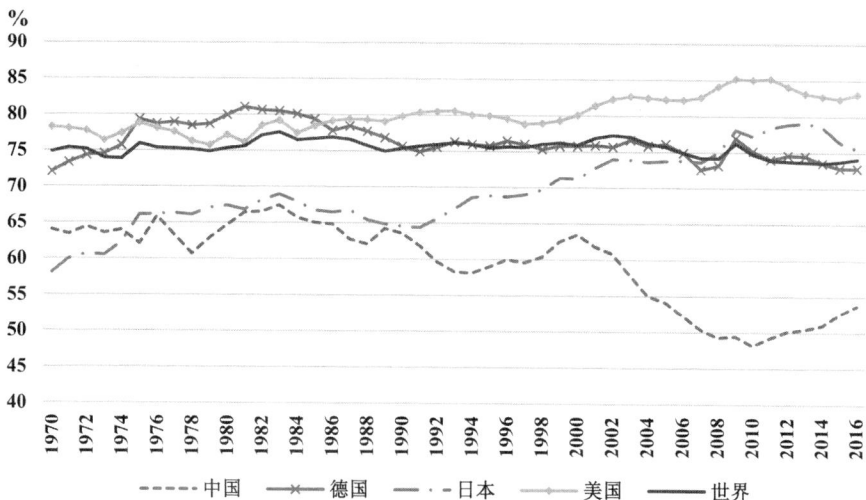

图 3-12　最终需求占 GDP 比重

资料来源：世界银行 WDI 数据库[1]。

---

[1] https://data.worldbank.org.cn/indicator/NE.CON.TOTL.CD.

第二，加快产业结构调整，这是经济转型的根本任务。产业结构的调整升级是个不断演进的动态过程，在不同阶段有不同的要求和任务。推进产业结构优化升级，关键在于继续优化三次产业结构，主要遵循两点原则：一是按照调高调优的原则，坚定不移推进新型工业化。对于那些存在过剩、环境污染大的行业要进行限制，产业投资必须要向新兴产业倾斜，培植新的增长点，创造新的市场需求，全面提高产业竞争力。二是加速发展现代服务业。当今世界，现代服务业的辐射功能强于制造业，发达国家的经济重心早已转向服务业，产业结构正从工业经济转向服务型经济，而中国的服务产业远低于发达国家水平，因此大力发展服务业势在必行。加之目前中国经济结构的主体已经到了由高能耗、高污染的加工制造业，加快向低能耗、高效益的服务业转变的新阶段，经济新常态要求中国不能只做"世界工厂"，服务业将是未来中国经济发展的源头活水。

第三，调整生产要素结构，这是经济转型的必经之路。经济增长与发展是由劳动投入、资本投入和科技进步等多种要素决定的。在多种要素结构中，经济增长主要是依靠物质资源要素消耗还是科技进步、劳动者素质提高和管理创新，形成了两种不同的路径依赖。以往中国经济快速增长的背后，是物质资源、能源和劳动力的巨大消耗，事实已充分证明，这种靠资源消耗的发展不可持续，必须对生产要素的投入结构进行坚决调整，方向是走中国特色的自主创新之路，由要素投入推动型转变为科技创新推动型，这是实现中国经济整体转型必由之路。从世界经济发展的历史看，许多国家在经济发展初期总是倾向于高投入、高消耗、追求外延的扩大再生产来实现经济的高增长。中国作为一个发展中国家，经济发展的历程必然也与其他国家存在一定的相似性，在一定意义上说，这在发展的某一阶段是难以避免的。2015年，在美国、德国、日本这些发达国家中，每百万人中的科研人员都超过了4000人，而中国每百万人中的科研人员仅有1176.58人，这表示中国与发达国家在要素投入方面仍存在着巨大差距（如图3-13）。结合中国人口多、资源少的特殊国情，中国经济必须坚持科技进步和自主创新，打破以往对生产要素的路径依赖，以此推进中国经济的整体转型。

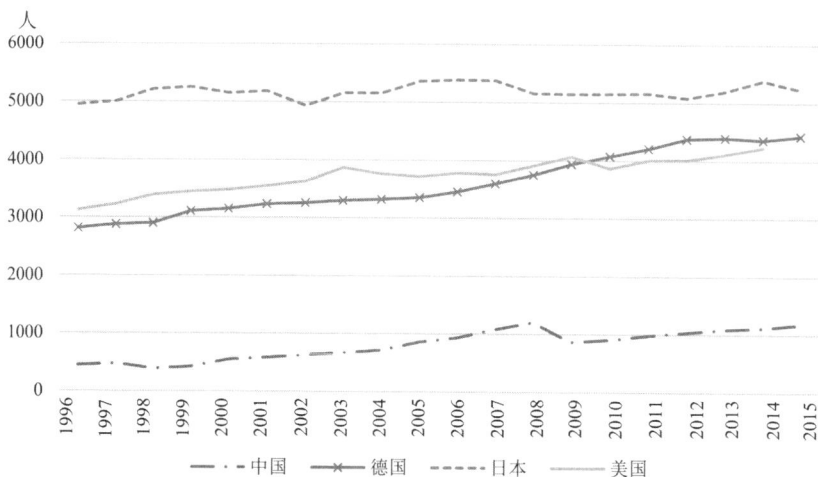

图 3-13　1996—2015 年每百万人研发人员数量

资料来源：世界银行 WDI 数据库 ①。

（三）协同发展：新常态下的新型城镇化与经济增长

随着人口红利的逐渐消退，中国进入到一个的新的发展阶段。如何在"新常态"继续保持经济的快速、健康增长，新型城镇化扮演着重要的角色，具体来说，城镇化对经济增长的推进作用主要体现在消费、投资和创新三个方面。

新型城镇化的推进，很明显将开启巨大消费空间。随着中国城镇化水平持续提高，城镇人口总量和消费规模均将大幅提高，特别是重点解决好"三个一亿人"的问题，会使城镇消费群体不断扩大、消费结构不断升级、消费潜力不断释放，同时，大量农民进城落户后，其消费倾向和消费结构将发生变化，不仅会从农产品生产者转变为农产品消费者，而且会大量增加工业品消费。新型城镇化的难点和核心是真正实现农村进城人员从农民到市民的转变，从而带来消费方式的转变和消费规模的提升，实现经济的服务化转型，文化、旅游等

---

① https://data.worldbank.org.cn/indicator/SP.POP.SCIE.RD.P6?view=chart.

行业的服务水平的不断提升，享受型消费所占比重的不断提高，进而逐步实现消费结构的升级。同时，新型城镇化的推进，将开启巨大投资空间。新型城镇化是促进产业升级的重要抓手，也是提高经济发展质量和效益的重要载体。推进新型城镇化将带动城市基础设施、公共服务设施和住宅建设等巨大投资需求。特别是新"四化"同步，将开辟新型城镇化巨大的高质量投资增长空间。创新被视为经济活力之源，推进新型城镇化将有助于开启巨大创新空间。新型城镇化带来人口集聚、生产方式与生活方式变革、生产要素优化配置、生产性服务需求扩大，将加快创新要素集聚和知识传播扩散，增强创新能力、拓展创新空间、释放创新活力。同时，在新型城镇化进程中，构建现代服务经济体系、公共服务体系所形成的包容性发展机制，有利于整合国际国内创新资源，对接全球创新体系，从而有力推动科技创新。其中，由创新驱动的产业升级和产业链重构，可以使企业实现"按需生产"，走出以往产能过剩、产品积压的怪圈，推动绿色、低碳经济发展，形成可持续发展的强劲内生动力。

第四章

新型城镇化与环境保护

——低碳视角下中国新型城镇化研究

罗　佳

改革开放 40 多年来，中国城镇化水平有了很大提高，新型城镇化成为进一步推进城镇化水平的关键方向，而在资源环境的多种约束下，推进低碳发展成为新型城镇化的重要主题。

一、新型城镇化低碳发展的内涵与意义

（一）新型城镇化低碳发展的内涵

1. 低碳发展

联合国气候变化大会通过的《京都议定书》规定，对二氧化碳、甲烷、氧化亚氮、氢氟碳化合物、全氟碳化合物和六氟化硫进行减排。二氧化碳对全球温度升高的贡献最大，通常以含碳量来表示，称为碳排放。

低碳发展最早由 2003 年英国发布的《我们能源的未来：创建低碳经济》提出，指出低碳经济包括低碳发展、低碳产业、低碳技术和低碳生活等经济形态。多数学者从经济学视角，例如从"投入—产出"视角指出低碳发展要强调"低能耗、低污染、低排放和高效能、高效率、高效益"。也有从"低碳社会"

角度阐述，将"低碳社会"界定为人类在建设生态文明过程中以人与自然和谐相处为基本理念，以低碳经济为基础，以低碳发展为发展方向，以低碳生活为生存方式，以经济社会与环境可持续发展为发展目标的经济社会发展模式。

2. 新型城镇化低碳发展

新型城镇化低碳发展，也被称为城镇化低碳转型、低碳城镇化，其含义并非只是节能减排，而是通过体制机制创新和制度供给促成能源利用效率提高、产业结构升级、低碳技术发展和消费行为理性。在城镇化建设过程中，新型城镇化低碳发展坚持可持续发展原则，通过制定低碳科学的城镇规划、建立低碳的城镇基础设施，形成低碳的能源消费结构、发展低碳经济、加强城镇生态环境的综合治理，尽可能减少城镇化建设对生态环境的影响，实现经济、社会、环境的协调发展[①]。

（二）低碳发展是新型城镇化的基本要求

城市作为现代社会生产和人类生活的集聚中心，是温室气体的主要排放源。以人为核心的新型城镇化强调高效、包容和可持续性，低碳发展也就成为新型城镇化的基本要求。2012 年中央经济工作会议提出，在城镇化概念中融入生态文明，新型城镇化道路应该是绿色智能、低碳集约的。新的历史时期，城镇化必须走新型发展之路，在注重经济增长的同时，坚持集约、智能、绿色、低碳的发展方式，实现新型城镇化的低碳发展。

1. 城镇化与碳排放关系密切

城市既是重要的碳排放来源，也具有较高的碳排放效益。尽管城市面积仅占全球面积的 2%，但全球有 50% 以上人口在城市居住，排放的温室气体则占全球的 80% 左右。20 世纪 60 年代以后，除了英国的城镇化表现出明显的低碳化以外，大部分国家的城镇化过程均呈现高碳趋势，人均碳排放不断上

---

① 陈晓春、蒋道国：《新型城镇化低碳发展的内涵与实现路径》，《学术论坛》，2013 年第 4 期，第 123—127 页。

升。1980年至2000年，中国碳排放量保持平稳增长态势。2000年以后进入快速增长阶段，这一阶段也是中国经济、城镇化快速发展时期，此期间中国碳排放量增长了两倍多。

2. 在资源环境约束下，新型城镇化必须走低碳道路

尽管中国资源能源总量较大，但人均不足，石油、天然气人均储量都远不及世界平均水平，煤炭资源的人均储量不到世界平均水平的40%。城市密集的人口活动对资源供应提出了更多需求，能源消耗急剧上升，城市快速扩张也造成土地资源消耗过快，城市水资源供需矛盾突出。目前，中国已成为全球第二大能源消费国，但能源效率不高，更加剧了能源资源短缺的状况。

全球变暖使得极端天气事件增多、气象灾害增加，影响城市安全与发展。水质差、垃圾处置困难、绿地较少、城市湿地面积锐减、生物多样性持续减少、城市地下水过度开采等现象仍然存在。空气污染、噪音等导致的疾病，叠加在医疗服务紧张等城市问题上，使城市出现新的健康危机。面临资源环境约束的不断强化、环境排放压力的不断上升，传统以高消耗、高排放、高扩张、低效率为特征的粗放外延城市化发展模式已经难以为继。在资源环境限制下，新型城镇化必须走低碳道路，继续以高碳、高排放的发展模式推进城镇化将影响能源安全、气候安全。

（三）新型城镇化低碳发展推动社会全面发展

1. 推动生态文明建设

新型城镇化低碳发展对中国可持续发展意义重大，探索以低碳为特征的城镇化发展道路任务十分紧迫。面对这一挑战，党的十七大报告提出要建设生态文明，十八大报告提出要"五位一体"地建设"美丽中国"，十九大报告强调要加快生态文明体制改革，建设美丽中国。"十三五"规划纲要将绿色发展写入五大发展理念之中，要求加快改善生态环境；"十四五"规划纲要提出要推动绿色发展，促进人与自然和谐共生。

低碳发展强调"低能耗、低污染、低排放和高效能、高效率、高效益"，这本身就是资源集约的体现，同时也可以减少环境污染，推动绿色景观发展，促进生态保护。绿色、低碳发展是人类为应对生态环境危机、全球气候变化提出的新发展理念，内容和方向高度一致，并且存在协同效应。绿色发展侧重环境问题，强调发展环境友好型产业，降低能耗和物耗，保护和修复生态环境，使经济社会发展与自然相协调；低碳发展侧重气候问题，强调尽可能减少温室气体排放，是以低能耗、低污染、低排放为特征的可持续发展模式。

2. 新型城镇化低碳发展推动经济社会发展

（1）优化产业结构

城镇化是人口、经济和社会活动集中的过程，第三产业属于劳动密集型部门，拥有吸纳就业的巨大潜力，是推动新型城镇化发展和经济增长的重要途径，且第三产业的碳排放水平低，是低碳发展在产业结构优化中的体现。因此在低碳发展约束下，城市第三产业发展动力更足，城镇化与低碳发展在推动经济社会发展中形成合力。这一过程也会促进低碳经济的发展，低碳经济以低能耗、低污染、低排放为基础，核心是能源技术创新、制度创新和人类生存发展观念的根本性转变。推进低碳发展有利于优化能源结构、保护环境、促进产业结构转型升级、培育可持续竞争力。

（2）推动"四化"同步

中国的第二个百年奋斗目标是到建国一百年时基本实现现代化，建成富强民主文明和谐美丽的社会主义现代化强国。对于建成社会主义现代化国家的目标，党的十八大和十九大报告均强调"促进工业化、信息化、城镇化、农业现代化同步发展"。低碳发展不仅是新型城镇化的必由之路，也是推动新型工业化、信息化、农业现代化的重要力量。

新型城镇化是新型工业化的伴生产物，是生态文明的结果。按照新型城镇化对低碳发展的新要求，新型工业化与新型城镇化都应该低碳发展，工业化的实现不能以牺牲城镇化质量为基础，必须在满足人的城镇化和城镇化质量的前提下实现工业化，最终迈向现代化。信息化正在与工业化、城镇化、农业现代化相融合，信息化对实现能源品种多元化、节能减排、降低污染、发展低碳工业都具有重要的技术辅助作用。

二、新型城镇化低碳发展的实践

自新型城镇化提出以后，中国已走上低碳发展之路。随着城镇化进程由单纯提高城镇化率的阶段转入质、量并重的阶段，新型城镇化低碳发展被放到突出重要的位置上。中国中央政府出台了一系列推进低碳城镇化发展的政策，各地政府也积极探索低碳城市建设。

（一）政府积极推动新型城镇化低碳发展

1. 中央将低碳发展融入新型城镇化建设

党的十八大报告明确要求，要大力推进城镇生态文明建设，促进绿色发展、循环发展和低碳发展。2012 年中央经济工作会议提出走"集约、智能、绿色、低碳的城镇化道路"，要把生态文明理念和原则全面融入城镇化全过程。2013 年 12 月召开的中央城镇化工作会议提出，着力推进城镇化绿色发展、循环发展、低碳发展，为新型城镇化发展提出了发展方向。《国家新型城镇化规划（2014—2020 年）》阐述了低碳城镇化发展的基本原则和主要任务，进一步确定了低碳城镇化是新型城镇化的重要内容。2016 年发布的《国务院关于深入推进新型城镇化建设的若干意见》要求，坚持走以人为本、"四化"同步、优化布局、生态文明、文化传承的中国特色新型城镇化道路。其中，加快建设绿色城市、智慧城市、人文城市等新型城市正是低碳生态城市建设的重要任务。

2. 各政府部门推动低碳发展

（1）建筑减排

有关部委围绕绿色建筑、建筑节能出台了一系列政策和标准，"建筑节能—绿色建筑—绿色住区—绿色生态城区"的空间规模化聚落逐步形成。中国建筑节能和绿色建筑事业取得重大进展，建筑节能标准不断提高，绿色建筑呈现跨越式发展态势，既有居住建筑节能改造在严寒及寒冷地区全面展开，公共建筑节能监管力度进一步加强，节能改造在重点城市及学校、医院等领域稳步推进，可再生能源建筑应用规模进一步扩大。城镇新建建筑执行节能强制性标准比例基本达到100%，累计增加节能建筑面积70亿平方米，节能建筑占城镇民用建筑面积比重超过40%；北方采暖地区共计完成既有居住建筑供热计量及节能改造面积9.9亿平方米，年可节约650万吨标准煤，夏热冬冷地区完成既有居住建筑节能改造面积0.7亿平方米；带动全国公共建筑节能实施改造面积1.1亿平方米。

（2）交通减排

在中国有关政府部门的积极推动下，各种交通运输方式快速发展，综合交通运输体系不断完善，绿色低碳成为交通政策的重要主题，有助于低碳发展的交通运输基础设施网络初步形成。现代化综合交通枢纽场站一体化衔接水平不断提升，高速公路电子不停车收费系统（ETC）实现全国联网。天然气管网加快发展，油气管网里程由2010年的7.9万千米增加到2015年的11.2万千米，新能源运输装备加快推广。

（3）清洁能源

有关部门在绿色低碳发展、节能减排方面发布了一系列能源领域政策文件，新能源发展走上了快车道。随着能源消费革命不断深化，用能方式不断变革，中国能源清洁低碳化进程逐步加快，品种结构继续优化，利用效率高、污染小的清洁能源消费比重进一步提高，能源消费得到有效控制。"十二五"期间，煤炭消费年均下降1.3%，占能源消费总量比重下降8.1个百分点。天然气、水电、核电、新能源（风电、太阳能及其他能源）等清洁能源消费增长加快，占比大幅提高：天然气消费年均增长9.8%，一次电力及其他能源消费年均增长9.7%。

3.各地出台政策鼓励低碳发展

各地方围绕中央总体目标，积极推出低碳发展的相关政策，用实际行动推动本地低碳发展，构成了自上而下和自下而上的制度支持体系；还有地方基于本地特点开展了强化创新行动，推动建立了低碳生态城市的长效机制。例如，北京市政府出台了《北京市建设人文交通科技交通绿色交通行动计划

（2009—2015年）》；上海市城乡建设和交通委员会出台了《上海市交通运输节能减排"十二五"规划》；深圳坪山国家低碳生态示范区积极实行"计划—建设—评估—反馈"机制，明确实施环节、实施效果等责任主体，建立长效推动机制；山东省2015年出台了《山东省省级建筑节能和绿色建筑发展专项资金管理办法》，对绿色生态城区建设目标的落实起到了很好督促作用。

（二）新型城镇化低碳发展的地方实践

1. 低碳城市试点

国家发展改革委员会（以下简称发改委）于2010年7月发布了《关于开展低碳省区和低碳城市试点工作的通知》，在国内推出第一批低碳试点区域，广东、辽宁、湖北、陕西、云南五省和天津、重庆、深圳、厦门、杭州、南昌、贵阳、保定八市开展试点工作。根据2011年国务院颁布的《"十二五"控制温室气体排放工作方案》，国家发改委甄选出以下省市或地区作为第二批低碳城市试点，包括北京市、上海市、海南省和石家庄市、秦皇岛市、晋城市、呼伦贝尔市、吉林市、大兴安岭地区、苏州市、淮安市、镇江市、宁波市、温州市、池州市、南平市、景德镇市、赣州市、青岛市、济源市、武汉市、广州市、桂林市、广元市、遵义市、昆明市、延安市、金昌市、乌鲁木齐市。2017年，国家发改委按照"十三五"规划纲要、《国家应对气候变化规划（2014—2020年）》和《"十三五"控制温室气体排放工作方案》要求，确定在内蒙古自治区乌海市等45个城市（区、县）开展第三批低碳城市试点。

发改委给低碳城市试点工作提出具体任务要求：一是明确目标和原则，探索适合本地区的低碳绿色发展模式和发展路径，加快建立以低碳为特征的工业、能源、建筑、交通等产业体系和低碳生活方式。二是根据提出的碳排放峰值目标及试点建设目标，编制低碳发展规划，统筹调整产业结构、优化能源结构、节能降耗、增加碳汇等工作，将低碳发展理念融入城镇化建设和管理中。三是建立控制温室气体排放目标考核制度，将减排任务分配到所辖行政区以及重点企业。四是积极探索创新经验和做法，按照低碳理念规划建设城市交通、能源、供排水、供热、污水、垃圾处理等基础设施，制定出台促进低碳发展的产业政策、财税政策和技术推广政策。五是提高低碳发展管理能力，完善低碳发展的组织机构，建立工作协调机制，编制本地区温室气体排放清单，建立温室气体排放数据的统计、监测与核算体系，加强低碳发展能力建设和人才队伍建设。

2. 低碳工业园区、社区等试点

（1）低碳工业园区

2013 年工业和信息化部（以下简称工信部）会同发改委印发《关于组织开展国家低碳工业园区试点作的通知》，联合开展国家低碳工业园区试点工作，研究制定相应的评价指标体系和配套政策，选择一批基础好、有特色、代表性强、依法设立的工业园区进行试点建设。2014 年审核公布了第一批 55 家低碳工业园区试点名单。2015 年批复同意 39 家低碳工业园区试点实施方案。各试点园区通过推广可再生能源，加快传统产业低碳化改造和新型低碳产业发展，实现园区单位工业增加值碳排放大幅下降。

（2）低碳社区

2014 年发改委印发《关于开展低碳社区试点工作的通知》，在全国范围内启动低碳社区试点工作，从社区规划、建筑设施建设、运营管理、环境营造、文化生活等各方面提出了低碳建设的新理念、新做法和新模式。2015 年对城市新建社区、城市既有社区和农村社区的试点选取要求、建设目标、建设内容及建设标准进行分类指导。同时，研究形成了低碳社区碳排放核算方法，并启动了《低碳社区试点评价指标体系》研究工作，为低碳社区试点建设提供技术支撑。通过开展低碳社区试点，将低碳理念融入社区规划、建设、管理和居民生活之中，探索有效控制城乡社区碳排放的途径，推动城乡社区低碳化发展。

（3）低碳城（镇）

2011 年财政部、住房和城乡建设部（以下简称住建部）和发改委启动了绿色低碳重点小城镇试点示范工作，选定北京市密云区古北口镇、天津市静海区大邱庄镇、江苏省常熟市海虞镇、安徽省合肥市肥西县三河镇、福建省厦门市集美区灌口镇、广东省佛山市南海区西樵镇、重庆市巴南区木洞镇 7 个镇为第一批试点示范绿色低碳重点小镇，要求各试点示范镇根据本地经济社会发展水平、区位特点、资源和环境基础，分类探索小城镇建设发展模式。截至 2015 年底，住建部共确定低碳生态城市、绿色生态城区试点 28 个，低碳生态城市国际合作试点 25 个。2015 年发改委印发了《国家发展改革委关于加快推进低碳城（镇）试点工作的通知》，提出争取用 3 年左右时间，建成一批产业发展和城区建设融合、空间布局合理、资源集约综合利用、基础设施低碳环保、生产低碳高效、生活低碳宜居的国家示范城（镇），并选定广东深圳国际低碳城、珠海横琴新区、山东青岛中德生态园、江苏镇江官塘低碳新城、江苏无锡中瑞低碳生态城、云南昆明呈贡低碳新区、湖北武汉花山生态新城、福建三明生态新城作为首批国家低碳城（镇）试点。

3. 交通领域低碳试点

交通部 2011 年启动了低碳交通运输体系建设试点工作，以公路、水路交通运输和城市客运为主，选定天津、重庆、深圳、厦门、杭州、南昌、贵阳、保定、无锡、武汉 10 个城市开展首批试点；2012 年选定北京、昆明、西安、宁波、广州、沈阳、哈尔滨、淮安、烟台、海口、成都、青岛、株洲、蚌埠、十堰、济源 16 个城市开展低碳交通运输体系建设第二批试点工作，组织开展了低碳交通城市、低碳港口、低碳航道建设、低碳公路建设等评价指标体系研究。各试点城市通过建设低碳型交通基础设施，推广应用低碳型运输装备，优化交通运输组织模式及操作方法，建设智能交通工程，完善交通公众信息服务，建立健全交通运输碳排放管理体系，加快建设以低碳排放为特征的交通运输体系。

（三）新型城镇化低碳发展的成绩与挑战

1. 减排与城镇化发展效果显著

近年来，中国通过法律、行政、技术、市场等多种手段，采取调整产业结构、提高能效、优化能源结构、增加碳汇等措施，同时开展低碳省市、低碳园区、低碳社区试点、碳交易试点等相关工作，探索符合中国国情的低碳发展新模式。各地区重视控制温室气体排放工作，围绕地区碳强度下降目标，认真落实相关任务和措施，扎实推进基础工作和能力建设，积极探索创新本地区低碳发展体制机制。2016年，中国单位国内生产总值二氧化碳排放比2005年下降约43%；非化石能源占一次能源消费比重13.3%，比2005年提高5.9个百分点。

在低碳发展的过程中，城镇化质量也得到提升。除了节能减排改善城市环境以外，城市经济结构也得到调整。各省的实际情况均表明，碳排放增长率与第三产业产值占比增长率呈负相关性。产业结构调整优化升级对低碳经济发展具有很大作用，低碳发展促进产业升级，也就给城市经济带来了可持续发展的新机遇。

2. 未来发展仍面临挑战

当前阶段中国的低碳发展仍然存在诸多挑战，可从人文地理、经济发展、技术进步与国家地方政策四个方面分析低碳发展的制约因素。

（1）人文地理

随着城镇化和工业化的快速发展，农村人口大量向城镇转移，工业"三废"的排放量与日俱增。多年对生态环境问题的相对忽视，积累了相对严重的环境污染，生态环境更为脆弱，绿色空间受到挤压，吸碳能力不足，使得环境治理成本增大，给未来的低碳发展带来极大困难。城市发展模式不科学、城市空间蔓延增长矛盾突出、城镇规划指导思想滞后、城镇交通网络体系不符合绿色低碳要求、城镇建设低质低效，公共建筑运行节能潜力未得到有效挖掘和城镇地区能耗密度大等成为城镇化进程中低碳发展转型的重要制约因素。目前，中国交通和建筑领域的碳排放占比越来越高，而且呈现高速增长趋势。

（2）经济发展

作为发展中大国，过去高速增长时期的生产性投资和基础设施投入所积累的碳排放强度受制于技术和资金的"锁定效应"，难以在短期内迅速降低。同时，长期粗放增长的惯性对能源、资源的需求表现出较强的依赖性，产品能耗和能源强度均超出主要能源消费国家的平均水平，这些必将增加低碳转型的难度。利益驱动下的企业往往以能源资源供给和环境承载力无限为前提，"大量生产、大规模排放"的生产方式带来大量低端无效的产品，加大了资源消耗和环境破坏，使得整个经济系统出现高碳化。

产业结构是制约中国新型城镇化低碳发展的又一经济因素。以工业为主要特征的第二产业是驱动城市发展的主要力量，这带来了大量的原材料和能源消费。第二产业由于过度依赖石油等高碳化石能源，依然是高能耗、高排放、高污染的"三高"发展模式。在全球价值链分工体系中，中国仍处在低端位置，具有能耗高、附加值低的特征。此外，产业结构趋同与高耗能并存、能源禀赋高煤化和排放结构集中化等构成城镇化低碳发展转型的结构性约束。

追求低碳发展，还可能增加高排放企业的生产成本并限制产量，进而影响就业和收入水平。中国不同城市的经济社会发展阶段迥异，需要探索适合不同发展阶段城市的低碳模式。对经济相对落后地区的城市来讲，尽管"既要绿水青山，也要金山银山"是大势所趋，但目前保增长、稳就业和惠民生，依然是城市发展的第一要务。在大型城市纷纷出现交通拥堵、环境污染、地价高涨等"城市病"的背景下，中小型城市鉴于其低廉的生产要素价格和具有一定优势的资源禀赋，成为大型城市高能耗、高排放、高污染、低质量产业转移的"承接者"，可能重蹈高碳发展的覆辙。

（3）技术进步

中国城市发展的"高碳锁定"问题，与新能源技术的进步关联紧密。中国能源结构调整较慢，加速开发与利用清洁能源、可再生能源则需要大量的资金和较高的技术。节能技术虽然也取得了显著突破，能源利用效率大幅提升，但仍有较大的进步空间，许多传统高能耗行业减少碳排放所需的核心技术，中国还未掌握。技术滞后带来的经济结构刚性约束将进一步阻碍城镇化低碳发展转型。低碳发展所需的技术进步还需要投入大量的资金，目前长期、稳定的财政投入机制还不够完善。一些财政补贴环节和补贴金额的设计还不够科学，补贴资金使用的监管力度不够，补贴资金往往不能及时足额兑付到位。低碳投融资体系还不够健全，缺乏激励约束机制，相应的风险补偿机制也不完善。

（4）国家地方政策

依靠行政手段推进城市低碳建设涉及复杂的政策博弈问题。在低碳发展问题上，只有当中央政府、地方政府及市场主体收益最大化的条件均满足的情况下，才能实现低碳转型的最优路径。然而，中央政府、地方政府和市场主体的目标函数存在差异，中央政府的目标函数更接近于社会最优的目标函数，地方政府则维持当地政治经济社会平稳发展和财政收入增加等，市场主体追求的是自身利益的最大化，即利润增长。

　　由于低碳城镇化开展时间尚短，各方工作推动刚刚起步，很多管理机制还不健全。虽然中国很多地方尝试着建立低碳目标责任制度，但总体来看，大部分城市总体规划在落实国家低碳减排目标上仍然缺乏系统规划和技术手段。已经出台的城市低碳发展规划也大都从宏观层面，在能源、产业、交通和生活方式等方面进行目标描述和定性阐述，而在详细规划层面，特别是关乎城市可持续发展的碳指标方面，其内容仍不够科学完备。在低碳发展规划的落实执行中，分解责任目标、开展评估审查、强化监督激励等方面的行动并未有力开展持续下去，也没有将低碳责任落实到各地方政府和各部门负责人，造成责任落实不到位、责任分配不清等现象。

三、新型城镇化的低碳发展路径

（一）低碳城市的国际经验

1. 发达国家低碳发展路径选择

　　发达国家根据国情，在城市化进程中探索了不同的低碳发展路径。从世界主要国家的低碳发展经验来看，低碳发展的措施主要包括调整产业结构、提高能效和节约能源、发展非化石能源、建设公共交通和绿色建筑等，由此形成以低碳为特征的产业体系、能源体系和生活方式。

　　（1）英国

　　英国是最早提出低碳概念并积极倡导低碳经济的国家。2003 年，英国政府提出了温室气体减排目标：计划到 2010 年二氧化碳排放量在 1990 年水平上减少 20%；到 2050 年减少 60%，建立低碳经济社会。2007 年 6 月，英国公布了《气候变化法案》草案，明确承诺到 2020 年，削减 26%—32% 的温室气体排放；2050 年实现降低温室气体排量 60% 的长远目标。

英国在生态城镇建设方面有良好的传统和实践经验。英国政府在 2002 年建立了碳排放交易体系，敦促所有的办公楼、超市、商业和公共机构自 2010 年起全面加入"碳减排承诺"的排放交易机制。2008 年，英国提出生态城镇建设目标，最终确定四个生态城镇，生态城镇在技术层面也有较完善的规范，出台的生态城镇规划政策分别从碳排放、应对气候变化、住房、就业、交通、生活方式、服务设施、绿色基础设施、景观与历史环境、生物多样性、水、防洪、废弃物处理、总体规划、实施交付和社区管制等方面提出了具体的要求。

（2）瑞典

在 1991 年，瑞典开始对油、煤炭、天然气、液化石油气、汽油和国内航空燃料征收二氧化碳税。2009 年，瑞典发布了可持续发展的能源政策，目标是到 2020 年使瑞典的可再生能源比例提高到 50%。瑞典国内可实现减排任务的 2/3，其余的 1/3 将通过在其他欧盟国家投资和清洁发展机制 CDM 等实现。瑞典首都斯德哥尔摩曾是一个空气污浊、水污染严重，甚至不能在湖中游泳的工业城市，后通过一系列努力已成为世界著名的生态城市，2010 年被欧洲委员会授予"欧洲绿色之都"称号。

（3）美国

美国非常重视新能源、低碳技术和低碳经济的发展。在可持续能源发展方面，美国吸引的风险资本和私人投资最多，生产税收减免等联邦法规也对开发和利用可持续能源、发展低碳经济起到了积极的推动作用。在金融危机的影响下，低碳技术与新能源经济已经成为美国经济振兴计划的重要战略选择。

美国不少城市将低碳作为城市发展方向。纽约于 2001 年提出了"规划纽约 2030"计划，要求整个城市 2030 年的温室气体排放量相对于 2005 年减少 30%，建筑节能改造和能源供应低碳化也因此成为纽约市的核心战略。纽约还从 2002 年开始编制温室气体排放清单，每年监测减排项目的进展和成效。波特兰市是美国著名的宜居城市，一个有着强烈环保和低碳意识的市民阶层自发地推动着政府行动，在交通、能源等方面也有很多做法值得借鉴。

（4）日本

日本主要以提倡节能和提高能效的政策为抓手，推动环境友好的新技术应用，建设低碳社会。在 20 世纪末就推出"能效领跑者计划"，要求制造企业推进节能型家电和汽车的研发和规模化生产。2008 年，提出"福田蓝图"，减排长期目标是到 2050 年温室气体排放量减少 60%—80%。此外，日本还颁布了一系列的低碳发展政策，如《新国家能源战略》、《东京气候变化战略——低碳东京十年计划的基本政策》、"低碳技术计划"、《面向 2050 年日本低碳社会情景的 12 大行动》等。日本不断研发的新能源技术使能源利用效率大幅度提高，新能源开发利用展现出扭亏为盈的倍增趋势，使日本经济的抗风险能力不断增强。

2008 年，日本政府选定了 6 个城市作为"环境模范城市"，例如富山市从生活方式、城市的发展建设、交通运输等方面制定实现节能减排的措施，成为日本低碳社会发展建设的典范。日本很注重利用企业的力量，对技术的重视也使得低碳城市与智慧城市融合发展。例如，松下电器在腾沢市打造的可持续智能城市、丰田汽车在丰田市内打造智能低碳示范小区、以三井不动产为主要代表打造柏叶智慧城市。

2. 低碳能源经验

国外城镇化过程中也伴随着化石能源的淘汰和可再生能源的开发，对工业、建筑和交通等各行业的能源消费和温室气体排放具有深远的影响，实现能源低碳化是实现低碳城镇化的主要途径。斯德哥尔摩自 20 世纪 50 年代以来利用电加热系统逐步取代燃煤和燃油锅炉为商业和住宅楼宇供热，部分地区的居民采用海水制冷系统调节室温，现在要求 60% 的用电量和 20% 的一次性能源消费要来自可再生能源。英国要求建立全覆盖的可再生能源系统，实现城镇的零碳或更低的碳排放。美国波特兰主要鼓励风能和太阳能发电，通过发展绿色建筑来提高能源的使用效率。

3. 低碳产业发展经验

发达国家的工业城市通过产业转型有效推动了城镇化低碳发展。法国洛林地区成功实现由传统的煤炭、钢铁工业向高新技术产业、复合技术产业的转型。德国鲁尔工业区实现了由煤炭、钢铁产业向贸易、信息产业的转型。波特兰有许多非营利性机构无偿为绿色建筑提供技术支持、材料顾问和政策咨询，通过发展电动车及其相关产业如电能储存等实现交通节能。

4. 低碳建筑经验

面对全球范围的能源紧缺问题以及全球变暖的现实，各国分别采取积极措施来降低建筑领域的能源消耗以及碳排放。英国政府规定从 2008 年起，划分每幢公共建筑的节能等级，动员社会力量加强监督。德国为促进建筑领域的低碳发展，积极开展房屋节能，提高建筑能源利用效率，将发展零能耗甚至零排放建筑作为德国建筑未来的发展方向，大力发展低碳建筑的核心技术。为提高建筑物能源技术的使用效率，美国政府大规模改造推行绿色建筑，计划到2030 年所有新建筑物达到"碳中和"或"零碳排放"。加拿大温哥华在保持人性化尺度的同时实现居住高密度，通过营造多中心、多层级的都市中心，运用"集中增长模式"，在划定范围内统一配置公共基础建设及其他城市服务。新加坡自 2008 年开始要求所有新建建筑都必须达到绿色建筑标准，政府出售土地时要求工程达到较高绿色标志评级。

5. 低碳交通经验

发达国家通过优先发展公共交通有效缓解了交通拥堵，建设 BRT 快速公交系统、鼓励绿色出行、推广清洁能源汽车、交通需求管理、城市土地利用与交通一体规划都是低碳交通经常采取的措施主要表现在以下几个方面：一是，完善的公共交通系统是推行低碳交通模式的重要保障。二是，构建以步行和自行车为主、公交车为辅的绿色出行结构以降低小汽车的使用率是欧美发达国家的大都市在推行低碳交通模式上采取的主要策略。例如，波特兰市 2003 年开展智慧出行项目，通过为市民提供关于绿色交通出行的信息提高市民对于步行、自行车、公共交通出行的认可程度，项目实施后波特兰人平均每天驾车减少 4 英里（约 6.4 千米）。三是，交通需求管理通过调整用地布局，控制土地开发强度，改变客货运输时空布局方式和改变人们的交通出行观念和行为，减轻城市交通拥挤和减排。四是，考虑城市形态和土地利用模式对交通出行量的影响，将土地利用与交通进行一体规划，主要有以公共交通系统为骨架展开的城市、顺应城市扩展而跟进发展公交系统、结合交通区位实现混合高强度的土地利用、公共交通系统和城市扩展互相迁就这四种类型。

（二）对中国新型城镇化低碳发展路径的思考

1. 总体思路

（1）新型城镇化低碳发展的基本路径

从发展低碳能源开始，在城市和乡村的生产生活过程中，尤其是工业、建筑、交通等领域，到最终碳的吸收和排放环节的优化，低碳技术、理念通过经济和政策手段融入其中，共同构成新型城镇化低碳发展的普遍路径。各国各地结合自身情况，在不同环节、模式、措施的选择和侧重虽有差异，但基本路径是一致的。

（2）多个维度实现新型城镇化与低碳发展的全面协调

虽然中国新型城镇化低碳发展已经取得不少成绩，但也面临着城镇人口增长和需求升级、城镇化和工业化发展高碳锁定、技术发展速度相对滞后、政府低碳管理基础薄弱和政策体系不完备等诸多挑战。未来，还要进一步协调好中央与地方、新型城镇化与应对气候变化、环境质量与经济社会发展等各方面的关系。在加强能源、产业、建筑、交通、碳源等领域减排的同时，也需要从资源、经济、社会、空间、环境等多个维度推动新型城镇化，才能实现全国协调的新型城镇化低碳发展。

（3）合理选择发展路径

不同发展阶段有所侧重。一方面，中国城镇化对工业产品、建筑和交通的需求产生了大量排放；另一方面，中国作为世界工厂承担了全球排放责任。由于中国城镇化进程尚未结束，经济的稳定发展需要产业支撑，全球化给中国带来诸多利益，中国对能源的总需求还会继续增加。在此情况下的低碳发展，重点是通过集约化发展来提高资源使用效率，减少不必要的碳排放。从这个角度看，中国应对气候变化的总体步骤是合适的：第一步（2010—2020 年），实施无悔减排；第二步（2020—2030 年），实施化石能源替代；第三步（2030—2050 年），实施全面减排。各地也应结合自身定位和发展阶段，合理设计减排目标与路径。

从政府主导走向市场主导。对于低碳发展，经济手段不仅可以通过价格等机制促进资源优化配置和节能减排，也有助于技术、社会、政策发挥效用。市场和政府形成的双轮驱动模式，平衡了低碳发展与经济社会发展的关系，有助于中国新型城镇化低碳发展。在中国新型城镇化过程中，面对资源环境约束，激活生态经济、提倡生态文明、推广绿色生活方式、营造绿色城市环境势在必行。以经济为主导力量，扩大低碳环保产业需求，形成集群经济并带动上下游产业，推动经济的可持续发展。

形成紧凑型城镇化发展格局。城镇过大、过于集中，容易产生"城市病"；城镇过小、过于分散，则不利于实现集聚效益和规模效益并占用大量土地资源。结合城镇化低碳发展需要和基本国情，中国的城镇化发展既不能走拉美国家的过度城市化道路，也不能走美国的城市郊区化道路，更不能再延续某些城市蔓延式、"摊大饼"式的发展趋势，宜选择紧凑型空间城镇化模式。

2. 建立政府、企业、公众共同推进的低碳发展机制

（1）发挥政府的规划与管理作用

通过规划引导城镇化低碳发展。无论是应对全球气候变化、落实温室气体减排，还是实现经济增长转型升级、推进城镇化进程，均应科学制定与当地综合发展规划相匹配的低碳城镇化发展规划。《国家新型城镇化规划（2014—2020年）》也提出了很多低碳发展的相关措施。各部门、各地方在绿色低碳发展政策持续创新的同时，应注重政策规划的协同，适时出台相应法律规定，以切实发挥好政府的引导和管理作用。

完善低碳城镇化治理机制。推进城镇化低碳发展转型，必须构建和完善一系列有效机制，着力消除转型过程中的障碍和阻力。在环境污染治理过程中，具有自身利益诉求的地方政府在落实中央政府的发展要求中可能存在不力情况，可通过引入第三方规制来抑制地方政府放松环境治理行为，中央政府还可探索用于激励的最优契约形式，以确保地方政府将中央要求落到实处。

（2）发挥市场作用

利用碳排放权交易，可以使环境污染的外部性变为企业成本的内部化问题，引导企业在减排成本和购买排放权成本之间进行选择，推动企业创新碳减排技术，提高节能减排效率。也要鼓励碳期货市场发展，由于企业在碳市场中存在配额分配、实际排放和最后的履约阶段，即整个过程中有一个时间差，仅在现货市场无法有效地经营碳资产，而通过远期现货等衍生品交易，有助于控排企业实现碳资产的优化配置，兼具企业效益和社会效益，促使企业提高生产力水平。

征收碳税是发达国家政府实施碳减排政策的主要手段。碳税是碳排放的隐含价格，会随着时间推移而加速增加。作为市场主体的企业，可以通过碳税与能源价格的比较，做出更低成本的选择。如果政府出台碳税，企业可寻求替代能源，从而在二氧化碳排放量下降的同时，维持 GDP 增速不放慢。中国完善有利于绿色消费的税收政策，完善环保税，同样可以加快节能产品的推广应用，进而降低碳排放和推动城市可持续发展。

（3）积极推进低碳技术创新和运用

在各个领域研究开发和推广应用先进的低碳技术，是实现可持续发展的核心要素之一。为此，应积极部署低碳技术发展规划，完善以企业为主体的低碳技术创新体系，立足于"原始创新—集成创新—引进消化吸收再创新"，密切跟踪低碳领域技术的最新进展，形成更多拥有自主知识产权的核心技术和具有国际影响力的品牌，提升低碳装备制造能力和水平，充分发挥低碳技术在促进城镇低碳发展方面的"第一生产力"作用，使低碳技术成为促进城市低碳转型的重要手段。

3. 将低碳发展措施融入新型城镇化建设

（1）低碳能源

来自化石燃料燃烧排放的碳排放是最主要的、最具代表性的温室气体来源，是目前全球进行温室气体评估的最主要对象。中国应更加重视清洁能源发展，关注化石能源的清洁高效利用，还应该尽可能开发和利用零碳排的可再生能源。可以提升清洁能源发电的比重，加快太阳能、生物质能、地热能等可再生能源的多元化、规模化开发利用。加快普及太阳能热水利用，推进光伏建筑一体化，开展微电网示范工程，因地制宜推广地源热泵技术，推广生物质成型燃料及气化。

（2）优化产业发展

工业是城镇碳排放的主要来源，城镇化低碳发展要求城市产业结构低碳化，重视服务业与低碳节能环保产业发展。同时，要大力发展低碳排放的战略新兴产业，特别要大力发展绿色、低碳、生态高效的新兴产业，如信息技术、节能环保、新能源、生物、高端装备制造、新材料、新能源汽车等战略新兴产业，这是低碳产业发展的主攻方向。可以通过相关产业结构政策，鼓励知识和技术密集型产业和高新技术产业，积极扶持国内低碳型的新兴产业发展。运用价格杠杆、政策引导等，在为城市经济发展注入新鲜活力的同时，形成能耗少、污染低、附加值高的新型产业，引导市场向更利于人、社会、自然和谐共处的局面发展。

（3）低碳建筑

提高建筑节能水平。中国城镇节能建筑还存在较大差距，应该将绿色、节能的指导理念贯穿于建筑设计、建造、使用和拆迁整个生命周期中。建立更为完善的绿色建筑设计标准，制定建筑节能政策和法规，建立能效识别制度，提高建筑能效水平。持续开发建筑评价技术，对建筑供热计量控制技术、建筑污染测算等技术进行研究，将可再生能源等新型能源和低能耗技术与产品应用于建筑中。鼓励引导绿色低碳建材的生产和消费，大力推广节能低碳建筑，促进政府、设计单位、房地产企业、生产企业和消费者的认知和责任感，并相互加强监督与合作，实现低碳建筑的普及和进一步优化。

提高建筑利用率。建筑使用寿命短、城市重复建设、空置率过高也会造成碳排放的额外增加。由于城市规划变更、用地性质改变、地价房价变动等因素，很多未到设计寿命的"年轻"建筑被提前拆除。根据中国《民用建筑设计通则》，一般性建筑为50—100年，而实际上中国建筑却只能持续25—30年。为了促进资源的有效利用和城市的可持续发展，应该采取多种举措来应对这一问题。一方面，政府在城市建设中，应该对建筑拆除进行严格管理，避免"大拆大建"，尽可能多地改造已有建筑。另一方面，在住房政策制定时，也应该考虑对空置房屋的限制，例如采取税收等手段增加空置成本。

（4）低碳交通

以低碳理念构建现代城市交通体系，发展低碳交通势在必行。城市交通体系与城市空间形态密切相关，从城市规划角度，低碳的城市交通体系主要在于倡导和实施以公共交通为主导的交通模式，以及自行车与步行优先的道路网络。第一，建立以公共交通为导向的城市土地利用模式，包括以公共交通走廊为纽带形成节点状的综合用地组团、土地混合开发、高密度建设、小尺度空间。第二，坚持自行车与步行优先，舒适宜人的公共空间、与公交车站之间合理适宜的步行空间，也有利于提高公共交通以及步行出行的吸引力。第三，加强城市综合交通体系规划，促进各种出行方式之间的紧密衔接，鼓励发展智能交通。另外，机动车是主要的道路交通工具，除了加大对能源汽车关键技术支持研发之外，还应采取经济激励措施加快新能源汽车技术商业化、产业化，可以通过税收、销售价格等优惠政策来推广其应用。

（5）低碳城市空间

扩大绿色空间布局，增加碳汇[①]。保留天然湿地、绿地，增加乔木数量，发展都市农业，实行绿化带、小公园在空间上分散设置，可以降低城市热岛效应，减少建筑的制冷需求，推动实现城市低碳发展目标。在建成区周边设置绿环或绿带作为"城市增长边界"的传统城市空间规划，容易使外围空间孤立发展，可以建立与公交导向交通体系相一致的绿地系统，保证对公交出行的优先选择，使土地开发分地段、分时序进行。

还应加强城镇的废弃物管理，减少不必要的碳排放。可持续发展的城镇化要求我们必须变"大量生产、大量消费、大量废弃"的线性模式为循环模式，推行循环型生产方式，发展循环经济，全面提高能源、水、土地、矿产资源的利用效率。例如，完善城镇可再生资源的回收利用体系，建立垃圾分类回收制度；发展"城市矿产"，建立城市矿产示范基地，对废弃资源进行有效利用；开展餐厨、建筑垃圾的资源化利用。

[①] 通过植树造林、植被恢复等措施，吸收大气中的二氧化碳，从而减少温室气体在大气中浓度的过程、活动或机制。

第五章

新型城镇化与城镇空间结构
——基于城镇化的区域差异及其影响因素研究

孙祥栋

中国作为最大的发展中国家，不同区域间的经济发展水平和城镇化水平差距很大。以 2014 年中国分区域主要经济发展指标为例（表 5-1），沿海和内陆地区城市平均城镇化率分别为 61.2% 和 45.1%；出口占 GDP 的比值分别为 39.15% 和 7.06%；而外商直接投资（FDI）存量占总资本存量的比值分别为 27.03% 和 7.19%。

表 5-1　2014 年中国分区域主要经济发展指标

变量	沿海地区	内陆地区
城镇化率（%）	61.20	45.10
FDI 存量 / 总资本存量（%）	27.03	7.19
出口 /GDP（%）	39.15	7.06
人均 GDP（元 / 人）	57429	32406
人均固定资产投资（元 / 人）	31112	24681

数据来源：2015 年《中国城市统计年鉴》《中国区域经济统计年鉴》。

中国区域间经济发展水平的巨大差距意味着城镇化影响因素可能存在着地区差异，从而影响了中国城镇化的空间布局。进一步来看，城镇化发展的区域差异作为近些年一个突出的问题，以往研究很少有涉及，大多是定性或简单定量分析，需要更深入的探讨区域城镇化水平差异的根源。这对于深入了解全球化、产业结构、经济增长等因素对城镇化的作用机制和运行规律，发现以往城镇化发展过程中存在的问题，以及适时和因地制宜的调整和制定区域性政策，都提供了十分必要的理论和现实依据。

为了研究全球化对中国城镇化不同区域的影响，遂将除西藏外的中国30个省份和直辖市划分为沿海地区内陆地区两个部分。其中，沿海地区包括江苏、上海、浙江、福建、广东、山东、海南、辽宁、河北、天津和北京；内陆地区包括河南、湖北、湖南、江西、山西、内蒙古、吉林、安徽、黑龙江、陕西、宁夏、甘肃、四川、重庆、贵州、广西、云南、青海和新疆。

一、城镇化率的影响因素分析

（一）数据、变量与模型设定

1. 数据

城镇化区域差异的测量数据来源于 1985—2014 年的《中国城市统计年鉴》，统计的是 1984—2013 年各地级市的相关数据，包括城镇化率、FDI、资本存量（TK）、GDP、人口、人均 GDP、固定资产投资和产业结构。出口数据来源于 2000—2014 年的《中国区域经济统计年鉴》。在实证分析中，实际采用的面板数据时间维度为 2004—2013 年，截面维度为 262 个地级市。此外，为了确保准确性，剔除了常住人口城镇化率为 100% 的观察值，例如深圳、海口和三亚等，因为这些城市由于行政原因只有城区没有乡村，其城镇化率并不能反映经济的影响。在剔除了数据缺失的西藏、台湾以及经济体量和人口数量都很小的部分地级市后，得到了中国最主要的 262 个地级市的数据。

2. 变量

第一个变量是外资，采用 FDI 存量占城市总资本存量的比例（FDI/TK）来研究全球化中的外资对城镇化的影响。计算这一变量需要分为几个步骤：首先，按每年官方汇率的中间价将 1984—2013 年每个城市的外商直接投资换算成人民币；其次，以每年的国家居民消费价格指数（CPI）为基础，将各年的外商直接投资换算为 1994 年不变价，即消除物价变动因素对外资数额的影响；再次，按 10% 的资本折旧率，基于前两步处理好的 FDI 存量数据，采用永续盘存法计算出 1994—2013 年每年的 FDI 存量；第四，基于 1984—2013 年每个城市的固定资产投资数据，采用与前面相同的方法，即 10% 折旧率、1994 年不变价和永续盘存法，计算出城市的总资本存量。最后，将外国直接投资存量（FDI stock）除以总资本存量（TK），即得到外资占比变量。

第二个变量是出口，采用出口额占城市当年 GDP 的比例（EXP/GDP）来研究全球化中的贸易对城镇化的影响。计算这一变量相对简单：数据处理上，先用每年的汇率中间价将 1984—2013 年每个城市的美元出口额换算成人民币；再以每年的消费者物价指数（CPI）为基础，将各年的出口额换算为 1994 年不变价，即消除物价变动因素对出口额的影响；最后将出口额（Export）除以城市当年的 GDP，即得到出口占比变量。

城市的经济结构尤其是产业结构对城镇化发展有明显的作用。以城市第一产业增加值占当年 GDP 的比重（PS/GDP），作为控制产业结构对城镇化影响的变量。以往研究的结论普遍发现产业结构的逐渐升级对城镇化进程存在促进作用（例如黄晓军、李诚固、黄馨，2008；刘艳军、李诚固，2009），因此本文预计第一产业增加值占当年 GDP 的比重对城镇化起着负面作用。可以预判城市的第一产业增加值占当年 GDP 的比重越高，该城市的城镇化水平越低。

城市的经济发展水平是城镇化进程的重要基础，以城市年末按 1994 年不变价计算的人均 GDP，作为控制城市经济发展水平对城镇化影响的变量。以往研究的结论普遍发现人均 GDP 的增加对城镇化进程存在促进作用（例如：Kevin Zhang，2002；王小鲁，2010；冯凡，2011；章元、万广华，2013），因此本文预计人均 GDP 对城镇化起着正面作用。可以预判城市的人均 GDP 越高，该城市的城镇化水平越高。

　　城市的人口规模可能影响城镇化进程。由于整个中国的农村人口，尤其是内陆地区的农村人口比例较高，人口总量的大小可能会反映出城镇化未来的发展潜力。以城市每年的年末人口（万人为单位，POP）反映城市的人口规模。回顾以往文献，城市人口对城镇化的影响存在分歧。章元、万广华（2013）认为人口总量对中国城镇化没有影响；而郭东杰、王晓庆（2013）实证发现人口总量对中国城镇化有显著的负面作用；此外，陈钊、陆铭（2014）的研究结果表明人口总量对亚洲发展中国家有正面作用，但对西方发达国家有负面作用。基于以上结论，本文对人口规模的影响不做出预判。

　　城市固定资产投资可以促进城镇化的发展，尤其是基础设施和交通运输的发展，这对城镇化进程尤为重要。以城市某年年末按1994年不变价计算的固定资产投资（FAI）作为控制城市每年投资规模对城镇化影响的变量。普遍观点认为固定资产投资对城镇化进程存在积极的影响，但实证研究却存在分歧。王开科等（2010）和韩民春等（2013）学者的研究认为固定资产投资对中国城镇化有积极作用；但蒋时节等（2005）的研究发现固定资产投资的作用不显著；刘铮、孙健（2014）的研究甚至表明固定资产投资对城镇化起负面作用。尽管存在着分歧，本文认为固定资产投资对城镇化的影响更可能是正面的。

　　表5-2为以上选取变量的主要描述性统计指标，从而直观展示出样本和变量的结构性特征。

表 5-2　变量描述性统计（2004—2013）

变量	组别	均值	标准差	最小值	最大值	观测值结构
城镇化率	总体	37.775 83	55.476 49	9.91	99.99	N=2614 n=262 t=9.9771
	组间		24.244 33	10.778	99.78	
	组内		49.905 54	9.8522	83.728	
FDI 存量占资本存量比重	总体	0.040 451	0.064 817	3.13E-06	0.763 555	N= 2595 n=261 t=9.942 53
	组间		0.050 32	0.000 011 6	0.304 376	
	组内		0.040 829	−0.175 655 1	0.499 629	

变量	组别	均值	标准差	最小值	最大值	观测值结构
出口占GDP比重	总体	0.143 51	0.247 742	6.00E-06	2.521 127	N=2583 n=262 t=9.898 24
	组间		0.237 772	0.001 213 2	1.659 197	
	组内		0.064 723	-0.661 645 6	1.246 757	
农业产值比重	总体	14.520 23	9.012 854	0.05	49.89	N=2591 n=261 t=9.9272
	组间		8.558 406	0.174	42.025	
	组内		2.827 198	1.831 228	33.413 23	
人均GDP	总体	7588.327	5394.002	1034.908	36 244.88	N=2602 n=262 t=9.9313
	组间		4905.338	2093.704	28 225.1	
	组内		2239.57	-9925.923	23 649.49	
人口规模	总体	443.8137	311.9597	16.37	3343.4	N=2596 n=262 t=9.9084
	组间		306.786	18.666	3238.699	
	组内		54.5024	38.1947	2052.895	
固定资产投资	总体	5 124 985	1.07E+07	390 478.4	2.04E+08	N=2600 n=262 t=9.923 66
	组间		5 681 669	445 288.2	4.86E+07	
	组内		9 011 613	-2.22E+07	1.75E+08	

注：标准货币均为人民币，单位：元。

3. 模型设定

为建立城镇化区域比较的计量模型，本部分考虑了以下几个方面的因素：首先，由于城镇化发展的惯性，一些研究已经证明了过去的城镇化水平对之后的城镇化进程存在影响（例如：王小鲁，2010；章元、万广华，2013），因此，为了控制之前城镇化的影响，采用动态面板模型进行分析。其次，本文采用的面板数据时间序列为2004—2013年，相对较短，而截面数量达到262个，相对较宽，很可能会产生异方差问题，因此采用系统广义矩估计（SGMM）方法，并对除比值变量的其他变量进行了对数化处理，这样的处理方式也符合经济学建模的通常做法。基于以上判断，模型设定如下：

$$UR_{it} = \beta_0 + \beta_1 UR_{it-1} + \cdots + \beta_2 FDI/TK_{it} + \beta_3 EXP/GDP_{it} + \beta_4 PS/GDP_{it} +$$
$$\beta_5 lnPGDP_{it} + \beta_6 lnFAI_{it} + \beta_7 lnPOP_{it} + u_{it} \qquad (5.1)$$

（6.1）式中，i（$i = 1, 2, \cdots, 262$）和 t（$t = 2004, \cdots, 2013$）是指某一特定的城市和年份；UR_{it} 是城镇化率，UR_{it-1} 指城镇化变量的滞后项，其滞后阶数取决于动态面板模型的检验结果；FDI/TK_{it} 指 FDI 存量占城市总资本存量的比例，EXP/GDP_{it} 指出口额占城市当年 GDP 的比例，PS/GDP_{it} 指第一产业增加值占当年 GDP 的比重，$PGDP_{it}$ 指按 1994 年不变价计算的人均 GDP，FAI_{it} 指按 1994 年不变价计算的固定资产投资；POP_{it} 指城市的总人口规模；u_{it} 为随机扰动项。

（二）城镇化率差异的原因分析

分区域样本的回归需要不断调整被解释变量的滞后阶数，最终确定沿海和内陆地区合理的动态模型。这时，将被解释变量的 1 阶滞后作为解释变量加入模型，分别对沿海和内陆地区的样本进行 SGMM（系统广义矩估计方法）回归。两个模型的回归结果显示：二者都不能拒绝 Sargan（萨尔甘）和 Hansen（汉森）检验的原假设，也就是说两个模型的工具变量都是有效的；都至少在 5% 的显著性水平上拒绝了 AR（1）检验的原假设，没能拒绝 AR（2）检验的原假设；并且被解释变量的一阶滞后都很显著。在放入滞后 2 阶或 3 阶被解释变量到模型中后，发现并没有改变解释变量的显著性和模型的检验结果。因此，回归结果是稳健的。回归结果如表 5-3 所示。

表 5-3 分区域样本的动态面板 SGMM 回归结果

解释变量	城镇化率	
	沿海地区	内陆地区
城镇化一阶滞后	0.904***	0.848***
FDI 存量占资本存量比重	6.239***	−2.794
出口占 GDP 比重	4.455***	0.440***

解释变量	城镇化率	
	沿海地区	内陆地区
农业产值比重	−0.0727***	−0.117***
人均 GDP	0.443***	0.133*
人口规模	5.293***	−7.294***
固定资产投资	0.464***	0.290***
常数项	−39.75***	42.58***
Sargan 检验	0.0875	0.1363
Hansen 检验	0.0669	0.1085
Arellano-Bond AR （1）检验	0.0470	0.0207
Arellano-Bond AR （2）检验	0.2459	0.9697
观测值	1042	1524

注：括号中的数字为 P 值，*、**、*** 分别表示在 10%、5% 和 1% 的显著性水平下统计显著。

首先，对于沿海地区来说，代表全球化影响力的外国直接投资变量（FDI/TK）在 1% 的显著性水平下显著为正，表明 FDI 对沿海地区的城镇化发展有明显的推动作用。这一显著的结果可以从两方面进行解释：第一，由于卓越的地理位置和区位优势，中国沿海地区成为 FDI 主要的投资目的地，吸引了大约 85% 的中国外商直接投资总量。因此，FDI 对中国沿海地区的经济增长、创造就业、收入增加等方面发挥了重要作用，进而促进了经济结构的调整，吸引了大量的农村剩余劳动力迁移进城市地区定居和工作，最终加速推进了沿海地区的城镇化过程。第二，19 世纪 80 年代和 90 年代，外国直接投资主要流向沿海地区的劳动密集型制造业，吸引了数千万的农村剩余劳动力在城市地区的跨国公司工作。而在最近的十年里，外商直接投资在沿海地区逐渐流入服务业和新兴高科技行业，这些行业同样需要大量的劳动力，进而吸引了大量的流动人口进入沿海城市。因此，外国直接投资大幅增加了沿海地区的城市人口因此，对城镇化进程产生了积极的影响。

相反，对于内陆地区来说，FDI/TK 的系数为负且不显著，表明 FDI 对内陆地区的城镇化进程没有显著影响。我们可从以下两个方面进行解释。第一，与沿海城市相比，内陆城市吸引了非常少量的外国直接投资流入，其总量占中国吸引 FDI 的总额不到 15%。因此，内陆城市吸引的外国直接投资量太小，从而不能对当地经济以及城镇化产生显著的影响。这一发现与 Chen（2013，2015）的研究所得出的中国内陆地区低水平的外国直接投资没有对当地经济产生了明显的溢出效应的结论是一致的。第二，由于拥有相对丰富的自然资源禀赋，内陆地区吸引的 FDI 有相当大的份额流入到了第一产业部门，例如农业和资源型行业。如表 5-4 所示，2004—2013 年间，内陆地区外国直接投资流入到第一产业部门的平均份额是 8.73%，同时期沿海地区的份额仅为 1.81%。因此，虽然内陆地区只吸引流入中国的外国直接投资总额的不到 15%，却吸引了超过 51% 的外国直接投资进入中国的农业和资源型行业部门（见表 5-5）。这些农业和资源型产业位于农村和偏远地区，所以 FDI 流入这些行业倾向于将劳动力保留在农村和偏远地区，可能不会影响到城镇化进程；而如果 FDI 的流入使得资源型行业出现蓬勃发展，吸引人口从城市转向农村和偏远地区的话，甚至可能会对城镇化进程产生一定的负面影响。

其次，对于第二个变量出口（EXP/GDP）来说，在内陆和沿海地区均在 1% 的显著性水平下统计显著；这表明出口不仅对沿海地区，而且对内陆地区的城镇化进程起着助推作用。但是，出口对城镇化的影响在沿海地区比内陆地区要大得多，因为沿海地区出口变量的回归系数接近内陆地区的 10 倍。与郭东杰、王晓庆（2013）的研究结论不同，他们发现贸易对沿海地区城镇化没有影响，而对内陆地区的城镇化起着促进作用。产生这种差异的原因可能是郭东杰等的研究没有考虑贸易变量在模型中的内生性问题，并且使用的是相对粗糙的省级面板数据，因此结果可能存在偏差。本文研究结论的现实依据在于：尽管出口仍然在沿海地区的城镇化进程中扮演了一个更具影响力的角色，然而出口导向型企业，特别是劳动密集型和低端制造业企业为了降低在中国经济结构调整和产业升级过程中越来越高昂的生产成本，逐渐将资金和生产基地迁至内陆地区，因此导致出口开始发挥对内陆地区城镇化进程的推动作用。

表 5-4　FDI 在不同区域的行业分布

单位：%

行业部门	地区区域							
	内陆地区				沿海地区			
	2004 年	2008 年	2012 年	平均值	2004 年	2008 年	2012 年	平均值
第一产业	1.49	1.35	2.25	1.81	8.15	9.54	8.40	8.73
制造业	73.31	62.01	53.23	59.48	51.07	54.90	53.71	53.84
服务业	21.20	36.64	44.52	38.71	40.78	35.56	37.89	37.43

表 5-5　第一产业 FDI 的比重变化

单位：%

区域	年份			
	2004 年	2008 年	2012 年	均值
沿海地区	51.00	40.84	51.75	48.74
内陆地区	49.00	59.16	48.25	51.26
总和	100.00	100.00	100.00	100.00

二、城镇化率的区域差异及其因素分解

（一）城镇化率的区域差异与空间结构优化

为了直观展示中国不同区域城镇化发展水平的差异，将城镇化率分为三个等级，依次是 40%—50%、50%—60%、60%—90%，并由浅到深绘制了中国的城镇化率层级图（图 5-1）。可以看出，中国城镇化水平的差异基本符合东、中、西部经济发展水平的差异。比较例外的是山东省，经济体量巨大但城镇化水平与大多数中部省份，例如山西、湖北等类似，主要原因是山东人口基

数大，部分城市农村人口比重大，拉低了全省的城镇化率。

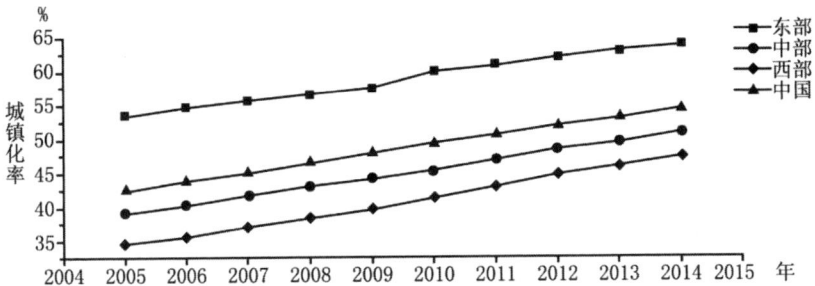

图 5-1 中国东、中、西部城镇化率

折线图反映出了东、中、西部城镇化水平稳定的增长趋势，从图 5-1 的对比来看，东部近十年城镇化水平一直处于绝对优势，2014 年已经接近 65%；反观中、西部的城镇化率一直低于全国水平。

表 5-6 中国东中西部城市化水平差距演变

单位：%

区域	年份									
	2005 年	2006 年	2007 年	2008 年	2009 年	2010 年	2011 年	2012 年	2013 年	2014 年
东部	53.61	54.86	55.72	56.68	57.59	60.02	61.01	62.16	63.09	63.90
中部	39.10	40.39	41.64	43.03	44.18	45.31	46.99	48.49	49.66	50.85
西部	34.52	35.69	37.01	38.48	39.66	41.44	42.99	44.74	45.98	47.37
中国	42.52	43.87	45.20	46.54	47.88	49.23	50.57	51.89	53.17	54.41

表 5-6 可以更明显地看出，尽管近十年东、中、西部整体的城镇化率按照相似速度增长，但区域之间的差距并没有发生根本性变化。可见，中国的城镇化进程一直是以东部沿海城市为核心动力，但随着东部城镇化水平的增长陷入瓶颈，如何挖掘中、西部城镇化发展的潜力，促进中国相对滞后的城镇化发展，最终形成促进中国经济进一步增长的动力，是摆在目前阶段的重点问题之一。

表 5-7　2005—2014 年中国不同省区的城镇化率

省份	东部地区									
	2005年	2006年	2007年	2008年	2009年	2010年	2011年	2012年	2013年	2014年
北京市	83.62	84.32	84.49	84.92	85.00	85.93	86.18	86.23	86.29	86.34
天津市	75.07	75.72	76.32	77.21	78.01	79.60	80.44	81.53	82.00	82.27
河北省	37.69	38.76	40.26	41.89	43.74	44.50	45.60	46.80	48.11	49.32
辽宁省	58.71	58.98	59.19	60.05	60.35	62.10	64.04	65.64	66.45	67.05
上海市	89.10	88.70	88.66	88.60	88.60	89.27	89.31	89.33	89.61	89.57
江苏省	50.50	51.89	53.20	54.30	55.61	60.58	61.89	63.01	64.11	65.21
浙江省	56.02	56.51	57.21	57.60	57.90	61.61	62.29	63.19	64.01	64.87
福建省	49.40	50.40	51.41	53.01	55.10	57.11	58.09	59.61	60.76	61.80
山东省	45.00	46.10	46.75	47.61	48.32	49.70	50.95	52.43	53.76	55.01
广东省	60.68	63.01	63.14	63.37	63.41	66.18	66.50	67.40	67.76	68.00
海南省	45.17	46.05	47.22	48.01	49.19	49.83	50.51	51.52	52.74	53.82

省份	中部地区									
	2005年	2006年	2007年	2008年	2009年	2010年	2011年	2012年	2013年	2014年
山西省	42.12	42.99	44.03	45.12	45.99	48.04	49.68	51.26	52.56	53.78
吉林省	52.50	52.96	53.15	53.22	53.32	53.33	53.40	53.71	54.20	54.83
黑龙江省	53.09	53.49	53.90	55.40	55.49	55.67	56.49	56.91	57.39	58.02
安徽省	35.51	37.10	38.71	40.51	42.10	43.01	44.81	46.49	47.86	49.15
江西省	37.00	38.67	39.81	41.36	43.19	44.06	45.70	47.51	48.87	50.22
河南省	30.65	32.47	34.34	36.03	37.70	38.50	40.57	42.43	43.80	45.20
湖北省	43.20	43.81	44.31	45.19	46.00	49.70	51.82	53.50	54.51	55.67
湖南省	37.01	38.71	40.46	42.15	43.19	43.30	45.10	46.65	47.96	49.28

省份	西部地区									
	2005年	2006年	2007年	2008年	2009年	2010年	2011年	2012年	2013年	2014年
内蒙古自治区	47.19	48.65	50.14	51.72	53.42	55.50	56.61	57.75	58.69	59.52
广西壮族自治区	33.63	34.65	36.24	38.16	39.21	40.00	41.81	43.53	44.82	46.00
重庆市	45.21	46.69	48.30	49.98	51.59	53.00	55.02	56.98	58.35	59.61
四川省	33.00	34.30	35.60	37.40	38.70	40.17	41.83	43.54	44.90	46.30
贵州省	26.86	27.45	28.25	29.12	29.88	33.80	34.97	36.42	37.84	40.02
云南省	29.51	30.49	31.59	33.00	34.00	34.70	36.80	39.30	40.47	41.73
西藏自治区	20.71	21.05	21.45	21.92	22.30	22.67	22.77	22.73	23.72	25.79
陕西省	37.24	39.12	40.61	42.09	43.49	45.76	47.29	50.01	51.30	52.58
甘肃省	30.02	31.10	32.26	33.56	34.87	36.13	37.17	38.75	40.12	41.68
青海省	39.23	39.23	40.04	40.79	42.01	44.76	46.30	47.47	48.44	49.74
宁夏回族自治区	42.28	43.05	44.10	44.98	46.08	47.87	49.92	50.70	51.99	53.63
新疆维吾尔自治区	37.16	37.95	39.14	39.65	39.83	43.02	43.55	43.98	44.48	46.08

　　首先，据表5-7显示，上海、北京和天津这三个直辖市的城镇化率远远领先于其他省市；其次，除山东、河北等省份，东部整体的城镇化水平已经比较高，城镇化进一步发展的空间有限；再次，东、中、西部整体差距较大，尤其是西部地区城镇化发展滞后，未来的发展潜力很大。

　　2013年年末，中国城镇化率达到了53.7%，首次突破50%。与此同时，城镇化发展更加地重视质量，新型城镇化的进展如火如荼。中国新型城镇化是一种国家政策引导的鼓励城市发展的庞大规划，是以城乡统筹、城乡一体、产城互动、节约集约、生态宜居、和谐发展为基本特征的城镇化，是大中小城市、小城镇、新型农村社区协调发展、互促共进的城镇化。在新型城镇化阶段，城镇化率的区域差异将严重阻碍中国全面推进城镇化进程目标任务的实现，深入认识、探讨并摆脱这一困境是当前城镇化阶段亟待解决的问题之一。

（二）城镇化率差异因素分解

在上文分析的基础上，本部分进一步运用夏普利值法（Shapley value）来确定导致城市化率区域差异的因素。

夏普利值法是对导致各种经济变量差异的原因进行分解、分析、衡量和排序的较为前沿且精确的方法。夏普里值分解的目的是找到不平等的构成因素，进而发现造成不平等的原因，从而有针对性地提出相关对策以减少不平等。自万广华（2004）提出基于回归技术的夏普里值分解方法后，该方法除了应用于传统的收入分配问题外，还广泛运用到了生产效率差异（孙晓华、王昀，2012）、产业专业化差异（张建华、程文，2012）、财政支出差异（黄寿峰、郑国梁，2015）等多个方面。尽管有些研究已经探讨了中国区域城镇化水平差异的原因（蒋末文、考斯顿，2001；秦佳、李建民，2013），但大多数是定性或简单的定量分析，利用夏普里值法对城镇化差异进行深入的研究则很少；仅有的研究也只限于省级面板数据的分析，而没有精确到地级市层面（周靖祥，2015），因而可能与实际情况存在较大偏差。为此，借鉴收入分配领域常用的夏普里值分解方法，对造成区域城镇化差异的原因进行更为深入的探讨。

在运用夏普利值法对城镇化差异进行分解时，借鉴万广华（2004）和赵剑治（2009）等采用的方法，即首先计算出残差影响与总影响的比值，来表示没有被解释变量所解释的差异，再用1减去这一比值就得到解释变量所解释的部分，它反映了模型中全部解释变量对于城镇化率差距的影响程度。对于残差的影响，是通过计算初始城镇化率的差距与假设 Û=0 时的城镇化率的差异之间的差值来衡量的。由于 FDI 变量和出口变量存在内生性，这就需要把工具变量回归中第一阶段得到的拟合值作为 FDI 和出口变量，再带入模型中进行夏普利值分解，才能准确地得到全球化对中国区域城镇化率差距的贡献度。

采用收入差距领域普遍使用的基尼系数、Atkinsom 指数（阿特金森指数）和广义熵三个不平等指标，来计算城镇化率差异的程度和模型变量的解释程度。经过夏普利值分解，得到了表 5-8 中三个不平等指标的数值和被解释比例。可以看到，基尼系数的被解释比例从 2004 到 2013 年一直稳定在 60% 以上，Atkinsom 指数的被解释比也都在 30% 以上，只有广义熵指数的被解释比偏低，各年份在 15%-35% 之间浮动。表 5-8 中展示了部分年份不平等指标的数值，为了更直观的体现城镇化发展不平等程度的变化趋势，绘制图 5-2。可以看出，整体上看中国各地级市的城镇化率差异有逐渐缩小的趋势，这一趋势与近些年中西部省份较快的经济增长速度，以及东部省份经济增速的放缓情况相吻合。

表 5-8　城镇化率差异程度和被解释比例

不平等指标	2004 年			被解释比（自变量系数/总系数，%）	不平等指标	2007 年			被解释比（自变量系数/总系数，%）
	总系数	自变量	残差			总系数	自变量	残差	
基尼系数	0.359	0.228	0.131	63.58	基尼系数	0.356	0.220	0.135	61.93
Atkinsom 指数	0.194	0.066	0.128	34.26	Atkinsom 指数	0.191	0.060	0.131	31.33
广义熵	0.208	0.061	0.147	29.47	广义熵	0.203	0.031	0.173	15.06
不平等指标	2010 年			被解释比（自变量系数/总系数，%）	不平等指标	2013 年			被解释比（自变量系数/总系数，%）
	总系数	自变量	残差			总系数	自变量	残差	
基尼系数	0.350	0.232	0.119	66.3	基尼系数	0.349	0.219	0.129	62.92
Atkinsom 指数	0.187	0.063	0.124	33.76	Atkinsom 指数	0.187	0.066	0.122	35.42
广义熵	0.197	0.054	0.144	21.12	广义熵	0.196	0.065	0.131	33.16

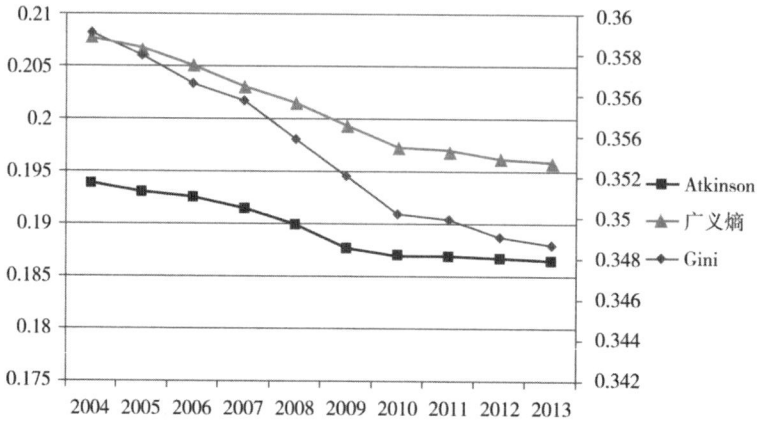

图 5-2　城镇化发展不平等程度的变化趋势

注：由于 Gini 系数和其他不平等指标的取值差别较大，为了更好地反应变动趋势，Gini 系数取次坐标轴，Atkinson 指数和广义熵取主坐标轴。

　　表 5-9 展示的是夏普利值分解结果，数字为自变量对不平等指标的贡献度，或者说相对影响。限于篇幅，表中展示的是 2004 年、2007 年、2010 年和 2013 年这 4 个代表性年份。因为把测算出的不平等指标数值作为分母来计算不同解释变量对不平等程度的相对影响，所以夏普利值分解后不同变量总的影响为 100%。继而将不同因素在所有变量中的相对影响分别进行了排名。下面对夏普利值分解结果进行详细分析。

　　首先关注的是代表全球化的变量。综合三个不平等指标的贡献度和排名来看，FDI 存量占资本存量的比重对城镇化差异的贡献在 2004 年是正值；到了 2007 年和 2010 年则基本转为负值；而到了 2013 年，则又开始转变为正值。也就是说，在 2004—2013 年期间，外国直接投资对城镇化差异的影响基本经历了一个"U"形特征：先是加剧了区域城镇化的不平等，接着减少了城镇化不平等，而后又促进了区域城镇化率差异的扩大。与 FDI 变量相反，出口占GDP 比重对城镇化差异的贡献在 4 个年份中基本均为负值，而且经历了先增加后减小的变化。也就是说，在 2004—2013 年期间，出口对城镇化差异的影响基本经历了一个倒"U"形特征：先是强烈促进了中国区域城镇化发展的平衡，接着这种减少城镇化不平等的作用逐渐变小，而后又进一步促进了区域城

表 5-9　夏普利值分解结果

变量	2004 年				变量	2007 年			
	基尼系数	Atkinson 指数	广义熵	排序		基尼系数	Atkinson 指数	广义熵	排序
人口	23.77	1.09	-58.65	256	人口	27.53	-31.28	-366.38	277
GDP	-4.61	-27.09	-64.10	677	GDP	10.50	8.71	36.39	444
固定资产投资	22.10	72.86	146.38	311	固定资产投资	28.18	104.87	413.91	111
人均 GDP	23.73	36.89	58.45	122	人均 GDP	10.09	19.70	49.96	533
FDI 存量 / 资本存量	14.17	16.01	34.44	443	FDI 存量 / 资本存量	1.35	-20.04	-77.22	666
出口 /GDP	-1.06	-19.67	-45.07	565	出口 /GDP	-0.11	-3.68	-13.86	755
农业产值比重	21.89	19.92	28.55	734	农业产值比重	22.46	21.72	57.21	322

变量	2010 年				变量	2013 年			
	基尼系数	Atkinson 指数	广义熵	排序		基尼系数	Atkinson 指数	广义熵	排序
人口	23.58	-20.85	-83.85	277	人口	23.64	-1.87	-20.54	367
GDP	17.17	31.23	50.79	332	GDP	30.98	45.32	57.58	111
固定资产投资	11.58	63.11	102.92	511	固定资产投资	0.08	-1.21	-2.48	655
人均 GDP	14.26	10.80	14.33	444	人均 GDP	15.72	21.20	24.04	433
FDI 存量 / 资本存量	3.26	-17.20	-28.29	666	FDI 存量 / 资本存量	-0.67	13.22	17.44	744
出口 /GDP	-0.94	-0.76	-1.20	755	出口 /GDP	1.61	-8.81	-12.62	576
农业产值比重	31.10	33.68	45.30	123	农业产值比重	28.65	32.16	36.58	222

注：单位为"%"，数字保留两位小数。

镇化率差异的缩小。这一夏普利值分解结果其实与之前的全样本和区域动态面板 SGMM 回归结果是相互呼应的。一般来说，自变量主要可以通过两方面影响不平等程度：一是解释变量对被解释变量的影响，亦即回归方程中该变量系数的大小，二是该变量自身分布的平均程度（武岩、胡必亮，2014）。从前面全样本和区域动态面板 SGMM 回归结果显示，FDI 变量在沿海地区的回归系数显著为正，在内陆地区系数则不显著；沿海地区和内陆地区出口变量的回归系数均显著为正，但沿海地区系数接近内陆地区的 10 倍。可见，FDI 在东、中、西部城市的分布不均，以及内陆地区产业结构固有的弊端，使得 FDI 过度集中在资源型行业，又进一步导致人口向郊区或农村外流，类似于城镇化的"荷兰病"现象；同时，FDI 对东部城镇化显著的积极作用，导致城镇化率差距愈发拉大，即 FDI 在一定程度上具有加剧城镇化不平等的"马太效应"。相反，正是由于近年来出口对内陆城市城镇化的积极作用，以及出口型企业从沿海向内陆地区的转移，出口分布趋向均匀，使得出口不仅没有拉大区域城镇差距，反而起到了缩小城镇化差异的作用。从另一个层面来说，这一结果也进一步加强了前面动态面板回归结果的可信性。

此外，固定资产投资在 2010 年以前对于不平等指标的贡献基本都排在了第一位；但到了 2013 年，城市 GDP 总量对城镇化不平等的影响占据了首要位置。这反映出固定资产投资作为长久以来中国城镇化发展的基本动力，其地域的分布不均成为城镇化发展差距的主要原因；而近年来城镇化的发展已经从单纯的投资建设向着综合性多角度建设转变，这导致沿海和内陆地区总体经济实力差距的扩大进一步推动了区域城镇化发展的不平衡。同时，另一个显著变化是产业结构的贡献度从 2004 年的最后一位，已经上升到了 2013 年的第二位，这一结果也强烈反映了现实状况。随着国内经济结构的调整和产业升级步伐，中国城市的服务业地位越来越重要，并已经取代制造业成为城镇化发展的关键内生动力，例如广州的商贸中心，上海、深圳的金融中心，北京的 IT 业、服务业中心等。

三、外向型经济、开放型城镇化与城市合理布局

2015 年 12 月 15 日，中国国务院总理李克强在上海合作组织成员国第十四次总理会议上指出："城镇化是中国最大的内需，中西部地区发展有巨大的潜力和回旋余地。我们将用改革的办法和创新的精神，遵循规律，推动以人为本的新型城镇化"。总理同时指出："中国愿与上海合作组织成员国、观察员国拓展新型城镇化合作，共同为各国深化与中国，特别是中国中西部地区的合作，实现互利共赢，谱写新的篇章。"[①]

李克强总理的表述已经确切地表达了一个新的理论概念，即中国正在探索并实践的一条综合性的开放型城镇化道路。结合本章的研究结论，为其下一个定义。也就是说，开放型城镇化是将城市的内生发展、城市之间的区域合作和全球化背景下的外生发展有机地融为一体，形成一种合力，从而实现 1+1+1 ＞ 3 的城镇化模式。具体来说，各个发展中国家应当将本国的经济发展和转型升级、积极吸引外资并融入全球一体化，以及鼓励大城市带动小城镇的发展这三个方面放在同等重要的位置上；同时，要以市场为根本导向，依据本国的经济基础、特殊国情和历史特点，把三者的优势完全融入城镇化"推—拉"作用的动力系统中，从而实现本国城镇的全面、协调、开放、共融和可持续发展。

（一）外向型经济符合中国新型城镇化的基本要义

1. 外向型经济有利于提高城镇化的质量和速度

技术溢出带动了创新能力的提高，为加强新型城镇化质量奠定了基础。《国家新型城镇化规划（2014—2020 年）》中明确提出，新型城镇化的关键在于提高城镇化的质量。新时期的城镇化不再是简单的扩大城市规模，而更加注

---

① 援引自 2015 年 12 月 15 日人民网报道。

重提高城镇化质量；包括智慧城市、创新城市、科技城市、文化城市等方面的开拓，离不开科学技术、管理技术以及科技人才的支撑。外向型经济突破了国别界线，让中国可以动用全球范围的力量共同开发城市的创新能力，促进新型城镇化的发展。

国外先进文化和理念带来了制度的革新。随着外国投资和跨国企业进入中国主要城市，先进的企业文化和管理经验潜移默化地影响了国内落后的传统观念。而对外开放、加入 WTO 以及各种贸易伙伴关系的建立，使得国内企业超越了封闭的国内市场，获得了更广阔的施展空间。开放环境下借助互联网等渠道，世界与中国的信息交流更加及时和畅通。种种中外文化和理念的融会贯通，促进了城市社会结构和管理制度上的一步步革新，影响了城市经济结构的变化，为新型城镇化增添了新的活力。

外商投资带来了充足的外汇资本。新型城镇化的发展需要大量资金支持，仅仅依靠各级政府和国内民间资本的力量远不能满足城镇化建设的需要。中国的外商投资总额累积已经超过了 1 万亿美元[①]；外汇储备在 2014 年 6 月峰值也已经达到 4 万亿美元[②]。这么庞大的外国投资和外汇储备不仅为中国经济发展提供了外在动力，也为城镇化带来了充足的资金。外资作为一股不容忽视的力量，在城镇化进程中起到了举足轻重的作用。

国际贸易拓展了本国产品市场和原材料渠道。城镇化离不开经济的发展，特别是商品贸易的繁荣。古往今来，城市的产生和扩张主要以商业中心的繁荣为基点。如今，商品贸易、服务贸易、技术贸易等多种贸易形式在推动城镇化的过程中焕发了新的生机，这得益于外向型经济背景下生产要素和产品在国家之间的流动愈发频繁，城市与城市之间的纽带更加紧密，城市之间的优势能够更好地融合互补，从而实现了协同发展。

2. 外向型经济将结合"一带一路"建设优化城镇化布局

中国古代的陆上丝绸之路和海上丝绸之路连接了东西文明，沿线各国的

---

① 数据来源于联合国贸发会 World Investment Report（WIE）。
② 数据来源于国家统计局。

主要交通要道枢纽在千百年来的历史洗礼中成为区域经济的中心，城市也因此而发展起来。如今，在中国新型城镇化继续推进的同时，共建"一带一路"全面展开，必将为丝绸之路沿线地区，尤其是广大中西部地区的城镇化进程增添更强的动力，而其中的契合点责无旁贷地落在了外向型经济发展这一引擎上。

"一带一路"的发展离不开城市的发展，而其中的重点明显是中国广大的中西部地区。丝绸之路经济带包含了 13 个省、自治区和直辖市，分别为黑龙江、吉林、辽宁、陕西、甘肃、宁夏、青海、内蒙古、新疆、重庆、广西、云南和西藏。而 21 世纪海上丝绸之路主要为东部地区，包括广东、浙江、福建、上海和海南。在"共商、共享、共建"原则下，可以说，"一带一路"使得内陆地区的发展更加融入了全球化进程中，必将充分整合自身优势，扩大与沿边邻国，包括中亚、南亚、西亚和东北亚的贸易往来、资金流动和信息交流；而凭借长三角、珠三角、环渤海等已有优势为基础，加上深圳、广州、上海、福建、天津自贸区的建设，东部沿海地区的全球化步伐又将迈开崭新的步伐。

加快中国城市外向型经济的转型是连接新型城镇化发展和"一带一路"建设的重要枢纽。在中国加快实施新一轮高水平对外开放、构建开放型经济新体制，以及全方位对外开放新格局的政策引领下，外向型经济将新型城镇化和"一带一路"紧密结合，沿途城市将得到广泛的经济合作机会；同时，这一结构性变革也将促进中国的大中小城市、小城镇和新型农村城镇化的协调发展，而从区域上更将促进内陆和沿海地区城镇的协调发展。这符合新型城镇化区别以往城镇化以中心城市带动的基本特点，也符合"一带一路"建设谋求优势互补、资源共享、互利共赢和共同发展的主要目标；更符合"十三五"规划中"协调""开放""共享"的全局性发展理念。

（二）利用开放型城镇化引领中国城镇化的未来

1. 开放型城镇化契合了"十三五"规划创新、协调、绿色、开放、共享的发展理念

创新作为发展的第一动力，"十三五"规划要求中国推进理论创新、制度

创新、科技创新、文化创新等各方面的创新。中国应清醒地意识到社会主义初级阶段的基本特征，意识到成功跨越中等收入陷阱的发展中国家无一例外都经历了一条开放发展的道路。开放条件下国与国之间的技术、人才和信息才能互通有无，利用全球化力量推动城镇化发展符合中国提高创新能力的迫切需要。

协调是健康可持续发展的内在要求。从实证检验结果看，全球化对城镇化的影响已经从过去单一地对东部沿海城市向中西部城市转移，从单纯的城市地区向城市郊区和农村地区转移。新型城镇化规划体现在城乡、区域的协调发展，城市内部经济、社会和环境的协调发展，以及大、中、小城市与小城镇和新型农村社区的协调发展。本章提出的开放型城镇化不仅注重全球化对城镇化的影响，而且强调了东部城市对内陆城市城镇化的带动作用。

绿色被定义为人民的美好追求和永续发展的必要条件。新型城镇化的绿色发展涉及人与自然的和谐共处、资源的有效利用、环境的友好保护，以及文化融合、交通治理、社会治安等问题。开放背景下的城镇化接收着各国文化的洗礼。在取其精华、去其糟粕后，人们对精神侧面、生活品质、自然保护等方面的意识觉醒，城镇化的可持续发展，以及城市与生态保护之间的关系被提高到了重要的位置。

开放是国家繁荣发展的必由之路。坚持立足国内和全球视野相统筹作为"十三五"规划三大基本原则之一，明确了开放发展依然是中国坚定不移的必由之路。"十三五"规划中特别要求重视内陆中西部地区的对外开放，而广大的内陆地区的起点较低、城镇化水平增长潜力的巨大，是新型城镇化建设的重点。开放型城镇化注重东部地区对中西部地区城镇化的带动作用，注重引导全球化力量推动内陆城市的城镇化进程，注重内陆地区的外向型经济发展，与国家的开放发展道路不谋而合。

共享是中国特色社会主义的本质要求。具体到城镇化问题上，就是要求中国城乡居民要共享城镇化带来的福祉，以及农民工与城市居民共享城市发展的红利。在国家"一带一路"倡议、开放性经济和自贸区建设如火如荼展开的背景下，中国的城镇化进程更应超越全民的共享，成为一种全社会、全人类的共享。中国的发展离不开世界，世界经济的繁荣也需要中国。李克强总理在上海合作组织成员国第十四次总理会议上已经提出中国愿与各成员国拓展新型城镇化合作，特别是中西部地区的合作。新型城镇化必将升级为国内外共享中国经济繁荣果实的又一个奇迹。

2. 开放型城镇化将有效推进新型城镇化的合理布局

《国家新型城镇化规划（2014—2020年）》（以下简称《规划》）处处体现了城市的合理布局和协调发展。《规划》要求优化城镇规模结构，增强中心城市辐射带动功能，加快发展中小城市，有重点地发展小城镇，促进大中小城市和小城镇协调发展。单个城市是一个国家或者区域内城市体系的一部分。合理的城市体系与空间布局对于城市间的互通有无至关重要，是一个国家城市健康发展的必要条件，也是开放型城镇化的题中要义。

中国拥有诸如北京、上海之类的大城市，但是中国城市的规模等级差距并不显著，也就是城市之间的差距不大，这在中小城市中表现得尤为明显。有研究指出，运用基尼系数（Gini coefficient）来测度2000年中国城市规模差距，结果表明中国城市规模的基尼系数仅为0.43，远远低于世界上诸多较大规模的国家，比如美国（0.54）、德国（0.56）、日本（0.65）、英国（0.60）、印度（0.58）等。1990年至2006年间，城市的规模差距存在着上升的趋势，这表明中国城市规模等级差距开始扩大。但进一步的发展需要适度扩大不同城市在规模上的差距，塑造大、中、小城市协调发展的城市体系，优化城镇的规模等级分布。

此外，还要加强城市间的分工合作，促进城市的集中发展。城市群的健康发展有赖于城市之间的产业定位和分工合作。只有当城市群内的不同等级城市之间的社会经济联系较为密切，城市群内部才能形成较为完善的产业集聚以及扩散机制，进而形成城市群的内生增长机制，从整体上推动城市群的一体化发展。总结国外大城市群（如英国的伦敦城市群、法国的巴黎城市群、德国的莱茵—鲁尔城市群、美国的大西洋沿岸城市群、日本的太平洋沿岸城市群等）的发展特点，笔者认识到：一个城市群的发展有赖于城镇体系和产业支撑两方面的要素，从城镇体系看，城市群内部应具有较为合理的城市体系，这就意味着城市群不仅拥有一个或几个超大城市、大城市，还应该存在着众多与大城市相呼应的中等城市、小城市、小城镇；从产业支撑的角度来看，城市群内部各个城市之间需分工明确，其中大城市的辐射带动能力更强，体现出多样化的特征，而中小城市应选择与核心大城市错位发展，体现出专业化的特性。因此，一个城市群的发展需要注重城市群内部城市之间的产业分工，发挥各个城市所独有的比较优势，促进产业链的延长，并内化为整个城市群的产业优势。

应用研究

第六章

"一带一路"与节点城市建设

刘　敏

推进"丝绸之路经济带和21世纪海上丝绸之路"合作建设，是推动中国形成全面开放新格局的重点[①]，可以为中国区域协调发展提供新动力，为沿线重要节点城市的新型城镇化提供巨大的发展机遇。以基础设施建设为优先、以互联互通为重点推进的"一带一路"建设，为中国在新型城镇化建设中实现产业转移和转型升级提供了更为广阔的发展空间。新型城镇化建设立足于国内区域发展新布局，为"一带一路"建设提供支撑，而"一带一路"建设致力于打造中国的全方位对外开放新格局，为新型城镇化发展创造新机遇。[②] 因此，在"一带一路"与新型城镇化两大建设共同推进过程中，节点城市不仅是中国城镇化发展的重要支撑，更是"一带一路"建设推进中的关键支点。

2013年9月和10月，习近平主席先后提出共建"丝绸之路经济带"和"21世纪海上丝绸之路"的重大倡议（以下简称"一带一路"）。2015年3月，国家发改委、外交部和商务部在海南博鳌亚洲论坛上联合发布《推动共建丝绸之路经济带和21世纪海上丝绸之路的愿景与行动》（以下简称《愿景与行动》），得到国际社会的高度关注。此后，随着"一带一路"国际合作高峰论坛成功举办，十九大明确将推进"一带一路"建设写入党章。四年多来，"一带一路"

[①] 习近平：《决胜全面建成小康社会夺取新时代中国特色社会主义伟大胜利——在中国共产党第十九次全国代表大会上的报告》，人民出版社，2017年。

[②] 刘倩、孙祥栋：《"一带一路"与城镇化研究的现状：综述与评论》，《北华大学学报》，2017年，第127—132页。

建议已经实现了从倡议到落实、从达成共识到务实合作的阶段。"一带一路"建设旨在以沿线国家为重点，实现全球各国的互联互通，是进一步推进全球化机遇共享的一项发展方案①。

2013年12月，习近平总书记和李克强总理在中央关于城镇化工作会议上分别作了重要报告。2014年3月，中共中央国务院印发了《国家新型城镇化规划（2014—2020年）》（以下简称《规划》），提出了一套城镇化未来发展的新思路与方案②，标志着中国城镇化发展的重大转型。

"一带一路"与新型城镇化两项重大建设，前者布局国际，后者立足国内，两项建设如何在新时期实现对接与融合成为中国今后发展的重要议题。新型城镇化建设立足国内，将从空间结构、城市群发展、基础设施的布局以及更加公平的制度构建等多个维度支撑"一带一路"建设；同时，"一带一路"的推进将为解决传统城镇化问题提供新路径，为促进新型城镇化发展创造新动力，为未来新型城镇化发展带来重要机遇。其中，节点城市是推进"一带一路"与新型城镇化建设的重要支点，在两项建设中起到关键的支撑作用。

一、节点城市："一带一路"建设与新型城镇化的战略支点

节点城市建设在"一带一路"推进与新型城镇化发展中起着重要的战略支点作用，支撑两大战略的国内外布局。《规划》第四篇优化城镇化布局和形态中明确指出，"直辖市、省会城市、计划单列市和重要节点城市等中心城市，是中国城镇化发展的重要支撑"，"依托路桥通道上的城市群和节点城市，构建丝绸之路经济带，推动形成与中亚乃至整个亚欧大陆的区域大合作"。《愿景与行动》中也明确指出，"根据'一带一路'走向，陆上依托国际大通道，以沿线中心城市为支撑，以重点经贸产业园区为合作平台，共同打造新亚欧大陆

---

① 刘敏：《"一带一路"沿线国家的政治与治理》，《经济研究参考》，2017年，第45—69页。
② 胡必亮、潘庆中：《中国新型城镇化：规划与完善》，《中共中央党校学报》，2014年第6期，第89—93页。

桥、中蒙俄、中国—中亚—西亚、中国—中南半岛等国际经济合作走廊；海上以重点港口为节点，共同建设通畅安全高效的运输大通道"。如今，新型城镇化已经进入城市群的区域一体化发展阶段，与此同时，在六大经济走廊建设稳步推进中，"一带一路"倡议已经从纲领阶段进入节点运营阶段，节点城市建设成为关键。

"一带一路"节点城市（Node City）主要是指沿丝绸之路经济带和21世纪海上丝绸之路发展方向上的国内段节点城市，融合了"一带一路"与新型城镇化两项建设要求，也是新时期"一带一路"倡议对外开放发展要求的体现。我们认为，"一带一路"节点城市是指经济水平和开放程度较高，具有较强的集聚、辐射等功能，在丝绸之路经济带和21世纪海上丝绸之路沿线处于枢纽地位的城市。枢纽作用和支撑性是节点城市的主要功能。如表6-1所示，《愿景与行动》中明确提出的内陆节点城市和重要港口城市共包括34个城市，涉及27个省市自治区。

表6-1 "一带一路"节点城市建设目标

区域	（省/自治区）城市	建设目标	比较优势	面向地区
西北东北	（新疆）乌鲁木齐	形成丝绸之路经济带核心区	区位优势	中亚、南亚、西亚国家
	（陕西）西安	内陆型改革开放新高地	综合经济文化优势	
	（甘肃）兰州			
	（宁夏）银川	内陆开放型经济试验区	人文优势	
	（青海）西宁			
	（内蒙古）呼和浩特		区位优势	俄蒙
	（黑龙江）哈尔滨	向北开放，构建多条运输走廊	区位优势	俄远东地区
	（吉林）长春			
	（辽宁）沈阳			

续表

区域	（省/自治区）城市	建设目标	比较优势	面向地区
西南	（广西）南宁	"海丝"和"路丝"对接门户	特殊优势	东盟国家
	（云南）昆明	大湄公河次区域经济合作新高地	区位优势	南亚、东南亚
	（西藏）拉萨			尼泊尔等国
沿海	（福建）福州	建设 21 世纪海上丝绸之路核心区	开放度高经济较强辐射作用	
	上海、广州等*	成为"一带一路"建设的排头兵和主力军		
内陆	重庆	西部开发开放重要支撑	人力资源产业基础	
	（河南）郑州等*	内陆开放型经济高地		

注：15 个港口节点城市为上海、天津、宁波—舟山、广州、深圳、湛江、汕头、青岛、烟台、大连、福州、厦门、泉州、海口、三亚；7 个内陆节点城市为：重庆、成都、郑州、武汉、长沙、南昌、合肥。

从"一带一路"建设的空间走向来看，节点城市可分为"丝绸之路经济带"沿线上的内陆节点城市（下称"沿带"城市），以及"21 世纪海上丝绸之路"沿海的重要港口城市（下称"沿路"城市）。"沿带"城市主要是沿中欧班列运输通道分布，目前，依托西伯利亚大陆桥（第一亚欧大陆桥）和新亚欧大陆桥（第二亚欧大陆桥），已经初步形成西、中、东三条中欧班列运输通道，随着丝绸之路经济带的升级，"沿带"城市将进一步发挥集聚与扩散功能，沿铁路线城市枢纽带形成覆盖全国的网络式节点城市综合体系，真正将"沿带"城市建设融入全局性国家战略中[1]。21 世纪海上丝绸之路的三个战略方向分别为：西线自南海、印度洋到达亚欧非，东线经东海、南太平洋到达北美和拉美，北线连接日韩、强化东北亚合作沟通[2]，"沿路"城市发展随着海洋经济和

---

[1] 根据中欧班列建设发展规划（2016—2020 年）中的发展目标来看，到 2020 年要基本形成中欧班列综合服务体系，进一步发挥节点城市的枢纽作用。

[2] 胡鞍钢、马伟、鄢一龙：《"丝绸之路经济带"：战略内涵、定位和实现路径》，《新疆师范大学学报》，2014 年第 2 期，第 1—10 页。

港口经济的稳步增长，将进一步为 21 世纪海上丝绸之路建设奠定基础[①]。

如表 6-2 所示，"一带一路"节点城市的空间范围分为三个层次：第一层次（经济带），包括丝绸之路经济带（"六大经济走廊"）和 21 世纪海上丝绸之路；第二层次（区域），包括西北东北地区、西南地区、沿海港口地区、内陆地区；第三层次（城市），包括乌鲁木齐、西安、兰州、银川、西宁、呼和浩特、哈尔滨、长春、沈阳、南宁、昆明、拉萨、重庆、成都、郑州、武汉、长沙、南昌、合肥、上海、天津、宁波—舟山、广州、深圳、湛江、汕头、青岛、烟台、大连、福州、厦门、泉州、海口、三亚。

表 6-2 "一带一路"节点城市一览

节点城市类型	分布区域	具体城市
内陆节点城市（沿丝绸之路经济带 19 个城市）	西北、东北地区（9 个）	乌鲁木齐、西安、兰州、银川、西宁、呼和浩特、哈尔滨、长春、沈阳
	西南地区（3 个）	南宁、昆明、拉萨
	内陆地区（7 个）	重庆、成都、郑州、武汉、长沙、南昌、合肥
重要港口城市（沿 21 世纪海上丝绸之路 15 个城市）	沿海地区（15 个）	上海、天津、宁波—舟山、广州、深圳、湛江、汕头、青岛、烟台、大连、福州、厦门、泉州、海口、三亚

二、"一带一路"节点城市新型城镇化建设的多维评估

多个维度协同发展是新型城镇化发展的要求，34 个"一带一路"节点城市由于经济文化、区域制度等差异呈现出不同的发展特征。为了提高节点城市的新型城镇化建设水平，更好地支撑"一带一路"建设，我们从人口、经济、

---

① 刘宗义：《21 世纪海上丝绸之路建设与我国沿海城市和港口的发展》，《城市观察》，2014 年第 12 期，第 5—12 页。

资源、环境、社会、空间六个维度对节点城市进行了指标体系的构建，并对其评估分析，同时就"一带一路"建设中政策沟通、设施联通、贸易畅通、资金融通和民心相通五个方面的互联互通建设内容对节点城市进行研究。

（一）"一带一路"节点城市的基本情况

文件中提到的 34 个节点城市，其中，20 个是省会城市，3 个直辖市，其他 11 个属于重要的港口城市，这些城市都具备较大的人口规模以及较强的经济实力。总体而言，沿"21 世纪丝绸之路"分布的节点城市整体实力高于沿"丝绸之路经济带"分布的节点城市。

1."一带一路"节点城市的总体规模

图 6-1 展示了"一带一路"重要节点城市的数量、人口以及 GDP 总量占全国所有地级市的比重。从人口规模上看，节点城市数量约是中国地级市数量（293 个）的 1/10，但常住人口数量则是地级市总人口的 1/5，节点城市人口集聚规模较大；经济方面，34 个节点城市在 2015 年的 GDP 总量占全国的 25%，远高于城市数量的百分比，2015 年人均 GDP（79 651 元）比全国平均水平（50 251 元）高出近 3 万元，是中国人均 GDP 的 1.5 倍。

图 6-1 节点城市与全国地级市的规模比较

数据来源：国家统计局，2015 年。

表 6-3 进一步展示，无论是人口规模还是经济水平，"沿路"15 个重点港口城市的总体发展水平都高于"沿带"的 19 个内陆节点城市。

表 6-3 "一带一路"节点城市基本情况（2016 年）

经济带	城市	人口（千人）	GDP（十亿元）	人均 GDP（元／人）
丝绸之路经济带	哈尔滨	9614	610.16	63 445
	长春	7534	592.86	78 667
	沈阳	8291	727.23	87 734
	呼和浩特	3089	317.36	101 492
	银川	2191	161.73	74 269
	合肥	7869	627.43	80 136
	南昌	5371	435.50	81 598
	长沙	7645	932.37	123 681
	武汉	10 766	1191.26	111 469
	郑州	9724	799.42	82 872
	西安	8832	625.72	71 357
	重庆	30 484	1755.88	57 902
	成都	15 918	1217.02	76 960
	兰州	3706	226.42	61 207
	西宁	2334	124.82	53 800
	乌鲁木齐	3520	245.90	69 565
	南宁	7062	370.34	52 724
	昆明	6728	430.04	64 162
	拉萨	530	37.67	59 223
总计／均数（人均 GDP）		151 208	11429	76 435
21 世纪海上丝绸之路	上海	24 197	2746.62	113 600
	天津	15 621	1788.54	114 494
	宁波	7875	854.11	108 804
	广州	14 044	1961.09	136 188
	深圳	11 908	1949.26	167 411

续表

经济带	城市	人口（千人）	GDP（十亿元）	人均 GDP（元 / 人）
21 世纪海上丝绸之路	湛江	7273	258.48	35 617
	汕头	5579	208.05	37 382
	青岛	9204	1001.13	109 407
	烟台	7064	692.57	98 389
	大连	6987	773.16	110 682
	福州	7570	619.78	82 253
	厦门	3920	378.43	97 282
	泉州	8580	664.66	77 784
	海口	2246	125.77	56 284
	三亚	754	47.56	58 486
总计 / 均数（人均 GDP）		132 823	14 069	93 604

数据来源：国家统计局，2016 年。

2. "一带一路"节点城市分区域发展情况

由于自然地理条件和资源禀赋的差异，"沿带"和"沿路"的节点城市产业结构、生态环境和文化构成有所不同，因此我们分别研究两类城市的建设情况。

（1）沿"丝绸之路经济带"分布的节点城市

"沿带"19 个内陆节点城市全部为省会城市，城市基础资源成熟，只是在水、土地资源利用方面不同。以土地资源为例，如图 6-2 中所示，按照行政面积由大到小依次排序发现，行政面积最大的三个城市：重庆、哈尔滨和拉萨的土地建设程度和绿化程度较低，而在较小行政区面积的城市中则存在较高的建设用地情况，并且这些城市集中在中部地区，比如武汉、郑州、成都和西安这四座城市的建设用地占比几乎都超过 5%，同时也有着较高的园林绿化程度。相比而言，西部城市的土地资源利用率较低，例如西宁、哈尔滨和拉萨等。

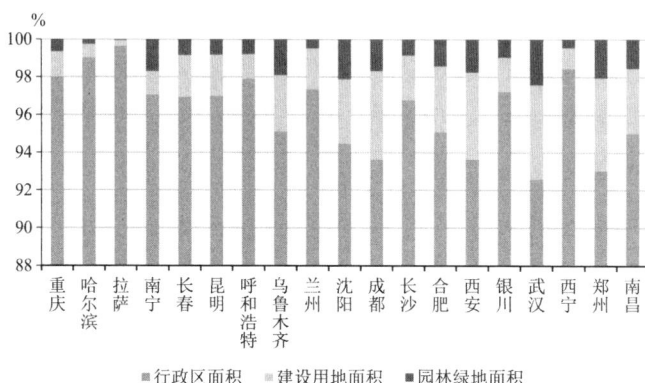

图 6-2　沿"丝绸之路经济带"节点城市土地资源（2014 年）

数据来源：国家统计局，2015 年。

从经济总量来看，占中国所有地级市数量 7% 的 19 个内陆节点城市创造了将近 15% 的 GDP，具备较强的经济基础。然而，仍有包括兰州、银川、西宁和拉萨在内的四个城市 GDP 低于中国地级市 GDP 的平均水平（2500 亿元）。如图 6-3 所示，排名前四位的重庆、武汉、成都和长沙的 GDP 总量至少都是三倍于中国地级市平均值，尤其是重庆超过平均水平高达 6 倍之多。从城市分布来看，成渝地区和长江经济带上的城市的整体经济水平明显高于西部地区的城市，中部地区城市经济水平一般，这一点也符合中国城镇化建设的东中西部区域发展不平衡的客观事实。

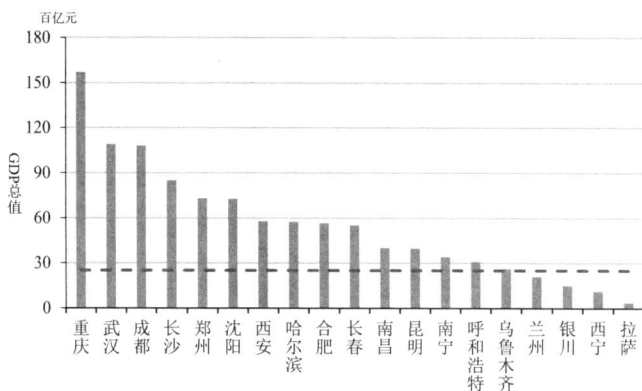

图 6-3　沿"丝绸之路经济带"节点城市 GDP 总量（2014 年）

数据来源：国家统计局，2015 年。

从产业经济结构分布及其空间差异性上看，除了长沙、郑州、长春、合肥、沈阳、南昌和银川七个城市的第二产业占比较高之外，其他 12 个城市的第三产业都已经成为当地的主导产业，尤其是排名靠前的重庆、成都和武汉，其中成都 GDP 增速突破了 9%，只有昆明、呼和浩特、西宁、西安、兰州、长春和沈阳七个城市的 GDP 增速低于国家 GDP 增速值（6.9%）。图 6-4 呈现出节点城市的产业结构和经济增速情况。其中，内陆地区的城市的 GDP 平均增速高达 8.7%，较高的经济增长速度与较强的产业结构实力以及庞大的人口规模是内陆地区城市主要的比较优势，而东北地区的沈阳、长春 GDP 增速较低，分别为 3.51%、2.45%。

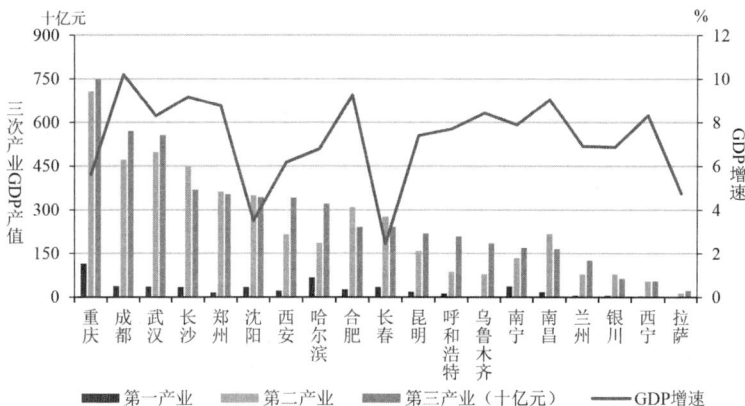

图 6-4 沿"丝绸之路经济带"节点城市产业结构及经济增速（2014 年）

数据来源：国家统计局，2015 年。

值得注意的是，内陆城市在大力发展经济的过程中，由于产业结构、制度等深层结构性问题，普遍面临严重的生态环境污染问题。2015 年空气质量 PM2.5 浓度数据显示，内陆节点城市 PM2.5 浓度平均值为 57 μg/m³，高出《环境空气质量标准》二级标准值 35 μg/m³ 近 1.7 倍。相比而言，港口城市的空气质量则普遍较好（见表 6-4）。

表 6-4　一带一路节点城市的空气质量情况（2014 年）

沿带节点城市	PM2.5 浓度（ μ g/m³）	重要港口城市	PM2.5 浓度（ μ g/m³）
长沙	61	海口	22
成都	64	福州	29
乌鲁木齐	65	厦门	29
长春	66	深圳	30
武汉	70	广州	39
天津	70	宁波	45
哈尔滨	71	大连	48
沈阳	72	青岛	52
郑州	96	上海	53
均值*（ μ g/m³）	57		39

数据来源：《中国环境统计年鉴》，2015 年。均值是指 19 个沿带节点城市的平均值，以及 9 个港口城市的平均值，其他 6 个港口城市数据暂无。

（2）沿"21 世纪海上丝绸之路"分布的重要港口城市

21 世纪海上丝绸之路建设为港口及其沿线城市的发展提供了机遇。2016 年，海洋生产总值占全国 GDP 比重将近 10%，创造了多达 7 万亿元的海洋 GDP 规模总值。在海洋经济总量不断扩大的发展态势下，沿 21 世纪海上丝绸之路重点港口城市的各方面发展水平都领先于全国。作为全国经济的领跑者，以及"一带一路"特别是 21 世纪海上丝绸之路建设的排头兵和主力军，15 个港口城市建设包括其国际机场功能的强化、自贸区建设、海岛旅游等成为下一步建设的重点。

表 6-5 展示的是沿"路"重点港口城市的 GDP、港口货物吞吐量、集装箱吞吐量三项基础数据。其中，港口货物吞吐量是港口发展中的主要指标，表示港口发展的经济规模及其实际的生产情况。从数据来看，东线的港口建设较好，吞吐量在 5 亿吨以上的上海、天津、宁波—舟山都分布于海上丝绸之路的

东线方向。集装箱运输是现代物流业发展的趋势，体现的是港口运输的效率和现代化程度。在这个指标中，上海、深圳、宁波—舟山、青岛的港口运输效率远大于其他城市。

表 6-5　21 世纪海上丝绸之路重点港口城市基础数据

城市	GDP（亿元）	港口货物吞吐量（万吨）	集装箱吞吐量（万标箱）
上海	15 419	61 285	2689
天津	8494	37 593	908
宁波—舟山	4704	58 256	1171
广州	9878	36 705	1083
深圳	9231	19 993	2040
湛江	1311	11 110	32
汕头	1035	3256	83
青岛	5221	31 834	1096
烟台	3848	13 361	143
大连	4726	28 302	545
福州	2952	9275	139
厦门	1950	12 095	551
泉州	3288	7595	125
海口	570	4743	60

数据来源：《中国港口统计年鉴》，2015 年（数据为 2004—2014 年均值）。

　　加快推进自贸区建设是推进"一带一路"的重要开放举措。截至 2017 年 3 月 31 日，中国已有 11 个自由贸易试验区，分别为中国（上海）自由贸易试验区、中国（广东）自由贸易试验区、中国（天津）自由贸易试验区、中国（福建）自由贸易试验区、中国（辽宁）自由贸易试验区、中国（浙江）自由贸易试验区、中国（河南）自由贸易试验区、中国（湖北）自由贸易试验区、中国（重庆）自由贸易试验区、中国（四川）自由贸易试验区、中国（陕西）

自由贸易试验区。其中，上海是全国最大的口岸城市，根据 2015 年《上海口岸年鉴》中显示的数据，上海口岸外贸货物吞吐量累计达 3.81 亿吨，保持世界第一大港地位。

强化国际枢纽机场功能也是一项重要的建设要求。2014 年，上海通往"一带一路"沿线国家共计 16 条国际货运航线，5345 次货运航班，分别占总量 36.4% 与 53.2%。已有研究显示，中国的货运枢纽机场为上海，次级枢纽机场为广州、郑州，其他包括成都、重庆、武汉、南宁、厦门、北京在内的一共 9 个城市也都开通了国际货运航线[①]。

（二）新型城镇化指标体系构建与测评

根据新型城镇化多维协同发展的要求，我们从人口、经济、资源、环境、社会、空间六个维度选取 18 项指标构建了相应的指标体系[②]。人口维度包括人口密度（人 / 平方千米）、常住人口城镇化率（%）、暂住人口占常住人口比（%）；经济维度包括人均 GDP（元）、GDP 增速（%）、产业结构高级化指数；资源维度包括单位 GDP 水耗（吨 / 万元）、单位 GDP 电耗（千瓦时 / 万元）、单位 GDP 占地（平方米 / 万元）；环境维度包括空气质量达标天数、污水处理率（%）、生活垃圾无害化处理率（%）；社会维度包括城乡收入比（%）、社保覆盖率（%）、每万人在校大学生本科以上学校占有率（%）；空间维度包括人均道路面积（平方米）、绿化覆盖率（%）、城建区面积占总面积比重（%）。

本文研究对象是《愿景与行动》中涉及的 34 个"一带一路"节点城市，为了体现多维发展的协同性，研究采用均权法进行指数合成，数据标准化处理的公式如下：

① 王娇娥、王涵、焦敬娟：《"一带一路"与中国对外航空运输联系》，《地理科学进展》，2015 年第 5 期，第 554—562 页。

② 胡必亮、张坤领、刘敏：《多维视角的中国新型城镇化实证研究——以 289 个地级以上城市为例》，《经济研究》（工作论文），2017 年，第 4 页。

正向指标：$X_{ij} = \left[\max_j(x_{ij}) - x_{ij}\right] / \left[\max_j(x_{ij}) - \min_j(x_{ij})\right]$

负向指标：$X_{ij} = \left[x_{ij} - \min_j(x_{ij})\right] / \left[\max_j(x_{ij}) - \min_j(x_{ij})\right]$

城乡收入比指标虽为适中指标，但其最小值为 1.2，因此适用于负向标准化公式。

数据采集年份为 2014 年，主要来源于《中国城市统计年鉴 2015》《中国城市建设统计年鉴 2015》《国民经济和社会发展统计公报》《中国环境统计年鉴》以及各省市统计年鉴（2015）、各部委官方网站，本节图表数据如未做特殊说明均为 2014 年数据。

结果显示，"一带一路"节点城市的新型城镇化水平整体高于全国水平，其中，34 个"一带一路"节点城市的新型城镇化指数平均水平为 55.13%，超过全国新型城镇化指数（47.75%）约 7.38%。如图 6-5 所示，几乎全部城市的新型城镇化指数高于全国，深圳的新型城镇化指数（79.32%）领跑全国，仅有四个城市的指数低于全国，分别为哈尔滨（47.25%）、三亚（47.06%）、兰州（43.19%）、拉萨（33.97%）。

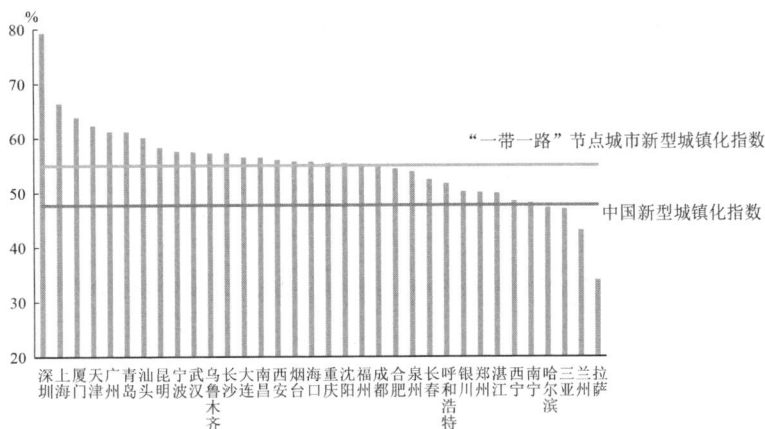

图 6-5 "一带一路"节点城市新型城镇化指数（2014 年）

根据"一带一路"节点城市新型城镇化指数的排名情况来看，其排名高低与中国城镇化东中西部区域发展水平的高低排序相符合，东部地区城市排名靠前，中部地区城市的排名居中，西部地区城市排名靠后。表 6-6 中反映的是"一带一路"节点城市新型城镇化指数的前 10 名与后 10 名情况。排名前 10 的城市中，东部地区沿海港口城市占了 8 个；而在后 10 名中，西部地区城市占了 5 个；中部地区城市大多位于指数排名的中位水平。

新型城镇化指数与官方城镇化率的对比是为了衡量城市的多维新型城镇化发展被官方高估或低估的程度。我们通过比对发现，下表中的指数差除了湛江是 +10，其余的 33 个城市均为负值，即官方城镇化率高估了"一带一路"节点城市的新型城镇化发展水平。其中，湛江是唯一一个被低估的城市，在环保和社会两个维度上的得分较高，这也说明了湛江市的可持续发展水平较高。

表 6-6 "一带一路"节点城市新型城镇化指数的前 10 名与后 10 名

排名	城市	城镇化率	新型城镇化指数	指数差	排名	城市	城镇化率	新型城镇化指数	指数差
1	深圳	100%	79.32%	−21	25	呼和浩特	66.90%	51.70%	−15
2	上海	89.6%	66.37%	−23	26	银川	75.45%	50.23%	−25
3	厦门	88.8%	63.80%	−25	27	郑州	68.30%	50.05%	−18
4	天津	82.27%	62.31%	−20	28	湛江	39.81%	49.94%	10
5	广州	85.43%	61.23%	−24	29	西宁	72.35%	48.51%	−24
6	青岛	68.41%	61.18%	−7	30	南宁	58.39%	48.19%	−10
7	汕头	69.85%	60.12%	−10	31	哈尔滨	61.13%	47.25%	−14
8	昆明	69.05%	58.27%	−11	32	三亚	70.97%	47.06%	−24
9	宁波	70.30%	57.61%	−13	33	兰州	80.34%	43.19%	−37
10	武汉	74.00%	57.46%	−17	34	拉萨	46.15%	33.97%	−12

* 注：指数差是指新型城镇化指数减去城镇化率，主要衡量城市的多维新型城镇化发展被官方高估或低估的程度。

图 6-6 反映的是"一带一路"节点城市新型城镇化指数的分区域情况。沿路的 15 个港口城市新型城镇化水平优于沿带 19 个节点城市，符合中国社会经济发展水平的区域特征。其中，沿海地区除了深圳的指数超高，其他城市的

指数相对均衡，内陆地区7个城市的指数差异较其他区域而言是最均衡的，西北、东北地区和西南地区城市指数的差异度较大。从"一带一路"节点城市新型城镇化指数的分维度空间布局来看，18项具体指标中，只有暂住人口占常住人口比（％）、空气质量达标天数两项指标的均值低于全国地级市水平，其余的16项数据全部优于全国地级市的平均水平。

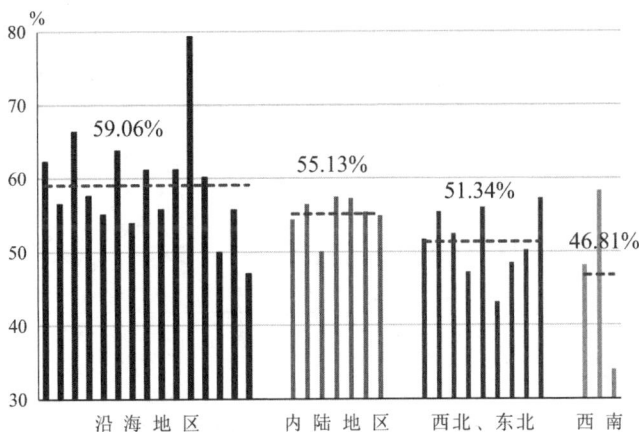

图6-6 "一带一路"节点城市新型城镇化指数的分区域情况

（三）"一带一路"节点城市新型城镇化的多维特征

根据测算结果显示，"一带一路"34个节点城市的新型城镇化建设的总体水平高于中国289个地级市的水平，各维度的发展水平也相对较高。"一带一路"节点城市建设表现出明显的区域差异特征，"沿路"港口节点城市发展水平明显优于"沿带"内陆节点城市。

1. 人口维度

从人口密度来看，根据表6-7统计情况显示，西北、东北与西南地区节点城市的人口密度低于全国289个地级市的平均水平，更成倍低于"一带一路"34个节点城市的平均水平。此外，"一带一路"节点城市的人口密度差异度较高，汕头、上海、深圳、厦门、郑州、广州的人口密度都超过了千人／平

方千米，而西北、东北与西南的 11 个节点城市人口密度较低，每平方千米的
人口均低于 400 人。从人口流动情况来看，我们用暂住人口占常住人口比表示
人口流动的程度，用于体现城市的吸引力和活力。数据显示，沿海地区节点城
市的人口流动性强，西北、东北节点城市流动性最低。

表 6-7　人口密度（万人 / 平方千米）的统计描述结果

	全国地级市	"一带一路"节点城市	西北东北西南节点城市
平均	433.39	817.64	303.04
标准差	339.74	979.82	207.66
最小值	5.73	17.86	17.86
最大值	2648.11	5398	807.46
样本数	289	34	12

2. 经济维度

图 6-7 中，2006—2015 年"一带一路"节点城市的经济发展情况表明，近年
来中国的经济增速有所放缓，但人均 GDP 仍在稳步提升，产业结构略有优化。

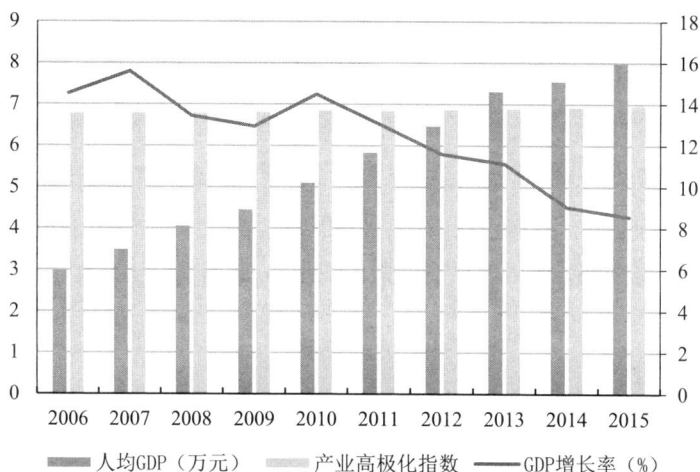

图 6-7　2006—2015 年"一带一路"节点城市经济发展情况

注：数据为 2006—2015 年 34 个"一带一路"节点城市每年的均值；主坐标代表人均 GDP（万元）、产业高极
化指数；次坐标代表 GDP 增长率（%）。

3. 资源维度

"一带一路"节点城市的资源利用效率较高。其中，土地利用效率最高，相当于全国土地利用效率的三倍，电力利用效率相对较高，水资源利用效率则与全国的水平相当。

水资源利用效率方面，沿带内陆型城市利用效率较高。在电力利用效率方面，西北东北地区的利用效率较低，其中，银川市单位 GDP 电耗高达 1717.63（千瓦时/万元），是全国电耗最高的城市。土地利用效率方面，沿海地区城市的土地利用效率最高，沿海和内陆地区的土地利用效率差异性较大。图 6-8 展示了"一带一路"节点城市土地利用效率的前 5 名与后 5 名情况。排名前 5 位全部为沿海城市，分别为深圳、上海、广州、厦门、天津，单位 GDP 占地低于 80 平方米/万元。相反，排名在后 10 名的城市，这一数值均超过了 500 平方米/万元。其中，土地利用效率最低的拉萨，由于特殊的地理位置，单位 GDP 占地达到了 8495.61 平方米/万元。

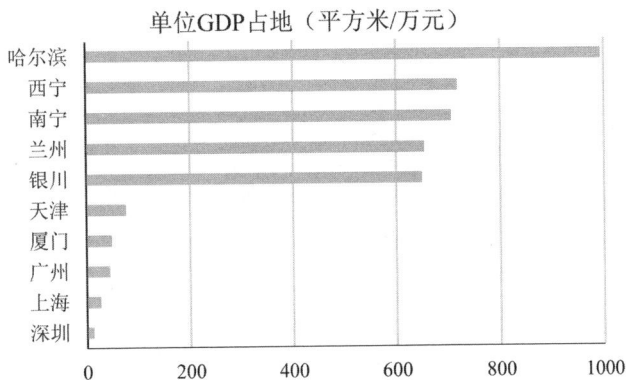

图 6-8 "一带一路"节点城市土地利用效率前 5 名与后 5 名

注：为了控制异常值，排名剔除了拉萨。

4. 环境维度

沿海地区节点城市的环境友好保护水平明显高于沿带城市。根据表 6-8 显示的"一带一路"节点城市环境友好保护的排名，沿海节点城市的排名普遍靠前，排名前 10 位的城市里有 8 个属于沿海地区。除此之外，此地区空气质

量达标天数情况良好，15 个城市的年均达标天数超过 300 天，这个数据要优
于全国的年均达标天数 277 天，更优于"一带一路"节点城市的年均达标天数
261 天。相反，"沿带"城市排名普遍靠后，空气质量达标情况较差，排名后
10 位的城市，2014 年空气质量达标天数全部低于 239 天。也就是说，这些城
市的空气质量在一年中只有不到 2/3 的时间是达标的，严重的空气污染、污水
治理、垃圾处理等可持续发展方面的问题制约着内陆型城市的城镇化发展。

表 6-8 "一带一路"节点城市环境友好保护排名情况

排名前 10 位的城市			排名后 10 位的城市		
排名	城市	环境维度	排名	城市	环境维度
1	深圳	97.85	25	哈尔滨	72.93
2	昆明	97.44	26	西宁	72.24
3	厦门	95.88	27	武汉	71.50
4	湛江	93.35	28	合肥	69.08
5	泉州	93.21	29	天津	67.91
6	海口	92.80	30	乌鲁木齐	67.89
7	三亚	91.57	31	西安	67.34
8	宁波	89.16	32	拉萨	66.42
9	福州	88.25	33	郑州	63.37
10	南昌	87.80	34	兰州	44.15

5. 社会维度

"一带一路"节点城市的社会公正和谐程度比全国的水平要高，而且在城
乡收入差距、社会稳定、教育资源分配三个方面的表现都优于全国的平均水
平，尤其在社会稳定层面，"一带一路"节点城市的社会保障覆盖率 34%，超
出全国地级市的平均水平 24% 的 10 个百分点。

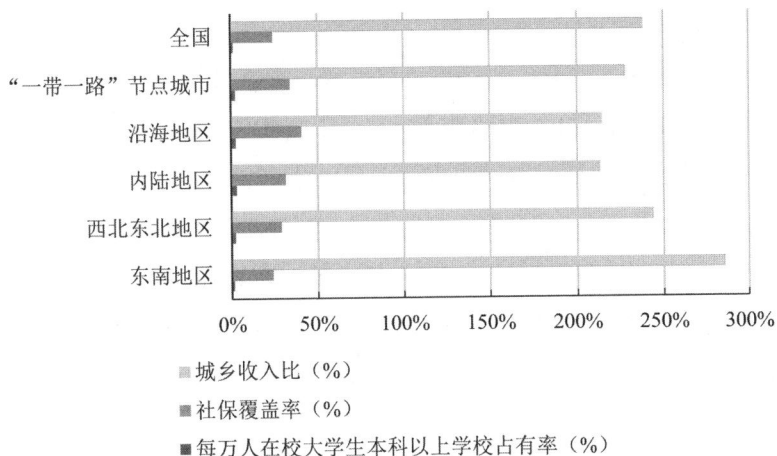

图 6-9 社会公正和谐的区域对比

注：城乡收入比是负向类型的指标，即数值越大，城乡收入的差距越大。

从图 6-10 显示的社会公正和谐的区域对比来看，"沿海"城市各项指标最优。相反，东南地区、西北东北地区的社会公正和谐度相对较低，尤其是城乡收入差距和社会保障覆盖率。以城乡收入差距为例，南宁、昆明的城乡收入比例分别高达 3.16% 和 3.02%，城乡差距明显。但总的来看，"一带一路"节点城市的城乡收入差距正在缩小。图 6-10 中，2006—2015 年"一带一路"节点城市的城乡收入比值逐年下降，城乡差距正在弥合，趋势虽好，但事实是城乡收入比距适中值（1.2）仍然离得很远，这说明中国城乡一体化发展任重道远。

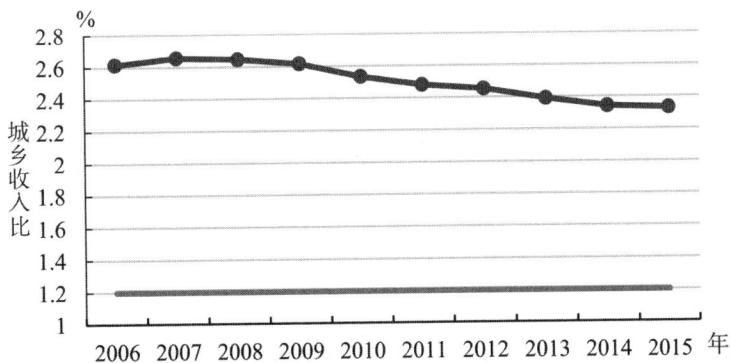

图 6-10 2006—2015 年"一带一路"节点城市城乡差距的变化趋势

6. 空间维度

从空间维度看，发现空间结构指数排名靠前的城市，多来自珠三角城市群和长江中游城市群。五大城市群中，珠三角城市群、长江中游城市群的空间结构更为合理，成渝城市群得分较低。

总的来看，"一带一路" 34 个节点城市的新型城镇化建设的总体水平要高于中国 289 个地级市的水平，不仅如此，各个维度的发展水平也相对较高。而且，节点城市之间存在差异性特征，21 世纪海上丝绸之路的沿海节点城市发展水平明显优于沿丝绸之路经济带上的内陆型节点城市；同时，六项维度的表现也都存在区域差异性特征。

（四）"一带一路"节点城市互联互通的建设情况

互联互通是"一带一路"推进的支柱，更是中国新型城镇化建设主动适应新时期、深化新改革的重要内容。我们将根据《愿景与行动》中提出的"五通"，即政策沟通、设施联通、贸易畅通、资金融通、民心相通，研究新型城镇化框架下节点城市互联互通的建设情况。

1. 政策沟通

对接"一带一路"是各省市地区当前的重要任务之一，但目前地方与中央对于"一带一路"建设理念和政策沟通上存在一定的时空错配，各省份在参与推进"一带一路"工作中也有一定的先后主次。比如，表 6-9 中反映的关于各省份受邀参加 2013 年 12 月国家发改委和外交部共同主持的"一带一路"座谈会情况中，西部和沿海地区基本都受邀参加，而中部省份和东北地区缺少参与。根据 2014—2015 年各地方政府工作报告中首次提及"一带一路"的时间来看，除了东北三省、安徽、江西、天津和上海，其余省份都在 2014 年就主动地回应了"一带一路"建设。

表 6-9 节点城市所在省份参与"一带一路"建设的情况

丝绸之路经济带						21世纪海上丝绸之路		
省份	首次提到"一带一路"(年)	是否参与座谈会	省份	首次提BR(年)	是否参与座谈会	省份	首次提BR(年)	是否参与座谈会
陕西	2014	是	内蒙古	2014	否	江苏	2014	是
甘肃	2014	是	吉林	2015	否	浙江	2014	是
青海	2014	是	黑龙江	2015	否	福建	2014	是
宁夏	2014	是	辽宁	2015	否	广东	2014	是
新疆	2014	是	安徽	2015	否	海南	2014	是
重庆	2014	是	江西	2015	否	山东	2014	否
四川	2014	是	河南	2014	否	天津	2015	否
云南	2014	是	湖北	2014	否	上海	2015	否
广西	2014	是	湖南	2014	否			
西藏	2014	否						

注:"首次提到'一带一路'"是指第一次在政府工作报告中涉及"一带一路"的年份;是否参与座谈会是指受邀参加 2013 年 12 月国家发改委和外交部共同主持的"一带一路"座谈会。

资料来源:根据 2014—2015 年各地方政府工作报告整理[①]。

2. 设施联通

设施联通是"一带一路"建设的基础与支撑,基础设施互联互通是"一带一路"建设的优先领域。在《愿景与行动》中不仅强调了基础设施建设规划、技术标准体系的对接,强化基础设施绿色低碳化建设和运营管理,还强调要抓住交通基础设施的关键通道、关键节点和重点工程。

以中欧班列建设为例,《中欧班列建设发展规划(2016—2020 年)》(以下简称《中欧班列规划》)中明确了中欧班列对"一带一路"沿线国家间的经贸合作的推进意义。自 2011 年开行以来,中欧班列发展势头迅猛,截至 2016 年6 月底,中欧班列累计开行 1881 列,回程 502 列,国内始发城市 16 个,境外

---

① 冯维江、徐秀军:《一带一路:迈向治理现代化的大战略》,机械工业出版社,2016 年,第132—135 页。

到达城市 12 个，运行线达到 39 条，实现进出口贸易总额约 170 亿美元[①]。根据《中欧班列规划》，中欧班列枢纽节点涉及内陆主要货源地、主要铁路枢纽、沿海重要港口和沿边陆路口岸等地，几乎包括全部"一带一路"节点城市。如表 6-10 所示，重庆、成都、郑州、长沙、沈阳等 9 个节点城市主要发展内陆货源地功能，天津、沈阳、哈尔滨、合肥等作为主要铁路枢纽节点，大连、天津等继续发挥沿海港口节点作用。

除了中欧班列之外，郑州、成都等地还积极发展航空港建设，新疆等地则不断提高智慧城市建设水平，通过建设网络基础设施，推进数字丝绸之路、绿色丝绸之路的建设。

表 6-10　中欧班列枢纽节点

中欧班列枢纽节点	
内陆主要货源地节点	重庆、成都、郑州、武汉、苏州、义乌、长沙、合肥、沈阳、东莞、西安、兰州
主要铁路枢纽节点	北京（丰台西）、天津（南仓）、沈阳（苏家屯）、哈尔滨（哈尔滨南）、济南（济西）、南京（南京东）、杭州（乔司）、郑州（郑州北）、合肥（合肥东）、武汉（武汉北）、长沙（株洲北）、重庆（兴隆场）、成都（成都北）、西安（新丰镇）、兰州（兰州北）、乌鲁木齐（乌西）、乌兰察布（集宁）
沿海重要港口节点	大连、营口、天津、青岛、连云港、宁波、厦门、广州、深圳、钦州
沿边陆路口岸节点	阿拉山口、霍尔果斯、二连浩特、满洲里

资料来源：根据《中欧班列建设发展规划（2016—2020 年）》整理。

3. 贸易畅通

投资方面，八年来，中国对"一带一路"沿线国家累计直接投资达 1360 亿美元。2020 年，在疫情肆虐的情况下，中国对沿线国家非金融类直接投资 178 亿美元，同比增长 18.3%，占中国对外总投资比重是 16.2%；对沿线国家全行业直接投资 186.1 亿美元，同比增长 14%。2021 年第一季度，中国对沿

---

① 推进"一带一路"建设工作领导小组办公室：《中欧班列建设发展规划（2016—2020）》，2016 年，第 2 页。

线国家非金融类直接投资 44.2 亿美元，同比增长 5.2%，占总体对外投资比重是 17.8%。从在华投资来看，"一带一路"沿线国家八年来在华设立企业约 2.7 万家，累计实际投资 599 亿美元。2020 年沿线国家在华投资企业 4294 家，同比下降 23.2%；2021 年第一季度沿线国家在华新设企业 1241 家，同比大幅上涨 44%，实际投资 32.5 亿美元，同比增长 64.6%[①]。

表 6-11 "一带一路"节点城市外贸依存度

排名	城市	外贸依存度（%）	排名	城市	外贸依存度（%）
1	深圳	231	18	合肥	26
2	厦门	175	19	郑州	24
3	上海	136	20	长春	23
4	宁波	97	21	重庆	21
5	青岛	67	22	西安	21
6	大连	65	23	武汉	17
7	天津	65	24	湛江	17
8	广州	58	25	南昌	17
9	烟台	57	26	银川	13
10	福州	51	27	沈阳	12
11	海口	46	28	兰州	10
12	拉萨	45	29	长沙	10
13	汕头	41	30	南宁	9
14	昆明	29	31	西宁	9
15	成都	27	32	三亚	8
16	乌鲁木齐	27	33	哈尔滨	7
17	泉州	26	34	呼和浩特	5

注：数据为 2006—2015 年十年的均值。

---

① 钱克明：《中国与"一带一路"沿线国家货物贸易累计达 9.2 万亿美元》，新华社，2021 年 4 月 20 日。

贸易方面，2013—2020年，中国已与"一带一路"沿线国家货物贸易累计达9.2万亿美元。表6-11中显示了关于2006—2015年"一带一路"节点城市的外贸依存度均值。根据外贸依存度指标所表示的对外开放水平来看，排名前10位的城市都处于沿海港口地区，西部地区和东北地区则显得较为封闭，对外开放程度不高。

此外，据商务部统计，截至2016年底，中国企业已在"一带一路"沿线20个国家建有56个经贸合作产业园区，包括国内已有工业园区的建设，这将进一步推动中国与沿线国家的产业合作与投资，促进双方产业集聚发展，优化产业链分工布局。

4. 资金融通

根据2010年《中国重点城市金融发展水平评估报告》，东部地区的城市金融水平明显优于其他地区。据中国重点城市所在的八大经济区域资金集聚和辐射能力评估的结果显示，只有沿海地区均值高于0.1，其他地区金融水平较差，尤其是西北地区金融水平最低。

资金融通要求节点城市不但要完善金融体系，并且要发展与新时期相适应的经济结构与产业结构。因为资金融通所强调的金融体系并非独立创造金融产品和金融服务的系统，金融体系的运行需要广泛地依赖于金融活动所涉及的区域、城市、地区，以及经济、政治、文化等环境要素，这也符合新型城镇化建设多维协同发展的要求。

5. 民心相通

根据节点城市互结友好城市的情况来看，截至2017年10月，节点城市对外结成友好城市的数量不断增加。在互结友好城市数量较高的城市中，比如上海、哈尔滨、广州、成都、西安、重庆等，有不少与"一带一路"沿线国家互结成了友好城市。其中，与超过10个"一带一路"沿线国家互结友好城市的有6个城市，依次为上海、哈尔滨、重庆、广州、西安、昆明。中部地区城市和一些沿海地区较小的港口城市在互结友好城市方面，表现一般。

根据以上研究，多数节点城市的新型城镇化建设水平明显高于全国平均水平，这也为节点城市在互联互通方面的建设奠定了一定的基础。节点城市新型城镇化建设要抓住"一带一路"建设的发展机遇,在"五通"领域实现城市间、区域间、国家间的多维度联通,发挥以"点"带"面"的节点城市作用,实现经济、社会、文化等更大范围的区域一体化发展。

表 6-12　节点城市互结友好城市数量情况（2017 年）

排名	城市	友城总数	"一带一路"国家友城数	排名	城市	友城总数	"一带一路"国家友城数
1	上海	64	22	18	乌鲁木齐	12	9
2	哈尔滨	36	17	19	南昌	12	1
3	广州	34	11	20	郑州	12	5
4	成都	30	8	21	福州	12	3
5	西安	29	11	22	银川	11	6
6	重庆	27	12	23	长沙	11	1
7	天津	27	8	24	大连	11	1
8	青岛	25	7	25	宁波	11	1
9	武汉	22	6	26	合肥	10	0
10	昆明	21	11	27	烟台	9	1
11	深圳	21	7	28	西宁	8	4
12	长春	19	7	29	海口	8	2
13	厦门	19	6	30	泉州	7	1
14	沈阳	17	5	31	呼和浩特	5	2
15	南宁	14	6	32	拉萨	5	3
16	兰州	13	6	33	湛江	5	1
17	三亚	13	4	34	汕头	4	2

数据来源：中国国际友好城市联合会官网。

注："一带一路"国家友城数是指与"一带一路"沿线 64 个国家结成友好城市的数量。

三、节点城市新型城镇化支撑"一带一路"建设的对策建议

城镇化在未来很长的一段时间内，仍然是中国建设的重点，也是中国经济社会发展的最大机会之一。多个维度协同发展的新型城镇化把握住了城镇化发展的内涵，面对的是未来城镇化发展的方向。长远来看，"一带一路"建设将是中国今后重要的发展方面，探索新型城镇化建设与"一带一路"建设，实现两大建设在区域协调发展等层面的融合，将是未来的一项重大课题。据此，我们认为节点城市新型城镇化支撑"一带一路"建设的重点表现在以下三个方面。

（一）节点城市建设应该在多个维度实现协同发展，在"一带一路"建设中发挥支点作用

节点城市建设应该从短板入手实现多个维度的协同发展，西北、东北和西南地区的节点城市更应把握"一带一路"建设发展机遇，打开西部开放发展的大门，打造西部地区和沿边地区节点城市的经济增长极效应，辐射带动一批卫星城市、周边城市、特色城镇，形成众多增长极的集合体，促进中西部地区区域一体化和城市群建设，为"一带一路"建设创造良好的区域协调发展基础。

在发挥政府引导作用方面，提高低水平维度建设发展的同时，坚持走市场化道路，发挥市场在城镇化建设中的资源配置作用，摒弃传统城镇化建设中对于城市的过分行政管控，转变为推进构建更加科学、更加现代化的城市治理体系与治理能力。值得说明的是，发挥市场作用并不代表政府就要从过分控制直接转向市场主导，这个过程需要政府进行相应的引导，在体制机制、法制政策等层面构建与市场相配套的城市经济社会治理体系，保障管控市场在城镇化建设中的潜在风险，随着市场经济体制的成熟，逐渐转变为市场主导的城镇化

发展模式，形成资源自由流动的城镇化运行系统。

多维协同新型城镇化建设的目标在于可持续发展，节点城市建设也要是可持续发展的绿色生态化建设，这不仅是城市化系统性的要求，也是推进"一带一路"建设、发展绿色丝绸之路的要求。那么，在今后节点城市建设中，要通过土地资源集约利用，降低城市中资源流动的成本和交易费用，提高城市生产效率，降低城市的资源浪费，从开源节流的方面满足城市的环保与资源利用等绿色可持续发展的要求。

（二）节点城市今后的建设应该纳入互联互通所涉及的五项内容，提高"五通"水平，助力"一带一路"建设

节点城市今后的建设应该纳入互联互通所涉及的五项内容，做好与中央的政策对接，在重点领域铺建基础设施，鼓励"引进来"与"走出去"相结合的投资贸易，完善城市金融体系，扩大城市人文交流，提高节点城市的"五通"水平，助力"一带一路"建设。

政策沟通是地方与中央共同推进"一带一路"建设的重点。节点城市建设需要在新型城镇化框架下，对接"一带一路"建设的要求，这就要求地方政府做好与中央的沟通协调工作，建立节点城市对接"一带一路"建设的长效推进机制，保证节点城市今后建设的思路目标、工作方向、具体项目符合中央推进"一带一路"建设的一系列要求和安排，否则，既不能保证节点城市建设政策实施有效落地，也不能抓准"一带一路"建设的发展方向，这将使这些城市错过"一带一路"建设带来的发展机遇。

投资贸易与金融体系建设是节点城市保障"一带一路"建设顺利进行的主要内容。2017年10月召开的十九大上明确提出要"引进来"与"走出去"相结合，这就为城市今后在投资贸易、金融体系等方面的发展提出了要求，是今后城市形成外向型经济的重要内容。

最后，扩大节点城市与"一带一路"有关国家的城市交流，搭建城市人文交流合作平台，这是为进一步夯实"一带一路"建设的民意基础，促进节点

城市的人文交流与国际合作的重要内容。

（三）将节点城市建设融入新型城镇化建设中，提高"一带一路"建设中区域发展的协调性

节点城市建设融入战略规划发展的重点在于京津冀协同发展、长江经济带发展、粤港澳大湾区等城市群发展战略的融合，实现节点城市由点到面再到体的建设目标，提高"一带一路"建设中区域发展的协调性。

从节点城市融入城市群建设的要求来看，根据 34 个"一带一路"节点城市所在的城市群区域范围，发展完善以节点城市为核心的线状基础设施，发展交通、能源、通信网络的基础设施束的连接，将节点城市建设融入相应的 21 个城市群建设中，为推进"一带一路"建设建立良好的区域一体化协调机制。

进一步来看，节点城市建设要融入三大城市群发展战略中。"一带一路"节点城市建设要把握住战略层面的对接，在"一带一路"建设与京津冀协同战略、长江经济带发展、粤港澳大湾区建设等区域协同等战略的对接中，发挥节点城市基础支撑作用，更加注重在重点战略推进中的节点城市建设。例如，在京津冀协同战略推动下，增强天津市的港口枢纽作用，提高对环渤海地区以及 21 世纪海上丝绸之路的辐射带动能力；借助长江经济带区域协同战略，提高长江中游城市群的中坚地位，进一步辐射带动长江上游的成渝城市群。

为了提高"一带一路"建设中对外开放水平，将节点城市建设融入"六廊六路多国多港"的主框架中。推进"一带一路"建设明确提出要形成"六廊六路多国多港"的主框架，在六大经济走廊建设中，节点城市根据空间走向，发挥边境城市在对接邻国方面的区位优势，利用铁路、公路、水路、空路、管路、信息高速路等互联互通路网，深化节点城市与相关国家的各领域合作，将主要的沿海城市发展成为海上支点港口，形成陆海内外联动、东西双向互济的开放格局。

除此之外，为了推进区域协同发展，进一步提高对外开放水平，"一带一

路"节点城市建设也要关注均衡地打造全球性节点城市，利用全球化优势，促进"一带一路"国际合作，形成陆海内外联动、东西双向互济的开放格局[①]，推动建设开放型世界经济，不断加强和完善全球治理体系[②]。这不仅是"一带一路"节点城市的建设目标，更是提高新型城镇化建设水平、推进"一带一路"建设、继续推动全球治理体系改革的发展方向。

---

① 习近平：《决胜全面建成小康社会夺取新时代中国特色社会主义伟大胜利——在中国共产党第十九次全国代表大会上的报告》，共产党员网，2017 年 10 月 18 日。

② 胡必亮：《加强和完善全球治理体系》，《经济参考报》，2017 年 10 月 12 日。

第七章

京津冀协同发展过程中的新型城镇化

李澜涛

中国工程院院士、第十届全国政协副主席徐匡迪在中国发展高层论坛2015 年会上表示，新型城镇化发展的第一个重点就是京津冀协同发展，要把这个区域建成为整体协同发展的改革引领区和生态修复以及环境改善的示范区，成为全国创新驱动经济增长的新引擎，来推动以首都为核心的世界级城市群建设。

京津冀地区既有世界知名的国际化大都市，也有著名的"环京津贫困带"；既有基数巨大的本地户籍人口，也有规模庞大的外来常住人口；既有功能完善设施齐全的现代化城市体系，也有偏远落后缺少保障的广大农村腹地。京津冀协同发展，有利于将京津冀的"一群城市"发展成"一个城市群"，推动大中小城市和小城镇协调发展；有利于有序推进农业转移人口市民化，使城镇化切实体现以人为本；有利于加大统筹城乡发展力度，促进城镇化和新农村建设协调推进。最重要的是，以首都为核心的世界级城市群的示范性建设为新型城镇化在全国范围内破题、落地开辟了新的道路。

依此要义，本章将在与区域协同发展密切相关的资源利用、环境保护、城市空间结构、经济与产业和社会公平和谐发展等几个方面展开分析讨论。

一、京津冀协同发展与资源利用

（一）京津冀协同发展的资源约束

1. 土地资源是区域城镇化持续发展的瓶颈

京津冀地区土地面积为 21.6 万平方千米，仅占全国面积的 2.3%，但却承载了经济总量的 10.1% 和人口总量的 8.1%。北京、天津作为京津冀经济发展的核心地区，土地资源总量更是有限。但是伴随城镇化水平的持续攀升，区域城市发展对土地的需求却逐渐扩大，2006—2015 年，京津冀城市建成区面积日益扩张（图 7-1）。其中天津市扩张尤为明显，2015 年天津建成区面积达到 870 平方千米，较十年前增长了 61.1%，河北紧随其后同期增长了 46.7%。

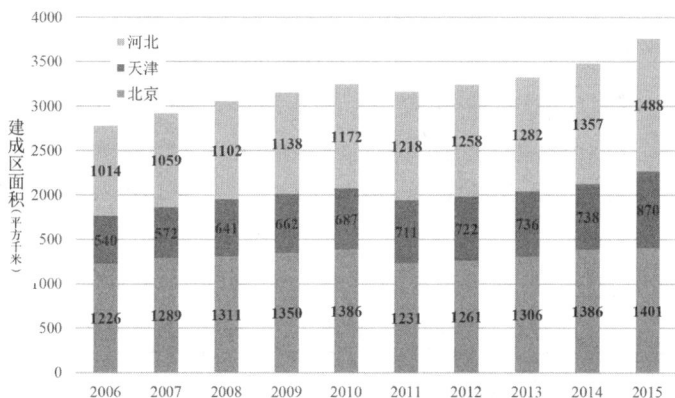

图 7-1　京津冀城市建成区面积变化（2006—2015 年）

研究显示，京津冀地区土地承载能力相对较弱[①]。就土地资源而言，京津冀首都圈土地资源人口承载力最高可达 1.9 亿万人，人口密度可达 1100 人/平

---

① 文魁、祝尔娟等：《京津冀发展报告（2013）——承载力测度与对策》，社会科学文献出版社，2013 年。

方千米。而统计数据显示，北京市 2015 年常住人口已达 2170 万人，人口密度由 2006 年的 976 人 / 平方千米增加到 2015 年的 1323 人 / 平方千米，已经超出了区域的土地资源人口承载力。随着土地开发建设强度不断扩大，北京市城市建设用地面积占总面积的比重日益提高，年均还在以 0.4% 的比例在增加，而人均耕地则在不断减少。北京市山区面积广阔，而且生态用地要求大，因此后备用地资源空间也已非常有限。天津市 2015 年常住人口为 1547 万人，人口密度由十年前的 1075 人 / 平方千米增加到 2015 年的 1315 人 / 平方千米，也已经超出区域土地承载的极限。相比之下，河北省的土地人口承载力尚有空间。尽管河北省的人口密度也在持续增加，由 2006 年的 368 人 / 平方千米增加到 2015 年的 396 人 / 平方千米，但其仅相当于北京和天津的 1/3 左右，因而其土地资源仍有较大开发潜力。

2. 水资源是制约区域发展的最大短板

京津冀属于"资源型"严重缺水地区，多年来淡水资源的匮乏始终困扰着该区域。《京津冀发展报告（2013）——承载力测度与对策》曾经指出，淡水资源是京津冀区域承载力的最大短板。北京、天津水资源人均需求量约为 345 立方米和 279 立方米，由此推算，北京和天津当地水资源分别只能承载 667 万人和 431 万人，而据统计，仅在 2015 年两市常住人口就已达到 2170 和 1547 万人。人口承载力仅相当于人口规模的 40% 和 38%，已经处于超载水平。

表 7-1　京津冀水资源总量变化（2010—2015 年）

	2011 年	2012 年	2013 年	2014 年	2015 年
水资源总量 / 亿米^3	199.4	307.9	215.3	137.8	174.7
其中：地表水	89.9	162.3	97.0	61.8	68.9
地下水	152.6	198.9	162.5	108.9	139.1
人均水资源 / 米^3	189.2	288.0	198.6	125.5	157.5

资料来源:《中国统计年鉴》(2011—2016)。

1998—2010 年，京津冀地区多年平均水资源总量为 161.3 亿立方米。京津冀地区的人均水资源量不到 300 立方米，仅相当于全国平均水平（2186 立方米）的 13.2%。相对于京津冀地区的人口（占全国 8.1%）和经济总量（占全国 10.1%），水资源总量占比却不到全国 1%，凸显出区域水资源严重不足的事实。

从空间分布看，水资源的区域内部差异显著。如表 7-2 所示，2015 年河北水资源总量占京津冀水资源总量的 77.3%，北京水资源总量占比为 15.3%，天津的占比只有 7.3%，河北的人均水资源量也显著高于北京和天津。

表 7-2　京津冀三地水资源状况（2015 年）

	北京	天津	河北	京津冀	占全国比重（%）
水资源总量（亿立方米）	26.8	12.8	135.1	174.7	0.62
其中：地表水	9.3	8.7	50.9	68.9	0.26
地下水	20.6	4.9	113.6	139.1	1.78
人均水资源（亿立方米）	124.0	83.6	182.5	157.5	13.2

资料来源：《中国统计年鉴》（2011—2016）。

从用水需求来看，京津冀地区的实际用水量基本稳定在 250 亿立方米，占全国总用水量的 4% 左右。京津冀地区水资源消费需求与水资源供给能力之间形成了巨大的缺口。仅就北京而言，水资源的需求和供给间年均约有 10 亿以上的缺口。

表 7-3　京津冀地区用水状况

单位：亿立方米

	2011 年	2012 年	2013 年	2014 年	2015 年
北京	35.2	35.9	36.4	37.5	38.2
天津	22.5	23.1	23.8	24.1	25.7
河北	193.7	195.3	191.3	192.8	187.2
合计	251.4	254.3	251.5	254.4	251.1

资料来源：《中国统计年鉴》（2011—2016）。

3. 能源资源严重依赖外部输入

近年来，随着区域经济的快速发展及区域工业化、城镇化的持续深入，地区能源消费在逐年增加。同时，京津冀又属于能源资源短缺地区，区域的能源储量无法满足发展的需要，区域内占比较大的高能耗产业还进一步强化了对能源的依赖。2015年区域能源消费总量达3.46亿标准煤，而区域的能源生产仅为0.79亿标准煤。并且，北京及河北一次性能源生产总量还呈现稳中有降态势，能源消费与生产差距越来越大，能源瓶颈日益突出。

表 7-4 2015 年京津冀地区主要一次能源生产量

区域	煤炭（万吨）	石油（万吨）	天然气（亿立方米）	电力（亿度）	其他能源（万吨标准煤）
北京	450	0	0	9	94
天津	0	3497	21	7	48
河北	7434	580	10	201	0
合计	7884	4077	31	217	142

资料来源：《中国能源统计年鉴》(2016)。

面对能源短缺的现实，京津冀地区主要通过外部能源调入以及进口来弥补能源的需求缺口。如2015年，北京几乎全部的天然气、石油和电力以及60%以上的煤炭和50%以上的成品油都要从山西、内蒙古、陕西乃至国外等外部区域调入。河北省近几年年均煤炭调入量均在2亿吨左右，占全省所需煤炭的70%以上。

（二）京津冀城镇化过程中的资源使用结构与效率

1. 土地资源使用结构和效率

京津冀土地利用以耕地为主（约占1/3）、林地（1/4）为辅，建设用地（1/11）占有较大比重，基本形成北部山区以林草地为主、未利用地为辅与南部平原以耕地为主、建设用地为辅的两个土地利用区（见表7-5）。

表 7-5　京津冀地区土地利用现状（2015 年）

区域	农用地						建设用地	未利用地	合计
	耕地	园地	林地	牧草地	其他	小计			
北京市	2194	1349	7374	2	564	11 484	3572	1354	16 411
天津市	4371	300	549	0	1747	6967	4121	829	11 917
河北省	65 287	8376	46 045	4019	7181	130 908	21 885	36 055	188 849
京津冀	71 853	10 025	53 968	4021	9492	149 360	29 578	38 238	217 176

数据来源：中国国土资源统计年鉴（2016）。

京津冀整体上看，建设用地面积单位产出均保持了快速增长态势，经济承载总量不断提高。但与投入比较，投入产出比各地差异较大，京津两地的地均全社会投资总额 2015 年分别为 3724.6 万元 / 平方千米、6747.3 万元 / 平方千米，而河北省最高的石家庄也仅有 2352.8 万元 / 平方千米。这与各地土地的用途不同有着极大关联（如首都北京相当一部分城市土地并非承担经济功能，在很大程度上影响了其土地整体产出水平）。

亿元 / 平方千米

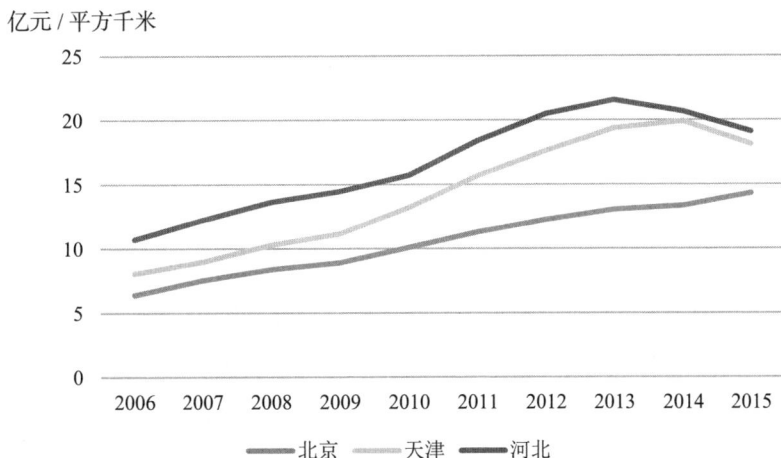

图 7-2　单位面积建设用地非农产业增加值

数据来源：根据《中国城市统计年鉴》（2007—2016）统计整理。

2. 水资源使用结构与效率

从 2015 年的水资源使用构成来看，京津冀地区用水量以农业用水为主，达 154.2 亿立方米，占总用水量的 61.4%；生态用水最少，占用水量的 7.3%。同全国平均水平比较，2015 年京津冀地区生活用水、生态用水分别高出 5.6 和 5.3 个百分点，农业用水和工业用水分别降低了 1.7 和 9.3 个百分点。分地区看，北京以生活用水、生态用水为主，天津与河北则是农业用水比重最高，与北京存在明显差异。

表 7-6　京津冀地区水资源使用结构

单位：亿立方米

区域	农业用水	工业用水	生活用水	生态用水	合计
北京	6.4	3.8	17.5	10.4	38.2
天津	12.5	5.3	4.9	2.9	25.7
河北	135.3	22.5	24.4	5.0	187.2
京津冀	154.2	31.6	46.8	18.3	251.1

数据来源：据《中国城市统计年鉴》（2016）统计整理。

从用水效率来看，京津冀地区的水资源利用效率和节水水平明显高于全国平均水平。2015 年京津冀地区万元 GDP 用水量仅为 36.2 立方米，不到全国平均值（89.0 立方米）的一半。天津的万元 GDP 用水仅 18 吨，属全国最低。

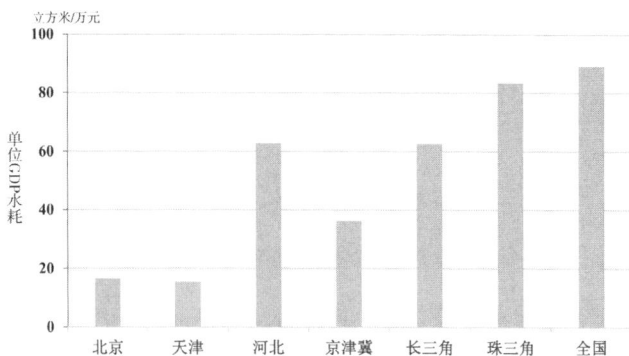

图 7-3　2015 年京津冀地区单位 GDP 水耗及比较

资料来源：根据《中国能源统计年鉴》（2016）统计整理。

3. 能源利用结构及效率

2015 年区域能源消费量为 4.45 亿吨标准煤，相当于全国能源消费总量
的 10.4%，较 2011 年增长 12.3%。分品种分地区看，河北煤炭消费 2.89 亿吨，
占京津冀地区煤炭消费总量的 83.5%，且煤炭消费比重远远高于全国平均水
平；石油消费较为均匀，京津冀各地区分别占 1/3 左右；北京天然气消费占京
津冀地区天然气消费总量的 51.8%，清洁能源比重高。

煤炭为主的能源结构是区域能源消费的突出特征。河北省的煤炭消费占
据了 80% 以上能源消费比重，远高于全国比重（64%），更是远超 30% 的世界
平均水平。

表 7-7　京津冀地区主要能源消费状况（2015 年）

	煤炭 （万吨）	石油 （万吨）	天然气 （亿立方米）	电力 （亿度）	能源合计 （万吨标准煤）
北京	1165	1584	147	951	6853
天津	4539	1732	64	851	8260
河北	28 943	1632	73	3176	29 395
合计	34 647	4948	284	4978	44 508

资料来源：《中国能源统计年鉴》（2016）。

从能源使用效率来说，京津冀地区以占全国 10.4% 的能源消费仅创造了
占比 10.1% 的 GDP，能效水平相对长三角（分别为 14.2% 和 20.1%）和珠
三角地区（分别为 7.0% 和 7.8%）还有较大差距。2015 年，京津冀地区万元
GDP 能耗为 0.64 吨标准煤，还要略高于全国万元 GDP 能耗 0.63 吨标准煤的
平均水平，而同期长三角、珠三角地区万元 GDP 能耗分别为 0.44 和 0.57 吨
标准煤。京津冀地区内部能效水平差异较大，北京和天津万元 GDP 能耗分别
低于全国平均水平 52.5% 和 20.4%，而河北万元 GDP 能耗高于全国平均水平
57.3%。同期长三角区内的上海、江苏和浙江万元 GDP 能耗分别低于全国平
均水平 27.7%、31.2% 和 27.1%，且相互之间能效水平差异很小。

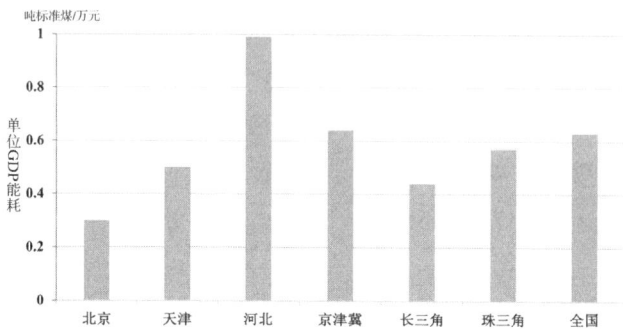

图 7-4　2015 年京津冀地区单位 GDP 能耗及比较

资料来源：根据《中国能源统计年鉴》（2016）统计整理。

（三）新型城镇化过程中京津冀的资源对策

1. 推进核心城市产业转型，缓解核心区域资源压力

京津冀地区要以土地资源承载力为前提，合理布局产业，疏解超载的承载力。例如，将工业项目向天津和河北滨海盐碱地地区发展，既能使京津核心城区减压降负，还能促进周边中小城市区域发展。

2. 发挥协同优势，补齐区域发展的水资源短板

在水资源利用方面，京津冀三地也各有比较优势。北京有经实践证明、较先进的治水规划，有较强的先进水技术的基础研究；天津有先进的节水技术，万元 GDP 用水全国最低，同时有专门的海洋研究所，有较先进的海水淡化技术；河北的承德（潮河源）、保定（白洋淀）和石家庄（黄壁庄水库）等市有京津冀地区相对丰富的水资源，同时是东线和中线南水北调的主要途经区，决定了调水的水质。

因此，要利用北京规划的优势，与津冀协同制定京津冀海河流域的大系统水规划。北京进行水源保护、节水、污水治理、再生水回用、地下水回补等技术的基础研究，为津冀技术开发提供理论指导。天津进行上述应用研究，根据京津冀实际需要进行技术开发，并着力提升海水淡化技术降低其成本。河北则转变经济发展方式，提高高耗水产业的用水效率，通过节水和水源地保护有

偿向京津出让调水份额，通过保证调水水质收取合理的水源保护费。

3. 实施清洁能源替代，推进煤炭清洁利用

京津冀地区增加区外电力、天然气供应，加快发展可再生能源，逐步降低煤炭消费比重。在气源有保障、经济可承受的前提下稳步推进"煤改气"工程。加快淘汰分散燃煤锅炉，以热电联产、集中供热和清洁能源替代。提高工业领域煤炭清洁高效利用水平，实现控煤减煤，最终推动能源结构的转型。

二、京津冀协同发展与环境保护

（一）京津冀协同发展中的环境问题

1. 污染物排放量大，大气环境质量差

河北省 2015 年二氧化硫和氮氧化物排放量均居全国第二，对地区的空气造成了严重的污染。对比京津冀有限的国土面积（占全国 2.3%），远超比例的污染物排放造成了区域环境承载力严重不足。京津冀地区空气质量全国最差，PM2.5 年均浓度为 77 微克／立方米，是全国 74 个重点城市平均浓度的 1.4 倍，更为世界卫生组织（WHO）指导值和美国平均年均浓度的 8 倍以上。

表 7-8　京津冀地区主要污染物排放量（2015 年）

单位：万吨

区域	二氧化硫	氨氮化物
北京	7.1	13.8
天津	18.6	24.7
河北	110.8	135.1
京津冀合计	136.5	173.6
全国	1859.1	1851.0
占全国比重 %	7.3	9.4

资料来源:《中国环境统计年鉴》(2016)。

2. 区域水资源短缺，过度开发形成环境问题

地区流域范围内平原区普遍地表断流，在控制地下水超采、南水北调和引黄供给、考虑侧渗补给的情况下，京津冀地区总断流河长仍在 27% 以上且大部分在河北平原区[①]，维持河流生态的基本用水常年不足。与历史数据相比，京津冀地区湿地面积大幅减少，功能衰退，现存湿地均面临干涸困境，水循环受阻还常造成水体的恶化污染，进一步造成了水资源的短缺。

另外，京津冀地下水是重要的饮用水水源。根据 2015 年全国供用水统计数据，地下水占区域城镇公共总供水量的 62.4%，其中河北相对于京津比重更大（北京市为 47.6%，天津市为 19.1%，河北省则高达 71.4%）。京津冀地区地下水总开采量大，浅层地下水开采程度达 80% 以上，深层地下水开采程度更是高达 140% 以上，平原区地下水超采严重，形成地下水漏斗区，导致地面沉降和海水入侵，地面累计沉降量大于 200 毫米的沉降面积达 6.2 万平方千米，接近区域总面积的 30%。

3. 河湖水少而排污量大，水域污染生态恶化

京津冀地区水质情况不容乐观，地表水劣 V 类断面比例高于 1/3，且跨界水污染严重。2015 年京津冀国控断面共 51 个，其中劣 V 类 18 个占 35.3%（表 7-9）。国控省界断面共 23 个，其中劣 V 类断面高达 43.5%。京津冀地区受污染的地下水占 1/3，其中重金属污染多集中在石家庄等城市周边，以及天津、唐山等工矿企业周围，地下水中"三氮"（氨氮、硝酸盐氮、亚硝酸盐氮）超标率高。

近 50 年来，京津冀地区沿海入海水量逐渐减少，12 个主要入海河口都存在淤积问题，泄洪能力大为降低。入海水量的减少，使流域生态系统由开放型向封闭式和内陆式转化，河流生物物种转向低级化。沿岸人类经济开发活动加剧，加之陆地污染物由河流大量排入并积存在河口、海湾港口，导致渤海湾水质下降，劣四类海水已占 75%，在全国 9 个重要海湾中，其劣四类比例仅次于杭州湾和长江口。

[①] 张伟、许开鹏、蒋洪强等：《京津冀区域环境保护战略研究》，中国环境出版社，2015 年。

表 7-9　2015 年京津冀国控断面水质情况

省（市）	类别	断面总数/个	Ⅰ-Ⅲ类/个	Ⅳ-Ⅴ类/个	劣Ⅴ类/个
北京市	河流	7	4	1	2
	湖库	1	1	0	0
天津市	河流	10	5	1	4
	湖库	1	1	0	0
河北省	河流	27	12	4	11
	湖库	5	0	4	1
京津冀地区合计	河流	44	21	6	17
	湖库	7	2	4	1
	合计	51	23	10	18

数据来源：《中国环境统计年鉴》（2015）。

另外，区域城镇化直接导致的城市生态系统功能衰退、热岛效应显著等环境问题也比较明显[1]。

（二）京津冀环境形势严峻的主要原因

1. 能源和产业结构是区域环境污染的直接原因

京津冀地区的能源结构是典型的以煤炭为主的结构。2015 年，京津冀地区以 2.26% 的国土面积消耗了占全国的 13.03% 的煤炭，其中河北占 10.3%。相关研究显示，京津冀地区的 PM2.5 的来源主要为燃煤（34%）和机动车（16%）[2]。可见，区域内大量的燃煤和交通运输对环境产生了负面影响。

区域产业结构重化工比重偏高，其中尤以河北省表现突出。2015 年，河

---

[1] 贾宝全、仇宽彪、成军峰：《北京城市景观生态与绿色空间研究》，中国环境科学出版社，2013 年。

[2] 中国科学院：《中科院战略性先导科技专项"大气灰霾追因与控制"取得进展》，《中科院院刊》，2013 年第 2 期。

北省三次产业比重分别为12%、48%和40%，而在第二产业中，重工业与轻工业比例约为4:1，包含大量高耗能、高耗水和高排放的产业。偏重的产业结构，即消耗了大量的能源、资源，也直接造成了环境的污染。

2. 缺乏足够有效资金投入，难以遏制生态环境恶化

目前，京津冀环境保护基础设施建设和运营投入相对于环境形势还是严重不足。据统计，2015年京津冀地区环境污染治理投资总额为936.6亿元，环境保护能力建设投资为43.81亿元，两者总额占区域地区生产总值的1.5%左右。国际经验表明，经济发展过程中环保投入占GDP的比重达到1.5%才能阻止环境恶化，达到2%—3%才能真正改善环境。当前的投入水平难以充分遏制生态环境的恶化，并且随着环境保护需求不断加大，资金投入不足问题将日益突出。

3. 相关的体制机制是生态环境困境的深层次原因

一是地方在经济发展和生态环保之间还没有做到有效的平衡，重发展、轻环保的传统理念还具有深入影响力。河北省一些地方重发展、轻环保而疏于管控，环境违法事件屡有发生。二是京津冀之间生态环保的责任和义务缺乏合理明晰的制度化保障。各地往往都以自我利益最大化为准则，难以形成生态环境协同保护的利益平衡机制。体制机制障碍和政策壁垒会导致京津冀三地在经济发展与生态环境保护方面"与临为壑"，区域内环境标准、环境执法、产业准入等缺乏协调，无法对区域内的产业结构、产业布局形成有效引导和约束。

（三）新型城镇化过程中的区域环保对策

1. 调整产业结构，优化产业布局

统一制定京津冀限制、禁止、淘汰类项目目录，淘汰落后产能和压缩过剩产能。提高环保、能耗、安全和质量等标准，倒逼产业转型升级。提高节能环保准入门槛，对符合准入条件的企业实时动态管理。对钢铁、水泥、化工、石化、有色金属冶炼、平板玻璃、焦化等重点企业实施清洁生产技术改造。

依据京津冀地区区域主体功能区划要求和大气污染物输送规律，对各类

产业发展规划进行环境影响评价及气候适应性评估，合理确定区域重点产业发展布局、结构和规模，疏解环境压力较大区域的产业。

2. 增加环保投入，拓宽融资渠道

确保并加大对污染防治、生态保护和环保监管能力建设的资金投入，如可以明确规定京津冀区域环保投入增长率不低于年度 GDP 的增速或年度财政收入的增速。

鉴于环境基础设施的准公共物品属性，构建以政府财政投入为主、其他多种渠道并存的环境建设资金筹措机制。一是设立基于环境保护的京津冀产业发展专项资金，主要用于公益性环保产业的发展、生态产业的技术创新、有利于保护环境的研发等。二是搭建京津冀产业发展的环境治理投融资平台，有效带动民间资本的投入。三是充分利用京津冀各项污染防治专项基金，建立京津冀产业发展污染防治专项贷款机制。

3. 协同体制机制，区域联动环境保护

要适应京津冀地区生态环境协同保护的新特点和新要求，在京津冀地区形成一个完整、协调的综合环境管理体制机制：一是建立协调环境和发展的综合决策机制，走出"现有行政区"掣肘，统一协调环境政策。二是环境基础设施共建共享，逐步缩小区域间环境基础设施配置差距。三是建立京津冀区域环境保护的责任机制，进行区域环境责任分解，完善环境责任追究制度。同时建立区域性环境保护执法联络机构，实现责、权、利相匹配的环境保护协调机制。

三、京津冀协同发展与城市空间结构

（一）京津冀区域城镇化空间结构现状

1. 城镇化发展迅速，但区域内部差异大

近年来京津冀城市群城镇化呈现加速的态势，2000 年至 2015 年，区域城镇人口比重年均增加 1.57 个百分点，高于全国平均水平（全国年均增加 1.33

个百分点）。2015年京津冀地区城镇人口比重为62.5%，高于全国56.1%的平均水平。其中，北京和天津城镇人口比例分别达到86.5%和82.6%，甚至超过世界较发达地区城镇化平均水平。但同时，河北省2015年的城镇化率仅为51.3%，远低于京津的水平，且位于全国平均水平以下，显示出京津冀城市群城镇化发展内部差异较大。

表7-10　京津冀区域城镇化水平及发展

单位：%

地区	2000年	2005年	2010年	2015年
全国	36.2	43.0	48.3	56.1
京津冀	38.9	49.3	55.7	62.5
北京	77.5	83.6	85.0	86.5
天津	72.0	75.1	78.0	82.6
河北	26.1	37.8	43.7	51.3

资料来源：《中国统计年鉴》（2001—2016）。

2. 城市规模等级体系不合理，核心城市与外围发展失衡

从城市规模结构来看，根据最新公布的2014年城市规模划分标准，京津冀城市群包含超大城市有1个（北京），特大城市1个（天津），大城市（Ⅱ型）5个，中等城市有4个，小城市有24个（见表7-11）。可见，在京津冀城市体系中，由核心城市向小城镇市过渡的大中型城市特别是中等城市数量过少，整个城市体系的底层支撑力度不足，城市群内部城镇化发展水平失衡。

表7-11　京津冀城市群体系构成（2014年）

等级规模	数量	包含城市
超大城市（城区常住人口1000万以上）	1	北京
特大城市（城区常住人口500万以上）	1	天津
Ⅰ型大城市（城区常住人口300万以上）	0	无
Ⅱ型大城市（城区常住人口100万以上）	5	石家庄、唐山、邯郸、保定、秦皇岛

续表

等级规模	数量	包含城市
中等城市（城区常住人口 50 万以上）	4	张家口、邢台、承德、沧州
小城市（城区常住人口 50 万以下）	24	廊坊、衡水、定州等

资料来源：据《中国城市统计年鉴》（2015）、城建部公开数据整理，城市范围不包含郊区和镇。

（二）区域城镇化空间结构的主要影响因素

1. 城市行政地位推动强化 / 限制城市的发展

京津冀城市群行政的等级分布如表 7-12 所示。从直辖市、副省级市一直到县级市，行政级别不同的城市在立法、行政、经济和社会管理等方面的权限也迥然有异。在有利的权限设置、资源配置和制度安排以及市场力量的共同作用下，高级别行政中心必定会形成一股强大的吸附力，促使周边地区的人口、产业和要素向这些中心集聚。对于京津冀地区，尤其表现在北京的"虹吸效应"。由于历史和行政的原因，北京积聚了大量的资源，外围尤其是河北的资源向北京单向流动，最终导致了京津冀三地之间的差异越来越大。

表 7-12 京津冀城市群行政等级分布（2014 年）

等级	级别名称	区内数量	区内城市	全国示例
1	直辖市	2	北京、天津	
2	副省级	0		沈阳等 10 个省会城市
3	计划单列市	0		深圳等 5 个
4	一般省会	1	石家庄	
5	较大的市	2	唐山、邯郸	国务院审批，5 批共 19 个
6	一般地级市	8	保定、秦皇岛、张家口、邢台、承德、沧州、廊坊、衡水	
7	省辖县级市	2	定州、辛集	义乌、济源、潜江等
8	县级市	18	三河等	

资料来源：《中国城市统计年鉴》（2015）。

相对于长三角都市圈在市场力量驱动下的多核稳态结构城市体系和珠三角都市圈以政策引导下市场自发形成的外向型双核城市体系，京津冀都市圈则是政治推动下的双核心城市体系①。京津冀城市群的市场化程度低于长三角和珠三角，其产业的集聚与发展更多的是政府主导下以行政规划的方式形成的，行政垄断的色彩较浓。因此，行政的力量对于京津冀城市群来说，仍然影响、固化着已有的城市格局，而各城市不同的行政地位则是其集中化的表现。

2. 双核博弈导致功能高度集中、辐射带动作用没有充分发挥

北京是京津冀区域的政治中心、经济中心和文化中心，天津也承担着京津冀区域的经济中心、港口中心等功能。在经济中心这一功能上天津和北京进行了长期的激烈竞争，使得"双核中心"并未形成城市功能互补，反而造成城市功能的过度集中，出现产业同构、承载能力超限等问题，还使得"双核"对周边地区的辐射和带动严重受阻，从而表现出京津高度发展，而其他城市发展相对受到抑制。京津两市强劲的集聚作用还直接导致了周边地区的贫困，形成"贫困带"。而且，区域内其他城市为维护自身的利益，甚至不惜以邻为壑、恶性竞争，限制了城市群整体功能的发挥。

（三）新型城镇化过程中区域城市空间结构的改善对策

1. 强化京津双核辐射能力，提升周边城市服务功能

要强化、提高京津的核心城市辐射能力，带动京津冀区域的整体发展。中小城市围绕在功能已经过度集聚的京津城市周边，在承接产业和人口转移方面天然具有优势。必须着力提升周边中小城市的产业功能、人口聚集功能和公共服务功能，进而分散核心城市的集聚压力。

2. 引导副中心和新城建设，进一步疏解核心城市压力

新城作为京津冀城市群的重要组成部分，是承接北京、天津中心城区人口、产业及城市功能转移的重要发展空间，是在中心城市周边建立"反磁力"基地

---

① 张蕾：《中国东部三大都市圈城市体系及演化机制研究》，复旦大学博士论文，2008 年。

的有效载体，更是推动区域可持续发展的新增长极点。因此，要促进中心城市的功能疏解，鼓励和引导人口向核心城市周边的新城和城市副中心转移。

四、京津冀协同发展与经济增长转型

（一）区域经济与产业发展概况

从图7-5可以看出，京津冀区域各城市发展不平衡现象较为严重，无论是地区生产总值还是细分产业的规模和组成方面都呈现出较大差距。京津两市与河北省各城市发展不平衡以及河北省城市内部发展的不平衡态势明显。

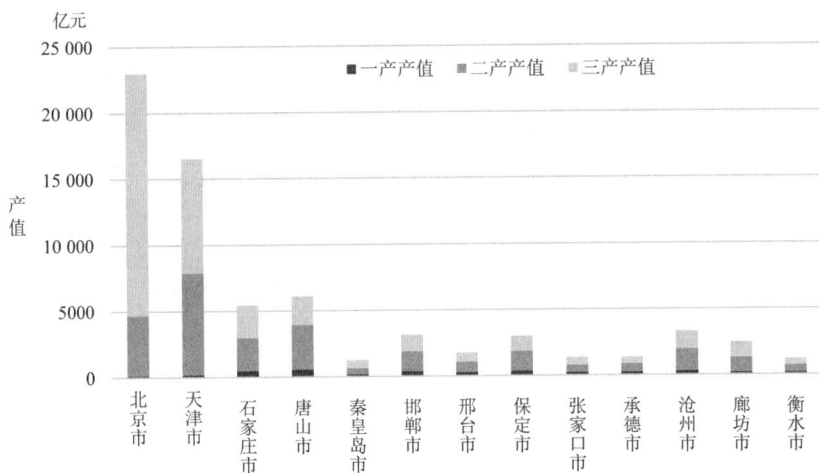

图7-5 京津冀区域城市产业规模

从2015年三地各产业增加值在京津冀区域所占比重来看（图7-6），河北是区域第一产业发展的主要力量，增加值占区域的90%以上。第二产业增加值主要来自河北和天津，而第三产业则以北京的贡献最为显著。

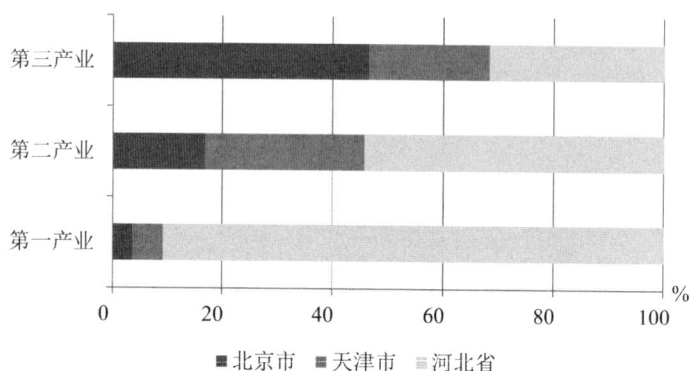

图 7-6 京津冀区域三次产业的区域占比

从各区域的内部产业结构演变看（表 7-13），河北的第一产业还占据相对
较大的份额，第二产业产值仍然占据主导地位。北京市和天津市的第三产业在
产业内部均居优势地位，但北京市的第三产业优势更为明显。京津冀三地的三
次产业结构存在明显的梯度落差，恰好为推动区域产业升级与整合提供了内在
动力。

表 7-13 京津冀内部产值构成演变（2003—2015 年）

单位：%

区域		2003 年	2006 年	2009 年	2012 年	2015 年
北京	第一产业	1.7	1.1	1.0	0.8	0.6
	第二产业	29.7	27.0	23.5	22.7	19.7
	第三产业	68.6	71.9	75.5	76.5	79.7
天津	第一产业	3.5	2.3	1.7	1.3	1.3
	第二产业	51.9	55.1	53.0	51.7	46.6
	第三产业	44.6	42.6	45.3	47.0	52.2
河北	第一产业	15.4	12.7	12.8	12.0	11.3
	第二产业	49.4	53.3	52.0	52.7	47.4
	第三产业	35.2	34.0	35.2	35.3	40.9

资料来源：根据《中国城市统计年鉴》（2004—2016）整理。

（二）京津冀经济与产业协同发展比较

从区域内产业地位、协同发展及产业升级转移可能性的角度出发，下面重点对京津冀区域二、三产业的主导和优势产业进行比较分析。其中，主导产业依据本区域产值规模进行界定，而衡量区域优势产业则依据区位商（数值大于 1）进行判定。

1. 区域第二产业优势分析

京津冀地区第二产业优势主要在于矿业开采加工、装备制造业，以及与之配套的能源供应行业，这主要得益于京津冀区域相对丰富的煤、铁和石油等矿产资源，同样与区域内所拥有的首钢、河北钢铁、北汽集团等规模处于全国领先地位的全国重点企业有关。但随着区域产业结构的不断调整升级及淘汰过剩产能，一些支柱性行业将面临严峻挑战。

表 7-14　京津冀产业的区位商（2015 年）

行业名称	区域			
	北京	天津	河北	京津冀
黑色金属冶炼和压延加工		2.58	3.67	2.48
电力、热力生产和供应	4.03		1.25	1.59
煤炭开采和洗选		2.20		1.53
金属制品		1.45		1.36
汽车制造	2.98	1.06		1.31
石油加工、炼焦和核燃料加工	1.18	1.12		1.10
计算机、通信和其他电子设备制造	1.89	1.38		
医药制造	1.63			
专用设备制造	1.06			
石油和天然气开采		3.98		
食品制造		2.48		
黑色金属矿采选			5.79	

资料来源：根据《中国工业统计年鉴》（2016）统计整理计算，表内数据为区位商数值。

注：区位商是指一个地区特定部门的产值在该地区总产值中所占的比重与全国该部门产值在全国总产值中所占比重的比率。

从内部空间布局看，区域内技术密集的现代制造优势产业主要集中于北京和天津，依赖研发驱动的医药制造业是北京特有的优势产业。在传统制造业方面，天津的食品制造业是独有的优势轻工产业。河北的优势产业则集中于矿产开采和加工工业与能源生产产业范畴。

尽管京津冀三地的第二产业各具优势，但在发展过程中不可避免地出现了产业体系趋同的现象。三地的一些主导行业如汽车制造业、石油加工业等高度重合，京津两市的优势产业重合更为严重。

表7-15　各产业占工业销售总产值比重（2015 年）

单位：%

北京		天津		河北	
产业	比重	产业	比重	产业	比重
电力、热力生产和供应	23.6	黑色金属冶炼和压延加工业	15.1	黑色金属冶炼和压延加工	22.3
汽车制造	22.4	计算机、通信和其他电子设备制造业	9.2	电力、热力生产和供应	6.1
计算机、通信和其他电子设备制造	11.8	汽车制造业	8.5	金属制品	6.0
电气机械和器材制造业	4.4	食品制造业	4.9	化学原料和化学制品制造	5.9
医药制造	4.0	化学原料和化学制品制造业	4.9	农副食品加工	4.8
石油加工、炼焦和核燃料加工	3.4	石油加工、炼焦和核燃料加工业	4.8	汽车制造	4.8
专用设备制造	3.1	金属制品业	4.8	电气机械和器材制造	4.5
通用设备制造	2.8	铁路、船舶、航空航天和其他运输设备制造业	4.4	非金属矿物制品	4.3
燃气生产和供应	2.4	通用设备制造业	4.2	黑色金属矿采选	3.9
非金属矿物制品	2.3	电气机械和器材制造业	4.1	石油加工、炼焦和核燃料加工	3.8

资料来源：《中国工业统计年鉴》（2016）。

2. 第三产业区域比较分析

京津冀地区的优势第三产业涵盖信息传输、计算机服务和软件业，租赁和商务服务业，居民服务和其他服务业，科学研究、技术服务和地质勘查业，住宿和餐饮业，文化、体育和娱乐业。

从内部比较看，北京以租赁和商务服务业，信息传输、计算机服务和软件业为代表的生产性服务业方面专业化优势最为突出，是京津冀地区现代服务业发展基础最为雄厚的地区。天津第三产业的优势主要集中于居民服务和其他服务业、住宿和餐饮业为代表的生活性服务行业方面。河北各行业的专业化优势均不显著，第三产业发展相对比较薄弱。

表 7-16　京津冀第三产业区位商（2015 年）

单位：%

行业名称	北京	天津	河北	京津冀
交通运输、仓储和邮政业	1.71	1.28	0.99	1.33
信息传输、计算机服务和软件业	4.65	0.78	0.82	2.37
批发和零售业	2.15	1.49	1.15	1.42
住宿和餐饮业	2.62	1.53	0.53	1.59
金融业	1.23	0.92	1.21	1.56
房地产业	3.38	1.11	0.46	1.58
租赁和商务服务业	5.12	1.41	0.38	2.20
科学研究、技术服务和地质勘查业	3.29	1.40	0.76	2.34
水利、环境和公共设施管理业	0.79	1.00	1.19	1.04
居民服务和其他服务业	2.54	7.31	0.85	3.17
教育	0.66	0.67	1.36	0.97
卫生、社会保障和社会福利业	0.63	0.92	1.09	0.92
文化、体育和娱乐业	2.41	0.84	0.93	1.91
公共管理和社会组织	0.56	0.63	1.34	0.98

资料来源：根据《北京统计年鉴》（2016）、《天津统计年鉴》（2016）、《河北经济统计年鉴》（2016）统计整理。

注：区位商是指一个地区特定部门的产值在该地区总产值中所占的比重与全国该部门产值在全国总产值中所占比重的比率。

（三）促进城市经济和产业协同可持续发展的对策

1. 明确各地比较优势和功能定位

京津冀三地应在《京津冀协同发展纲要》的总体要求下进一步明确和细化各自的产业功能定位。在确定产业功能定位时应充分考虑和体现各自的比较优势、竞争优势，以达到优势互补和合作共赢。

北京作为首都，属于典型的"知识型＋服务型"城市，在已经明确政治中心、文化中心、科技创新中心和国际交往中心的核心功能前提下，应重点弱化、分离城市的经济功能，除保留部分高端服务业外，要推进制造业和大规模的低端服务业向周边合理转移。天津属于"加工型＋服务型"城市，具有港口、沿海土地资源优势，有制造业基础和开放优势，应重点发展现代制造业，壮大发展服务业。河北属于典型的"资源型＋加工型"地区，采掘业、重加工、农副产品生产加工具有优势，原材料工业和现代农业是发展重点，但要调整结构、合理布局以减轻高能耗、高污染对区域的影响，并要选择一些优势低端服务业以增加城市持续发展动力。

2. 推动首都功能疏解，河北有序承接产业转移

北京产业和人口过度集聚，非首都核心功能膨胀已超过城市功能负荷和资源环境承载能力，有序疏解北京的非首都功能是京津冀协同发展的核心。河北则要逐步改变"两高一低"的传统产业结构，通过承接产业转移，增添城市发展活力。

引导京津冀地区产业转移与集聚发展，就有机会填补京津与周边河北地区的产业落差，构建分工协作、协同创新、优势互补的区域产业体系，促进要素资源高效配置。这可以推动区域潜在的互补优势、集聚优势和协同优势转化为竞争优势，京津冀地区从而实现中国经济"第三极"战略地位的全面提升。

五、京津冀协同发展与社会公平和谐

（一）影响区域社会公平和谐发展的环京津贫困带问题

2005 年，亚洲开发银行公布的《河北省经济发展战略研究》首次提出了环京津贫困带相关的概念和问题。报告指出，北京和天津周围环绕着河北省国家级和省级贫困县共 32 个，其中与北京接壤的张家口、承德、保定三市就有 24 个国家级贫困县，并将这一现象称为"环京津贫困带"。

环京津贫困带的贫困落后表现在多个方面：

一是贫困程度深。各县人均地区生产总值大多不到河北省平均水平的一半，不及京、津的 1/5；相比北京各郊县，也仅相当于其 1/3。各县农民年人均纯收入多在 5000 元以下，调查显示贫困发生率为 43%，贫困集中度相当高。县平均财政自给率为 23.3%，财政收支矛盾尖锐[①]。

二是资源流失严重。自然资源退化与破坏，表现为草原退化、土地沙化和山区石化等。人力资源匮乏，表现为居民整体教育水平较低，村庄空心化、人口老龄化趋势明显。

三是基础设施薄弱。交通、医疗、文化和通信等基础设施不完善，农田水利设施滞后，村民住房条件普遍较差。

四从城镇化水平看，2015 年环京津贫困带城镇化率为 26.2%，比河北省同期水平低约 25 个百分点，比全国平均水平低 30 个百分点。32 个贫困县中，仅张北县、涞水县、阜平县、孟村县等 4 个县的城镇化率超过 30%，其余均在 30% 以下。

五从产业结构看，2015 年环京津贫困带第一产业占 GDP 比重 22%，比同期全国高 13 个百分点，比河北省平均水平高 11 个百分点。从各县内部情况看，

---

① 李真、杨勇：《推进环京津贫困带保护性开发的国际借鉴》，《中国国情国力》，2015 年第 10 期。

除涞源县外，其余各县第一产业占比都高于全国平均水平，平泉等 15 个县第一产业占比超过 20%。

表 7-17　2015 年环京津贫困县与北京经济水平比较

单位：%

县名	人均 GDP 与北京市之比	县名	人均 GDP 与北京市之比
张北	23.5	崇礼	25.4
康保	14.8	平泉	30.3
沽源	18.4	滦平	44.1
尚义	16.6	隆化	23.2
蔚县	14.9	丰宁	21.7
阳原	14.3	围场	17.7
怀安	24.1	涞源	23.1
万全	26.1	阜平	13.6
怀来	33.4	唐县	10.3
赤城	23.6	顺平	15.4

数据来源：根据《河北经济年鉴》(2016)、中国统计年鉴（2016）统计整理。

环京津贫困带的发展与资源、环境之间的矛盾也非常突出。为满足基本生存需要，人们不得不更加依赖自然资源，过度开发利用自然资源导致生态环境不断恶化。反过来，生态环境的恶化又进一步加剧了贫困。长此以往，陷入了"贫困—对资源的掠夺性开发—生态恶化—加剧贫困"的恶性循环。

（二）环京津贫困带产生的原因总结

1. 自然条件先天不足，区位因素又导致发展受限

环京津贫困带先天不足，受到自然环境、资源禀赋条件的限制。环京津贫困带大多属于农牧交错地带，干旱缺水，灾害频繁，具有石化、高寒、干

旱、少田等突出特点，不适宜人类开展经济活动①。

同时，根据《全国生态功能区划》，环京津冀贫困带所在的保定、承德和张家口都被列入"极重要生态功能区域"，承担着环首都地区的生态治理任务。该区域自身就面临着生态环境脆弱等问题，还承担着较重的生态治理任务，地方的产业发展会受到较大影响。另外，该区域环绕京津，是潮白河、滦河、永定河、拒马河等河流的发源地和上游地区。为了保障京津地区的饮用水安全和生态环境平衡，国家和政府不断加强对环京津贫困带的资源开发限制和工业发展的限制。这些措施虽然保证了京津地区的供水和生态环境，但是严重制约了这些地区的经济发展，环京津贫困带为保护资源环境做出的贡献和蒙受的损失，长期得不到应有的补偿②。

2. 经济发展滞后，产业基础薄弱

从历史上看，20世纪60至70年代，作为保卫首都安全的"北大门"，区域内大部分地区为战备搁置建设，长期不修路、不通电、不上项目，导致基础设施建设严重滞后，经济社会发展长期处于停滞和缓慢增长状态。20世纪70年代开始的改革开放促进了东部沿海地区的发展，但张家口在1995年才开始对外部开放，而承德丰宁县更是到1998年才实行开放政策，因此，未能充分享受到1978年对外开放带来的经济发展益处。

同时，环京津贫困带与京津之间产业结构发展失衡，两者之间的产业转移和承接难以有效进行。一方面，环京津贫困带所处的产业发展阶段远远落后于京津两市。另一方面，长期以来产业转移中的协调和分配机制也尚未形成。此外，由于当地的工业化滞后，导致县的公共财政预算收入较低，进一步影响政府对贫困地区和贫困居民的补贴，以及对产业的扶持等活动。环京津贫困带的县治理所需的财政资金严重依赖上级的补助和转移性支付，地区自我发展能力弱。

3. 京津冀区域内的"虹吸"作用加剧了发展的不平衡

由于北京、天津的"虹吸"作用，环京津贫困带的各类资源流失严重，

① 罗俊、马燕坤：《基于城镇化视角的环京津贫困带减贫研究》，《经济师》，2015年第2期。
② 黄征学、史育龙：《促进环京津贫困带脱贫发展的政策建议》，《经济研究参考》，2016年第63期。

资金、人才、项目、原材料等稀缺资源都流向了较为发达的京津地区。贫困地区不但无法从市场中受益，反而被进一步剥夺了各种资源，加剧了贫困。以人才为例，京津常住外来人口中，河北籍居民位居前列。据第六次人口普查数据显示，河北省来京人口为 155.9 万人，占北京常住外来人口的 22.1%，河北省来津人口为 75.45 万人，占天津常住外来人口总数的 25.2%，而这其中周边贫困县占据了较大比重 ①。

（三）利用新型城镇化理念应对环京津贫困带问题

1. 充分发掘区域优势资源，服务京津发展自身经济

发挥独特的区位优势和气候优势，大力发展特色农业。瞄准京津消费市场，建成国内知名绿色农产品供应基地和首都的菜篮子基地，努力建成华北地区生态农业和绿色农产品生产加工基地。鼓励京津两市与贫困带内市县签署农产品保供合作协议，搭建农产品进京津的销售平台，提高贫困带农产品商品率。

利用紧邻京津两个巨大的旅游客源地的有利条件，发展区域旅游业。以旅游市场共同推介、旅游线路共同规划、京津冀无障碍旅游合作为突破口，支持贫困带乡村旅游和休闲农业的发展，实施旅游扶贫。

积极承接产业转移，抢抓非首都核心功能向外疏解的机遇。要以京津冀协同发展空间布局为基础，编制产业承接转移规划，制订相关的政策，吸引企业有序转移；鼓励京津两大都市与贫困带以产业"飞地"的形式共建产业园区，形成一批以特色优势产业为主体的特色平台。

2. 完善生态补偿体制机制，以扶贫强化环保屏障

建立京津冀区域生态建设协调机制。国家财政转移支付制度应该把区域生态补偿作为重点，加大支持力度。在政府层面做好统一合作管理协调，同时

---

① 赵弘、何芬、李真：《环京津贫困带减贫策略研究——基于"可持续生计框架"的分析》,《北京社会科学》, 2015 年第 9 期。

建立健全规范的区域生态补偿法律体系。具体执行上，本着"谁治理谁受益"的原则，进行多元化的生态补偿，对这些执行生态环境保护的区域和部门给予一定的补贴以提高其积极性。按照"谁受益谁付费"的原则收取补偿费用。当贫困带的受益人不明确时，可以由政府来付费。最终实现把环京津贫困带的发展合理地融入京津都市圈的发展和规划，以生态补偿机制建设助推环京津贫困带脱贫解困。

六、结语

结合新型城镇化的要求，本章从资源、环境、经济、城市结构和社会公平和谐五个方面出发，对京津冀协同发展的情况进行了讨论分析，研究总结如下：

（一）京津冀新型城镇化的进程受到区域资源、环境的制约，区域经济社会发展与资源环境矛盾突出，表现在土地资源、水资源、能源资源相对短缺，发展导致严重的空气污染和水域污染。推动新型城镇化建设应充分考虑自然资源和生态环境的承载力限制，发挥协同优势，促成生态友好的产业结构和产业布局。

（二）在京津冀城镇化的发展过程中，京津核心城市的发展对周边地区的城市结构和经济发展造成一定的不利影响，集中表现在对周边资源的掠夺性吸纳。今后要进一步强化和提高区域中心城区的集聚效应和辐射带动能力，充分发挥中心城市、中心城区在推动区域新型城镇化建设中的引领和带动作用。

（三）京津冀地区新型城镇化的发展，应以首都功能疏解为契机，充分利用京津冀地区在产业发展过程中的梯度差异和资源互补性，根据周边城镇区位特点和资源优势，培育和打造特色城镇产业体系，促进产业合理转移，并在此过程中带动落后地区尤其是环京津贫困带的经济发展。

第八章

长江经济带产业发展推动新型城镇化

郑艳婷

一、长江经济带的基本情况

长江经济带是指沿长江附近的多省市共同组成的经济圈，它覆盖上海、江苏、浙江、安徽、江西、湖北、湖南、重庆、四川、云南、贵州 11 个省市[1]，横跨中国东中西三部，面积约 205 万平方千米[2]。长江经济带战略自提出后便成为与"一带一路"、京津冀协同发展相并列的新时期三大国家重大区域发展战略之一[3]。

（一）提出及目标定位

1.提出过程

2013 年 7 月，习近平总书记在武汉调研时指出，长江流域要加强合作，

---

[1]　需要说明的是，长江经济带不等同于长江所流经的各省加总，差别在于长江经济带包含浙江、贵州，而不包含青海、西藏。

[2]　参见 2014 年 9 月 25 日发布的《国务院关于依托黄金水道推动长江经济带发展的指导意见》中对长江经济带范围的相关说明。

[3]　参见国务院 2016 年《政府工作报告》中"优化区域发展格局，深入推进'一带一路'建设，落实京津冀协同发展规划纲要，加快长江经济带发展"等相关表述。

发挥内河航运作用，把全流域打造成黄金水道[①]。在2014年3月的国务院政府工作报告中，李克强提出"要谋划区域发展新棋局，由东向西、由沿海向内地，沿大江大河和陆路交通干线，推进梯度发展。依托黄金水道，建设长江经济带"[②]的构想。在同年6月11日举行的国务院常务会议上，李克强进一步指出："建设长江经济带，是新时期中国区域协调发展和对内对外开放相结合、推动发展向中高端水平迈进的重大战略举措，既可以促进经济发展由东向西梯度推进，形成直接带动超过1/5国土涉及近6亿人的发展新动力，推动贫困地区脱贫致富，缩小东中西差距；又能优化经济结构，形成与丝绸之路经济带的战略互动，打造新的经济支撑带和具有全球影响力的开放合作新平台"[③]。

2014年9月25日，国务院发布《关于依托黄金水道推动长江经济带发展的指导意见》及《长江经济带综合立体交通走廊规划（2014—2020年）》，明确了长江经济带建设的战略定位和发展方向等，并提出了以交通建设为先行的行动方案。2016年3月25日，中共中央政治局审议通过《长江经济带发展规划纲要》[④]并于6月下旬下发到沿江11省市[⑤]，从规划背景、总体要求、大力保护长江生态环境、加快构建综合立体交通走廊、创新驱动产业转型升级、积极推进新型城镇化、努力构建全方位开放新格局、创新区域协调发展体制机制、保障措施等方面描绘了长江经济带发展的宏伟蓝图，是推动长江经济带发展重大国家战略的纲领性文件[⑥]。以上是长江经济带落实到规划和建设执行的阶段。

2. 定位与目标

《长江经济带发展规划纲要》中明确了长江经济带的四大战略定位和两大战略目标。其战略定位是生态文明建设的先行示范带、引领全国转型发展的创

---

① 人民网：http://cq.people.com.cn/n2/2016/0912/c367668-28986244.html。

② 参见2014年《国务院政府工作报告》。

③ 中华人民共和国中央人民政府网站：http://www.gov.cn/guowuyuan/2014-06/11/content_2698918.htm。

④ 央视网：http://tv.cctv.com/2016/03/25/VIDE6rlsUkLZ5Lnc0IUfYFxa160325.shtml。

⑤ 湖北省发展和改革委员会网站：http://www.hbfgw.gov.cn/ywcs2016/cjjjzdc/gzdtcjjj/wbwjcjjj/201608/t20160826_106698.shtml。

⑥ 中华人民共和国中央人民政府网站：http://www.gov.cn/xinwen/2016-09/12/content_5107501.htm。

新驱动带、具有全球影响力的内河经济带、东中西互动合作的协调发展带。战略目标是：到 2020 年，生态环境明显改善，创新驱动取得重大进展，战略性新兴产业形成规模，培育形成一批世界级的企业和产业集群；到 2030 年，水脉畅通、功能完备的长江全流域黄金水道全面建成，创新型现代产业体系全面建立，在全国经济社会发展中发挥更加重要的示范引领和战略支撑作用[1]。

具体而言，生态文明建设的先行示范带就是要统筹江河湖泊丰富多样的生态要素，推进长江经济带生态文明建设，构建以长江干支流为经脉、以山水林田湖为有机整体，江湖关系和谐、流域水质优良、生态环境良好、水土保持有效、生物种类多样的生态安全格局，使长江经济带成为水清地绿天蓝的生态廊道。

引领全国转型发展的创新驱动带就是要打破惯性思维，充分发挥长江经济带韧性好、潜力足、发展空间和回旋余地大的优势，大力实施创新驱动发展战略，推动沿江发展由要素驱动、投资驱动向创新驱动转变。

具有全球影响力的内河经济带就是要发挥长江黄金水道的独特作用，构建现代化综合交通运输体系，推动沿江产业结构优化升级，打造世界级产业集群，培育具有国际竞争力的城市群，使长江经济带成为充分体现国家综合经济实力、积极参与国际竞争与合作的内河经济带。

东中西互动合作的协调发展带就是要立足长江上中下游地区的相对优势，统筹人口分布、经济布局与资源环境承载能力，发挥长江三角洲地区的辐射引领作用，促进中上游地区有序承接产业转移，提高要素配置效率，激发内生发展活力，使长江经济带成为推动中国区域协调发展的示范带[2]。

---

[1] 参见新华网《推动长江经济带发展领导小组办公室负责人就长江经济带发展有关问题答记者问》，http://news.xinhuanet.com/politics/2016-09/11/c_1119546883.htm。

[2] 参见《国务院关于依托黄金水道推动长江经济带发展的指导意见》。

（二）基本情况

1.经济体量与产业结构

就 2016 年的 GDP 而言，整体来看，11 省市共计 332 905.9 亿元，占全国比重为 44.74%，经济体量大、经济份额高。分省市来看，各省市之间存在较大的差异。根据由多到少的原则进行排序，分别为江苏（2）[①]、浙江（4）、四川（6）、湖北（7）、湖南（9）、上海（11）、安徽（13）、江西（16）、重庆（19）、云南（20）、贵州（21），其中排名第一的江苏是排名末位贵州的近 7 倍。结合其地理位置与区划面积可知，分布于长江下游、区划面积较大的省份往往具有较高的 GDP。

就 2016 年的人均 GDP 而言，整体来看，11 省市为 5.55 万元，略高于全国人均 GDP 的 5.38 万元——人均产出优势不明显。分省市来看，根据由多到少的原则进行排序，分别为上海（3）[②]、江苏（4）、浙江（5）、重庆（10）、湖北（11）、湖南（16）、江西（23）、四川（24）、安徽（25）、贵州（29）、云南（30），其中前五位的省市高于全国人均 GDP，后六位的省低于全国人均 GDP。根据全国排名来看，各省市之间存在极大的差异——上海排名第三，云南却是倒数第二，且呈现出较为明显的长江下游、中游较高，上游较低的特点。

就 2016 年的产业结构而言，整体来看，11 省市第一、二、三产业增加值的比例为 8.1∶42.9∶49，相较于全国平均水平（8.6∶39.8∶51.6）二产比重较高，一产、三产比重较低——工业产值比重高、农业与服务业产值比重低，产业转型升级压力较大。分省市来看，根据第三产业的比重由高到低的原则进行排序，分别为上海（70.5%）[③]、浙江（51.6%）、江苏（50.1%）、重庆（48.4%）、湖南（46.3%）、云南（46.2%）、四川（45.4%）、湖北（44.7%）、贵州（44.7%）、安徽（41%）、江西（40.4%）。其中引人注意的是，11 个省市之

---

① 括号中的数字为该省市 2016 年 GDP 在全国省级行政区中的排名。

② 括号中的数字为该省市 2016 年人均 GDP 在全国省级行政区中的排名。

③ 括号中的数字为该省市 2016 年第三产业所占的比重。

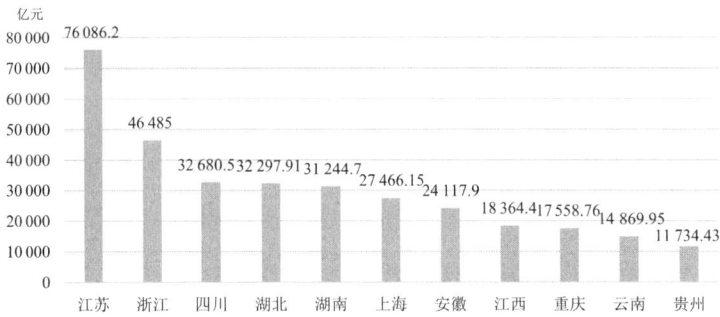

图 8-1　2016 年长江经济带各省市 GDP

数据来源：国家统计局。

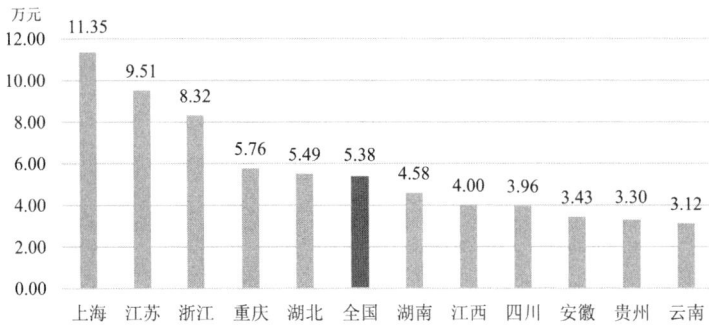

图 8-2　2016 年长江经济带各省市人均 GDP

数据来源：国家统计局。

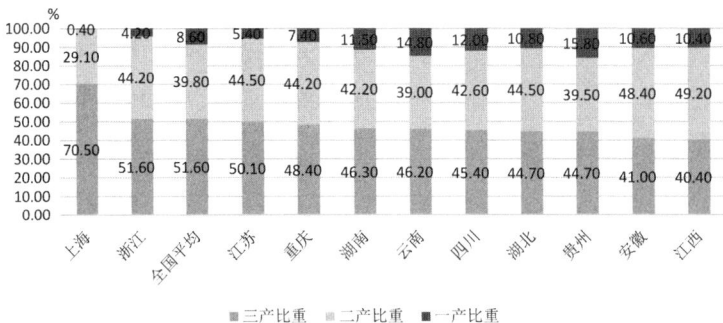

图 8-3　2016 年长江经济带各省市三次产业比重

数据来源：国家统计局。

中，除却上海、云南、贵州外，有 8 个省市的第二产业比重较全国平均水平
（39.8%）高；除却上海与浙江，有 9 个省市的第三产业比重较全国平均水平
（51.6%）低。这也从分省市的角度印证了整体较全国平均二产较高、三产较
低的状况。

2. 人口数量与人口结构

就 2016 年的常住人口数量而言，整体来看，11 省市共计 59 970.53 万人，
占全国的比重为 43.37%。分省市来看，根据由多到少的原则进行排序，分别
为四川、江苏、安徽、湖南、湖北、浙江、云南、江西、贵州、重庆、上海。
显然，人口数量与区域面积、经济体量关系紧密。

11 省市之中有 7 个省市对常住人口的年龄结构有统计，其中 4 个省市（江
西、安徽、湖南、重庆）根据 15 岁及以下、16—59 岁、60 岁及以上进行统
计[1]，三个省（江苏、云南、贵州）根据 14 岁及以下、15—64 岁、65 岁及以
上进行统计[2]。这导致长江经济带无法以一个整体与全国进行对比，省市之间
也无法全部实现一一对比。因而下文对采用相同年龄划分的省市进行互相对比
分析。

根据 16—59 岁（劳动年龄）占比由高到低的原则进行排序，分别为江西、
安徽、湖南、重庆。四省市劳动年龄占比均低于全国平均水平，说明劳动力数
量存在一定程度的短缺，不过四省市中除重庆外的 15 岁及以下人口占比高于
全国平均水平，这有助于劳动力数量相对短缺情况的逐渐改善。安徽、湖南与
重庆较全国平均的老龄化现象更严重，考虑到中国老龄化问题本身已逐渐突
出[3]，这三个省份的老龄化更应引起注意和重视。

根据 15—64 岁（劳动年龄）人口占比由高到低的原则进行排序，分别为

---

① 与全国的统计方式相同。

② 为保证数据的最新性，本文选择 2016 年各省市统计公报之中数据进行对比，其不足之处是部
　分省市的人口结构数据不可得。

③ 老龄化标准之一：1982 年维也纳老龄问题世界大会确定了当 60 岁及以上老年人口占总人口
　比例超过 10%，则该国家或地区进入老龄化。

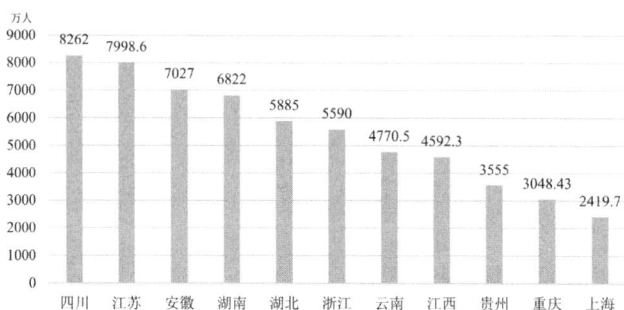

图 8-4　2016 年长江经济带各省市常住人口数量

数据来源：国家统计局。

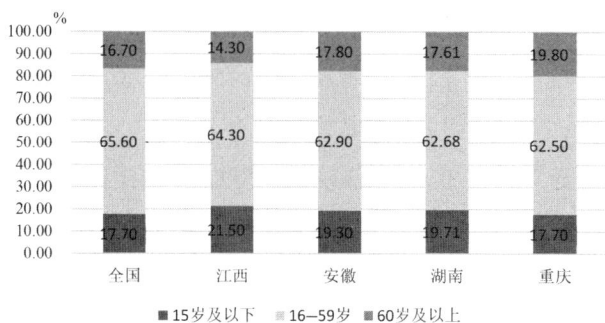

图 8-5　2016 年江西、安徽、湖南、重庆人口年龄结构及全国对比

数据来源：国家统计局。

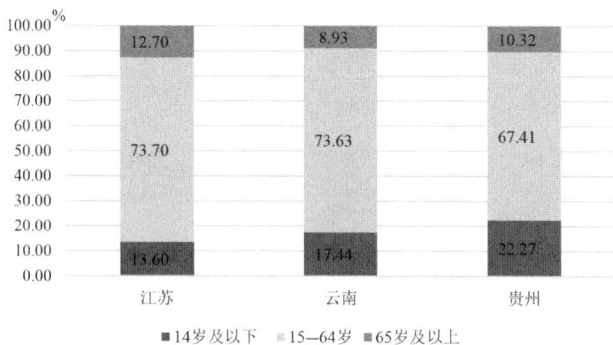

图 8-6　2016 年江苏、云南、贵州人口年龄结构

数据来源：国家统计局。

江苏、云南、贵州，均高于世界平均水平的 65.45%[1]；但贵州低于全国平均水平的 72%[2]，不过其 14 岁及以下人口占比较高，能逐渐改善劳动年龄人口较少的问题。此外，三省均存在一定的老龄化问题[3]。

3. 小结

关于经济体量与产业结构，长江经济总体经济体量大、份额高，但省市之间经济发展差距较大，经济效益与产出差异明显；长江经济带总体的产业机构中第二产业比重较高、第三产业比重较低，产业转型升级势在必行，各省市之间产业结构差异显著。结合各省市在长江流域的地理位置发现，长江下游省市具有较高的经济效益，第三产业的比重也更高。

关于人口数量与人口结构，长江经济带总体人口数量众多，各省市的人口数量受行政面积与经济体量的双重影响；据可得数据，多省的劳动力比重虽较世界水平而言仍有人口红利，但已不及全国的平均水平，且老龄化风险均较高。

二、长江经济带的提出背景

（一）国内背景

1. 经济发展基础好

中华人民共和国成立前，长江经济带是中国近、现代工业的发源地。鸦片战争爆发以后，长江流域因交通和地理条件，集聚了全国大部分的外国资

---

[1] 数据来源：世界银行数据库，https://data.worldbank.org.cn/indicator/SP.POP.1564.TO.ZS。

[2] 同上。

[3] 老龄化标准之二：根据 1956 年联合国《人口老龄化及其社会经济后果》确定的划分标准，当一个国家或地区 65 岁及以上老年人口数量占总人口比例超过 7% 时，则意味着这个国家或地区进入老龄化。

本，为中国近代工业在长江流域撒下种子[1]。抗日战争期间，部分沿海工矿企业、金融机构、高等院校和科研机构等迁往以重庆为中心的西南大后方[2]。内迁使这些企业成为西南三省近代工业的基础，也提高了西南地区城市化水平，重庆、成都、昆明、贵阳等长江中上游城市，发展成为不同等级的区域工业和金融中心。

中华人民共和国成立后至改革开放前，长江中上游成为工业化建设的重点地区。"一五"和"二五"期间兴建了武钢、马钢、重钢和上钢等一批钢铁工业，形成沿江钢铁工业走廊的雏形，使长江中上游的经济实力得到加强[3]。1964年起，国家开始大规模"三线"建设，产业布局重心进一步西移，四川和湖北成为建设的重点区域，如攀枝花钢铁企业的兴建等，带动了金沙江、嘉陵江的整治与开发，促进了长江中上游地区的开发建设[4]。

改革开放、浦东开发与"三峡"工程促进沿江大发展。改革开放后，国家工作重心转向经济建设，加大了对长江下游地区发展的支持，长江沿江地区成为新兴产业的重点布局区域[5]。苏南乡镇工业的兴起，使长江三角洲地区社会经济面目发生了新的变化。1990年初，中央决定开发浦东，长江三角洲成为全国改革开放的前沿。三峡水利枢纽工程的兴建，给沿江经济发展带来了重要机遇。

进入21世纪后成为世界规模最大的内河产业带。其中长江经济带重化工业发展趋势进一步加强，基础设施建设取得巨大成就，工业产品国际竞争力有很大提升。从主要工业品产量、货运量、港口吞吐量、人口集聚等指标来看，长江沿江已经远超莱茵河等世界其他大江河流域，成为世界上最繁忙的内河航

[1] 陈修颖：《长江经济带空间结构演化及重组》，《地理学报》，2007年第12期，第1265—1276页。
[2] 王永发：《抗日战争时期重庆地区现代化研究》，《哈尔滨工业大学学报》，2010年第7期，第29页。
[3] 历次五年规划（计划）资料，转引自共产党新闻网：http://dangshi.people.com.cn/GB/151935/204121/.。
[4] 王家乾：《三线建设：跌宕五十年》，《中国工业评论》，2016年第1期，第96—102页。
[5] 武汉市社会科学院长江流域经济研究所课题组：《论实施沿江战略对缩小我国东中西部地区发展差距的影响》，《学习与实践》，1999年第3期，第43—45页。

道和产业集聚规模最大的产业带[①]。但同时，长江下游地区也面临着生态环境
破坏，水、土地资源紧缺等发展瓶颈，可持续发展能力亟待加强。

2. 新常态阶段的现实需要

长江经济带战略的提出，可以为国家经济新常态下的稳定发展提供重要
保证和依托[②]。首先，长江经济带尤其是长江三角洲地区具备强大的经济实力
和抗风险能力，对国家经济往往起"压舱石""稳定器"的作用[③]。在国家经济
下行压力大的情况下，占国家半壁江山的长江经济带能够以多年来高于全国
平均的速度稳定发展[④]。其次，上中下游仍具有巨大的发展潜力，尤其是安徽、
江西、湖南、四川、贵州和云南尚处于城镇化的加速阶段，工业化与城镇化必
将释放出巨大的需求与发展能量。最后，长江沿岸还是高校、科研院所、中央
直属企业等集中的智力密集带，这对于科技创新、经济发展意义重大，能够使
长江经济带比其他地区更早更快实现科技创新、产业转型，对国家稳增长、转
方式、调结构以及提质、增效做出贡献。

（二）国际背景

中国外向型经济从以吸引外资为主开始向引资和境外投资并重转变，国
际经济贸易的主动性和活力大有提高。作为世界第二大经济体和最大进出口贸
易国，中国已成为世界经济增长的重要推动力，这既为中国与周边国家进行经
济合作提供了契机，也加剧了相互之间竞争国际市场和资源的压力。然而，中
国在全球经济贸易领域尚缺乏应有的地位，在世界金融体系、制定市场进入或
出口产品限制等贸易规则以及进出口产品质量标准等方面，未获得足够话语权

---

① 秦伯强、吴庆农、高俊峰等：《太湖地区的水资源与水环境：问题、原因与管理》，《自然资源
学报》，2002年第2期，第221—228页。

② 虞孝感、王磊、杨清可、叶士琳：《长江经济带战略的背景及创新发展的地理学解读》，《地理
科学进展》，2015年第11期，第1368—1376页。

③ 王振：《长江经济带发展报告（2011～2015）》，社会科学文献出版社，2016年。

④ 以2016年为例，全国GDP增速为6.7%，上海、江苏、浙江分别为6.8%、7.8%、7.5%。

和决策权，这与中国在国际经济和贸易中的地位极不相称。

要想在新的世界经济发展中充分发挥作用，推行中国"和平、合作、发展、共赢"理念，构建新的国际经济格局，就必须提高中国国际贸易水平、拓展贸易空间，提升中国经济的全球影响力。长江经济带在中国外贸经济占有重要地位，2015 年中国进出口总额为 3.95 万亿美元，而长江经济带就高达 1.67 万亿美元，占全国的 42.22%，其中出口额达 10 395 亿美元，占全国的 45.72%[①]，支撑起了中国外贸经济的半壁江山；同时也显示了长江经济带在国际上强大的竞争力，可为改变国际经济和贸易空间格局，实现世界经济重心从大西洋转移至亚太区域做出重要贡献。

根据《国务院关于依托黄金水道推动长江经济带发展的指导意见》，长江上游的云南将建设成为面向西南周边国家开放的试验区和西部省份"走出去"的先行区；重庆将成为长江经济带西部中心枢纽，加强与丝绸之路经济带、海上丝绸之路的衔接互动，增强对丝绸之路经济带的战略支撑；发挥成都战略支点作用；提高连云港陆桥通道桥头堡水平；提升"渝新欧""蓉新欧""义新欧"等中欧班列国际运输功能，建立中欧铁路通道协调机制，增强对中亚、欧洲等地区进出口货物的吸引能力，着力解决双向运输不平衡问题，加强与沿线国家海关的合作，提高贸易便利化水平；提升江苏、浙江对海上丝绸之路的支撑能力；加快武汉、长沙、南昌、合肥、贵阳等中心城市内陆经济开放高地建设，推进中上游地区与俄罗斯伏尔加河沿岸联邦区合作。这样，长江经济带将成为沿海沿江沿边全面推进的对内对外开放带，充分体现国家综合经济实力、积极参与国际竞争与合作的内河经济带，成为具有全球影响力的经济带，对塑造新型世界经济政治格局具有深远的历史意义。

---

① 参见《中国统计年鉴》（2016）。

三、长江经济带产业转移情况

结合战略定位与战略目标可知，长江经济带接下来的发展图景就是在保证生态环境的前提之下，各省市从自身条件出发，努力创造推动经济持续发展的新动能：对于目前发展相对领先的长江下游、中游省市而言，就是腾笼换鸟——一方面将较为低端的产业向外转移，另一方面着力打造高端产业，从而实现产业的转型升级。对于目前发展相对落后的长江上游、中游省市而言，就是充分利用自身的地缘优势，一方面努力承接符合自身发展基础与特色的潜力产业，另一方面带动自身落后产业的淘汰升级。因此，长江经济带是一条经济带，使其得以连接并具有生命力的原因在于产业的转移与承接。基于此，下节对长江经济带的产业状况进行说明。

投资是产业发展的前提，企业是构成产业的细胞和产业发展的主体，对外贸易作为经济全球化的一大表现，是改革开放后驱动中国制造业发展的强劲力量。由于地理位置相近、水道相连、经济联系广泛，长江中游地区承接的产业转移大部分来自长江下游与东南沿海地区。本节通过收集1998—2015年长江经济带中游湖北、湖南、江西、安徽四省和长江经济带下游的上海、江苏、浙江三省市以及广东省的经济发展数据、企业数据等，对投资、企业和进出口三大方面的数据加以统计，考察长江经济带的产业转移情况。

（一）制造业全社会固定资产投资

制造业全社会固定资产投资是国有、集体、法人、个体、外商、港澳台商等各类资金在制造业的固定投资总量，反映着制造业固定资产的投资规模、速度、比例关系、使用方向，通过建造和购置固定资产，企业可以采用新的技术装备，国民经济可以建立新兴部门，从而实现对区域经济结构和生产力地区分布的调整。

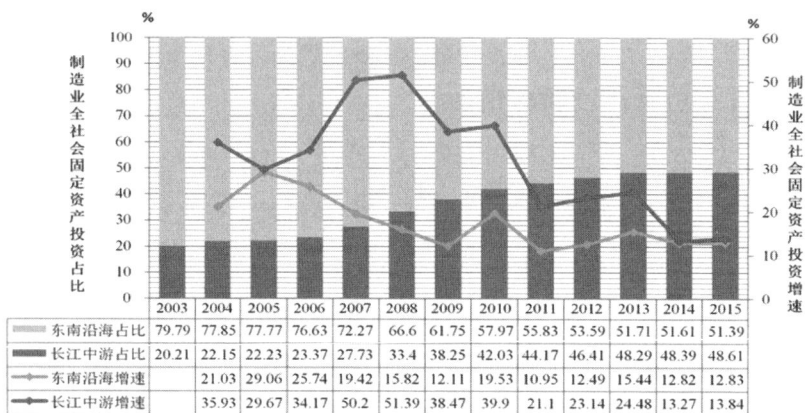

	2003	2004	2005	2006	2007	2008	2009	2010	2011	2012	2013	2014	2015
▨ 东南沿海占比	79.79	77.85	77.77	76.63	72.27	66.6	61.75	57.97	55.83	53.59	51.71	51.61	51.39
■ 长江中游占比	20.21	22.15	22.23	23.37	27.73	33.4	38.25	42.03	44.17	46.41	48.29	48.39	48.61
─○─ 东南沿海增速		21.03	29.06	25.74	19.42	15.82	12.11	19.53	10.95	12.49	15.44	12.82	12.83
─◆─ 长江中游增速		35.93	29.67	34.17	50.2	51.39	38.47	39.9	21.1	23.14	24.48	13.27	13.84

图 8-7　制造业全社会固定资产投资统计图

注：由于统计口径的差异，1998—2002 年制造业全社会固定资产投资数据缺失。
数据来源：国家统计局。

2003—2015 年，东南沿海四省市制造业全社会固定资产投资额从 5751.118 亿元增长到 38 400.32 亿元，增长了 5.7 倍，占全国制造业全社会固定资产投资额的份额由 39.15% 下降到 21.29%；而长江中游四省则从 1457.06 亿元增长到 36 329.15 亿元，增长了近 24 倍，占全国的份额由 9.92% 增长到 20.14%，达到了与东南沿海四省市分庭抗礼的规模和比重。计算长江中游四省和东南沿海四省市制造业全社会固定资产投资历年在两区域总和中的所占比重后发现，长江中游四省占比的增长态势稳定，2007—2013 年实现了占比的跨越式增长，13 年间其所占比重由 20% 增长到 50% 左右。从增长速度来看，2004 年以来，长江中游四省制造业全社会固定资产投资增速持续高于东南沿海四省市，2005 年后快速上升至 50% 的水平，2008 年之后则逐步回落；东南沿海四省市的制造业全社会固定资产投资增速则呈现缓步下降的趋势。可见，2003 年时，由东南沿海四省市向长江中游地区的产业转移已然开始，2008 年之前为产业转移的快速增长期，2008 年之后随着经济形势的变化，产业转移逐渐趋缓。

在长江中游地区内部，各省制造业全社会固定资产投资的规模持续快速增长，同时四省间的结构差异逐渐显现。2008—2010 年，江西和安徽两省制造业全社会固定资产投资规模凸显，2012 年之后，湖北省异军突起，湖南省的投资规模保持同步增长。但总体来看，长江中游四省投资规模的分化不大，呈现出此起彼伏的发展态势。

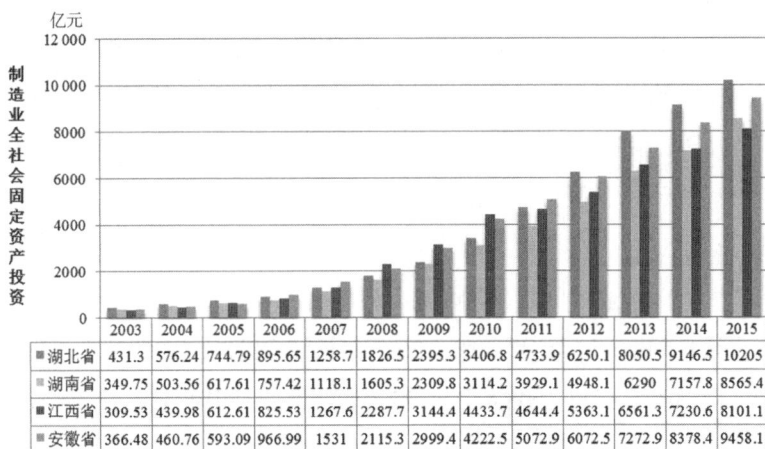

亿元

制造业全社会固定资产投资	2003	2004	2005	2006	2007	2008	2009	2010	2011	2012	2013	2014	2015
■湖北省	431.3	576.24	744.79	895.65	1258.7	1826.5	2395.3	3406.8	4733.9	6250.1	8050.5	9146.5	10205
☐湖南省	349.75	503.56	617.61	757.42	1118.1	1605.3	2309.8	3114.2	3929.1	4948.1	6290	7157.8	8565.4
■江西省	309.53	439.98	612.61	825.53	1267.6	2287.7	3144.4	4433.7	4644.4	5363.1	6561.3	7230.6	8101.1
☐安徽省	366.48	460.76	593.09	966.99	1531	2115.3	2999.4	4222.5	5072.9	6072.5	7272.9	8378.4	9458.1

图 8-8　制造业全社会固定资产投资

注：由于统计口径的差异，1998—2002 年制造业全社会固定资产投资数据缺失。

数据来源：国家统计局。

（二）工业企业数量

　　企业作为产业转移的行为主体和内涵载体，其动态即为产业转移。根据国家统计局的标准，1998—2006 年，规模以上工业是指全部国有及年主营业务收入达到 500 万元及以上的非国有工业法人企业；2007 年开始，规模以上工业的统计范围为年主营业务收入达到 500 万元及以上的工业法人企业；2011年经国务院批准，纳入规模以上工业统计范围的工业企业起点标准从年主营业务收入 500 万元提高到 2000 万元[①]。本文收集国家统计局公布的长江中中游地区和东南沿海四省市规模以上工业企业的单位数数据，计算其增速和逐年新增企业单位数，为了突出产业转移在两大区域间的发生、发展情况，同样对两大

---

① 国家统计局：http://data.stats.gov.cn/adv.htm?m=advquery&cn=E0103.。

区域逐年的企业单位数和新增企业单位数在两区域总和中所占比重进行计算和对比。

1998 年长江中游地区规模以上工业企业单位数 19 777 个，1999—2004 年其增速不断上升，但始终低于东南沿海四省市，因而在两区域企业单位数总和的占比中，长江中游地区缓慢下降。2004 年长江中游地区规模以上工业企业单位数为 22 552 个，2005 年之后，增速继续提高并反超东南沿海四省市。2008 年的金融危机成为历史的转折点，两区域规模以上工业企业单位数增速均由上升转为下降，但长江中游地区依然高于东南沿海四省市。2012 年后两区域规模以上工业企业单位数增速皆平稳回升。自 2005 年开始，长江中游地区规模以上工业企业单位数在两区域中的比重逐年增长，由 2004 年 15% 的历史最低点增长到 2015 年的近 30%。2015 年长江中游地区规模以上工业企业单位数为 59 423 个，经过 1998 年以来 17 年间的发展，其数量增长了两倍。

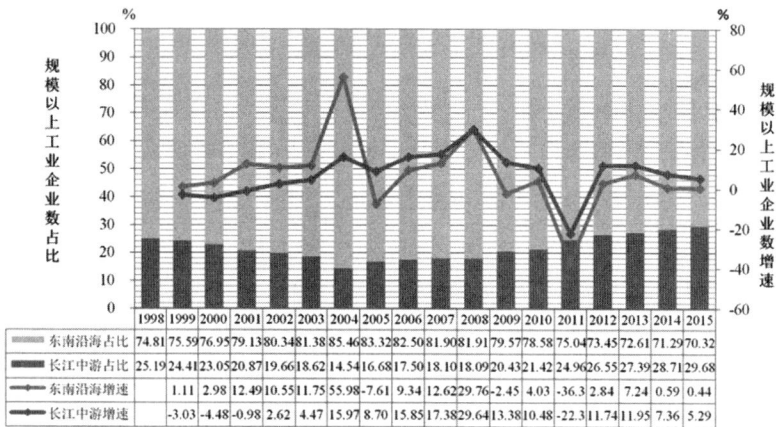

	1998	1999	2000	2001	2002	2003	2004	2005	2006	2007	2008	2009	2010	2011	2012	2013	2014	2015
东南沿海占比	74.81	75.59	76.95	79.13	80.34	81.38	85.46	83.32	82.50	81.90	81.91	79.57	78.58	75.04	73.45	72.61	71.29	70.32
长江中游占比	25.19	24.41	23.05	20.87	19.66	18.62	14.54	16.68	17.50	18.10	18.09	20.43	21.42	24.96	26.55	27.39	28.71	29.68
东南沿海增速		1.11	2.98	12.49	10.55	11.75	55.98	-7.61	9.34	12.62	29.76	-2.45	4.03	-36.3	2.84	7.24	0.59	0.44
长江中游增速		-3.03	-4.48	-0.98	2.62	4.47	15.97	8.70	15.85	17.38	29.64	13.38	10.48	-22.3	11.74	11.95	7.36	5.29

图 8-9　规模以上工业企业单位数

数据来源：国家统计局。

2001 年中国加入世界贸易组织（WTO），无论对东南沿海地区还是长江中游地区的工业发展都产生了积极作用。从新增规模以上工业企业单位数占比来看，长江中游地区由 1999 年的负增长逐步恢复为 2002 年的正增长，其后新增企业数量占比亦逐年提升，成为两区域工业企业增长中的主要推动力量。在

2009 年金融危机导致东南沿海四省市诸多企业破产的情况下，长江中游地区依然实现了规模以上工业企业单位数持续增长的发展[①]。

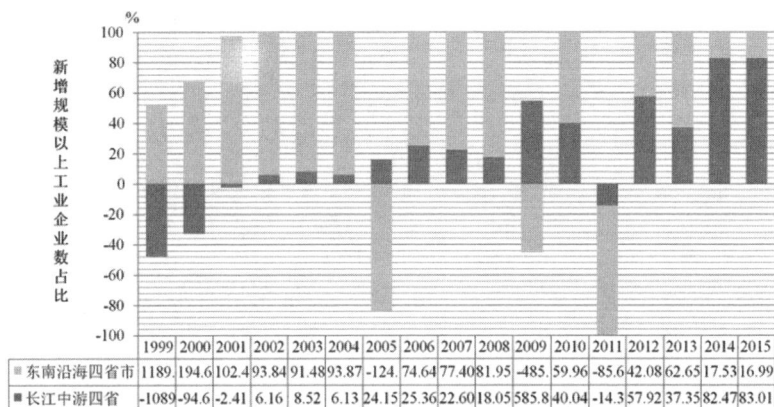

图 8-10 新增规模以上工业企业单位数

数据来源：国家统计局。

（三）工业产品出口

进出口方面的情况与制造业投资情况、工业企业增长情况相似。中国加入 WTO 的举措刺激了东南沿海四省市和长江中游地区的出口导向型工业，两区域出口交货值增速直线上升。2004 年之后，长江中游地区规模以上工业企业出口交货值增速超越东南沿海四省市，同时其出口交货值在两区域间占比下降的趋势得以扭转。2004—2015 年，长江中游地区出口交货值占比由 3% 增长到 9%。2009 年，金融危机重创两区域的出口导向型工业，2012 年后增速趋于稳定。可见，伴随着产业转移的发展，出口导向型工业同样在向长江中游地区转移。

[①] 由于统计口径的差异，2011 年纳入规模以上工业统计范围的工业企业起点标准从年主营业务收入 500 万元提高到 2000 万元，导致长江中游地区与东南沿海四省 2011 年规模以上工业企业单位数增速大幅降低，新增规模以上工业企业单位数及其占比皆为负数。

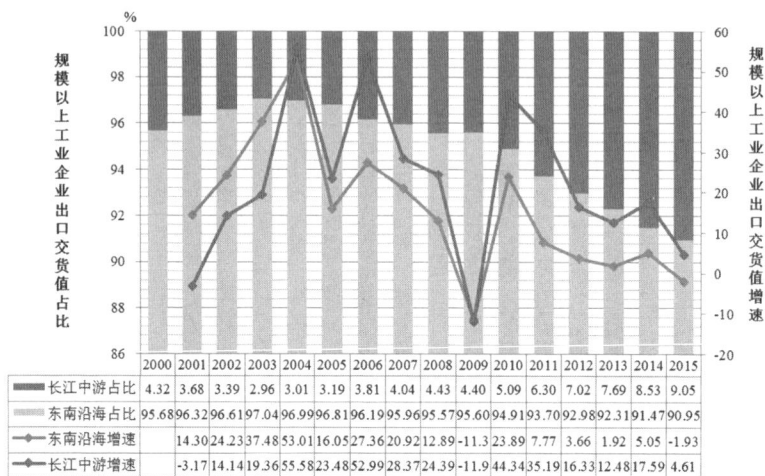

图 8-11　规模以上工业企业出口交货值

注：由于统计指标的差异，1998—1999 年规模以上工业企业出口交货值数据缺失。

数据来源：国家统计局。

改革开放、加入 WTO 等历史决策打开了世界市场的大门，亦极大地推动了中国生产力的发展、经济水平的提高。出口交货值占工业销售产值的比重可衡量工业企业对国际市场的依赖程度。八省市、两区域和全国的出口交货值占工业销售产值的比重如表 8-1 所示：

表 8-1　各地区出口交货值占工业销售产值比重

单位：%

年份	地区										
	湖北	湖南	江西	安徽	长江中游四省	上海	江苏	浙江	广东	东南沿海四省市	全国
2000 年	4.49	5.77	5.40	9.39	6.01	21.48	20.48	24.02	38.12	27.46	17.42
2001 年	3.79	5.69	4.95	8.24	5.41	20.47	19.77	25.06	39.06	27.58	17.43
2002 年	4.14	5.98	4.74	7.27	5.39	22.67	20.06	25.89	41.68	29.09	18.47
2003 年	4.04	5.80	5.32	7.04	5.38	25.79	20.45	26.81	43.32	30.44	19.32
2004 年	4.83	6.52	7.34	7.10	6.21	29.38	26.41	25.78	44.75	32.84	20.47

续表

单位：%

年份	地区										
	湖北	湖南	江西	安徽	长江中游四省	上海	江苏	浙江	广东	东南沿海四省市	全国
2005 年	5.33	5.46	6.83	7.13	6.05	31.89	24.54	26.53	40.88	31.49	19.33
2006 年	6.16	6.26	9.06	7.96	7.15	31.83	24.53	26.78	43.00	32.18	19.48
2007 年	5.85	5.59	8.48	7.89	6.79	33.32	24.24	26.07	40.50	31.22	18.46
2008 年	5.13	5.06	8.55	6.49	6.10	32.29	23.96	24.74	37.60	29.64	16.68
2009 年	4.31	2.43	8.30	4.43	4.61	28.09	20.61	21.26	31.81	25.30	13.44
2010 年	4.54	2.64	8.19	4.48	4.73	27.50	20.44	21.20	30.99	24.89	13.13
2011 年	4.36	2.88	7.77	5.03	4.76	26.57	20.02	19.99	29.60	23.85	12.03
2012 年	4.29	3.67	7.35	4.85	4.86	25.67	19.49	19.04	30.44	23.46	11.72
2013 年	4.05	3.89	6.43	4.95	4.70	24.51	17.21	18.31	28.27	21.67	11.07
2014 年	3.47	3.87	7.38	5.91	4.99	23.48	16.51	18.37	28.27	21.34	10.84
2015 年	3.83	3.90	6.90	5.61	4.93	24.33	15.75	17.80	26.46	20.41	10.51

注：由于统计指标的差异，1998—1999 年规模以上工业企业出口交货值数据缺失。
数据来源：国家统计局。

2000—2015 年，长江中游地区出口交货值占工业销售产值的比重保持在 5% 上下，远低于东南沿海四省市，东南沿海四省市的外向型经济特征突出。从八省市、两区域、全国的时间变化来看，2001 年加入 WTO 后，各地区出口交货值占工业销售产值的比重逐步增长，外向型经济特征增强；2008 年金融危机之后，各地区出口交货值占工业销售产值的比重大幅下降，工业产品市场由国际转向国内的态势日趋明朗。

在长江中游地区内部，2008 年金融危机前，江西省和安徽省对国际市场的依赖程度高于湖北省和湖南省，其中江西省出口交货值占工业销售产值的比重增长迅速；金融危机后，四省对国际市场的依赖程度都有所降低，江西省和安徽省仍相对较高，即江西省与安徽省的工业企业与国际市场的联系较为密切。

（四）小结

对长江中游地区和东南沿海四省市制造业投资情况、工业企业增长情况、工业产品出口情况的分析，可一窥东南沿海地区向长江中游地区产业转移的趋势、规模和时间节点。1997年金融危机后，产业转移初露端倪。2001年中国成功加入WTO，这一有利外部因素促进了东南沿海地区工业的进一步发展，开启了长江中游地区工业持续增长的历史进程。2004年之后，长江中游地区的诸多指标超越东南沿海地区，产业转移大规模进行。2008年金融危机发生之后，长江中游地区经济发展的速度下降，但从东南沿海地区向长江中游地区的产业转移并未停止，金融危机直接导致中国工业产品市场由侧重出口转向依靠内需，长江中游地区的工业企业对国际市场的依赖程度很低，其承接东南沿海地区产业转移的优势进一步凸显。2012年后，产业转移平稳发展。而在长江中游地区内部，四省在经济发展与承接产业转移方面的差异较小，主要体现为江西省与安徽省外向型经济特征较强于湖北省和湖南省。

四、长江经济带存在的问题及发展方向

（一）存在的问题

1. 区域发展差距大

改革开放以来，长江经济带空间结构极化态势显著，极化区域主要是长江三角洲和干流沿岸主要城市[1]。1978—2013年，长江经济带沿海和沿江地区的GDP占比中，除上海下降外，其余均显著上升；其中，沿海地区的江苏、浙江两省GDP占经济带的比重上升最为明显，其次是沿长江干流的26个市

---

[1]　段学军、虞孝感：《从极化区的功能探讨长江三角洲的扩展范围》，《地理学报》，2009年第2期，第211—220页。

（州）[1]GDP 占经济带的比重从 1978 年的 1/4 上升为 2013 年的 1/3。

　　区域发展差距大还表现为经济发展水平由下游至上游呈阶梯式下降的态势。2012 年长江干流沿岸地区（2 个直辖市、25 个地级市、1 个自治州）从下游到上游，人均 GDP 和人口密度呈阶梯式下降，长江三角洲地区和其他地区的梯度差，比中上游的梯度差要大得多。人均 GDP 方面，南京以下江段为 8.71 万元，下游皖江段平均 4.33 万元，中游平均 4.64 万元，上游平均 3.42 万元，"梯度"特征还表现为行政接壤地区的低谷特征。长江经济带干流沿岸地区人均 GDP 有两个低谷区：池州—黄冈、恩施上游，为湖北、安徽、重庆行政区的边缘地带。

2. 资源环境压力重

　　长江流域多年平均径流量 9616×108 立方米，约占中国的 34%，相当于黄、淮、海河水资源总量的 5.5 倍[2]。丰富的水资源既是支撑长江经济带经济发展的基础，又是全国淡水资源的重要保障。但目前水资源开发利用率较高导致开发过度。截至 2012 年，长江流域内已建成大中小型水库 51 600 多座，每年巨大的用水、蓄水、调水量，对维持河流正常的生态和航道用水产生巨大的不利影响[3]。

　　从土地资源来看，长江经济带人均占有量少、开发强度大。据徐勇等[4]测算，长江经济带的上海、江苏、浙江、湖北、湖南五个省市的人均可利用土地资源量在全国 31 个省市区中排名后十位，其中下游三省市处于后五位。

　　长江经济带大气、水环境污染日益突出。在 2016 年全国"两会"期间，时任环保部部长陈吉宁就指出长江经济带面临着"污染物的排放量大、饮用水安全保障的压力大、重点湖泊富营养化、一些城市群的大气污染形势严

---

① 以拥有长江干流岸线为准统计，包括 25 个市：南京、无锡、常州、苏州、南通、扬州、镇江、泰州、合肥、芜湖、马鞍山、铜陵、安庆、池州、九江、武汉、黄石、宜昌、鄂州、黄冈、咸宁、荆州、岳阳、泸州、宜宾；1 个自治州：恩施。

② 长江水利网：http://www.cjw.gov.cn/zjzcx/cjyl/hjbh/。

③ 武汉市环境保护局：http://www.whepb.gov.cn/xslzwh/21413.jhtml。

④ 徐勇、汤青、樊杰等：《主体功能区划可利用土地资源指标项及其算法》，《地理研究》，2016 年第 7 期，第 1222—1231 页。

峻"①等生态挑战。据徐建辉②研究测算，2000—2013年，PM2.5浓度呈显著的增加趋势，以上海—杭州—南京构成三角形高值区，且有向中上游扩展的趋势。2014年长江经济带的工业废气排放量达到251 432亿立方米，其中NO_X、SO_2、烟粉尘等大气污染物排放量分别为666万吨、679万吨和480万吨，在全国相应污染物排放中占比分别达到32%、34%和28%。2007年以来，长江流域废污水排放量突破300亿吨，相当于每年有一条黄河水量的污水被排入长江，长江经济带的环境承载力已接近上限③。

3. 区域合作机制弱

对长江经济带发展的顶层设计和战略研究多停留在学术界，或拥有长江干流岸线、港口资源较好的省市。国家设立的统一管理部门并没有很好地解决区域合作问题，以长江水利委员会为例，所负责保障流域水资源的合理开发利用，实施管理监督，包括水文监测、河流、湖泊、岸线、洲滩的保护与开发、水利工程建设、水土流失治理等。2015年7月国务院批复的《长江流域综合规划（2012—2030年）》，重点关注水资源合理开发、防灾减灾、水生态保护、河道整治等方面，较少涉及社会经济发展、国土综合整治等方面的内容。因而，在国家层面对长江经济带资源开发、生态环境保护与产业布局、城市群建设、乡村发展的统筹考虑仍然有不足。

因之，许多涉及长江经济带共同发展的问题，省级政府层面无法协调，如上中下游之间水资源分配与水环境保护及生态补偿，海进江船舶标准化与海、河港协作，陆路交通和水路交通资源的共享与协作，重大水利设施工程修建及环境影响评估，产业转移与资源共同开发，以及港口功能定位与港口资源合作开发、区域环境合作治理等其他涉及公共资源开发与共享共治的一

---

① 中国网：http://www.china.com.cn/lianghui/news/2016-03/11/content_37997052.htm。
② 徐建辉、江洪：《长江三角洲PM2.5质量浓度遥感估算与时空分布特征》，《环境科学》，2015年第9期，第3119—3127页。
③ 中国水网：转引自赛迪智库 http://www.h2o-china.com/news/245527.html。

系列问题[①]。

（二）推动产业发展，促进新型城镇化

新型城镇化是以城乡统筹、城乡一体、产业互动、节约集约、生态宜居、和谐发展为基本特征的城镇化，是大中小城市、小城镇、新型农村社区协调发展、互促共进的城镇化。推进新型城镇化建设，是实现中国社会主义现代化的必由之路，是保持经济持续健康发展的强大引擎，是加快产业结构转型升级的重要抓手，是解决农业农村农民问题的重要途径，是实施乡村振兴战略、推动区域协调发展的有力支撑[②]。长江经济带是中国经济发展的重要增长极，也是中国人口分布比较密集的区域。未来，随着产业向上游转移进程的加快，产业布局向上游延伸，长江中游和川渝城市群的作用将进一步强化。经济要素向沿江城市集聚的态势明显，进一步深化和带动城镇化进程。

基于长江经济带的战略定位——生态文明建设的先行示范带、引领全国转型发展的创新驱动带、具有全球影响力的内河经济带、东中西互动合作的协调发展带，以及前述目前所面临的区域发展差距大、资源环境压力重、区域合作机制弱的问题，为推进新型城镇化建设，长江经济带的建设需要做到以下四点：一是坚持生态优先，探索生态补偿机制；二是坚持创新为重，打造创新增长极；三是坚持上位管理，制定针对性区域政策；四是坚持全面协调，实现全带整体繁荣。

1.坚持生态优先，探索生态补偿机制

维护生态文明是长江经济带的第一要务。一方面优化资源利用结构，另一方面通过加强对生态环境的保护来保证和提升生态环境质量。深入探索以流域为单元、以水资源保护为重点、统筹各类生态系统的生态整体保护与综合管

① 段学军、邹辉、王磊：《长江经济带建设与发展的体制机制探索》，《地理科学进展》，2015 年第 11 期，第 1377—1387 页。

② 中国社会科学网：新型城镇化助推长江经济带协调发展，http://ex.cssn.cn/zx/bwyc/202108/t20210804_5351697.shtml。

理模式。

生态补偿也是实现生态环境改善和区域之间共赢的重要措施[①]。可将生态补偿和区域协调发展结合起来统筹考虑，针对水土资源、生态环境等的污染、破坏和保护等问题，在区域内部和区域之间建立对受保护生态系统的经济和政策补偿机制。例如设立相应的补偿措施来弥补上游对保护生态环境所做出的努力，补偿形式可采取国家财政转移支付、专项补偿补贴、低息贷款、建立流域基金、排污权转让等。

2. 坚持创新为重，打造创新增长极

利用长江经济带、"一带一路"、京津冀协同发展等国家宏观区域战略实施的机遇，充分发挥已高度发育的市场体系优势、技术创新优势，按照要素禀赋和主体功能区定位，依靠企业的创新意识和创新能力，发挥创新对于经济增长的重大作用，积极引导具有发展潜力的大中型企业转型升级。

大力吸引科技型企业等具备较强创新意识和能力的企业进入，制定相关优惠政策，让创新型企业落地、生根，成为长江经济带经济增长的新动能。发挥政府投入引导作用，鼓励企业、高等学校、科研院所、社会组织、个人等有序参与人才资源开发和人才引进，大力引进急需紧缺人才，聚天下英才而用之。

3. 坚持上位管理，制定针对性区域政策

从"T"字型战略[②]出发，长江经济带和沿海地区同为国土开发的一级轴线，应将两条轴线放在同等重要的位置考虑。从国家政策层面和体制机制建设方面，切实确立长江经济带一级轴线的战略地位。

国家可成立专门的规划与管理机构，负责协调上中下游之间的资源共享、环境风险共担的政策办法。其原因在于，对长江经济带面临的跨省份跨区域的重大事项，必须由中央政府出面来推动，或委托一个专门机构，赋予相应的权

---

① 乔旭宁、杨永菊、杨德刚：《流域生态补偿研究现状及关键问题剖析》，《地理科学进展》，2012 年第 4 期，第 395—402 页。

② 陆大道：《建设经济带是经济发展布局的最佳选择——长江经济带经济发展的巨大潜力》，《地理科学》，2014 年第 7 期，第 769—772 页。

力，统筹协调上述问题，而这也是国外流域开发和管理的成功经验之一。

4. 坚持全面协调，实现全带整体繁荣

建设长江经济带多层次的区域协调平台，以协商和对话的形式推动部门和区域之间的合作。一方面可在现有协调形式的基础上，扩大参与的城市，分别建立整个长江经济带、上中下游地区内部及之间多层次的省部协调和区域协调平台，推动建立平等、自愿、互利原则下的多方协商机制，保障地方共同且有差异地承担长江经济带的生态环境保护、基础设施建设等公共性治理事务。另一方面，可建立保障相应协商成果能够落实的机制，重视发挥行业协会等专业组织的中介作用，发挥公众参与和监督的作用。

在充分发挥市场经济作用的前提下，以政府政策为引导，促进要素更加自由顺畅地流动，加速产业在长江经济带上中下游间转移的步伐，实现产业边际利润最大化，促进区域经济协调发展①。结合主体功能区定位，优化产业布局，发挥产业的集聚优势，推动区域产业合理分工。最终实现长江下游地区工业发展要紧紧围绕"长三角地区的龙头作用"的区域总体战略，带动和帮助中游和上游地区发展；长江中游地区工业发展要依托现有基础，提升产业层次，推进工业化和城镇化协调发展；长江上游地区工业发展要同时紧紧围绕"西部大开发"战略，支持资源优势转化为产业优势，大力发展特色产业，加强清洁能源、优势矿产资源开发及加工。

---

① 参见刘佳骏《长江经济带产业转移战略构想》，转引自新浪财经：http://finance.sina.com.cn/roll/2016-08-05/doc-ifxuszpp2904495.shtml。

第九章

国家中心城市与新型城镇化

——基于国内企业总部的视角

潘峰华

一、国家中心城市的提出、定位及意义

国家中心城市的概念最早于 2005 年在住房和城乡建设部（以下简称住建部）编制的《全国城镇体系规划（2006—2020 年）》中被明确提出。其中将国家中心城市定义为位于中国城镇体系最高位置并在全国具备引领、辐射、集散功能的城市。这种功能表现在政治、经济、文化、对外交流等多方面。这类城市有可能发展成为亚洲乃至世界的金融、贸易、文化、管理的中心。

2007 年，在原建设部上报国务院的《全国城镇体系规划（2006—2020年）》中明确指出：国家中心城市是全国城镇体系的核心城市，在中国的金融、管理、文化和交通等方面都发挥着重要的中心和枢纽作用，在推动国际经济发展和文化交流方面也发挥着重要的门户作用。国家中心城市应当具有全国范围的中心性和一定区域的国际性两大基本特征。

在 2010 年 2 月住建部发布的《全国城镇体系规划（草案）》中，由国家层面肯定了国家中心城市在中国具备引领、辐射、集散功能，并明确提出五大国家中心城市（北京、天津、上海、广州、重庆）的规划和定位。而其中北京、天津、上海和广州主要对应京津冀、长江三角洲、珠江三角洲三个城镇密

集区。2016 年 4 月，国家发改委和住建部联合发布文件《成渝城市群发展规划》，将成都定位为国家中心城市，因此成都也成了第 6 个被定位的国家中心城市。2016 年 12 月，国家发改委印发《促进中部地区崛起"十三五"规划》中，第六章明确提出，支持武汉、郑州建设国家中心城市。2018 年，国务院批复的《关中平原城市群发展规划》明确提出"建设西安国家中心城市"。至此，全国已有 9 个城市被明确定位为国家中心城市。

从职能定位上看，北京、天津、上海、广州应当引领环渤海、长三角和珠三角等区域社会经济发展，打造世界级城市群；重庆、成都地处内陆腹地，处于承东启西的重要战略地位；武汉辐射带动中部和长江中游地区；郑州、西安则承担中国东中西部地区交通的枢纽作用。

表 9-1　国家中心城市定位

城市	相关规划定位
北京	全国的政治中心、文化中心，是世界著名的古都和现代国际城市。建设为世界城市
天津	环渤海地区的经济中心。中国北方经济中心、国际港口城市、北方国际航运中心、北方国际物流中心
上海	全国重要的经济中心。国际经济中心、国际金融中心、国际贸易中心、国际航运中心和国际大都市
广州	国家历史文化名城，中国重要的中心城市、国际商贸中心和综合交通枢纽。国家综合性门户城市、国际大都市
重庆	国家重要的中心城市，国家历史文化名城，长江上游地区经济中心，国家重要的现代制造业基地，西南地区综合交通枢纽
成都	国家历史文化名城，国家重要的高新技术产业基地、商贸物流中心和综合交通枢纽，西部地区重要的中心城市。以建设国家中心城市为目标
武汉	国家历史文化名城，中国中部地区的中心城市，国家重要的工业基地、科教基地和综合交通枢纽
郑州	国家历史文化名城，中国中部地区重要的中心城市，国家重要的综合交通枢纽
西安	西部地区重要的经济中心、对外交往中心、丝路科创中心、丝路文化高地、内陆开放高地、国家综合交通枢纽。建成具有历史文化特色的国际化大都市

来源：相关城市规划文件。

二、国家中心城市相关研究

（一）国家中心城市理论发展与中国实践

对"国家中心城市"这一概念的内涵，国内外学者有着不同的理解。其中，国外学者多从世界城市的角度进行研究，认为中心城市和世界城市定位一致，是指在政治、经济、文化方面具有较大影响的国际一流大都市[1]，是全球经济网络的中枢或关键节点[2]，国家或地区可以通过流经中心城市或世界城市的人流、物流、信息流来获得相应的财富和权力。国内具有代表性的观点认为国家中心城市是全国性的核心城市，对内代表一国城市发展的最高水平，对外是参与国际竞争的重要端口和门户[3]。

国家中心城市的相关理论可以追溯到中心地理论，最早由德国学者克里斯塔勒（W. Christaller）提出，该理论提出了基于市场、交通、行政等不同原则下的城市中心等级体系。国家城市等级体系及世界或全球城市网络体系的相关研究对城市体系演变产生了较大影响，认为中心城市不再是空间上独立封闭的个体，而是处于"流动空间"中，是物质和信息交换的中心点[4]，因此中心城市的建设和发展还应考虑对区域的联系和影响。在相应理论的发展和指导下，中国中心城市的建设和发展实践主要分为以下两大阶段。

"一五"时期和三线建设时期，在中心性理论与传统的经济区理论的影响下，中国不同地区应按照劳动地域分工和资源比较优势发展各具特色的产业，这些地域经济单元需要由中心城市来组织生产和交通。同时，不同地域经济单

---

[1]　P. Hall, *The World Cities*, St. Martin's Press, 1984.

[2]　J. Friedmann, "The World City Hypothesis", *Development & Change*, Vol.17,No.1,1986, pp.69–83.

[3]　王凯、徐辉：《建设国家中心城市的意义和布局思考》，《城市规划学刊》，2012 年第 3 期，第 16—21 期。

[4]　M. Castells, *Rise of the Network Society*, Blackwell Publishers, 2000, pp.389–414.

元也需要由交通枢纽城市来相互连接，最后形成跨省市的综合经济区。在这一时期，中国的产业、交通设施投资偏向东北和中西部地区，全国范围内的社会经济发展水平相差不大，形成相对均衡的发展局面。各个地区逐步形成自给自足、独立完整的经济结构和体系①。因此，这个时期各经济区核心城市的经济辐射影响力尚不能覆盖全国，如上海的辐射影响范围仅波及安徽省。因此，计划经济时期城市的交通枢纽地位和工业经济地位成为其代表在全国层面地位的核心指标，因此这个时期的北京、上海、沈阳、天津、广州、武汉、成都、兰州、西安、南京等城市属于全国层次的重要城市。而太原、包头、鞍山、攀枝花等城市则具有相当突出的区域性生产组织中心意义。

改革开放以来，中国的宏观经济格局发生了根本变化，沿海开放成为区域与城市发展的强劲动力。以沿海外向型经济和人口大规模向沿海转移为特征的工业化、城镇化模式一直持续到今天，使得中国的长三角、珠三角和京津冀地区成为中国社会经济发展最核心的区域。这个时期的全国中心城市辐射影响力已经覆盖大部分地区，中心地位也从计划经济时代的工业经济中心与交通枢纽走向了全国性的高端生产服务职能、国际门户职能和高端消费服务职能。随着跨区域经济要素和人口流动性的增强，原有的经济区板块模式逐步被打破。城市之间的网络效应逐步显现，主要表现为对外联系节点性、客运交通网络中心、物流网络中心、高端生产服务网络中心等方面。从这些方面来看，目前北京、上海、广州具备了一定全球性节点效应的国家门户特性和全国性网络中心性。天津凭借产业经济实力在全国的经济中心地位不断提升，成为北方地区重要的对外门户，并迈入了国家中心城市行列。

2008年国际金融危机的爆发，迫使中国加强了内需市场的培育，同时各类开放政策也逐步向内陆地区倾斜。中西部地区的中心城市发展呈现出新的特征：一是一些内陆经济实力较强的城市通过交通枢纽、空港建设极大地提升了在全国的枢纽地位和全球的开放地位；二是内陆边境省区的中心城市在面向国

---

① 赵凌云：《1979—1991年间中国区域经济格局变化、原因及其效应》，《中国经济史研究》，2001年第2期，第64—79页。

际交流合作、区域商贸物流、旅游服务方面有了较大提升。这种局面下，中国的区域经济发展逐步由非均衡走向新一轮的相对均衡，中西部地区的对外开放和区域联系能力得到明显加强。因此，中国内陆地区的郑州、武汉、成都、西安等城市及其所在的城镇群地区成为新一轮新型城镇化的中心[①]。

（二）国家中心城市职能与新型城镇化

现有研究发现在"传统城镇化"的进程中，国家中心城市的首要职能是以发展工业为主。在这一时期，国家中心城市主要通过工业发展过程中的集聚和辐射效应提升和促进其本身和所在区域的城镇化水平，大量学术研究发现在城镇化进程，国家中心城市通过大力发展工业产生的集聚效应，吸引各类要素向中心城市集聚，从而不断提高国家中心城市自身的城镇化水平。当国家中心城市的城镇化水平达到一定程度时，国家中心城市发展工业职能的辐射效应开始显现，国家中心城市开始辐射带动周边区域实现城镇化，逐渐在空间上形成以国家中心城市为核心的都市圈。以美国为例，美国早期城镇化进程中人口由农村向城市集中，以纽约为代表的国家中心城市的人口集中度在不断提高，纽约也因此一跃而成为美国首位城市，以及美国东北部经济发展的核心。在美国城镇化率越过 50% 以后，虽然城镇化水平整体上升的趋势没变，但城市不断向外低密度蔓延，形成了以多中心为主要特征的大都市区。大都市区由 1920 年的 58 个发展到 1900 年的 268 个，2000 年大都市区人口占美国人口的比重已达 80.3%。

在中国，依托国家中心城市工业的快速发展来促进城镇化进程也同样取得了显著成就。经过几十年来城镇化的快速发展，2015 年，中国的名义城镇化率（按常住人口计算）超过了 55%，取得了历史性成就。但与此同时，我们也要看到，在以工业发展为依托的传统城镇化过程中，出现了粗放式增长以

---

① 李京文：《中国区域经济发展格局的演变趋势与城市群的建设及其对国民经济增长的影响——以长江三角洲为例》，《中国城市经济》，2007 年第 3 期，第 12—24 页。

及种种"城市病"现象。从内涵上看，新型城镇化与传统城镇化的最大不同在于新型城镇化不是简单的城市人口比例增加和规模扩张，而是以城乡统筹、城乡一体、产业互动、节约集约、生态宜居、和谐发展为基本特征的城镇化，是大中小城市、小城镇、新型农村社区协调发展、互促共进的城镇化。因此，在新型城镇化的过程中，如何通过转变国家中心城市的城市职能以满足这一新的发展时期的要求，对于快速推进中国新型城镇化的进程具有重大意义。

（三）国家中心城市竞争力及其职能评价与演化

当前，国家中心城市的竞争力及其职能的评价和演化过程成为中国学术研究的热点。在国家中心城市的竞争力和职能评价方面，现有研究多通过建立相应的指标体系来对国家中心城市竞争力进行评价，但依据研究目的的不同指标设定也各有差异。肖耀球从"现代化城市质量"和"国际化职能效应"两方面构建了国际性城市评价指标体系[1]。刘玉芳以经济发展、基础设施、社会进步与国际化水平4个子系统构建了国际城市评价指标体系[2]。屠启宇强调世界城市的研究应当由"识别"转为"塑造"，进而构建了一个后发世界城市指标体系，包括目标性与路径性两个指标群，涵盖了城市规模、控制力、沟通力、效率、创新、活力、公平、宜居与可持续等9个指标组[3]。王琳从城市的文化核心价值水平、制度健全程度、政府管理及创新、国际化水平和文化中心影响力等方面，评价了港京沪津穗五大国家中心城市的文化软实力水平[4]。杜鹏等从智能发展支撑层、职能发展现状层、智能发展创新动力层三个方面构建了国

---

① 肖耀球：《国际性城市评价体系研究》，《管理世界》，2002年第4期，第140—141页。
② 刘玉芳：《国际城市评价指标体系研究与探讨》，《城市发展研究》，2007年第4期，第88—92页。
③ 屠启宇：《世界城市指标体系研究的路径取向与方法拓展》，《上海经济研究》，2009年第6期，第77—87页。
④ 王琳：《国家中心城市文化软实力评价研究——以港京沪津穗城市为例》，《城市观察》，2009年第3期，第71—78页。

家中心城市智能化发展评价指标体系①。在评价指标的数据选择方面，现有研究多基于统计数据来对相应的指标进行描述。沈金箴等认为国家中心城市的判别指标应综合考虑国内与国际的金融贸易、政治权力，跨国公司总部与全球金融机构，全球的信息水平、专业化服务、重要消费、文化娱乐、大型活动、交通节点、制造中心，城市经济规模与人口规模等方面②。刘玉芳以人口、经济、公共交通、航空运力与国际组织等几个单项指标来对北京、东京、纽约等城市的国际化水平进行比较③。

　　而在研究国家中心城市竞争力及其职能演变方面，现有关注中国城市竞争力及其职能演变的研究中明确以国家中心城市为研究对象的研究相对缺乏，主要原因在于"国家中心城市"这一概念在中国的提出较晚。对于中国城市竞争力及其职能演变的研究发现，随着中国工业化进程的深入和经济转型时期的来临，中国城市的专业化职能也在不断演变。周一星等利用1984年和1990年中国城市经济发展数据对中国城市进行了城市职能专业化分类，认为北京、上海、天津是中国最重要的综合性城市，而在这一阶段工业是中国城市的主要职能④。而在1990年到2000年，服务业专业化城市不断增多，第三产业正在逐步替代工业成为促进中国城市的主要职能⑤。2000年到2004年，生产性服务业和高端服务业的发展正逐渐成长为影响中国城市职能未来发展的重要行业⑥。2003年到2010年，中国部分城市职能已经从工业职能转变为服务业职能，北

① 杜鹏、夏斌、杨蕾：《国家中心城市智能化发展评价指标体系研究》，《科技进步与对策》，2013年第6期，第108—112页。
② 沈金箴、周一星：《世界城市的涵义及其对中国城市发展的启示》，《城市问题》，2003年第3期，第13—16页。
③ 刘玉芳：《北京与国际城市的比较研究》，《城市发展研究》，2008年第2期，第104—110页。
④ 周一星、R.布雷德肖：《中国城市（包括辖县）的工业职能分类——理论、方法和结果》，《地理学报》，1988年第4期，第3—14页。
⑤ 许锋、周一星：《我国城市职能结构变化的动态特征及趋势》，《城市发展研究》，2008年第6期，第49—55页。
⑥ 于涛方、顾朝林、吴泓：《中国城市功能格局与转型——基于五普和第一次经济普查数据的分析》，《城市规划学刊》，2006年第5期，第13—21页。

京、上海发展成为全国性综合服务业中心^①。

然而，企业作为社会经济活动的重要载体，现有研究中却较少利用企业，尤其是企业总部来考察中国国家中心城市的竞争力及其职能演变。作为企业经济活动的控制和决策中心，企业总部往往掌握着企业的核心资源及资源分配权，处于企业权利链条的顶端^②。因此，企业总部的集聚程度成为影响城市在区域经济发展中影响力和竞争力的关键因素^{③④}。本地企业总部集聚程度的提升，城市的总部职能和专业职能随之提升；但同时，企业的衰败也会自然导致其所在城市总部职能和专业职能的下降。Abe（1990）发现，随着东京上市企业总部的集聚程度不断提高，东京的总部职能不断提高。而在大阪市，企业总部集聚程度不断降低，城市总部职能不断弱化，导致大阪在日本经济发展中的地位由国家中心城市下滑为关西地区的区域性中心城市^⑤。

企业总部的集聚对于城市竞争力的促进主要体现在促进城市总部职能提升和推动城市专业化演变两方面^{⑥⑦⑧}。一方面，企业总部在空间上的集聚会吸引生产性服务机构和人才等高端要素集聚，使得城市拥有独特的信息资源、

① 曾春水、申玉铭：《中国城市服务业职能特征研究》，《地理研究》，2015 年第 9 期，第 1685—1696 页。

② D. Strickland, M. Aiken, "Corporate Influence and the German Urban System: Headquarters Location of German Industrial Corporations, 1950–1982", *Economic Geography*, Vol.60, No.1, 1984, pp.38–54.

③ B. J. Godfrey, Y. Zhou, "Ranking World Cities: Multinational Corporations and the global urban hierarchy", *Urban Geography*, Vol.20, No.3, 1999, pp.268–281.

④ M. D. Rice, D. I. Lyons, "Geographies of Corporate Decision-Making and Control: Development, Applications, and Future Directions in Headquarters Location Research", *Geography Compass*, Vol.4, No.4, 2010, pp.320–334.

⑤ K. Abe, "The Status of Tokyo in Japan from the Standpoint of High-Order Urban Function", *Geographical Review of Japan*, Vol.63, 2008, pp.17–24.

⑥ P. J. Taylor, G. Csomós, "Cities as Control and Command Centres: Analysis and Interpretation", *Cities*, Vol.29, No.6, 2012, pp.408–411.

⑦ 贺灿飞、肖晓俊：《跨国公司功能区位实证研究》，《地理学报》，2011 年第 12 期，第 1669—1681 页。

⑧ 潘峰华、夏亚博、刘作丽：《区域视角下中国上市企业总部的迁址研究》，《地理学报》，2013 年第 4 期，第 19—33 页。

人才资源等且在区域经济发展中处于主导地位①。与此同时，企业总部的空间集聚产生的累积循环效应使得拥有企业总部的城市会吸引更多的企业总部入驻②③，从而进一步增加企业总部职能。另一方面，企业总部的集聚还推动了城市专业化格局的演变④⑤。大量企业总部的集聚增强了城市的管理和服务职能，加速了城市由部门专业化向功能专业化转型的进程⑥。

现有研究中多利用城市拥有的企业总部数量来衡量该城市的竞争力及其职能的演变⑦⑧。然而，只选用企业总部数量作为衡量城市总部经济发展程度的指标，忽略了企业总部间存在的差异性。Csomós（2013）在考虑企业总部数量的基础上，利用企业的税收、利润、资产和市值等数据构建衡量城市总部经济发展程度的指标体系，提出了控制与支配指数（Command and Control Index，CCI）来衡量城市在全球经济体系中的控制与支配能力，通过对美国上市企业数据的研究发现纽约依旧是最重要的美国总部⑨。但是，该研究没有比较该城市在不同时间段的总部职能的演变。

可以发现，学者们对国家中心城市的理解尚有差异，围绕中心城市这一

① T. Zivengwa, J. Mashika, F. K. Bokosi et al., "Stock Market Development and Economic Growth in Zimbabwe", *International Journal of Economics & Finance*, Vol.3, No.5, 2011.

② 贺灿飞：《公司总部地理集聚及其空间演变》，《中国软科学》，2007 年第 3 期，第 59—68 页。

③ J. C. Davis, J. V. Henderson, "The agglomeration of headquarters", *Regional Science & Urban Economics*,Vol.38, No.5, 2008, pp.445–460.

④ G. Duranton, D. Puga, "From sectoral to functional urban specialisation", *Journal of Urban Economics*, Vol.57, No.2, 2005, pp.343–370.

⑤ 贺灿飞、肖晓俊、邹沛思：《中国城市正在向功能专业化转型吗？——基于跨国公司区位战略的透视》，《城市发展研究》，2012 年第 3 期，第 20—29 页。

⑥ S. R. Holloway, J. O. Wheeler, "Corporate Headquarters Relocation and Changes in Metropolitan Corporate Dominance, 1980–1987", *Economic Geography*, Vol.67, No.1, 1991, pp.54–74.

⑦ R. B. Cohen, "The New International Division of Labor", *Multinational Corporations and Urban Hierarchy*, 1981, pp.287–315.

⑧ J. Friedmann, G. Wolff, "World city formation: an agenda for research and action", *International Journal of Urban & Regional Research*, Vol.6, No.3, 1982, pp.309–344.

⑨ G. Csomós, "The command and control centers of the United States (2006/2012): An analysis of industry sectors influencing the position of cities", *Geoforum*, Vol.50, No.4, 2013, pp.241–251.

核心特征进行了广泛的研究。研究方法也不断创新，最近出现的用 CCI 指数衡量城市的中心性的方法，给国家中心城市的研究提供了一种新思路。

三、研究数据与研究方法

在中国的规划文件中，国家中心城市的核心作用是在全国具备引领、辐射、集散功能，每个国家中心城市在政治、经济、文化、对外交流等方面各有侧重。考虑到国家中心城市的数量很少，定量的全面性的比较研究有一定难度，可以重点从经济角度研究其发挥的引领、辐射、集散功能。

本文分别利用 2005 年和 2014 年中国上市企业为研究对象，通过深入对比两期上市企业数据，分析中国上市企业的空间分布情况，并利用中国上市企业发展数据计算城市的 CCI 指数来刻画中国城市的竞争力及其职能，进而从企业总部的视角来研究国家中心城市的竞争力及其职能的演变。

（一）研究数据来源

本文利用 2005 年和 2014 年中国上市企业的相关数据来计算中国各城市 CCI 指数。上市企业相关数据来自万德数据库，包含上市企业总部所在城市、所属行业、营业利润和企业市值等信息，其中企业总部所在城市以上市企业实际办公地址为准。考虑到研究数据的可得性和可比性，本文只选取了国内的上市企业作为研究对象，而没有选择跨国企业以及只在境外（含香港）上市的中国企业数据。

（二）国家中心城市竞争力计算方法

本研究采用 Csomós（2013）提出的 CCI 指数来衡量城市在全球经济体系中的控制与支配能力，在考虑企业总部数量的基础上，将企业的税收、利润、资产和市值等数据作为衡量城市总部经济发展程度的指标。其中企业市值数据通过收盘价和总股本计算得到。对于某一城市的 CCI 计算方法如下：

$$CCI=\sum_{i=1}^{n} \frac{R_i + A_i + P_i + MV_i}{4} \qquad (1)$$

其中 R_i 为该城市所有 A 股上市企业总部收入所占全国总部收入比重，A_i 为资产所占比重，P_i 为利润所占比重，MV_i 为市值所占比重，n 为该城市总部数量。

本研究还针对不同行业的上市企业分别进行 CCI 的计算。行业分类标准根据中国证监会行业的分类标准进行划分，分为制造业、信息传输、软件和信息技术服务业、房地产业、金融业以及农、林、牧、渔业等 17 个行业。

四、企业总部和 CCI 全国分布情况

本节将首先介绍上市企业总部和 CCI 指数在全国各城市的分布情况，以从全国尺度观察各个城市的竞争力情况，同时为后续分析提供参考依据。中国上市企业总部和 CCI 指数的分布在空间格局上与中国宏观经济格局较为一致，大致呈现出东部沿海地区集聚程度较高，而在中西部地区上市企业数量和 CCI 指数集聚的高值多分布于各省份的中心城市。在环渤海、长三角、珠三角等主要集聚地区表现出以北京、上海、广州等主要城市为核心，周边城市相对集中的空间分布模式。

总体而言，中国上市企业总部更集中分布在中国经济发展相对较好的地区，主要集聚在环渤海地区、长三角地区与珠三角地区的主要城市。比较 2005 年与 2014 年上市企业数量前 10 名城市可以看出（见表 9-2），北京、上海、深圳、杭州等城市拥有的上市企业总部数量一直处于全国领先地位，并且领先优势还在扩大。其中，北京上市企业总部数量增加最为显著。2014 年北京上市企业总部数量为 310 家，占全国比重为 11.15%，位居第一；而 2005 年

北京则只有 111 家上市企业总部，少于上海的 140 家位居全国第二。

　　此外，2005 年到 2014 年间，中国各城市上市企业总部数量还有以下两个特征：一是拥有上市企业总部较多的城市大多为各地区的省会城市，例如广州、成都、南京、武汉、长沙等城市。形成这样的空间格局一方面是因为省会往往都是所在省或自治区经济发展较好的城市，这些城市在区域竞争中往往拥有较强的优势。另一方面反映出在中国特殊的城市制度背景之下，各省、自治区的省会城市往往由于拥有制度优势，使得其在资源分配上拥有独特的优势，使得其竞争力较高。二是在这十年期间，部分东部沿海城市所拥有的上市企业数量增长较为迅速，例如苏州（55）、宁波（46）、厦门（35）、佛山（27）等。2014 年，这些城市拥有的上市企业总部数量甚至超过了乌鲁木齐（26）、济南（24）、哈尔滨（22）等在 2005 年排名较为靠前的省会城市，由此可以看出，随着东部地区相较于中西部地区经济发展优势逐渐加大，内陆省会城市的政策优势对城市竞争力的贡献逐渐降低，城市经济发展水平成为决定城市竞争力的主要因素。

　　在 CCI 指数的空间分布上，2005 年和 2014 年中国城市的 CCI 指数的空间分布与上市企业的分布较为一致，CCI 指数较高的城市主要集中在京津冀、长三角和珠三角一带。但是通过分析 2005 年和 2014 年前十大城市 CCI 指数可以看出（见表 9-3），CCI 指数前十大城市和上市企业数量前十大城市存在一定差异。如 2005 年的包头市和 2014 年的福州市，虽然城市拥有的上市企业总部数量相对较少，但是 CCI 指数却分别在 2005 年和 2014 年处于全国前列。

　　对比分析 2005 年和 2014 年各城市 CCI 指数可以看出，北京、上海、深圳的 CCI 指数位于前三且领先优势明显。其中，北京是 CCI 指数上升最明显的城市，而上海和深圳的 CCI 则有所下降。可见北京市的竞争力逐渐强于上海和深圳两座城市，并且优势在不断扩大。在 CCI 指数排名前 20 位的城市中，2014 年，福州、宁波等城市 CCI 排名进入前 10 位，而合肥、包头、济南等工业型城市的 CCI 指数排名则跌出了前 10 位。进一步分析可以看出，2005 年包头市 CCI 指数排名较高是由于其拥有的制造业上市企业发展较好，而 2014 年包头市制造业企

表 9-2　2005 年、2014 年国内上市企业总部的空间分布前 10 位城市

	2014 年				2005 年		
位序	城市	上市企业数量（个）	占比（%）	位序	城市	上市企业数量（个）	占比（%）
1	北京	310	11.15	1	上海	140	10.67
2	上海	234	8.42	2	北京	111	8.46
3	深圳	202	7.27	3	深圳	75	5.72
4	杭州	103	3.42	4	杭州	36	2.74
5	广州	76	2.70	5	成都	34	2.59
6	成都	70	2.48	6	武汉	33	2.52
7	苏州	55	1.94	7	广州	28	2.13
8	南京	54	1.73	8	南京	28	2.13
9	长沙	50	1.65	9	重庆	26	1.98
10	武汉	46	1.55	10	天津	24	1.83

表 9-3　2005 年、2014 年全国 CCI 指数前 10 位城市

	2014 年				2005 年		
位序	城市	上市企业数量（个）	占比（%）	位序	城市	上市企业数量（个）	占比（%）
1	北京	52.06	310	1	北京	25.91	111
2	上海	11.01	234	2	上海	18.63	140
3	深圳	8.22	202	3	深圳	10.23	75
4	福州	1.87	31	4	武汉	2.40	33
5	广州	1.69	75	5	合肥	2.18	17
6	杭州	1.51	95	6	广州	2.04	28
7	南京	1.09	54	7	包头	1.96	6
8	成都	0.89	69	8	南京	1.80	28
9	武汉	0.82	46	9	济南	1.54	19
10	太原	0.69	21	10	天津	1.12	24

业发展相对落后导致了其在全国排名的下降。与之相比，福州市 CCI 指数排名的上升则是由于其自身服务业上市企业的发展较好，这种由于不同行业企业发展水平的变化带来的城市职能的转变反映了中国城市职能转变的趋势。

五、国家中心城市竞争力及其职能演变

（一）国家中心城市竞争力

对国家中心城市的分析可以看出（见表 9-4、表 9-5），2005 年到 2014 年，除北京和成都的 CCI 指数上升之外，其与六个城市的 CCI 指数都有不同程度的下降，而成都市 CCI 指数也仅仅只上升了 0.002。由此可以看出，尽管八个国家中心城市的竞争力整体上升，但是其原因主要是北京市的"一家独大"。2005 年到 2014 年，北京市 CCI 指数上升了 26.15，上升幅度全国第一，远超第二名福州（上升幅度为 1.41）。与之相比的是上海市，2005 年到 2014 年，上海市 CCI 指数下降了 7.62，为全国 CCI 指数下降之最。

表 9-4　2005 年国家中心城市竞争力情况

城市	企业数量（个）	占全国比例（%）	全国排名（位）	CCI	全国排名（位）
上海	140	10.69%	1	18.63	2
北京	111	8.47%	2	25.91	1
成都	34	2.60%	5	0.89	15
武汉	33	2.52%	6	2.40	4
广州	28	2.14%	7	2.04	6
重庆	26	1.98%	9	0.62	23
天津	24	1.83%	10	1.12	10
郑州	11	0.84%	33	0.45	34
合计	407	31.07%		52.06	

表9-5　2014年国家中心城市竞争力情况

城市	企业数量（个）	占全国比例（%）	全国排名（位）	2014CCI	CCI变化	全国排名（位）
北京	310	11.17%	1	52.06	26.15	1
上海	234	8.43%	2	11.01	−7.62	2
广州	76	2.74%	5	1.69	−0.35	5
成都	70	2.52%	6	0.89	0.002	8
武汉	46	1.66%	10	0.82	−1.57	9
重庆	41	1.48%	13	0.61	−0.01	14
天津	37	1.33%	14	0.55	−0.57	16
郑州	25	0.90%	24	0.26	−0.19	34
合计	839	30.22%		67.9	1.98	

　　然而，国家中心城市自身的竞争力仅仅是评价国家中心城市竞争力的一个方面，国家中心城市对于周边区域的带动和辐射能力也是国家中心城市竞争力的重要评价指标之一。因此，为了更加综合地评价国家中心城市，本文还进一步考察了国家中心城市及其所在城市群的CCI指数的变化情况（表9-6），为了排除北京的增幅对于其他城市群的影响，在表9-6中，本文在处理长三角、珠三角、成渝城市群等其他几个城市群时没有将北京市的CCI指数纳入计算范围。

表9-6　国家中心城市及其所在城市群的CCI指数

城市	城市群	2014年城市群CCI	2005年城市群CCI	城市群CCI	2014年中心城市CCI占比（%）	2005年中心城市CCI占比（%）	占比变化（%）
北京	京津冀	53.53	28.48	25.05	97.25	90.98	6.28
天津	京津冀	53.53	28.48	25.05	1.03	3.93	−2.91
上海	长三角	34.71	33.84	0.87	66.15	74.30	−8.15
广州	珠三角	24.15	18.13	6.02	14.62	15.22	−0.60

续表

城市	城市群	2014 年城市群 CCI	2005 年城市群 CCI	城市群 CCI	2014 年中心城市 CCI 占比（%）	2005 年中心城市 CCI 占比（%）	占比变化（%）
成都	成渝城市群	4.13	4.05	0.08	45.17	29.71	15.46
重庆	成渝城市群	4.13	4.05	0.08	30.69	20.72	9.98
武汉	武汉城市圈	2.23	3.84	−1.61	77.11	84.27	−7.16
郑州	中原城市圈	1.86	1.96	−0.10	29.41	31.03	−1.63

　　从表 9-6 的数据可以看出，北京市在京津冀范围内的统治力不断增大，其 CCI 指数占整个京津冀的比重由 2005 年的 90.98% 上升到 97.25%；而与其同处京津冀城市群的天津市情况则不同，其研究期内 CCI 指数占京津冀地区的比例由 3.93% 降到了 1.03%。从京津冀城市群的整体来看，研究期间内京津冀城市群整体 CCI 指数上升了 25.05，而其中除北京以外的城市 CCI 指数呈现负增长。由此可以看出，北京市在京津冀城市群中竞争力优势过于突出，但北京市竞争力提升的同时并没有对京津冀地区城市起到良好的带动作用。

　　对长三角城市群和珠三角城市群的分析可以看出，整个城市群的 CCI 指数都呈现上升的态势，但其中心城市上海和广州的 CCI 指数则在下降。在长三角城市群和珠三角城市群，中心城市的辐射效应开始突显，整个城市群内部呈现一体化趋势。但是两个城市群的发展模式存在一定的差异，长三角表现为"一主多副，内联外引"的发展模式，即以上海为中心，带动其他城市发展，同时内部联合本地和大陆兄弟省份的力量，外部吸纳发达国家和地区的资金、技术和经验，形成金融、证券、高新技术、机械制造、电子通信、轻工、服装等特色优势产业。《长三角区域经济发展现状与对策研究》通过对长三角城市群 2001 年到 2010 年十年间地均 GDP 和 GDP 增量进行考察，发现长三角在这十年间出现了明显的区域经济收敛，地区间差距进一步缩小，一体化程度进一步加深。而珠三角的区域规划则一直以"多中心"目标作为价值准则，旨在平衡东岸、西岸的发展，构建大、中、小城市等级结构分明的城镇发展体系。

从 1994 年的《珠三角经济区城市群规划》开始，以广州为核心的中部都市区，以深圳为核心的东部都市区和以珠海为核心的西部都市区"三大都市区"和"广州、深圳、珠海"作为区域中心城市的"三区三心"的多中心空间结构一直延续至今。其经济社会显现出"多强迸发"的模式，并在金融外贸、电信电器、汽车建材、纺织服装、医药、石化、森工、劳动密集型轻加工等产业中形成优势。在珠三角地区基础设施建设、公共服务一体化、产业协调一体化等领域中取得显著成效[①]。

而成渝城市群整体 CCI 指数升高的同时，其内部的中心城市成都和重庆的 CCI 也在升高，表明在成渝城市群内部中心城市目前仍以集聚效应为主，但与京津冀城市群不同的是，成渝城市群是以成都和重庆两个城市作为核心的"双核城市群"，成都和重庆两个城市间存在较强的竞争关系，能够有效地抑制单核城市群中中心城市虹吸效应带来的负面影响[②]。

武汉城市圈和中原城市圈情况类似，其中心城市武汉和郑州以及城市群整体的 CCI 指数都呈现下降趋势，中心城市的自身发展和带动能力都受到了一定的阻碍。对两个城市及其所在的城市群进一步分析发现，武汉城市圈中不少集聚的企业是通过"行政措施"，半强制性地外部"植入"的，存在"集而不聚"的情况，武汉都市圈内的大多数企业仅仅是空间上的集聚，缺乏产业链间的柔性专业化分工，没有产生较好的协同效应[③]；与之相比，中原都市圈 CCI 指数相对下降的原因在于其核心城市郑州的第三产业发展和对外服务能力水平较低，虽然郑州的物流业发展较好，但是金融业发展，只用外资水平都低于全国平均水平，导致其对中原城市群其他城市的辐射带动能力不足[④]。

---

① 刘钰：《长三角、珠三角与京津冀区域经济比较》，《中国国际财经》（中英文），2017 年第 12 卷。

② 刘浩、马琳、李国平：《京津冀地区经济发展冷热点格局演化及其影响因素》，《地理研究》，2017 年第 1 期，第 97—108 页。

③ 辜胜阻、易善策、李华：《城市群的城镇化体系和工业化进程——武汉城市圈与东部三大城市群的比较研究》，《中国人口科学》，2007 年第 4 期，第 16—25 页、第 95 页。

④ 钟劲松：《中原经济区核心城市综合实力评价与区域带动作用分析》，《经济问题探索》，2011 年第 5 期，第 57—61 页。

（二）国家中心城市职能演变

从全国范围上来看，2005年和2014年各行业CCI指数计算结果可以看出制造业在全国经济发展中地位的下降，建筑业和生产性服务业逐渐成为中国城市新总部职能（见表9-7）。2005年和2014年，金融业、制造业和采矿业一直位居前三，且这三个行业的CCI领先优势明显。

虽然制造业在中国经济中仍然占有重要地位，但其在中国经济发展中的地位正在逐渐下降。2014年制造业总体CCI仍然排在第二位。但是2005年到2014年，制造业的CCI整体呈现下降趋势，除北京、广州、西安、杭州等城市制造业CCI有少量增加外，大多数城市的制造业CCI都有不同程度下降。相比制造业CCI指数的下降，服务业和建筑业CCI是所有行业中上升最明显的。

服务业中金融业CCI指数显著增加，在2005年金融业的CCI指数排名第三，而到2014年排名所有行业第一。事实上，金融业上市企业数量占比一直很小，2014年只有49家，仅名列第9位，远远少于制造业的1780家。这说明金融业的上市企业规模普遍较大，例如中国四大国有商业银行都是上市企业，对于提高行业CCI指数具有重要作用。金融业CCI指数的高速增长也表明中国金融化进程的不断深化，近年来，金融业不断深化改革开放，资本市场的发展显著推动推动了中国金融化进程。尤其是北京金融业的发展。2005年到2014年间，北京金融业CCI指数增加了11.45倍，是全国金融业发展最快的城市。北京金融业的爆发式增长一方面得益于北京的首都地位为其金融业的迅速发展提供了先天的优势。作为中国政治中心，北京集聚了中国几乎所有的金融决策机构和金融监管机构，因此金融业企业将总部设立在北京便于企业获取信息和简化上市程序。另一方面，北京的上市企业数量众多，这些企业对生产性服务业的需求也促进了金融业的发展，从而形成了企业总部和金融产业的双重集聚局面[①]。由此可以看出，金融业在中国经济中的控制与支配地位越来越高，甚至有替代制造业成为中国经济发展主导力量的趋势，这一点与西方发达国家的进程相类似[②]。

除了金融业，其他第三产业包括租赁和商务服务业、文化、体育和娱乐业、科学研究和技术服务业等行业 CCI 指数都在上升，而第一产业和第二产业中的大多数行业的 CCI 指数都在降低，如制造业、采矿业和农、林、牧、渔业。这反映出近年来中国第三产业发展迅速，产业结构在不断优化。

与此同时，中国城镇化进程不断加快，经济发展水平的提升以及住房制度改革加速了相关行业如房地产业和建筑业的发展，导致建筑企业的 CCI 指数显著增长。虽然房地产业 CCI 指数呈现下降趋势，但是 2005 年到 2014 年间，全国有多家大型房地产企业在海外上市，如恒大、龙湖和碧桂园等企业，一定程度影响了国内房地产业上市企业的 CCI 指数。

值得注意的是，2005 年到 2014 年，中国信息传输、软件和信息技术服务业上市企业数量由 25 家增加到 150 家，成为中国上市企业数量第二多的行业，但是该行业 2014 年 CCI 指数仅为 2.03，相比 2005 年的 CCI 指数甚至呈现小幅下降。CCI 指数的下降，一方面是由于国内信息传输、软件和信息技术服务业上市企业规模普遍较小，相比其他行业国内上市企业竞争力依旧较弱，另一方面是由于国内多家大型互联网公司选择在海外上市，本文 CCI 指数的计算没有考虑这些企业，如百度、阿里巴巴和腾讯等。腾讯、百度和阿里巴巴分别在 2004 年、2005 年和 2014 年在海外上市。这些企业上市之后企业规模不断增长，如果计算这些企业的 CCI，中国信息传输、软件和信息技术服务业 CCI 指数也会得到相应提升。由此可以看出，近年来中国信息技术行业的崛起、信息技术的发展也是中国城市职能主要改变的方向之一。

① F. Pan, J. Guo, H. Zhang, et al, "Building a 'Headquarters Economy': The geography of headquarters within Beijing and its implications for urban restructuring", *Cities*, Vol.42, 2015, pp.1–12.

② G. F. Davis, *Managed by the Markets: How Finance Re-Shaped America*, Oxford University Press, 2011.

表 9-7　2005 年、2014 年全国主要行业 CCI 指数

位序	2014 年			2005 年	
	行业	CCI	CCI 变化	行业	CCI
1	金融业	43.74	31.19	制造业	39.13
2	制造业	23.64	−15.48	采矿业	19.01
3	采矿业	10.71	−8.3	金融业	12.54
4	建筑业	5.64	4.61	电力、热力、燃气及水生产和供应业	7.87
5	房地产业	3.37	−0.53	交通运输、仓储和邮政业	6.23
6	电力、热力、燃气及水生产和供应业	3.14	−4.73	批发和零售业	5.02
7	批发和零售业	2.93	−2.09	房地产业	3.91
8	交通运输、仓储和邮政业	2.64	−3.59	信息传输、软件和信息技术服务业	2.93
9	信息传输、软件和信息技术服务业	2.03	−0.9	建筑业	1.03
10	租赁和商务服务业	0.57	0.21	农、林、牧、渔业	0.44
11	文化、体育和娱乐业	0.55	0.16	文化、体育和娱乐业	0.39
12	农、林、牧、渔业	0.25	−0.2	租赁和商务服务业	0.35
13	住宿和餐饮业	0.05	−0.09	住宿和餐饮业	0.14

对国家中心城市的职能分析可以看出（见表 9-8），所有城市的金融行业 CCI 指数都呈现上升趋势，北京上升幅度优势明显达到了 28.62，超过了其他城市的总和，进一步分析发现，2005 年到 2014 年北京金融业上市企业由两家增加到 14 家，占全国金融业上市企业数量的 28.57%，金融业 CCI 指数由 2.74 上升到 31.36，占全国金融业 CCI 指数的 71.7%。2005 年到 2014 年北京金融业 CCI 指数增加了 28.62，其中四大国有银行的上市带来的 CCI 指数增加值为 24.64。由此可以看出金融业的高速发展，尤其是四大国有银行的上市是北京金融职能飞升的主要原因。

上海除了金融业上升以外，其与大部分行业的 CCI 指数都在下降，尤其是制造业下降居全国之首，下降幅度达到了 4.77。由此可以看出，近年来产业转移和产业升级使得制造业在上海的地位大幅下降，上海也从一个重要的工业城市逐步转变为周边城市提供服务的中心城市。

表 9-8 2005—2014 年国家中心城市行业 CCI 变化

行业	北京市	上海市	广州市	天津市	武汉市	郑州市	成都市	重庆市
金融业	28.62	1.87	0.15	–	0.04	–	0.03	0.05
制造业	0.21	−4.77	0.17	0.30	−1.50	0.004	−0.15	−0.25
采矿业	−6.93	−0.15	0.02	0.26		−0.04	0.03	0.15
建筑业	4.54	−0.16	0.04	–	0.06	–	−0.01	–
房地产业	0.02	−0.60	0.30	0.09	0.005	–	0.01	0.06
电力、热力、燃气及水生产和供应业	−0.18	−0.59	−0.51	0.10	−0.08	0.006	0.02	0.03
批发和零售业	−0.49	−0.37	−0.02	0.09	−0.04		0.02	−0.03
交通运输、仓储和邮政业	−0.21	−1.06	−0.59	0.25	−0.08	−0.14	0.03	−0.03
信息传输、软件和信息技术服务业	0.22	−1.39	0.05	–	–	0.004	0.05	0.03
租赁和商务服务业	0.09	−0.01	0.04	–	–	–	–	–
文化、体育和娱乐业	0.16	−0.28	–		0.03	0.02	−0.03	–
水利、环境和公共设施管理业	0.06	–	–		0.002	–	−0.01	−0.03
农、林、牧、渔业	−0.02	0.004	–		–	−0.03	–	–
综合	0.03	−0.07	–	0.02	–	–	–	–
科学研究和技术服务业	0.04	0.02	0.003	0.004	–	–	–	–
卫生和社会工作	–	–	–		–		−0.01	–
住宿和餐饮业	0.01	−0.05	−0.01		–		–	–
教育	–	−0.02						

　　从 CCI 指数分布的行业数量来看，北京、上海和广州等城市在大部分行业都拥有上市企业，由此可以看出，北京、上海和广州等城市在各行业发展都取得了一定的成效，虽然各行业间的发展程度有一定的差异，但是城市职能完善，在中国的城镇体系中属于综合性大城市。而成都、重庆、天津、武汉、郑州等城市拥有上市企业的行业数量相对较少，尤其在对外服务功能较强的金融业、租赁和商务服务业、科学研究和技术服务业三个行业中，五大国家中心城市几乎没有上市企业，由此可以看出这五个国家中心城市对外服务职能相对滞后的原因在于相关行业大型企业的发展不足。

　　值得注意的是，卫生、教育和社会工作、住宿和餐饮业等生活性服务业中八大国家中心城市几乎没有上市企业分布，一方面这些行业的上市企业的缺失与对应行业的特性有关，相关行业企业想要达到国内上市标准有一定难度。另一方面也反映出，对应正处在工业化后期的中国国情，卫生、教育和社会工作、住宿和餐饮业等生活性服务业尚未受到政府或者企业家的重视，导致相应行业发展水平较低，从而暴露出目前国家中心城市在生活性服务业上发展的短板。

六、结论与政策建议

（一）国家中心城市竞争力及演化总结

　　国家中心城市兼具国内与国际的双重使命。于国内，国家中心城市是全国性的经济中心，是一国经济发展水平的最高代表；于国际，国家中心城市是代表本国参与国际竞争的重要载体，是国家对外开放的重要门户。在当前全球一体化的背景下，世界各地的人流、物流、信息流正在加速运转，国家中心城市在国际贸易、信息交流等方面发挥着越来越重要的作用。因此，研究国家中心城市的职能评价及时空演变，对于完善中国的国家中心城市研究体系、加强城市职能的建设与管理有着很大的必要性。

区别于现有研究，本文从企业总部的视角出发，利用 2005 年和 2014 年中国上市企业数据库，计算 CCI 并分析了国家中心城市竞争力及其职能的时空变化。根据本文的数据分析显示，中国城市 CCI 指数的空间分布与上市企业的空间分布较为一致，CCI 指数较高的城市主要分布在东部发达地区，主要集中在京津冀、长三角和珠三角地区，这与中国目前的宏观经济形势一致。本研究主要有以下发现：

从国家中心城市自身竞争力来看，2005 年到 2014 年，北京在全国竞争力领先优势不断扩大，而其他国家中心城市自身的竞争力则存在不同程度地下降。2014 年北京 CCI 指数为 52.06，超过了全国其他城市的总和，表明北京在中国城市体系中的竞争力优势明显。作为中国政治中心和金融决策与监管中枢，北京的首都地位为其竞争力的飞速提升提供了先天的优势，尤其是北京金融业国企的发展。这一点与西方国家存在较大差异。Godfrey 和 Zhou（1999）利用世界各大城市拥有跨国企业总部及其区域总部的数量作为指标衡量城市的总部职能，发现纽约作为美国的金融中心成为世界级的总部城市，而作为美国政治决策中心的华盛顿，并不是美国重要的总部城市。然而在中国，作为中国政治中心的北京的排名远远高于经济开放程度更高的上海。对中国国内上市企业总部的空间分布的研究也同样发现北京是中国上市企业最集聚的城市[①]。尽管相较于北京的"一枝独秀"，其他国家中心城市自身的竞争力都有一定的下降，但是由于国家中心城市的内涵并不仅仅只包括自身的经济发展，还涉及区域带动能力，因此本文进一步分析了各国家中心城市的区域辐射能力。

从国家中心城市的辐射效应来看，京津冀、长三角、珠三角三大城市群的整体实力有一定程度的提升，但是核心城市的地位却存在差异。北京极化效应明显，由于北京在京津冀城市群内部优势过于突出，京津冀城市群存在显著的"虹吸效应"所诱发的发展断崖，城市群内部一体化程度较低。而在长三角与珠三角，上海、广州在城市群内部的地位有所下降，城市群整体竞争力却呈

---

① F. H. Pan, Y. B. Xia, "Location and agglomeration of headquarters of publicly listed firms within China's urban system", *Urban Geography*, Vol.35, No.5, 2014, pp.757–779.

现上升趋势，城市群呈现一体化发展的趋势。进一步分析发现，在两个城市群内部，上海和广州发挥的作用存在一定的差别。其中上海作为长三角的龙头，凭借强大的辐射能力带动整个长三角地区的经济发展。虽然珠三角城市群在目前空间发展过程中，各城市之间的差距正在缩小，区域发展趋向于均质化，但作为珠三角城市群"三大中心"之一的广州更多是与珠海、深圳等城市协同促进区域发展。在成渝都市圈中，由于成都、重庆的"双核"驱动，整个城市群仍旧处于集聚的过程，在这一过程中城市群和中心城市呈现相互促进发展的态势。而对于中部地区的武汉和郑州等城市，受制于城市群建设较慢，也是最晚批复的国家中心城市，其更多的功能体现在区位功能上，区域辐射功能相对较弱。

从国家中心城市的职能来看，国家中心城市的职能正逐渐由以制造业为核心的集聚功能逐步转变为以生产性服务业为主导的辐射功能。国家中心城市职能的转变与社会与技术变化趋势有关。近年来金融化程度的深入、信息化的发展以及城镇化的持续推进成为国家中心城市专业化职能变迁的主要因素。首先，中国的金融化进程不断深入，金融业在国家经济占比不断提高。尤其是2006年以来四大国有银行在国内相继上市，中国金融业发展进入高速发展时期，八大国家中心城市的金融业 CCI 指数全部都在上升，而制造业大多处于下降趋势，表明金融服务职能正逐渐替代制造业职能成为国家中心城市的主要职能，这一点与西方发达国家的情况类似[1]。

其次，信息技术的变迁会造成不同行业企业的兴衰。对美国的研究发现，随着美国制造业的发展速度不断减缓，五大湖地区城市的总部数量出现了明显下降。而信息技术行业不断崛起，以硅谷为核心的旧金山地区成为美国新的企业总部集聚区[2]。虽然由于部分大型信息传输、软件和信息技术服务业企业选择在海外上市，不在本文 CCI 指数计算范围，导致该行业 CCI 较低。但是，中国信息技术业近年来发展迅速，信息技术的发展也在改变中国城市的竞争格

[1] S. Sassen, *On concentration and centrality in the global city*, Cambridge University, 1995.

[2] W. A. Testa, "Headquarters Research and Implications for Local Development", *Economic Development Quarterly*, Vol.20, No.2, 2006, pp.111–116.

局。A 股的信息传输、软件和信息技术服务业类上市企业在过去十多年显著增长，成为上市企业数量第二大的行业，也证明了信息化迅速改变中国的产业格局，并进一步影响到国家中心城市的职能。

再次，北京、上海、广州是中国国家中心城市中城市职能最为完善的城市，属于中国城镇体系中重要的综合性城市，这类城市不仅能有效实现自身发展，还能通过完善的城市职能辐射带动周边地区的新型城镇化进程。相比之下，武汉、郑州、天津、成都和重庆等城市的城市职能发展相对不足，尤其是对外辐射能力较强的行业发展不足，这些行业职能的发展滞后也限制了这五个国家中心城市对其所在区域的新型城镇化带动能力。

最后，现阶段国家中心城市的卫生、教育和社会工作、住宿和餐饮业等生活性服务业发展较弱。然而相对于生产性服务业，生活性服务业能够提供更多的就业岗位，生活性服务业越发展、规模越大，就能够提供越多的就业岗位。一方面生活性服务业能够吸纳更多的农村转移人口，另一方面生活性服务业还能够吸纳工业企业因资本密集度、技术密集度提升而挤出的劳动力，有效提升城镇的非农就业数量及劳动力利用效率。因此，未来积极发展生活性服务业、完善现代服务业体系也是国家中心城市发展的重要方向之一。

（二）国家中心城市推进新型城镇化策略政策建议

1. 促进新型城镇化与现代服务业协调发展

伴随着技术进步，工业逐渐由劳动密集型向资本技术密集型转变，工业对农村富余劳动力的吸收能力逐渐饱和，服务业成为吸纳富余劳动力的主体。不仅如此，随着劳动力、土地等生产要素价格不断上升，传统工业的成本优势逐步消失，而完善的现代服务业体系将进一步提高国家中心城市的聚集能力。未来，现代服务业的发展对城镇化的影响将会越来越大，它对城镇功能的完善、居民生活质量的提高、城镇形象的提升等都具有决定性的影响。

未来，国家中心城市应着重发展与完善现代服务业体系。在发展生产性服务业方面，国家中心城市应着重于发展生产者服务，如金融服务、信息服务等，强化国家中心城市作为金融、贸易、科技、信息中心的作用，形成对周边地区具有强大的经济带动力和辐射力的城市格局。在发展生活性服务业方面，大力促进文化教育、体育娱乐、医疗保健、旅游度假等行业的发展，并结合社会保障制度改革，将外来人员的社会保障、就业以及公共服务纳入改革的范畴。促进公共服务市民化、均等化以及公平化，让城乡居民在养老、医疗、住房以及最低生活保障等方面享有同等的待遇。

同时深入贯彻落实十八大提出的"科学规划城市群规模和布局，增强中小城市和小城镇产业发展、公共服务、吸纳就业和人口集聚功能"思想，将国家中心城市中的物资配送、农副产品批发、旧货调剂等职能逐步转移至中小城镇。推进中小城镇突出特色，补齐中小城镇现代服务业短板。通过缩小城乡服务业的差距，加速推进城乡一体化，提升整个区域的新型城镇化水平。

2. 推进区域产业、城镇集群，构建完善的区域产业分工体系

国家中心城市的竞争力、聚集效应以及对次级城市的扩散效应，是实现大中小城市与城镇协调发展、推动新型城镇化进程的关键。现阶段，中国小城镇之所以无法承担起现代化的功能，主要是因为缺乏分工合理、功能健全的地区生产结构体系，导致小城镇发展被排除在地域产业价值链之外。因此实现新型城镇化的高效发展，需要坚持国家中心城市为主导、区域性城市和中小城镇并举的复合发展模式，形成"国家中心城市—区域性城市—中小城市—小城镇"等多层级功能的城市体系，造就城市和产业集群。发挥国家中心城市的辐射带动功能，以产业技术链和物流链为纽带，积极构建大中小城市与城镇互相关联的地域一体化网络结构，合理布局区域产业基地，充分发挥中小城镇在产业分工体系中的空间载体作用，整体提升区域发展能级。

第十章

智慧城市与新型城镇化

李一丹

智慧城市是运用物联网、云计算、大数据、空间地理信息集成等新一代信息技术，促进城市规划、建设、管理和服务智慧化的新理念和新模式。建设智慧城市，对加快工业化、信息化、城镇化、农业现代化融合，提升城市可持续发展能力具有重要意义。智慧城市不仅是当今世界城市发展的趋势，也能够推动以人为核心的新型城镇化，促进城市可持续健康发展。在新型城镇化背景下，智慧城市建设是提高新型城市智能化水平的主要途径，智慧城市也被视为城市发展的重要方向。

一、智慧城市建设的主要内容

智慧城市主要以信息技术和网络宽带化为支撑，实现城市规划管理信息化、基础设施智能化、公共服务便捷化、产业发展现代化、社会治理精细化。这就像给城市装上神经系统，使城市能够以人的智慧作为支撑，来进行高效的运行、高层次的管理。当然，面对政府、企业、民众的多元要求，智慧城市也需要有极端复杂的系统，来支撑城市运行和发展。

（一）智慧城市的系统架构

整个智慧城市的系统架构有多种分层方法，较为简化的是分为感知层、网络层、应用层（如图 10-1）。其中，感知层主要通过安置在城市基础设施、货物、人体以及其他物体上的传感器、识别码等进行数据采集，获得位置、状态等信息；在网络层通过物联网、互联网、移动互联网等网络进行数据传输；应用层则是在上述各层的基础上，利用大数据、云计算等技术，服务于城市民生、资源环境、产业经济以及基础设施和城市管理等具体应用。

应用层	· 设施管理	· 资源环境	· 市民生活	· 社会事业	· 产业经济	· 政府管理
网络层	· 机器互联网	· 广播电视网	· 互联网		· 移动通信网	
感知层	· 监测设备	· 信息识别码	· 传感器			

图 10-1　智慧城市的体系架构示意图

（二）智慧城市建设的国际经验

在全球信息化广泛覆盖、深度融合、加速创新、转型发展的环境下，众多国家和城市将智慧城市建设作为促进经济转型升级、打造发展核心竞争力的重要手段。2009 年，美国在《美国经济复苏计划》中正式提出要大力推进智能电网和智慧城市建设，并将之上升为国家战略。2007 年，欧盟提出了一整套智慧城市建设目标，2010 年欧盟委员会出台《欧洲 2020 战略》和《欧洲数字化议程》，把"欧洲数字化"确立为欧盟促进经济增长的七大旗舰计划之一。

韩国 2004 年推出的"U-Korea"发展战略、2009 年启动的"U-City"计划，日本 2001 年的"E-Japan"、2004 年的"U-Japan"、2009 年的"I-Japan"战略，新加坡 2006 年的"智慧国 2015"计划、2014 年的"智慧国家 2025"计划等，纷纷将智慧城市建设上升至国家战略层面。

　　智慧城市建设的柔性很大，在实践中，各国对于智慧城市建设的重点方向和主要方法有所差别。相对而言，美国侧重于鼓励创新，优化公共服务；欧洲注重绿色环保，满足社会民生需求；亚洲则采取因需制宜的多元化发展，例如韩国将网络基础设施建设作为重点，日本以绿色低碳和环保节能为发展目标并且强调企业联盟和智慧试验区的建设，位于航运要道马六甲海峡的新加坡则致力于建设成为国际上四通八达的"连城"（connected city），进而演变成为亚太地区电子商务中心。

　　根据艾瑞咨询研究院的《2019 年中国智慧城市发展报告》，国外智慧城市发展理念已经进入 3.0 阶段（如图 10-2）。经过不断的演变和发展，对智慧城市的理解经历了技术驱动、城市主导、创新共享三个阶段，智慧城市已经不仅仅意味着基础设施和技术的升级改造，也成为城市推动各领域发展和抢占新一轮发展机会的手段[①]。

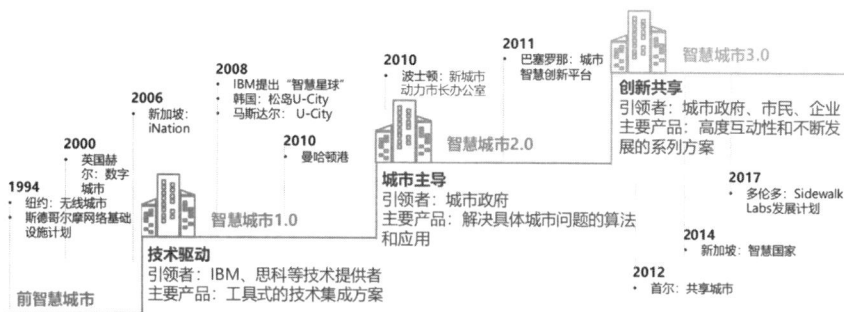

图 10-2　国外智慧城市理念发展历程与典型城市

资料来源：艾瑞咨询研究院《2019 年中国智慧城市发展报告》。

---

① 艾瑞咨询研究院：《2019 年中国智慧城市发展报告》，艾瑞网，https://report.iresearch.cn/report_pdf.aspx?id=3350。

（三）中国智慧城市建设情况

中国 2010 年开始有城市层面的智慧城市规划，2012 年部委开始推动智慧城市试点，2014 年中央开始出台对各地智慧城市建设的指导政策，各大城市也纷纷开展智慧城市建设。相比之下，中国智慧城市的提出时间较短，建设和应用水平还在不断提高。

为了推动中国智慧城市建设，住房和城乡建设部于 2012 年率先启动了国家智慧城市试点工作，把智慧城市创建和城市市政基础设施建设及安全运行、城市管理、便民服务等结合起来，引导各地更加智慧化地管理城市和服务公众，探索新型城镇化的推进模式。至 2015 年，分三批公布了智慧城市试点的城市（区、县、镇）300 多个。其他部委也开展了类似的试点工作，截至 2016 年，发改委、住建部、工信部、交通部、科技部与国标委、国家旅游局、国家测绘局等部门组织的智慧城市相关试点共有 597 个。在各级政府和市场的积极推动下，多地智慧城市的建设取得了显著成效。2016 年，"十三五"信息化规划中提出"到 2018 年，分级分类建设 100 个新型示范性智慧城市"，政府和企业又陆续开始新型智慧城市试点。

为科学引导中国智慧城市的建设，形成有利于智慧城市发展的政策环境，2010 年以来，国务院及相关部委出台了一系列政策文件、参考标准，内容涵盖了从总体构架到具体应用，鼓励政策日趋明确和具体，智慧城市建设的内容已经上升为国家战略高度（见表 10-1）。《中华人民共和国国民经济和社会发展第十四个五年规划和 2035 年远景目标纲要》提出"加快数字化发展，建设数字中国"，将"分级分类推进新型智慧城市建设"作为加快数字社会建设步伐的关键举措，赋予了新型智慧城市发展更多的新使命和新内涵[1]。国务院以及各部门发布的"十三五""十四五"规划中，均有涉及智慧城市的内容，可以看出智慧城市涵盖内容之丰富，这也是我们采取多个维度来理解智慧城市的原因。

---

[1]　国家信息中心智慧城市发展研究中心、万达信息：《2021 中国智慧城市长效运营研究报告》，第 1 页。

表 10-1　国家层面规划中的智慧城市建设要求

颁布机构	规划名称	相关内容
国务院	《中华人民共和国国民经济和社会发展第十四个五年规划和 2035 年远景目标纲要》《国家新型城镇化规划（2014—2020 年）》《"十三五"国家科技创新规划》《"十三五"国家战略性新兴产业发展规划》《"十三五"国家信息化规划》《"十四五"全民医疗保障规划》	加快数字化发展建设数字中国；科技创新工作；大力构建现代产业新体系；大力推进信息技术产业、信息基础设施、信息经济和信息服务建设；建设智慧医保
农业农村部	《"十三五"全国农业农村信息化发展规划》	推动信息技术与农业农村全民深度融合，有利引领和驱动农业现代化
工业和信息化部	《信息化和工业化融合发展规划（2016—2020 年）》《"十四五"信息通信行业发展规划》《"十四五"大数据产业发展规划》	大力推进信息化和工业化深度融合；加快建设网络强国和数字中国；大数据
住房城乡建设部	《2016—2020 年建筑业信息化发展纲要》	推动信息技术与建筑业发展深度融合
教育部	《教育信息化"十三五"规划》	教育信息化发展
交通运输部	《交通运输信息化"十三五"发展规划》《交通运输标准化"十四五"发展规划》	智慧交通建设

二、智慧城市从五个维度支撑新型城镇化建设

从国内外实践来看，智慧城市对城市发展的促进作用体现在多个维度。比较国内外各类智慧城市评价体系，也可以发现这一共性。对智慧城市发展水平的评价，多数是对智慧城市的主要作用进行分项评价再加权汇总，各个评价体系的结构差异较大，但一般可以按信息基础环境、各项应用建设水平、建设运营保障体系进行评价，其中的各项应用可归纳为资源、生态、经济、社会、

空间五个维度（见表 10-2）。由于资源与生态两个维度密切相关，不少指标体系以智慧环境一个指标同时评价两个维度。

表 10-2　智慧城市评价指标体系对比

	信息基础设施	各项应用					保障措施
		资源	生态	经济	社会	空间	
欧洲中小城市的智慧城市指标体系		智慧环境		智慧经济	智慧的人智慧治理智慧生活	智慧交通	
美国智慧社区论坛	宽带连接知识劳动力消除数字鸿沟			创新性			市场营销和宣传
IBM 的智慧城市评价体系	通信	水能源		商业	人	运输	
科恩"智慧城市轮"评价指标体系		智慧环境		智慧经济	智慧政府智慧社会智慧生活	智慧移动	
罗兰贝格智慧城市战略指数	IT 基础设施建筑	能源与环境			教育医疗健康政府管理	出行	战略规划
中国智慧城市发展水平评估报告	基础网络信息资源信息平台数据开放	产出能耗		资源交易创新创业网络产业从业人员	政府服务媒体参与民生服务网络生活		发展规划市民信息化的宣传培训绩效考核
中国新型智慧城市评价指标国家标准	宽带网络信息平台开放共享开发利用	绿色节能	智慧环保	电商服务开放共享开发利用	政务服务社保服务医疗服务就业服务帮扶服务城市管理公共安全	交通服务城市服务	体制机制

（一）从五个维度理解智慧城市

智慧城市是个复杂的系统，其应用繁多且不断演化，各个城市的应用重点也不同。为了更为清晰地说明智慧城市对城市发展的促进作用，可以从各个维度逐一分析，并通过案例展现智慧城市对城市发展的作用。

1. 资源维度

虽然中国地域辽阔，但由于人口众多，人均资源总体上处于较低水平。城市人口相对稠密，必然会造成资源紧张，资源集约是城市可持续发展的必然选择。智慧城市有利于资源集约，智慧能源、智慧水源等也广泛应用于各国智慧城市建设中。

（1）智慧能源

为适应文明演进的新趋势和新要求，人类必须解决能量来源问题，实现能源的安全、稳定、清洁和永续使用。智慧能源是通过不断的技术创新和制度变革，在能源开发利用、生产消费的全过程融汇人类智慧，建立和完善符合生态文明和可持续发展要求的能源技术和能源制度体系，从而呈现出的一种全新的能源利用模式。

智慧电力、智慧燃气等都属于智慧能源范畴。由于电能便于传输和用途广泛而成为城市的主要能源，智能电网成了智慧能源的主要形式。按照分布式发电模式，发电厂和用户可以通过太阳能、风能发电，优先使用自己发的电能，将剩余电量卖给电力公司，或在自身电力不足时再从电力公司购买。智能电网比传统电网更高效、更平衡，通过更大区域范围、不同发电来源、各种储能设备的综合控制和调度，以及电价政策等手段，能够以更低的成本和污染排放量，更合理地满足不同用户高峰或低谷的用电需求。在用户端，能源物联网系统可以实时感知设备状态，调节照明设备、电机等的工作状态，达到高效节能节电。美国是全球智慧城市的策源地，智能电网等智慧能源应用是其推进的重点领域。早在2002年，美国电力科学研究院就提出并推动了智能电网（Intelligent Grid）项目研究，致力于智能电网整体的信息和通信架构开发。联邦政府在2009年的《经济复兴计划进度报告》中宣布在三年之内，为家庭安装 4000 万个智能电表，同时投资 40 多亿美元来推动电网现代化建设，作为美国政府推动绿色经济振兴计划的支柱之一。

（2）智慧水源

水是地球上生命最重要的元素之一，也是最容易被污染的资源，智慧水源管理对于城市的运行显得尤其重要。通过智慧水源管理，可以从水资源的储量、降水量、消耗量、利用方式等多方面考虑，充分利用自然水循环，建立生活水循环体系，制定适宜的供应和价格体系，帮助市民养成更好的用水习惯，减少浪费和水处理成本。考虑到水资源是在整个地球范围内流动的，水循环超出了城市的范畴，智慧水源也同样涉及城镇乡村。

我们可以从以色列的案例中得到全面的启示。以色列是世界上闻名的缺水国家，水资源格局与生产力布局不匹配，但以色列同时也是水资源利用的强国。以色列以全国输水系统为骨干基础，配套灵敏科学的水资源调配系统和高效集约用水系统形成的国家智能水网工程，可以由计算机调度系统实时给出优化的供水方案，极大改善了以色列的供水状况。在所有经合组织国家中，以色列是废水回收利用程度最高的国家，100% 的生活污水和 72% 的城市污水得到利用，洪水、全国输水系统和处理后废水又成为人工地下水回补的主要来源。水源对于城市和农村同样重要，智慧水源在农业的运用极大缓解了城市用水问题。相较传统农业的漫灌方式，以色列的滴灌技术可节水 35%—50%，水和肥的利用率高达 90%。这种技术让以色列的沙漠变成绿洲，耕地面积从 16.5 亿平方米增加到 44 亿平方米，全国农业用水总量 30 年来一直稳定在每年 13 亿立方米左右，农业产出却惊人地翻了 5 倍，大量出口，当之无愧地跻身世界农业发达国家之列。

2. 生态维度

中国要走生态文明之路，城市建设要实现污染治理、生态保护、绿色景观、低碳减排的目标，这些要求与智慧环保等的作用相匹配。

智慧城市可以提高资源利用效率，从而通过减少资源使用总量而减少污染排放；同时，通信与信息技术产业本身的污染排放就很少，能够减少污染治理负担。在污染治理方面，智慧环保将感应器和装备嵌入各种环境监控对象中，通过云计算将环保领域物联网整合起来，可以更加精细和动态地实现环境治理；可以在环评质量监测、污染源监控、环境应急管理、排污收费管理、污染投诉处理、环境信息发布、核与辐射管理等方面为环保行政部门提供监管手段，帮助政府、企业和公众协同开展污染治理。在生态保护方面，智慧能源、智慧水源、智慧环保等对自然资源环境都有保护作用；智慧旅游和智慧农业，有助于相关产业扩大规模的同时，也扩大了兼具园林绿化功能的旅游、农业区，具有生态保护的作用。在低碳减排方面，智慧城市可以提高资源利用效率，从而通过减少传统能源使用，减少碳排放；智慧能源通过不断技术创新和制度变革，可以在能源开发利用、生产消费的全过程融入生态文明要求，从而建立一套新的能源技术和生产消费体系。同样地，智慧城市的规划也可以控制土地开发，增加生态空间。

追求良好的生态环境是世界各国建设智慧城市的一个重要考虑，欧洲在智慧城市建设中对环境的关注程度有目共睹。阿姆斯特丹是世界上最早开始智能城市建设的城市之一，也是欧洲智慧城市建设的典范。阿姆斯特丹共有 40 多万户家庭，二氧化碳排放量占全国的 1/3。为了改善环境，该市启动了西奥兰治（West Orange）和格森维尔德（Geuzenveld）两个项目，通过节能智慧化技术，实施了便于游船与货船充电的能源码头（Energy Dock）项目，启动了智能大厦项目、气候街道（The Climate Street）项目等，降低二氧化碳排放量和能量消耗。

3. 经济维度

智慧城市建设在很大程度上带动了智能技术相关产业的发展，表现为"智慧经济""智慧产业"的快速发展，为城市产业经济转型发展提供新的方向和动力。

首先，物联网、云计算、移动通信技术、下一代互联网、高端软件、高端服务器是智慧城市建设的重要核心技术，这些技术的应用将不断壮大信息技术产业，带动创意产业等新兴产业发展。2020 年，中国物联网产业规模突破了 1.7 万亿元，云计算整体市场规模达到 1781.8 亿元，大数据产业规模达到 718.7 亿元，人工智能产业规模 3031 亿元；预测到 2025 年，中国移动物联网连接数将达到 80.1 亿，年复合增长率 14.1%。^① 其次，依托智慧城市建设能够打造高端的城市服务业经济。一方面，利用移动信息技术、电子商务等信息技术，融入物流、城市商业、商务办公、信息服务等生产性服务行业，能够创新并培育新型服务业态；另一方面，将移动信息技术与教育、医疗、社区服务、交通出行等生活服务相结合，能够促进智能化的生活服务模式发展，提供便捷、高效的城市服务环境，引导城市服务要素和居民需求的实时互动以及城市服务设施的优化配置。再次，智慧城市建设也会推动整个制造业的发展，包括 3D 打印、终端制造、软件开发等产业，以及传统产业的转型升级，为传统产业带来巨大的增值空间，成为新型城镇化发展的经济动力。

从各国经验也可以看到智慧城市对于经济的重要作用。2008 年美国发生次贷金融危机之后，IBM 提出了智慧地球和智慧城市概念，通过智慧城市建设带动了一系列产业发展，对于平稳渡过经济危机起到了一定的积极作用。智慧城市建设对信息产业和经济的驱动能力，也受到了其他国家的重视。韩国早在 20 世纪初期，就把发展以宽带为代表的信息技术提升为国家战略。2004 年推出"U-Korea"战略，旨在以无线传感器网络为基础，实现资源的数字化、网络化、可视化和智能化，以此促进国家经济社会发展。2014 年出台《物联网基本规划》，提出了成为"超联数字革命领先国家"的战略远景，力争使韩国在物联网服务开发及运用领域成为全球领先的国家。在这期间推出的"U-City"计划，是韩国实施全国智慧化战略在智慧城市方面的具体体现。

4. 社会维度

世界各地的智慧城市基本都为居民提供社会公共服务，体现"以人为本"的宗旨。中国智慧城市建设中也大多包含智慧民生和智慧政务的内容。

以杭州为例，杭州是中国首个"国家信息经济示范区""跨境电子商务综合试验区"，通过打造无现金城市、建设云栖小镇等一批充满智慧应用的特色

---

① 中国互联网协会：《中国互联网发展报告（2021）》，中国互联网协会网，https://www.isc.org.cn/zxzx/xhdt/listinfo-40203.html。

小镇，通过 G20 杭州峰会等活动展示了智慧城市的魅力，杭州已经成为一个具有未来新型智慧城市示范效应的样本。在杭州，出门可以不用带现金，只要用手机就能搞定衣食住行；日常生活中不管是缴纳水电燃气费，还是缴纳违章罚款、看病挂号费等，都可以通过手机完成。杭州城市居民通过支付宝平台可以享受 50 多项政务和生活服务，基本覆盖了水电煤气缴纳、医院挂号、交通违章缴费、小客车摇号、社保查询等，通过移动互联网、云计算、大数据等创新技术，让人们真正享受到智慧城市的便利（如图 10-3）。

图 10-3　杭州智慧民生服务示意图

5. 空间维度

区域协调发展和城乡空间布局优化是提高城市建设水平的重点任务。智慧城市广泛采用信息技术，加强区域和城乡空间规划，对建设情况进行实时动态监督、评价、调控和管理，有利于引导空间布局优化和弹性有序发展；利用信息技术，促进生产要素在不同空间尺度的自由流动，促使区域城镇由等级结构向网络结构转变，并不断重塑城乡空间相互作用关系。智慧规划、智慧交通是智慧城市在空间优化方面的典型应用。

（1）智慧规划

随着经济社会的快速发展，城市系统的复杂性、多样性、不确定性等问题日益凸显。限于传统的技术和手段，决策者和规划师通常无法有效分析和处理海量、繁杂的信息数据，会影响到城市问题的有效甄别、城市发展目标的科学预测以及城市发展战略的部署安排，从而降低规划的科学性。应用智慧城市规划手段，改变传统规划过程中依靠专家经验和个人判断的现状，采取智慧化方法进行"一张图"的信息集成，可以协调各个部门解决城乡规划中的城镇空间发展动态监控、资源管理和高效利用、城市防灾减灾和应急规划、城市基础设施规划与建设、城市交通规划与管理、智慧经济发展、智慧社区建设、历史文化保护、绿色建筑和园林绿化等关键问题。

受现行规划管理体制的制约，中国城市规划存在较多问题，突出体现在"纵向"自上而下的部门垂直管理和"横向"多规并行、相互渗透。规划内容交叉、管制重叠、标准不一的各类规划复杂交错，当不同部门同时实施空间规划布局和管制时，就出现了规划编制、实施和项目落实过程中的各类矛盾。2013年，中央新型城镇化工作会议提出要积极推进市、县规划体制改革，探索能够实现"多规合一"的方式方法，实现一个市县一本规划、一张蓝图。2014年5月，国务院批转国家发改委《关于2014年深化经济体制改革重点任务的意见》，提出开展空间规划改革试点。2014年10月，国家发改委、国土资源部、环保部、住建部联合发文，确定榆林等28个市县为"多规合一"试点市县，要求在市县空间单元，探索"一个市县一本规划"，"一张蓝图持续永恒干到底"，为建立统一的空间规划体系探索经验，"多规合一"走向了改革试点。

（2）智慧交通

城市交通是一个立体化的综合系统，包括交通基础设施、城市交通工具以及交通控制系统三部分，集经济性与社会公益性于一体，既包括公共交通运营组织、城市规划布局、投融资体制、交通方式选择、管理体制、交通需求管理、交通流量控制与管理方面的内容，又涉及信息、环境、能源、教育、规划、法规、管理、财政、工程以及人文等社会经济内容。利用信息技术，加强区域和城乡空间规划，对建设情况进行实时动态监督、评价、调控和管理，有利于引导空间布局优化和弹性有序发展。大力推进智能公共交通，推广使用绿色能源和可再生能源，建设便捷、高效、低碳的城市智慧交通网络，有利于优化城市内部空间结构。

智慧交通也可以促进城市绿色化，进而出现了"绿色性""创造性""智能性"相融合的绿色智慧交通，其本质是建立维持城市可持续发展的交通体系，以满足人们的交通需求，以最少的社会成本实现最大的交通效率。

（二）智慧城市符合新型城镇化建设的总体要求

2013 年 12 月，中央第一次召开了城镇化工作会议，提出了推进新型城镇化的要求。2014 年 3 月，《国家新型城镇化规划（2014—2020 年）》（以下简称《规划》）正式发布，将智慧城市作为新型城市的一种，描绘了建设要求和建设方向。《规划》对智慧城市提出了相对全面的建设要求："统筹城市发展的物质资源、信息资源和智力资源利用，推动物联网、云计算、大数据等新一代信息技术创新应用，实现与城市经济社会发展深度融合。强化信息网络、数据中心等信息基础设施建设。促进跨部门、跨行业、跨地区的政务信息共享和业务协同，强化信息资源社会化开发利用，推广智慧化信息应用和新型信息服务，促进城市规划管理信息化、基础设施智能化、公共服务便捷化、产业发展现代化、社会治理精细化。增强城市要害信息系统和关键信息资源的安全保障能力。"国家互联网信息办在全面调查和摸清全国智慧城市建设情况的基础上，又提出了新型智慧城市的概念。2021 年 4 月，国家发展改革委发布的《2021 年新型城镇化和城乡融合发展重点任务》又把建设新型智慧城市作为重点工作。

中国政府提出新型城镇化，在智慧城市基础上提出新型智慧城市，尽管这些概念不断演化，但城市的发展与城市的智慧化之间却有着稳定的联系，从资源、生态、经济、社会、空间这五个维度可以很好地把握两者间相互促进的关系（如图 10-4 所示）。按照管理对象的自然或社会属性，可以将智慧城市应用分为自然资源环境与社会生产生活两大范畴，自然资源环境是社会生产生活的外部条件。按照技术和应用的分层，又可分为底层基础设施的智慧化和上层智慧应用，底层基础设施是上层智慧应用的支撑。上层智慧应用涉及社会生产生活，本文基于主体的差异将其分为智慧经济、智慧生活、智慧政府、智慧社会共四类。各类应用之间也存在诸多联系，上层社会生产生活的智慧应用最终都是以人为本，围绕居民的生活、工作和学习等需求来开展的；政府管理居民生活、产业经济、社会事业；产业经济为政府管理、居民生活和社会事业提供产品和服务；社会事业为政府、企业、居民健康发展提供支持。

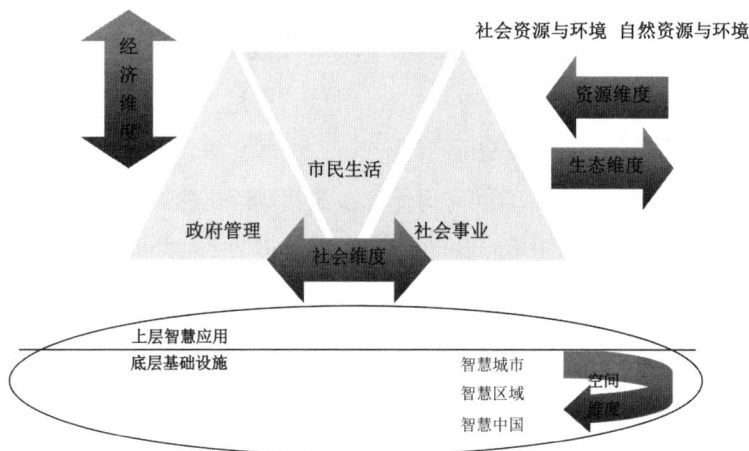

图 10-4　智慧城市推动新型城镇化的多维模型

1. 资源维度：有效利用自然资源

中央提出了要大力发展"集约、智能、绿色、低碳"的新型城镇化发展道路的"八字方针"，其中，除了智能本身是智慧城市特征之外，集约排在第一位。而城市的能源、水等资源的集约使用，与智慧城市的智慧能源、智慧水源等应用是相互契合的。

2. 生态维度：促进生态友好发展

新型城镇化发展道路"八字方针"中有一半是对生态维度的要求，而中国城市建设要实现污染治理、生态保护、绿色景观、低碳减排的目标，也与智慧环保、智慧城市的规划和其他各项应用的作用相匹配。

3. 经济维度：推动城市经济升级

经济同时是新型城镇化和智慧城市建设的重要基础。经济繁荣一直是城市发展的基本需求，智慧城市建设可以带动信息产业发展，并通过生产、商务、物流等领域的智慧应用，为城市产业经济高速发展和转型提供动力。

4. 社会维度：改善社会民生服务

"以人为本"是新型城镇化的最大亮点，农民工市民化是新型城镇化要解决的重大社会问题，这些都需要通过改善民生和促进社会公平来实现。随着智慧医疗、智慧教育、智慧政务等走进百姓生活，更多居民可以享受到便利的生活；电子政务、公众信息平台的出现，有助于实现自下而上的城市规划、建设决策和管理过程，体现以人为本和社会公平。

5. 空间维度：优化区域空间布局

区域协调发展和城乡空间布局优化是新型城镇化的重点任务之一，智慧城市建设有助于提升不同功能空间的要素流动、生产效率和服务水平，优化城市空间发展质量和可持续发展水平。

可见，新型城镇化在资源、生态、经济、社会、空间等维度体现出的城市发展需求，与智慧城市这一发展手段之间存在必然联系。

三、中国智慧城市与新型城镇化建设实践相吻合

对照智慧城市的体系架构与新型城镇化的总体要求，可以发现智慧城市是新型城镇化的综合体现，两者在资源、生态、经济、社会、空间五个维度上相互契合，智慧城市的建设实践也可以验证这一点。依据前述五维度分析框架，以及中国新型城镇化和智慧城市建设实践，可以实证分析两者间存在的关系。这里选取智慧城市建设水平，以及各城市发展水平的五个维度代表指标，通过数据分析，评价城市发展需求与智慧城市建设的关系。

（一）数据说明

考虑到数据的可比性与可获得性，选取 289 个地级以上城市作为研究对

象。尽管当前开展智慧城市试点也包括了区县以及乡镇，但由于地级以上城市的城市化程度较高，是智慧城市建设的重点。主要数据来自《中国城市统计年鉴》（2015）、《第五届（2015）中国智慧城市发展水平评估报告》（简称智慧城市评估报告）[①]、《第十届（2020）中国智慧城市发展水平评估报告》[②]。中国智慧城市建设于 2015 年前后在各地政府的主导下爆发式增长，到 2020 年前后，智慧城市已经提升为"数字中国"的全国高度，而且在"十四五"规划中提出坚持放管并重，营造开放、健康、安全的数字生态，更加重视企业和民众的参与，已经出现由智慧城市 2.0 向智慧城市 3.0 跃升的态势，2015 年数据比 2020 年数据更能反映地方政府的建设意愿。所以下面以 2015 年数据为主来研究智慧城市建设需求与实践的关系，以 2020 年智慧城市评估数据作为补充，对智慧城市建设情况进行更为全面的分析和回顾。

1. 因变量：智慧城市建设水平

本研究的因变量是智慧城市建设水平，使用智慧城市评估报告的评估总分。在 289 个地级城市中，有 150 个城市有智慧城市发展评估结果，将没有评估结果城市的智慧城市建设水平值设为 0。

2. 自变量：城市发展水平

为了体现公共需求的总体水平，选择市辖区人口密度反映城市拥挤程度。一般来讲，人口越密集，越容易引发交通拥堵、环境污染、公共服务不足等城市病，城市越有动力采用智慧城市相关技术和应用，也越容易形成规模效应以提高智慧城市建设的效果。因此，人口密度是各个维度城市问题的基础，可以作为反映智慧城市建设需求的总体指标。

在资源维度，选择人均用水量、人均用电量反映智慧城市建设需求。人均用水量（或人均用电量）越大，资源集约程度就越低，更容易通过智慧城市应用实现资源集约使用，智慧城市建设需求也更大。

---

① 中国社科院信息研究中心、国脉互联智慧城市研究中心：《第五届（2015）中国智慧城市发展水平评估报告》，2015 年。

② 智慧中国年会组委会、北京国脉互联信息顾问有限公司：《第十届（2020）中国智慧城市发展水平评估报告》，2020 年。

在生态维度，选择二氧化硫处理率、人均绿地面积作为代表指标。二氧化硫是大气污染主要污染物之一，对污染物的处理率反映了城市对污染的重视程度，所以二氧化硫处理率可以作为生态维度需求指标。通常，人均绿地面积越大的城市，对生态越友好。

在经济维度，主要以人均 GDP 和产业结构来衡量。人均 GDP 水平较高的地区，很难通过粗放式发展来提高经济水平；与农业相比，工业和服务业更容易从智慧化过程中获得经济收益。所以，人均 GDP 较高、非农产业占比高的城市，会更希望通过智慧城市建设，提高经济效率和鼓励创新创业的方式来发展经济。另外，经济水平也是支撑智慧城市建设的重要因素，经济发展好的城市更有能力建设好智慧城市。

在社会维度，主要以社会保险覆盖率、城乡公共财政支出差距来反映需求。社会保险覆盖率指标可以反映城市对社会公平的关注程度，城乡公共财政支出差距指标主要反映城乡间财政支持的社会公平程度。

在空间维度，以本城市的人口城镇化率作为指标。在空间上，城乡关系反映的是最大尺度的城市问题，人口城镇化率越高，也就越需要将城市发展好，智慧城市需求也越大。

各变量的详细说明见表 10-3。

表 10-3　变量一览表

变量			测量	数据源
因变量	智慧城市建设水平（Y）		智慧城市发展评价总分	2015 年智慧城市发展水平评估报告
自变量	总体水平	人口密度（X1）	人 / 平方千米	2015 年中国城市统计年鉴
	资源维度	人均用电量（X2）	城市居民用电总量 / 常住人口数（单位：千瓦时 / 人）	
		人均用水量（X3）	城市居民用水总量 / 常住人口数（单位：吨 / 人）	

续表

变量			测量	数据源
自变量	生态维度	二氧化硫处理率（X4）	二氧化硫产生量－二氧化硫排放量/二氧化硫产生量	2015年中国城市统计年鉴
		人均绿地面积（X5）	市辖区绿地面积/常住人口数	
	经济维度	人均GDP（X6）	人均地区生产总值	
		农业产值占比（X7）	第一产业占GDP的比重	
	社会维度	社会保险覆盖率（X8）	城镇基本养老保险参保人数/市辖区人口数	
		城乡财政支出差距（X9）	市辖区人均公共财政支出/全市人均公共财政支出	
	空间维度	人口城镇化率（X10）	市辖区常住人口/全市常住人口	

（二）数据分析

通过因变量和自变量散点图、相关性分析和回归分析，基本可以揭示城市发展需求与智慧城市建设的关系。

1. 变量关系图

以各需求指标作为纵坐标，智慧城市建设水平作为横坐标，绘制散点图（如图10-5所示）。可以认为，绝大多数公共需求指标与智慧城市建设水平有关。人口密度越大，人均用电和用水量越大；二氧化硫处理率越高，人均绿地面积越大；人均GDP越高、农业占比越低，社会保障覆盖率越高、城乡公共财政支出差距越小；人口城镇化率越高，其智慧城市建设水平也较好。

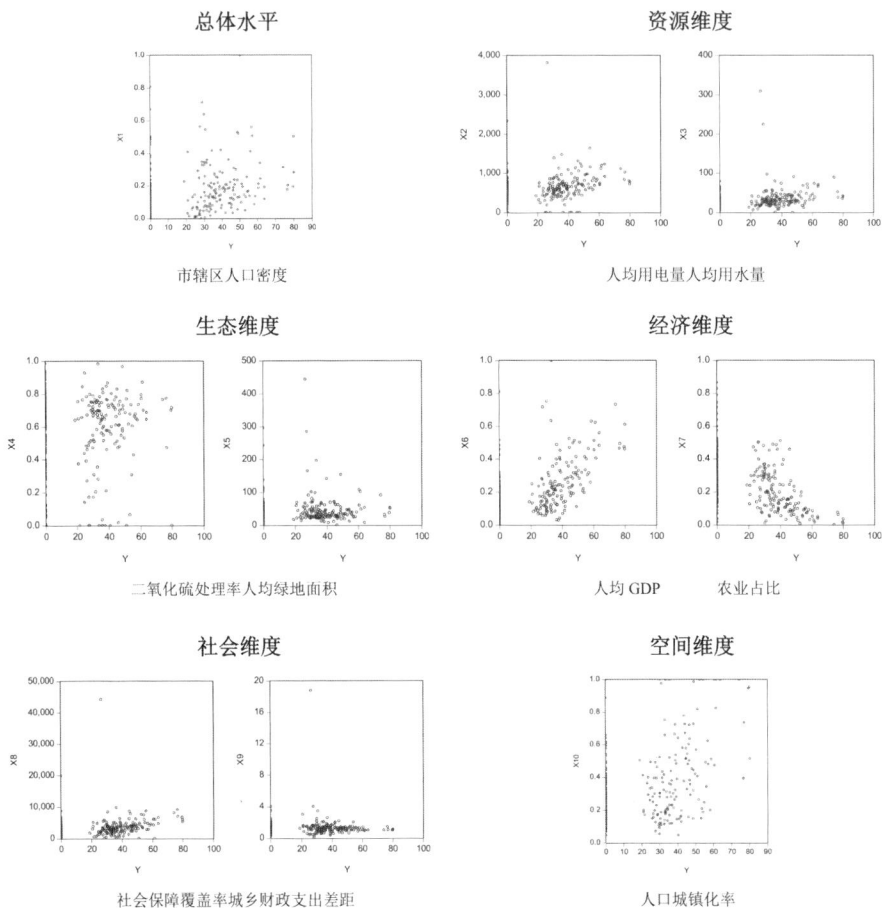

图 10-5　因变量（智慧城市建设）与自变量（城市发展需求）关系散点图

2. 数据相关性分析

计算因变量与以上各自变量之间的相关系数（见表 10-4），可以佐证以上结论。但智慧城市建设水平与不同变量的相关系数存在一定差异，其中与生态维度、社会维度的相关性较弱，与经济维度的相关性最强。

表 10-4　因变量与自变量的相关系数

自变量类别	自变量	与因变量的相关系数
总体水平	人口密度（X1）	0.2444

续表

自变量类别	自变量	与因变量的相关系数
资源维度	人均用电量（X2）	0.3025
	人均用水量（X3）	0.2841
生态维度	二氧化硫处理率（X4）	0.0989
	人均绿地面积（X5）	0.0877
经济维度	人均 GDP（X6）	0.5323
	农业产值占比（X7）	−0.5076
社会维度	社会保险覆盖率（X8）	0.2314
	城乡财政支出差距（X9）	0.0161
空间维度	人口城镇化率（X10）	0.3531

3. 回归分析

　　由于部分自变量之间存在显著的相关性，如果直接用所有变量直接进行回归，会由于共线性而降低回归结果的说服力。为此，首先通过因子分析法降维，然后再将得到的公共因子作为自变量进行回归，以验证公共需求对智慧城市建设的推动作用。

　　首先对各自变量标准化，然后采用因子分析，发现降维到 3 个公共因子，基本可以反映全部自变量的信息。从 3 个因子代表的变量看，因子 1 主要由资源、社会维度构成，因子 2 主要由经济、空间维度构成，因子 3 则主要反映生态维度（见表 10-5）。

表 10-5　因子指标构成矩阵

自变量类别	自变量	因子 1	因子 2	因子 3
总体水平	人口密度（X1）	.254	.253	.734
资源维度	人均用电量（X2）	.766	−.153	.079
	人均用水量（X3）	.796	−.198	−.035

自变量类别	自变量	因子 1	因子 2	因子 3
生态维度	二氧化硫处理率（X4）	.141	.362	.557
	人均绿地面积（X5）	.678	−.184	−.302
经济维度	人均 GDP（X6）	.470	.723	−.233
	农业产值占比（X7）	−.410	−.775	−.052
社会维度	社会保险覆盖率（X8）	.853	−.183	.043
	城乡财政支出差距（X9）	.763	−.518	.076
空间维度	人口城镇化率（X10）	.258	.689	−.380

以三个成分因子作为自变量，以智慧城市建设水平为因变量，进行回归分析。可以发现，因子 1 和因子 2 的系数远远超过因子 3 的系数，说明资源、经济、社会、空间维度的公共需求对智慧城市建设的影响更显著（见表 10-6）。

表 10-6　回归分析结果

变量项	估计参数值	标准误差值	t- 统计量	P 值
常数（C）	20.821 01	1.069 483	19.468 29	0.0000
因子 1（F1）	8.337 657	1.071 338	7.782 469	0.0000
因子 2（F2）	9.628 626	0.011 944	8.987 474	0.0000
因子 3（F3）	−0.050 465	0.004 433	−0.047 105	0.9625

注：因变量为 GDP 取对数。本表模型整体检验显著性为：R^2 为 0.331525，调整后的 R^2 为 0.324489，F 检验值为 47.11457，P 值为 0.000000。

根据以上分析，智慧城市建设水平较好的城市，其建设能力和发展需求均较为明显，可以认为城市发展需求是智慧城市建设的推动力量。经济发展水平高，人口集中度高，自然资源用量大，关注社会问题、环境问题的城市，智慧城市往往建设得更好。

对比五个纬度因素，经济是最有力的推动力量，人口聚集是最深层次原因，生态友好因素对智慧城市建设的推动作用不明显。经济发展是智慧城市建设的需求，经济水平又是智慧城市建设的支撑力量，所以称为最主要的推动力。人口聚集不仅提高人口城镇化率，城市生产生活会增加用水用电等资源消耗，也会促进经济发展，而经济发展则会带动对社会公平和生态友好的投入，所以人口聚集是最深层次原因。生态友好因素作用不明显，一方面是由于所使用的指标不能全面反映生态特征，另一方面各城市近几年才逐渐提高对生态的重视，生态的改善又是个缓慢过程，而行政和经济等手段则可立竿见影地推动智慧城市建设。

在上述分析的基础上，我们将 2020 年和 2015 年智慧城市评估结果进行对比，来分析 5 年来这些城市智慧化水平的发展。两份评估所采用的指标体系总体上变化不大，主要区别是 2015 年一级指标中的保障体系被 2020 年一级指标的智慧环境所取代，弥补了此前指标体系对生态维度的忽视，其他指标只是在名称和结构上有所修改。2020 年的一级指标体系包括数字基础、智慧治理、智慧民生、数字经济、数字市民、智慧环境，更好地反映了本文所关注的资源、生态、经济、社会、空间这五个维度。

对比发现，智慧城市整体建设水平有所提升，城市得分的中位数由 2015 年的 36.87 提升为 2020 年的 55.3。大中城市排名相对靠前，其中个别城市智慧城市水平提升较快，例如石家庄、沈阳、济南、重庆的排名分别提升 54 位、46 位、42 位、36 位、35 位（见表 10-7）；中小城市之间的智慧城市建设水平排名变化较大，2015 年的城市名单中有 30 个城市没有出现在 2020 年智慧城市排名的前 150 位的名单里。随着时间的推移，智慧城市建设已经在全国铺开，人口、经济规模越大的城市，其智慧城市建设水平也往往处于较高水平，即使后发也优势明显。

表 10-7　36 个一级城市的智慧城市发展水平评估排名与得分情况

城市	2020 年排名	2020 年总分	2015 年排名	城市	2020 年排名	2020 年总分	2015 年排名
深圳	1	81.55	6	合肥	24	64.91	17
杭州	2	80.6	4	长沙	28	62.71	35
上海	3	80.28	2	南昌	30	61.21	33
北京	4	76.07	3	银川	39	60.46	45
宁波	5	74.75	4	大连	40	60.42	49
南京	7	71.3	12	兰州	43	60.35	60
成都	8	71.2	15	郑州	44	60.18	28
广州	9	70.59	10	长春	45	59.89	65
厦门	11	68.86	9	南宁	46	59.7	62
天津	12	68.85	26	昆明	47	59.58	68
重庆	13	68.83	48	石家庄	54	58.19	108
青岛	14	68.67	11	哈尔滨	55	58.08	44
武汉	15	68.55	16	呼和浩特	64	56.62	66
贵阳	17	68.2	42	海口	70	55.91	81
济南	18	67.78	54	太原	75	55.3	52
沈阳	21	65.87	67	西宁	112	48.56	126
福州	22	65.35	36	拉萨	133	45.25	127
西安	23	65.2	39	乌鲁木齐	138	43.99	109

四、结论与展望

　　本文基于智慧城市的系统架构、国际经验以及中国智慧城市建设实践，将对智慧城市的评价和理解归纳为资源、生态、经济、社会、空间五个维度，提出了智慧城市推动中国新型城镇化的五维模型，并利用中国城市统计年鉴、中国智慧城市发展水平评估报告的数据检验了五维度分析框架的合理性。分析发现：智慧城市建设水平较好的城市，其建设能力和发展需求均较为明显；经济发展水平高，人口集中度高，自然资源用量大，关注社会问题、环境问题的城市，智慧城市往往建设得更好。可以看出，智慧城市建设在资源、生态、经济、社会、空间维度上提高着城市发展质量，是以人为核心的新型城镇化的综合体现，推动智慧城市建设是新型城镇化建设的重点工作。

　　智慧城市建设是一个不断变化的系统工程，创新和发展一直是智慧城市建设的重要课题。从系统架构看，智慧城市呈现出感知层高度自动化、网络层高度互联化、应用层高度智能化的发展趋势，人工智能、机器人、区块链、车联网、数字孪生城市、元宇宙等新的技术、应用和概念不断涌现，智慧城市的创新层出不穷。从发展模式看，国际上智慧城市的发展已经由城市主导转向创新共享的方式，中国政府也开始更加侧重于顶层设计和统筹协调，完善智慧城市建设的发展环境和建设机制，以促进技术与制度创新，鼓励企业、民众广泛参与智慧城市的建设。《中华人民共和国国民经济和社会发展第十四个五年规划和2035年远景目标纲要》[①]将智慧城市提升到国家战略的高度，在第五篇"加快数字化发展　建设数字中国"中提出打造数字经济新优势、加快数字社会建设步伐、提高数字政府建设水平、营造良好数字生态，描绘了包括智能交通、智慧能源、智能制造、智慧农业及水利、智慧教育、智慧文旅、智慧社区、智慧家居、智慧政务等数字化应用场景，为智慧城市的多维度建设描绘了美好未来。相信在政府、企业和社会各方的共同努力下，中国的智慧城市建设水平和建设能力将快速提升，中国的智慧城市建设也可以走向世界，改变各国城市面貌的同时，作为中国规划设计、中国创新创业、中国建设制造的集合体，展示中国智慧。

---

① 《中华人民共和国国民经济和社会发展第十四个五年规划和2035年远景目标纲要》，中国政府网，2021年3月12日，http://www.gov.cn/xinwen/2021-03/13/content_5592681.htm。

第十一章

海绵城市与新型城镇化

李菲菲

海绵城市是一种高效又融于自然的城市建设模式。一方面，它模仿自然环境的水文循环，改善城市水循环系统中雨水迅速流失、裹挟污染的状况，提高了雨水的资源化利用，提供了宝贵的城市饮用水，减少城市开发对原有水文特征的破坏；另一方面，小溪、河流、绿地融入城市生活，提高了城市生态系统价值，构建了人们的宜居之所。应该说，海绵城市符合"美丽中国"建设的指导思想，是生态文明时期新型城镇化发展的必然选择。

一、海绵城市概述

（一）海绵城市提出的背景

近年来气候变化的不确定性带来了暴雨洪水频发、洪峰洪量加大等风险，导致每年夏季成为内涝多发期。据住房城乡建设部（以下简称住建部）2010年对国内351个城市专项调研显示，2008—2010年间，有62%的城市发生过不同程度的内涝，其中内涝灾害超过3次以上的城市有137个。2016年7月，长江中下游沿江地区出现最强降雨，全国有26省1192县（区、市）遭受洪涝灾害，武汉等城市运行受到较大影响，受灾人口共计3282万人，直接经济损失约506亿元。2021年7月20日，河南省郑州市遭遇特大暴雨灾害，造成重大人员伤亡和财产损失。据报道，截至 8 月 1 日 18 时，共有 292 人遇难，47 人失踪。洪水灾害如此严重，教训如此深刻，不禁让人们对城市建设中的防灾减灾更加关注。而中国城市排水设施建设却明显滞后，20 世纪八九十年代以来，从合流到分流的"排水体系改革"在中国各大城镇推广，但治污排涝效果并不理想，在城市排水管网的设计标准方面，与发达国家存在明显差距。

另一方面，水资源的开发过度、地下水严重超采等问题也日益加剧。快速的城市化中，各项灰色基础设施建设导致植被破坏、水土流失、不透水面增加，地表水与地下水连通中断，极大改变了径流、汇流等水文条件。缩河造地，盲目围垦湖泊、湿地和河漫滩等行为，导致全国湖泊面积减少了 15%，陆域湿地面积减少了 28%，黄河、塔里木河、黑河等河流下游都出现断流局面。地表水水质状况也不容乐观，使更广大范围内的面源污染治理成了艰巨任务。

与传统的依靠城市排水系统、注重水平方向导流的思路相比，海绵城市更注重城市对雨水的自然吸纳、蓄渗和就地调节，这种"绿色思路"的海绵城市建设受到广泛关注，得到中央及地方各级政府的全力推进。

（二）海绵城市的概念

住建部《海绵城市建设技术指南》中对海绵城市的定义：海绵城市是指城市能够像海绵一样，在适应环境变化和应对自然灾害等方面具有良好的"弹性"，下雨时吸水、蓄水、渗水、净水，需要时将蓄存的水"释放"并加以利用。

仇保兴（2015）在《海绵城市（LID）的内涵、途径与展望》中也给出了类似的定义，即城市在应对大量降雨带来的自然灾害和应对环境变化等方面具有良好的可伸缩能力，像海绵一样有很大的弹性，大雨时渗水、滞水、吸水、储水、净水，少雨时通过蒸腾作用将下雨时储存的水"释放"出来并应用在植物灌溉和增加空气湿度等方面，减少城市自然雨水灾害的发生和提升城市生态系统功能[①]。

---

① 仇保兴：《海绵城市（LID）的内涵、途径与展望》，《建设科技》，2015 年第 7 期，第 30—41 页。

图11-1　传统城市和海绵城市对比

（三）海绵城市的功能

海绵城市概念提出以来，众多学者对其功能进行了论述。姬秀玲（2014）从"弹性"角度出发，认为海绵城市的功能主要表现在防御洪涝、缓解旱情上：暴雨骤降时，海绵城市的储水装置，能够将水蓄积起来并加以净化或者补充地下水；干旱时，海绵城市可以将蓄水用来灌溉[1]。鞠茂森（2015）从水特征的角度诠释了海绵城市，认为海绵城市具有协调城市供水、节约城市水资源、提升城市形象、优化城市水管理体系等良好的生态功能[2]。张书函（2015）认为海绵城市靠构造绿色建筑屋面、扩大绿地，改善硬化地，增大雨水管渠，连通城市河道这样一个五位一体的水源涵养型城市下垫面，使城市内的降雨可以得到很好的积蓄、渗透、净化、补充、回用[3]。

---

[1]　姬秀玲：《"海绵城市"概念在城市排水设计中的应用探究》，《门窗》，2014年第12期，第20—20页。

[2]　鞠茂森：《关于海绵城市建设理念、技术和政策问题的思考》，《水利发展研究》，2015年第3期，第7—10页。

[3]　张书函：《基于城市雨洪资源综合利用的"海绵城市"建设》，《建设科技》，2015年第1期，第26—28页。

实际上，海绵城市能够综合防治内涝、保护水源、减少水污染、良性水循环等各类目标。使整个城市、区域乃至国土成为一个"绿色海绵系统"，使雨水就地蓄留、就地资源化，像海绵一样，下雨时吸水、蓄水、渗水、净水，需要时将蓄存的水"释放"并加以利用，在适应环境变化和应对自然灾害等方面具有良好的"弹性"。海绵城市是实现从快排、及时排、就近排、速排干的工程排水时代跨入"渗、滞、蓄、净、用、排"六位一体的综合排水，是生态排水的历史性、战略性的转变。

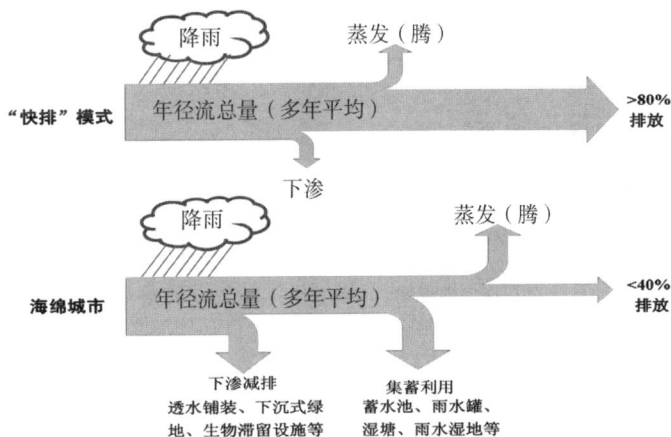

图 11-2　海绵城市转变传统排洪防涝思路

（四）海绵城市的内涵

北大俞孔坚（2015）教授认为，水生态系统整体功能的失调是各种水问题产生的本质，解决城乡水问题，必须把研究对象从水体本身扩展到水生态系统。因此，海绵城市的核心应该是从生态系统服务出发，通过跨尺度构建水生态基础设施，并结合多类具体技术建设水生态基础设施[①]。

① 俞孔坚、李迪华、袁弘等：《"海绵城市"理论与实践》，《城市规划》，2015年第6期，第26—36页。

以往城市水治理思路是以"水适应人"为主，海绵城市应该是一种"人适应水"的景观，"海绵"不是一个虚的概念，它对应的是实实在在的景观格局；从水问题出发，以构建跨尺度水生态基础设施为核心的海绵城市，突破以场地尺度雨水利用工程为主的策略，考虑在区域和流域尺度的宏观层面上，将城市水系统作为一个有机整体进行统筹协调，建立宏观—中观—微观立体层面的系统解决雨水管理问题。从生态系统服务出发，将传统基础设施、绿色基础设施以及土地自身的自然积存、自然渗透、自然净化功能相结合，构建跨尺度的水生态基础设施（hydro-ecological infrastructure），是海绵城市的核心内涵。

二、海绵城市建设技术

海绵城市建设技术的相关研究多围绕以低影响开发（Low Impact Development，LID）技术、生态雨洪管理技术展开，实际上海绵城市的建设理念远不止如此，它也包括雨洪管理、生态防洪、水质净化、地下水补充、棕地修复、生物栖息地的营造、公园绿地营造等。

（一）海绵城市构建体系

海绵城市的构建体系大概分为三个层面：一是注重原始水文条件的保留和原有城市生态系统的保护。最大限度地保护原有的河流、湖泊、湿地、坑塘、沟渠等水生态敏感区，留有足够涵养水源、应对较大强度降雨的林地、草地、湖泊、湿地，维持城市开发前的自然水文特征，这是海绵城市建设的基本要求。二是生态恢复和修复。对传统粗放式城市建设模式下，已经受到破坏的水体和其他自然环境，运用生态的手段进行恢复和修复，并维持一定比例的生态空间。三是低影响开发。按照对城市生态环境影响最低的开发建设理念，合理控制开发强度，在城市中保留足够的生态用地，控制城市不透水面积比例，最大限度地减少对城市原有水生态环境的破坏，同时，根据需求适当开挖河湖沟渠、增加水域面积，促进雨水的积存、渗透和净化。

　　海绵城市建设统筹低影响开发雨水系统、城市雨水管渠系统及超标雨水径流排放系统。低影响开发雨水系统可以通过对雨水的渗透、储存、调节、转输与截污净化等功能，有效控制径流总量、径流峰值和径流污染；城市雨水管渠系统即传统排水系统，应与低影响开发雨水系统共同组织径流雨水的收集、转输与排放。超标雨水径流排放系统，用来应对超过雨水管渠系统设计标准的雨水径流，一般通过综合选择自然水体、多功能调蓄水体、行泄通道、调蓄池、深层隧道等自然途径或人工设施构建。

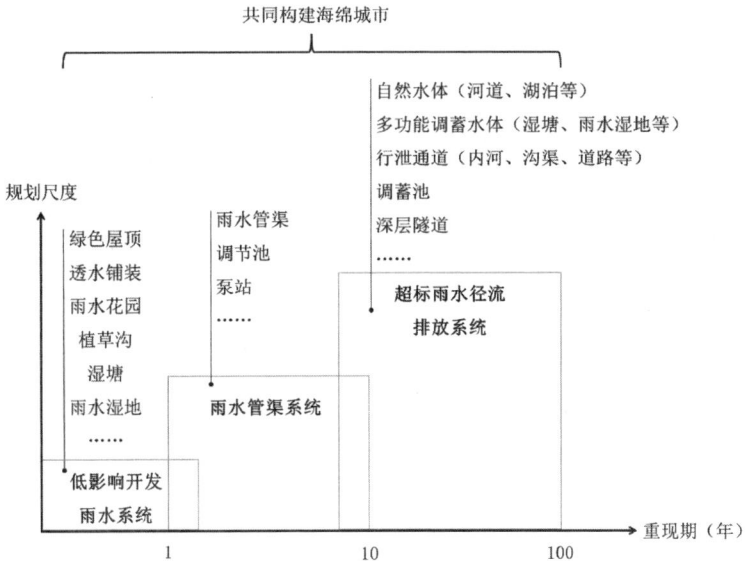

图 11-3　海绵城市构建体系

（二）区域水生态系统的保护和修复技术

1. 识别生态斑块

　　斑块是景观格局的基本组成单元，城市周边的生态斑块按地貌特征可以分为三类：第一类是森林草甸，第二类是河流湖泊和湿地或者水源的涵养区，第三类是农田和原野。各斑块内的结构特征并非单一类型，大多呈混合交融的状态。按功能来划分，可将其分为重要生物栖息地、珍稀动植物保护区、自然遗产及景观资源分布区、地质灾害风险识别区和水资源保护区等。凡是对地表径流量产生重大影响的自然斑块和自然水系，均可纳入水资源生态斑块，对水文影响最大的斑块需要严加识别和保护。

2. 构建生态廊道

生态廊道起到对各生态斑块进行联系或区别的功能。通过分别对各斑块与廊道进行综合评价与优化，使分散的、破碎的斑块有机地联系在一起，成为更具规模和多样性的生物栖息地和水生态水资源涵养区，为生物迁移、水资源调节提供必要的通道与网络。

3. 划定生态保护蓝线、绿线和红线

以深圳光明新区为例，作为国家级的生态城示范区，光明新区规划区范围之内严格实施蓝线和绿线控制，保护重要的坑塘、湿地、园林等水生态敏感地区，维持其水的涵养性能。在城乡规划建设过程中，严格划定生态保护蓝线、绿线和红线，实现宽广的农村原野和紧凑的城市和谐并存，人与自然和谐共处，这是实现可持续发展重要的，甚至是唯一的手段。

4. 水生态环境的修复

立足于净化原有的水体，通过截污、底泥疏浚构建人工湿地、生态砌岸和培育水生物种等技术手段，将劣五类水提升到具有一定自净能力的四类水水平，或将四类水提升到三类水水平。

5. 建设人工湿地

湿地是城市之肾，保护自然湿地，因地制宜建设人工湿地，对于维护城市生态环境具有重要意义。以杭州的西溪湿地为例，原来当地农民养了3万多头猪，并把猪粪作为肥料直接排到湿地里去，以增加湿地水藻培养的营养度来增加鱼的产量，造成了水体严重污染。后来重新规划设计为湿地景区，养猪场变成了充满自然野趣的休闲胜地，更重要的是，出水口水体的化学需氧量（COD）浓度只有进水的浓度的一半，起到了非常好的调节削污作用。

（三）低影响开发雨水系统

2014 年 11 月住建部出台了《海绵城市建设技术指南——低影响开发雨水系统构建》，对海绵城市中低影响开发雨水系统构建进行了总体阐述，用于指导各地在新型城镇化建设过程中，推广和应用低影响开发建设模式。

1. 概念

低影响开发（LID）指在场地开发过程中采用源头、分散式措施维持场地开发前的水文特征，也称为低影响设计或低影响城市设计和开发。其核心是维持场地开发前后水文特征不变，包括径流总量、峰值流量、峰现时间等。

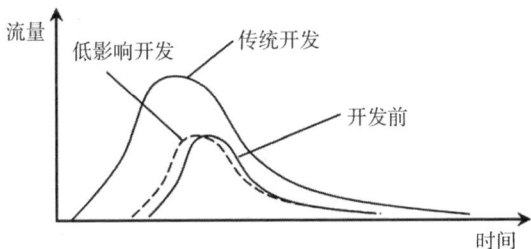

图 11-4　低影响开发水文原理示意图

低影响开发指在城市开发建设过程中采用源头削减、中途转输、末端调蓄等多种手段，通过渗、滞、蓄、净、用、排等多种技术，实现城市良性水文循环，提高对径流雨水的渗透、调蓄、净化、利用和排放能力，维持或恢复城市的"海绵"功能。

2. 构建途径

海绵城市——低影响开发雨水系统构建需统筹协调城市开发建设各个环节。在城市各层级、各相关规划中均应遵循低影响开发理念，明确低影响开发控制目标，结合城市开发区域或项目特点确定相应的规划控制指标，落实低影响开发设施建设的主要内容。

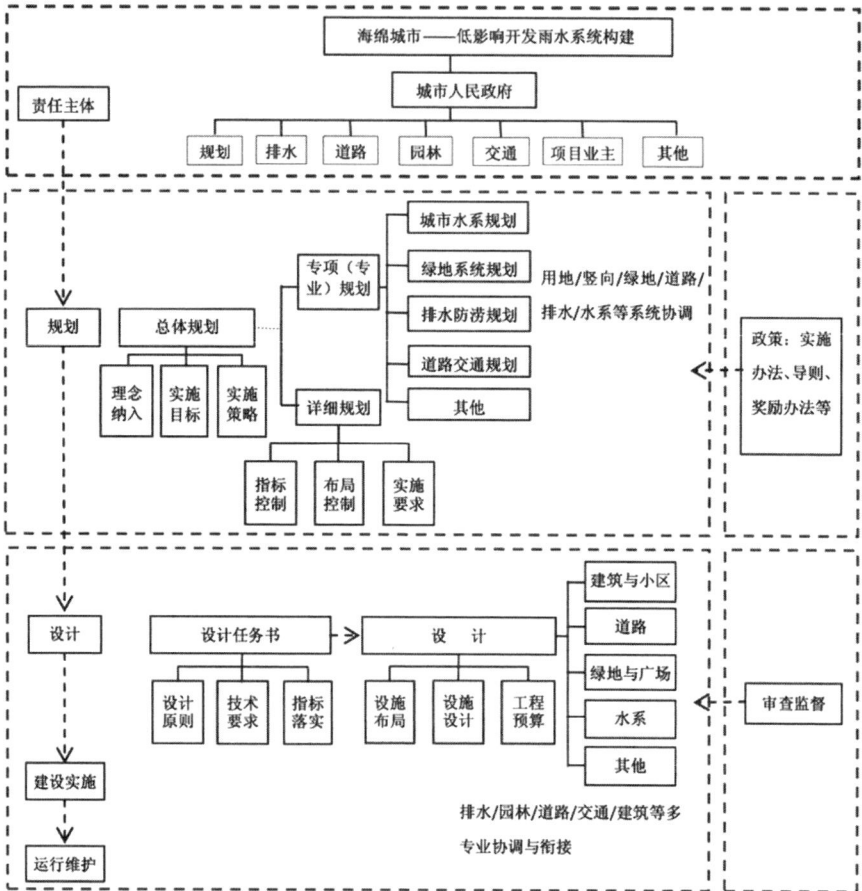

图 11-5　海绵城市——低影响开发雨水系统构建途径

（四）技术选择

根据城市降雨过程，低影响开发技术主要分为截留技术、促渗技术和调蓄技术三种。其中，截留技术是通过材料或者结构，将降雨过程中雨水形成径流的速度减缓，通过增加雨水汇集的面积来达到延缓径流目的的技术，如绿色屋顶及植物群落冠层截留等；地表促渗技术是改变地面材料或结构能够让雨水透过自身的空隙或结构，下渗至场地内部，同时材料或是结构具有一定的过滤净化作用，如包括透水铺装和绿色停车场等；调蓄技术能储存一定量的雨水径流，并对其进行净化，当设施内的雨水达到饱和时，通过溢流口排入市政雨水管网，而干旱时可向周边绿地提供水资源，如生态沟、雨水花园、调蓄池、人工湿地等。

三、国外海绵城市发展情况介绍

海绵城市的理念在国外发达国家本质上是基于雨洪管理体系的不断演化。因制度环境、经济社会发展阶段等的差异，国际上不同国家的海绵城市建设体系各具特点，但都是城市化背景下因地制宜的雨洪管理策略，在建设理念、建设模式、评估机制、监管模式等方面体现出很多共性特征，而这恰是中国当前海绵城市建设中急需重点研究和构建的方面。

（一）各国雨洪管理体系建设理念

1. 美国——低影响开发理念

20 世纪 90 年代开始美国国家环保总署（EPA）在全美推广施行低影响开发系统（LID），该系统是由最佳管理措施（Best Management Practices，BMP）理念发展而来[1]。其技术的特点是通过分散的、小规模的、低成本的绿色基础设施对雨水径流和污染实现控制。2008 年，在 LID 的基础上发展为"绿色雨洪基础设施"（Green Storm-water Infrastructure，GSI），2010 年美国环保总署将其定义为"绿色基础设施"（Green Infra-structure，GI），重点在于通过复合的绿色基础设施网络体系增强城市环境的适应能力[2]。

---

[1] J. C. Y. Guo, B. Urbonas, K. Mackenzie, "Water Quality Capture Volume for Storm Water BMP and LID Designs", *Journal of Hydrologic Engineering*, Vol.19, No.4, 2014, pp.682–686.

[2] 车伍、闫攀、赵杨等：《国际现代雨洪管理体系的发展及剖析》，《中国给水排水》，2014 年第 18 期，第 7 页。

表 11-1 低影响开发技术的实施手段

实施手段	功能
屋面雨水系统	屋面雨水系统中的绿色屋顶技术以处理和保留屋面 60%—100% 的雨水,建设城市雨水径流
雨水调蓄系统	包括生态调蓄系统和设施调蓄系统,对高强短时暴雨起到错峰作用,能有效缓解内涝
植草沟	雨水可通过植草沟缓缓深入地下,同时植物能对雨水中的污染进行消减
下凹式绿地	减缓城市排水系统压力,在渗透的同时消减雨水面源污染负荷,也可设计成下凹式休闲广场
透水路面	由于不可渗透的路面和硬质铺装广场产生的净流量是自然状态下的 2—6 倍,因此有必要通过透水路面技术将一定量的雨水渗透到地下
绿色街道	传统街道通过设置在道路上的雨水口排放雨水进入排水管道,LID 街道是通过开口的路沿石将雨水导入到道路绿化带中,在绿化带中设置雨水口,连接到排水管道。

资料来源:张颖夏《美国低影响开发技术(LID)发展情况概述》。

2. 英国——可持续城市排水系统理念

英国于 1999 年提出可持续性城市排水系统(Sustainable Urban Drainage Systems,简称 SUDS),它综合考虑水量、水质、水景观(环境的舒适度),建立了能够平衡经济发展和环境保护,维持良性水循环的可持续的排水体系[①]。SUDS 对雨水的处理模仿了自然过程,存蓄—缓慢释放—促进雨水渗透/过滤污染物—控制流速,在此过程中创造舒适宜居的环境;结合源头、传输和末端处理,全程管控雨水削减和净化,减轻城市排水系统的压力。SUDS "消化"雨水的三步如图 11-6 所示。

---

① J. B. Ellis, C. Viavattene, "Sustainable Urban Drainage System Modeling for Managing Urban Surface Water Flood Risk", *Clean – Soil Air Water*, Vol.42, No.2, 2014, pp.153–159.

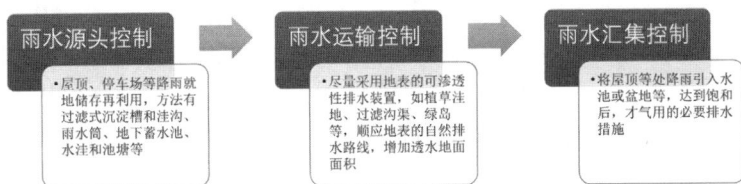

图 11-6　SUDS 对雨水进行源头、运输和汇集控制

资料来源：张玉鹏 . 国外雨水管理理念与实践 ①。

3. 澳大利亚的水敏性城市设计理念

水敏性城市设计（Water Sensitwe Urban Design，WSUD）最早出现在 1990 年的墨尔本。WSUD 技术重视城市水循环管理和水质保护，减少对自然水循环的负面影响，促进水环境和城市建设的良好互动②。该技术引入模拟自然水循环过程的城市防洪排水体系，综合考虑了城市防洪、基础设施设计、城市景观、道路及排水系统和河道生态环境等，最大限度地保留城市环境中原有池塘、溪流、湖泊等自然水体，最大限度地保护原有滨水植被和土壤等透水地面，结合生态化水处理措施，减少地表径流中的沉积物和污染物，改善进入城市接受水源的暴雨径流水质。目前，WSUD 在澳大利亚成为必须遵循的技术标准，在城市发展中被广泛采用。

表 11-2　水敏性城市设计中的主要雨水技术设施及应用

技术设施	作用	地点
植草洼地和缓冲带	通过植被、土壤的吸附和渗透暂时储存、滞留、运送和处理暴雨径流，以减少暴雨污染，减少径流流量和速度	主要应用于道路两侧、公共开放空间
过滤沟槽和生态保持装置	通过沙、有机物和生物过滤装置污染物，直流、运送和处理暴雨径流，以减少暴雨污染，减少径流流量和峰值	道路边缘、公共开放空间

---

① 张玉鹏：《国外雨水管理理念与实践》，《国际城市规划》，2015 年第 S1 期，第 89—93 页。

② 王思思、张丹明：《澳大利亚水敏感城市设计及启示》，《中国给水排水》，2010 年第 20 期，第 64—68 页。

技术设施	作用	地点
透水铺装	镀金暴雨径流通过透水性材料的渗透，一处污染，减少暴雨污染	在车流量较小和荷载较小的车道、停车场及步行区域

资料来源：根据公开资料整理。

（二）国外雨洪管理体系的共同特点

1. 完善的法规体系

不同发达国家的雨洪管理体系建设模式都以完善的法律法规体系为基础。美国制定了以《水质法案》为核心的一系列法律法规，控制水污染和雨水灾害；美国 51 个州也都有相应的雨洪管理建设手册或指南[①]。英国于 2003 年颁布了《英格兰及威尔士地区可持续性城市排水系统框架》，并于 2004 年发布了《可持续性城市排水系统实践暂行规定》，2010 年 4 月英国议会又通过了《洪水与水管理法案》，英国环保署规定凡新建设项目都必须使用"可持续性城市排水系统"，并由环境、食品和农村事务部负责制定关于系统设计、建造、运行和维护的"全国标准"[②]。

2. 工程技术和完善的管理相结合

各国都十分注重以工程技术和行政管理措施两结合，共同推进雨洪管理体系建设。如英国采用多源头的分散式管理和建设措施提高整个城市对雨水的收集、再利用以及城市排水能力，鼓励居民在家中、社区和商业建筑设立雨水回收利用系统。

3. 多渠道的资金保障

建设有效的雨洪管理体系必不可少的是可靠的资金来源。美国实施绿色

[①] 贾志刚：《国外雨水管理对我国海绵城市建设的启示》，《华东科技：学术版》，2016 年第 11 期，第 426—426 页。

[②] 田闯：《发达国家海绵城市建设经验及启示》，《黄河科技大学学报》，2015 年第 5 期，第 64—70 页。

基础设施项目的资金来源包括税收、政府补助、影响费、雨水费、绿色债券、贷款、PPP政府和社会资本合作等。

4. 有效的监管体系

有效的监管机制是发达国家雨洪管理建设的重要环节。美国监管雨洪管理建设项目的设计、建设、运营，既考虑雨洪管理建设工程措施的经济因素，也关注社会、生态、景观等生态价值；既发挥雨洪管理在雨水径流管控方面的作用，也关注在水污染防治方面的积极效用。德国是最早对雨洪管理建设采用政府管理制度的国家，由水务局统一管理与水务有关的全部事项，辅之以市场模式运作，同时接受社会的监督。在德国有近1/3的城市出台雨洪管理相关政策以促进雨洪管理设施的建设，且激励政策与强制性内容共同进行，推进雨洪管理 [①]。

四、国内海绵城市发展情况介绍

"海绵城市建设"提出以来，受到国内规划、住建、水利及园林等多行业人员的关注，呈百花齐放的态势。海绵城市的推动初始时依靠顶层设计和政策，实际推广进程中受到城市管理者青睐，特别是政府对两批共30个试点城市的大规模投入，更促进了全国海绵城市建设的热潮。

（一）海绵城市成为新型城镇化建设的重要内容

近年来，由于排水防涝等基础设施建设滞后，城市调蓄雨洪和应急管理能力不足，加上全球气候变化、暴雨等极端天气影响，全国各地频繁出现严重的城市内涝灾害，受灾城市数量、规模和经济损失、人员死伤均呈上升态势。2010年开始，中共中央、国务院以及相关部委发布多项城市排水防涝、城市

---

① 董秉直：《海绵城市管理与建设的国外经验借鉴》，《人民论坛·学术前沿》，2016年第21期，第19—28页。

节水和雨洪利用的政策。

2012 年召开的"低碳城市和区域发展科技论坛"上，"海绵城市"的概念首次被提出。然而真正受到广泛关注是在 2013 年 12 月，在北京召开的中央城镇化工作会议上，习近平总书记关于保障水安全的讲话中，强调提升城市排水系统时要考虑利用更多的自然力量，"建设自然积存、自然渗透、自然精华的海绵城市"。随后，中央城镇化工作会议提出："要建设自然积存、自然渗透、自然净化的海绵城市。"2014 年 10 月，住房和城乡建设部印发了《海绵城市建设技术指南——低影响开发与水系统构建（试行）》。同年 12 月，财政部、住建部、水利部联合启动了全国首批海绵城市建设试点城市申报工作。2015 年，国务院印发的《关于推进海绵城市建设的指导意见》中提出，要以黑臭水体治理为突破口对老城市的海绵设施进行建设。2017 年 10 月，十九大报告再次提出坚持节约资源和保护环境的基本国策，要像对待生命一样对待生态环境，统筹山水林田湖草系统治理，实行最严格的生态环境保护制度，形成绿色发展方式和生活方式，坚定走生产发展、生活富裕、生态良好的文明发展道路，建设美丽中国，为人民创造良好的生产生活环境，为全球生态安全做出贡献。2019 年 8 月 1 日，国家标准《海绵城市建设评价标准》开始实施，海绵城市建设开始快速发展。2021 年提出的"十四五"规划中，国家明确提出要重点建设 31 个在江河沿岸的海绵城市，并将海绵设施改造的重点更多放在了堤防、护岸以及江河道等水环境区域中。

（二）试点工作卓有成效

2015 年以来，财政部、住房和城乡建设部、水利部在全国择优选取了 30 个海绵城市建设试点城市。其中，涉及 4 个直辖市、23 个地级市、2 个国家级新区和 1 个县级市。

值得注意的是，与第一批名单相比，第二批名单中 3 个直辖市（北京、上海、天津）全部位列其中，其他大城市的比例也明显增加。加上第一批入围的重庆市，目前中国现有的具有特大建成区规模的城市，都已入围试点城市名单。

表 11-3 第一批和第二批海绵城市试点名单

	第一批	第二批	合计
华东地区	江苏镇江、浙江嘉兴、安徽池州、福建厦门、江西萍乡、山东济南	山东青岛、浙江宁波、福建福州、上海	10
华南地区	广西南宁	广东深圳、广东珠海、海南三亚	4
华中地区	河南鹤壁、湖北武汉、湖南常德		3
华北地区	河北迁安	天津、北京	3
西北地区	陕西西咸新区	甘肃庆阳、青海西宁、宁夏固原	4
西南地区	重庆、四川遂宁、贵州贵安新区	云南玉溪	4
东北地区	吉林白城	辽宁大连	2

国家级试点划定了示范区，进行了一系列探索性的建设活动。根据试点城市制定并报备的实施方案，试点工作计划在 3 年内建设海绵城市面积 1162 平方千米，涉及超过 5000 余个项目。目前第一批试点城市已完工项目超过 1300 个，大部分项目已经开工，预计 2018 年初完工。第二批试点城市也已经制定了相关的海绵城市建设规划，大部分城市已经开工建设。试点示范工作对推进全国范围内的海绵城市建设发挥了带动作用，目前全国已有 370 个城市提出海绵城市建设专项规划，涉及建设面积约 10 200 平方千米。

海绵城市项目的实施，在缓解城市内涝、消除水体黑臭方面已见成效。第一批 16 个试点城市区域内 13 条黑臭水体（占试点区域内黑臭水体总数的 46%）、171 个易涝点（占区域内易涝点总数的 60%）已经消除。试点地区因地制宜推进海绵城市建设，在加强雨水径流源头控制、提高防洪排涝能力、改善水生态环境等方面取得了显著成效。2016 年汛期，一些流域和地区遭受严重洪涝灾害，有的城市的建设成果在应对汛期强降雨中发挥了积极作用。试点工作不仅解决了民生问题，还通过统筹建设提升了综合效益。有的试点城市将海绵城市理念融入城市发展之中，把功能单一的排水沟渠、河道、蓄水池转变为充满生机的溪流、河湖。

（三）PPP 助力海绵城市建设

海绵城市建设背后是庞大的资金需求，资金需求能否得到保障，是海绵城市项目能否顺利进行的重要前提。从建设和投资规模来看，目前 30 个试点城市计划建设海绵城市面积超过 1162 平方千米，计划建设项目据不完全统计约为 5400 个，试点城市的投资总额应超过 1500 亿元。截至 2017 年 4 月，海绵城市建设试点项目已建设面积 420 平方千米，完成投资约 544 亿元。中央财政已累计拨付奖补资金 412.6 亿元，其中地下综合管廊 179.2 亿元，海绵城市建设 233.4 亿元。同时，地方各级财政给予支持，海绵城市建设已投入资金 129 亿元，社会资本投入约 182 亿元，占比达 33%。

由于住建部鼓励使用 PPP 融资模式，鼓励社会资本参与海绵城市投资建设和运营管理，鼓励技术企业与金融资本结合，采用总承包方式承接相关建设项目，发挥整体效益，所以目前实施的海绵城市项目的资金来源主要是中央财政专项拨款、政府贷款和 PPP 资金。

表 11-4　海绵城市试点计划建设项目和预计投资情况

批次	城市	试点面积（平方千米）	项目数（个）	投资金额（亿元）
第一批	迁安	21.5	189	34.0
	白城	22	317	43.5
	镇江	29	273	88.7
	嘉兴	18.44	116	51.1
	池州	18.5	117	42.3
	厦门	35.4	259	55.7
	萍乡	32.98	159	63.0
	济南	39	137	79.3
	鹤壁	29.8	317	32.9
	武汉	38.5	288	
	常德	41.21	266	134.0
	南宁	54.6	203	95.2
	重庆	18.67	75	242.0
	遂宁	25.8	346	58.3

批次	城市	试点面积（平方千米）	项目数（个）	投资金额（亿元）
	贵安新区	19.55	75	58.8
	西咸新区	22.5	58	27.1
	青岛	25.24	253	
	宁波	30.95	171	
	福州	57	162	
	上海	79	15	
	深圳	254.6		
第二批	珠海	51.96	447	106.6
	三亚	20.3	219	40.4
	庆阳	29.6	256	47.4
	西宁	21.5	140	
	固原	23	221	36.5
	天津	39.48		
	北京	19.36		
	大连	21.8	54	29.0
	玉溪	20.9	290	83.8
合计		1162.14	5423	1449.2

（四）海绵城市建设过程中存在的不足

按照国务院《关于推进海绵城市建设的指导意见》提出的海绵城市建设工作目标，到 2030 年，城市建成区 80% 以上的面积达到目标要求。按照《全国土地规划纲要（2016—2030 年）》，2015 年城镇空间为 8.9 万平方千米，2030 年预期为 11.67 万平方千米，如果按同比例推算，2015 年全国城市建成区面积总共 5.21 万平方千米，预计到 2030 年为 6.83 万平方千米，2030 年需完成 5.46 万平方千米的海绵城市建设。

表 11-5　海绵城市试点资金来源

批次	城市	财政部补助（亿元）	地方财政、银行等（亿元）	PPP 社会资本（亿元）	PPP 项目	运作方式及回报机制
第一批	迁安	12	海绵城市建设引导资金 12	总额 19，已签约 11.2	生活污水厂提标改造工程	ROT
					高新技术产业开发区污水厂项目	BOT
					第三水厂和水源地项目	BOT 服务期为 25 年
					道路管网及绿化，建筑与小区的海绵化改造，三里河郊野公园，生态走廊、下游治理，信息化平台等项目	政府购买服务，服务期 17 年
					政府投资项目（建筑小区与管网）、政府投资项目（广场与绿地）	委托运营，运营期 8 年
	白城	12	7.2	24.3	—	
	镇江	12	—	财政部补助 12	低影响开发及改造、生态修复、管网工程和易涝地区达标工程	项目公司提供工程管理服务
				已签约 13.85	建设、运营征润州污水处理厂和一系列雨水泵站、排涝管道、雨水调蓄池以及河流整治工程	特许经营，特许经营期为 23 年
	嘉兴	12	—	总额 17.18	忘吴门广场改造项目，4.85 亿	—
					城东再生水厂（含调蓄池，不含湿地），3.7 亿	
					长水塘、长盐塘水文化生态廊道工程，约 8.63 亿	DBFO+ 政府付费
	池州	12	—	24.65	滨江棚户区天堂湖新区基础设施 PPP 项目、水环境 PPP 项目、停车场 PPP 项目、排水 PPP 项目	
	厦门	12		22.4	供水污水处理、河道整治、海城清淤、湾区岸壁、公园项目等市政设施项目	
	萍乡	12		29		

续表

批次	城市	财政部补助（亿元）	地方财政、银行等（亿元）	PPP社会资本（亿元）	PPP项目	运作方式及回报机制
	济南	15		总额52.9	星河流域PPP项目，24.2亿	特许经营
					玉秀河流域PPP项目，14.51亿	
					东部片区PPP项目，10.44亿	
					西部片区PPP项目，3.75亿	
	鹤壁	12	地方政府27.42	5.63		
	武汉	15	地方政府35	52		
	常德	12				
	南宁	15		43.66	竹排江上游植物园端（那考河）流域治理，10亿	BOT+政府付费
	重庆	18				
	遂宁	12	地方财政17.06	29.22	试点项目都将采取PPP模式实施	
	贵安新区	12	管理委员5	29.7		
	西咸新区	12	陕西省配套资金、国开行等低息贷款	—	渭河污水处理厂及管网、渭河沣景路泵站及渭河天元路泵站项目	DBOT，特许经营期为23年
					中心绿朗一期改扩建项目	—
第二批	青岛	12			大村河流域海绵项目	DFBOT（设计、建设、融资、运营、移交），期限20年（其中建设期2年，经营期18年）
	宁波	12			城古镇水生态保护与修复PPP项目包	"技术+资本"整体运作的模式进行建设，根据建设效果进行付费
					新区公共项目海绵城市建设PPP项目包	
					老城区内涝防治PPP项目包	

续表

批次	城市	财政部补助（亿元）	地方财政、银行等（亿元）	PPP 社会资本（亿元）	PPP 项目	运作方式及回报机制
	福州	15			"源头地块海绵改造＋管网传输＋流域末端集中控制＋水体治理的综合流域型"凤坂二支河流域 PPP 项目	
	上海	18				
	深圳	12			光明凤凰城海绵建设任务中的6 个项目	PPP+EPC（公私合作模式＋工程总承包）
	珠海	12				
	三亚	12		38.5	三亚市海绵城市试点区域内 PPP 项目，投资额约为 27.7 亿元	项目期限为 23 年（其中建设期 3 年，运营期 20 年）
					三亚市海绵城市试点区域外污水设施 PPP 项目，投资额约为 10.8 亿元	
	庆阳	12				
	西宁	15			西宁市海绵城市改造提升 PPP 项目	
					海绵城市生态治理 PPP 项目	
					第四污水处理及再生水厂扩建 PPP 项目	
	固原	12			固原市海绵城市 PPP 项目	合作期限 25 年
	天津	18				
	北京	18			延芳淀湿地工程项目	
	大连	12				
	玉溪	12				

表 11-6 未来城市建成区面积预测

指标名称	2015 年	2030 年	属性
国土开发强度（%）	4.02	4.62	约束性
城镇空间（万平方千米）	8.9	11.67	预期性
城市建成区面积（万平方千米）	5.21	6.83	预期

资料来源：《全国土地规划纲要（2016—2030）》及推算。

然而，目前关于海绵城市建设国家建筑标准尚不完善，各地出台各种规划、标准仍在编制中。现阶段，国内的规划设计院所普遍存在技术、经验、数据不足，给项目的实施带来了较大压力。

除技术问题以外，资金缺乏、投资渠道单一是更为严峻的问题。巨大的资金压力政府难以负担，如何吸收社会资本、最大化利用有限的资金，成为推进海绵城市建设的关键问题。2021 年 10 月 25 日，国务院新闻办公室发布的《关于推动城乡建设绿色发展的意见》中显示，截至 2020 年底，全国共建成落实海绵城市建设理念的项目达到 4 万多个，提升了雨水资源涵养能力和综合利用水平，实现雨水资源年利用量 3.5 亿吨。然而海绵城市近年来的建设步伐明显放缓。据财政部政府和社会资本合作中心统计数据显示，2015—2017 年，试点城市海绵城市建设项目的快速落地，各地海绵城市建设 PPP 项目数量增长较多，但 2018 年以来，PPP 项目数量有所下滑，截至 2020 年 11 月，全年新发起海绵城市 PPP 项目仅 2 个。虽然 PPP 模式能够将社会资本引入公共项目中，但是在海绵城市项目中的运用还需要进一步的深化和探索。公共评价机制不完善、大部分类型的项目没有明显的经营收益，难以调动社会资本的积极性。而且，不论是采用 PPP 模式还是 BOT、BT 模式，工程的投入最终还是会转化到政府负债上，增加政府的负担，在建设中如何合理地根据城市自身的政府财政实力开展海绵城市建设至关重要。

五、政策建议

海绵城市建设以自然积存、自然渗透、自然净化为特征，以规划引领、生态优先、安全为重、因地制宜、统筹建设为基本原则。在现代化城市建设中，不仅要注重其自身规划、建设及美化，更重要的是要顺应生态文明的要求，通过海绵城市的建设保护来合理利用水资源，科学改善水环境，修复城市水生态，使水体良性循环，从而打造良好的生态环境和优美的城市景观系统。目前海绵城市政策尚处于摸索期，如何实现海绵城市建设融资多元化、如何克服技术门槛、如何有效监管等都成为不可避免的挑战。

（一）转变观念，加大宣传

首先，发挥多种媒体力量，加大对海绵城市建设理念的宣传。海绵城市建设理念的了解仍局限于相关政府部门和一些从业者、研究者，广大居民对这种与自身生活密切相关的新型城市规划理念并不熟悉。而且海绵城市建设外部性强，既能够减少雨洪灾害，提高社会效益，又能够减少污染，缓解热岛效应，改善城市生态文明。同时还能够美化城市景观，帮助打造宜居城市。而且，与传统灰色基础设施相比，海绵城市建设费用大大降低。

因此，当务之急就是，政府应借助各类媒体广为宣传海绵城市建设的方式和目的，使海绵城市建设的理念和内涵深入人心，提高公众的参与度。

（二）完善法律法规

海绵城市建设法律化和强制性一方面可以有效促进实施落实，以免陷入"形象工程"；另一方面可以提升海绵城市的正规性和合法性，有助于提高其重要性和政府、公民意识。

因此，政府应该逐步建立健全海绵城市相关的法律法规，依法治水。从法律角度提升海绵城市建设的重要性和公众意识。同时，在建设与维护，包括投入机制、绩效考核、监督管理等方面，出台硬性的指标和配套的奖惩措施，合理利用税收和费用征缴方法，强制性督促海绵城市科学规划、有序实施，并且严格监管。

（三）搭建技术平台

国内海绵城市项目主体间可以建立海绵城市战略联盟平台，通过"技术＋资本"的平台运作模式，将海绵城市行业先进的学术研究机构、规划设计咨询、社会资本、建设实施企业等多方代表联合起来打造全产业链、一站式行业顶层设计解决方案。同时，可以将国外的 BMP、LID、SUDS 和 WSUD 及健全水循环体系等概念和技术引入国内，根据地理条件、水文情况、本地降雨量、城市住宅密度和人口密度、有无空间和土地利用的变迁等情况，找出适合本区域的海绵城市建设方案。在实施时，参照国外雨水管理的经验与技术，结合既有的雨水收集、输送及储存设施等的建设方案，科学规划、积极推进，如采取一系列雨水利用和滞蓄措施，要求新建、改建的大型公共建筑物设置雨水下渗或滞蓄设施，利用公园、绿地、停车场等开放空间来调蓄暴雨径流。

另外，海绵城市也可以与中国正在开发的智能城市建立联系，借助云计算与大数据信息技术战略等智慧体系，整合数据和技术促进海绵城市的规划、设计、施工、运营管理和功能评估，为海绵城市带来智慧思维。

（四）建立激励机制

财政方面，政府可适当出台扶持性政策和奖励政策，调动各环节积极性。中央政府应对地方政府给予鼓励与支持，可以设置专门的基金支持、补贴等，对于引进 PPP 模式达到一定比例的，或者在海绵体建设中有突出的创新性构想、各评价指标达到优秀的，可按照补助基数奖励。地方政府应对企业提供融资支持和示范引导，可以通过特许经营、投资补贴、税收优惠、贷款贴息等形式吸引社会资本参与。对提供先进技术所取得的使用税降税或免征所得税，对缺乏竞争力的经济投资主体给予一定的税收反补或补贴以降低相关企业和部门的负担。

融资方面，实现海绵城市建设投融资市场化。同时，要突破传统的基础设施建设投融资方式单一化模式，根据不同地区经济发展程度、金融贸易方式，因地制宜地利用国债、银行信贷、外国直接投资、外国政府优惠贷款，逐步引入各类基金，或者采取出售、上市、发行债券、实施资产证券化、转让经营权等形式引进社会和民间资金，有条件的城市可以探索发行海绵城市建设公债，适当引进一些国际上基础设施建设投融资中出现的新的融资工具和方式。

第十二章

新型城镇化背景下城市宜居度研究

聂 莹

近年来，中国经济快速增长，城市迅速发展，但是快速的城市化发展同时也出现环境污染、交通堵塞、住房无保障、教育医疗等公共服务缺失、城市特色历史文化消逝等诸多城市病，阻碍制约了城市进一步发展。中央政府决策选择通过新型城镇化的发展途径来推进城市的进步与发展。2013 年中央城镇化工作会议提出要"按照促进生产空间集约高效、生活空间宜居适度、生态空间山清水秀的总体要求，形成生产、生活、生态空间的合理结构"。国家"十三五"规划纲要也专门指出要建设和谐宜居城市。2015 年 12 月召开的中央城市工作会议明确指出要"提高城市发展宜居性"，并把"建设和谐宜居城市"作为城市发展的主要目标。2016 年，国家发展改革委（以下简称发改委）公布了国务院批复同意的《加快推进新型城镇化建设行动方案》，其中提升城市功能和宜居水平是年度工作的五大重点领域之一。可见以人为本的宜居城市已然成为城市发展的重要方向与目标，在新型城镇化建设中占据着重要地位。

基于此，本文首先从宜居城市的基本理论基础和国内外评价比较来分析宜居城市的研究进展，在此基础上结合新型城镇化建设背景构建城市宜居度指标体系，对 289 个地级以上城市进行实证分析，最后总结问题与经验，并提出相关建议。

一、宜居城市的相关理论

城市是迄今为止人类生存和居住的最佳聚落方式。宜居城市的建设也不是一成不变的，其理论基础、概念内涵也随着社会经济发展不断丰富。

（一）理论基础

"宜居性"最早由大卫·史密斯（David L.Smith）在其著作《宜人与城市规划》中予以阐述。宜居城市（livable city）是指一定地域空间内人与自然系统和谐共生和持续发展的人类聚居地，其思想内涵体现了人类对传统工业化、城市化模式的批判性反思以及发展观、价值观的根本性转变[①]。宜居城市的概念关注点经历了从物质环境到人文关怀，再到关注可持续性发展的演变过程。人地关系理论、人居环境理论、生态城市理论、可持续发展理论等，从不同视角为宜居城市建设提供了理论基础[②]。

1.人地关系理论

人地关系中人类活动和地理环境相互作用错综复杂，可通过最能体现人地关系本质的关键要素来剖析人地关系的主要问题[③]。在人地关系矛盾中，人处于主导地位。住房与住区是城市生产、经济、社会等活动的后勤保障基地，居住是人类生存的最基本的条件之一。人居现象应该说是联系人地的最基本的联结点，人居环境的好坏直接影响到人类生活的质量。人地关系理论为宜居城市提供了人地协调的方向。

---

① 查晓鸣、杨剑：《宜居城市的内涵分析》，《农业科技与信息：现代园林》，2012 年第 Z2 期，第 24—27 页。

② 张文忠：《宜居城市建设的核心框架》，《地理研究》，2016 年第 2 期，第 205—213 页。

③ 同上。

2. 人居环境理论

宜居城市研究起源于对人居环境问题的研究[①]。英国工业革命后大量农村人口流入城市，有限的城市居住容量带来了一系列的居住环境问题和社会问题。霍华德"田园城市"的理念引发了田园都市运动，旨在解决工业化对城市居住空间带来的压力和环境负担问题。第二次世界大战后，随着城市规划的发展，人们对舒适和宜人的居住环境的追求，在城市规划中的地位得到确立。1961 年，世界卫生组织提出了安全性、健康性、便利性、舒适性四个居住环境的基本理念。

1990 年，国内学者吴良镛提出的人居环境科学将"人居"概念进行了深入诠释。他采用分系统、分层次的研究方法，从社会、经济、生态、文化艺术、技术等多方面综合考察了人类居住环境，创建了人居环境科学理论体系的基本框架[②]。吴良镛认为就城市规划而言，建筑、地景、城市规划三位一体，通过城市设计整合起来，构成人居环境科学体系的核心，同时，他认为人居科学是一个开放的学科群，外围多学科群的融入和发展会从不同的途径，解决现实的问题，创造宜人的聚居环境。

城市地理学家对人居环境理论研究也做出了贡献。他们从人地关系的视角出发，将人居环境作为一个系统科学，按照自然和人文两大系统来解析人类聚集空间，并按照不同地理空间尺度，对不同规模的区域进行分析[③][④][⑤]，这些与吴良镛的思想具有一致性。以上理论和思想基本涵盖了宜居城市研究的主要内容，构成了宜居城市研究的基本思路。

3. 生态城市理论

关于生态城市的建设原则和理论，最具有代表性的是美国"生态城市建

[①] 李业锦、张文忠、田山川等：《宜居城市的理论基础和评价研究进展》，《地理科学进展》，2008 年第 3 期，第 101—109 页。

[②] 吴良镛：《人居环境科学导论》，中国建筑工业出版社，2001 年。

[③] 宁越敏、查志强：《大都市人居环境评价和优化研究——以上海市为例》，《城市规划》，1999 年第 6 期，第 15—20 页。

[④] 李王鸣、叶信岳：《城市人居环境评价——以杭州城市为例》，《经济地理》，1999 年第 2 期，第 38—43 页。

[⑤] 陈浮：《城市人居环境与满意度评价研究》，《城市规划》，2000 年第 7 期，第 25—27 页。

设者"组织负责人理查德·瑞杰斯特（Richard Register）的相关思想[1]。他认为生态城市即生态健康城市，是紧凑、充满活力、节能并与自然和谐共存的聚居地，生态城市的标准是生命、美和公平，并于1993年提出了12条生态城市设计原则。这些原则强调公众利益与平衡发展、公共设施建设的优先权、居民融合、公众参与、自然环境的修复、人文景观的保护、循环经济的普及、城市集约化发展等理念。因此宜居城市和生态城市都应是城市发展的目标。

4. 可持续发展理论

20世纪90年代，可持续发展成为宜居城市发展的重要内容[2]。Salzana（1997）从可持续的角度发展了宜居的概念，认为宜居城市连接过去未来，记载人类足迹，铭记历史烙印，同时考虑子孙后代[3]。Asami（2001）也强调城市环境的可持续性，认为对于人们居住的环境不仅要从个人所获利益（或损害）的角度来考察，如安全性、保健性、便利性、舒适性等，也要考虑个人对整个社会做出了何种程度的贡献，即必须建立起"可持续性"的理念[4]。

人地关系理论是研究宜居城市的理论基础；人居环境理论基本涵盖宜居城市建设的重点内容；生态城市理念对宜居城市建设在原则和内容提供了基础；可持续发展理论为宜居城市建设理念和目标指明了方向。除了上述四种理论，田园城市、新城市主义和精明增长等重要城市发展思想也为宜居城市建设实践提供了有效的理论指引。

（二）宜居城市内涵

"宜居城市"的概念虽引人关注，但是关于其内涵、评价，学术界分歧较

[1] R. Register, *Ecocity Berkeley: Building Cities for a Healthy Future*, North Atlantic Books, 1987.

[2] 李业锦、张文忠、田山川等：《宜居城市的理论基础和评价研究进展》，《地理科学进展》，2008年第3期，第101—109页。

[3] E. Salano, "Seven aims for the livable city", *International Making Cities Livable Conferences*, Gondolier Press,1997.

[4] Y. Asami, *Residential environment methods and theory for evaluation*, University of Tokyo Press, 2001.

大。宜居城市的理论基于人类经济与社会进步而不断发展与完善，其概念内涵亦随着理论研究的发展而不断丰富，由此宜居城市研究处于动态发展的过程。

通过国外文献分析，发现国外对于宜居城市的理解比较注重城市现有和未来居民生活质量的三大类因素，即适宜居住性、可持续性、适应性。关于宜居性，除关注城市的居住环境外，对居民参与城市发展的决策能力也很重视。关于城市的可持续发展，追求的不仅是当前城市居民生活质量的高低，也重视城市的可持续发展潜力。另外，城市对危机和困难的可适应性也是宜居城市发展的重要内容[1][2][3][4][5]。

通过国内文献分析，发现国内关于宜居城市的理论研究主要源于 20 世纪 90 年代初吴良镛院士关于人居环境科学的研究，学者们在此基础上主要从人的需求、区域整体视角、可持续发展三个方面来解释宜居城市的概念。认为宜居城市是以人为本的城市，建设宜居城市不仅应考虑设施建设，还要考虑如何协调兼顾不同群体利益和需求。不仅包括适宜于居住，还应包括适宜于就业、出行、教育、医疗以及具有丰富的文化资源等方面，应该是一个安全的城市、健康的城市、生活方便的城市，也是一个居住舒适的城市[6][7][8][9]。

随着经济不断发展及环境问题的增加，宜居城市的内涵从居住条件、便

[1]　H. L. Lennard, "Principles for the Livable City", *International Making Cities Livable Conferences*, Gondolier Press, 1997.

[2]　M. Douglass, "Globalization and the Pacific Asia Crisis-Toward Economic Resilience Through Livable Cities", *Asian Geographer*, Vol.19, No.1–2, 2000, p.19.

[3]　Y. Asami, *Residential Environment: Methods and Theory for Evaluation*, University of Tokyo Press, 2001.

[4]　P. Evans, *Livable Cities?: Urban Struggles for Livelihood and Sustainability*, University of California Press, 2002.

[5]　M. Douglass, "From global intercity competition to cooperation for livable cities and economic resilience in Pacific Asia", *Environment and Urbanization*, Vol.14, No.1, 2002, pp.53–68.

[6]　顾文选、罗亚蒙：《宜居城市科学评价标准》，《北京规划建设》，2007 年第 1 期，第 7—10 页。

[7]　张文忠：《宜居城市的内涵及评价指标体系探讨》，《城市规划学刊》，2007 年第 3 期，第 30—34 页。

[8]　查晓鸣、杨剑：《宜居城市的内涵分析》，《现代园林》，2012 年第 10 期，第 12—15 页

[9]　赵琳：《宜居城市建设的理论与实践》，《山西师大学报》(社会科学版)，2013 年第 S2 期，第 96—97 页。

捷生活演化为健康环境、持续发展，概念内涵越来越丰富。

二、宜居城市国内外评价比较

（一）国内宜居城市的评价体系与排名

如上所述，关于宜居城市的概念和内涵，不同的学者和机构有着不同的理解，在不同的评价对象和评价目标下，对宜居城市的评价标准也不尽相同。这里根据评价主体的不同，梳理不同研究机构建构的分析评价体系与排名。

1. 中国城市科学研究会的评价

（1）评价指标

2005 年，中国城市科学研究会向建设部申报立项《宜居城市科学评价标准》，2007 年通过建设部评审验收。其主要内容包括：社会文明、经济富裕、环境优美、资源承载、生活便宜、公共安全 6 项维度一级指标，29 项二级指标、67 项三级指标[①]。该标准实行百分制，宜居指数达到 80 分即认为是"较宜居城市"。

（2）排名

依据该指标对城市宜居性的测算排名如表 12-1 所示。因宜居城市理论与城市建设的发展，该指标体系于 2012 年以后被搁置，所以本表汇总的排名是2007 年至 2012 年宜居城市前十名。

2. 中国城市竞争力研究会的评价

中国城市竞争力研究会（China Institute of City Competitiveness，CICC）长期以来对全球和中国城市的综合经济竞争力、宜居竞争力、可持续竞争力进行多角度的排名。

---

① http://www.china.com.cn/policy/txt/2007-05/31/content_8323870.htm.

表 12-1 2007—2012 年中国宜居城市排行（前 10 位）

排名	城市 （2007 年）	城市 （2008 年）	城市 （2009 年）	城市 （2010 年）	城市 （2011 年）	城市 （2012 年）
1	深圳	杭州	青岛	南京	青岛	苏州
2	湛江	成都	苏州	厦门	苏州	金华
3	十堰	威海	泰州	南通	贵阳	威海
4	许昌	深圳	厦门	聊城	合肥	惠州
5	黄冈	昆明	宁波	绍兴	金华	台中
6	九江	珠海	长沙	云浮	威海	南宁
7	牡丹江	贵阳	聊城	赣州	云浮	信阳
8	娄底	金华	河池	银川	信阳	芜湖
9	湘潭	曲靖	包头	信阳	镇江	衢州
10	聊城	绍兴	信阳	丹东	绥芬河	宜春

（1）评价指标

CICC 提出的《GN 中国宜居城市评价指标体系》由包括生态环境健康指数、城市安全指数、生活便利指数、生活舒适指数、经济富裕指数、社会文明指数、城市美誉度指数在内的 7 项一级指标、48 项二级指标、74 项三级指标组成[1]。

（2）排名

在上述标准下，CICC 对国内 289 个城市的宜居性进行了排序，其中 2017 年全国宜居城市前 10 位，如表 12-2[2] 所示。

---

[1] http://www.gqfgi.com/Ch/NewsView.asp?ID=725&SortID=22.

[2] http://www.gqfgi.com/Ch/NewsView.asp?ID=725&SortID=22（https://www.phb123.com/city/tese/15759_2.html）.

表 12-2　香港中国城市竞争力研究会发布的中国十佳宜居城市排行榜（2009—2016 年）

排名	城市（2016年）	城市（2015年）	城市（2014年）	城市（2013年）	城市（2012年）	城市（2011年）	城市（2010年）	城市（2009年）
1	珠海	深圳	珠海	威海	苏州	青岛	南京	青岛
2	威海	珠海	成都	珠海	金华	苏州	厦门	苏州
3	信阳	烟台	金华	金华	威海	贵阳	南通	泰州
4	惠州	惠州	惠州	惠州	惠州	合肥	聊城	厦门
5	金华	信阳	信阳	台中	台中	金华	绍兴	宁波
6	柳州	厦门	烟台	信阳	南宁	威海	云浮	长沙
7	曲靖	金华	合肥	南宁	信阳	云浮	台州	聊城
8	南通	柳州	南宁	衢州	芜湖	信阳	银川	河州
9	衢州	扬州	曲靖	曲靖	衢州	九江	信阳	包头
10	广元	九江	遂宁	香港	宜春	绥芬河	丹东	信阳

3. 中国科学院的评价

中科院地理所研究员张文忠对国内外指标体系进行了比较，建立了一套宜居城市的评价指标体系（2007[①]、2016[②]）。在此基础上，中科院发布了《中国宜居城市研究报告》。

（1）评价指标

《中国宜居城市研究报告》中，评价指标共包括城市安全性、公共服务设施方便性、自然环境宜人性、社会人文环境舒适性、交通便捷性和环境健康性等 6 大维度和 29 个具体评价指标。

（2）排名

根据 2017 年《中国宜居城市研究报告》，在中国 40 个被调查城市中，宜居指数排名，如表 12-3[③] 所示。

---

① 李业锦、张文忠、田山川、余建辉：《宜居城市的理论基础和评价研究进展》，《地理科学进展》，2008 年第 3 期，第 101—109 页。

② 张文忠：《中国宜居城市建设的理论研究及实践思考》，《国际城市规划》，2016 年第 5 期，第 1—6 页。

③ http://www.ce.cn/xwzx/gnsz/gdxw/201606/14/t20160614_12851426.shtml.

表 12-3　2017 年中国城市宜居指数（40 个城市）

排名	城市	排名	城市	排名	城市	排名	城市
1	青岛	11	杭州	21	天津	31	郑州
2	昆明	12	上海	22	合肥	32	南宁
3	三亚	13	长沙	23	沈阳	33	呼和浩特
4	大连	14	济南	24	南京	34	拉萨
5	威海	15	福州	25	宁波	35	银川
6	苏州	16	成都	26	西安	36	南昌
7	珠海	17	海口	27	武汉	37	太原
8	厦门	18	兰州	28	贵阳	38	哈尔滨
9	深圳	19	长春	29	石家庄	39	广州
10	重庆	20	乌鲁木齐	30	西宁	40	北京

4. 中国社会科学院的评价

中国社会科学院财经战略研究院和社科文献出版社 2015 年开始每年共同发布《中国城市竞争力报告》，其中给出了中国十大宜居城市。

（1）评价指标

《中国城市竞争力报告》对全国 289 个城市的综合经济竞争力、宜居竞争力、可持续竞争力进行了指数测算并依其进行了排名。其中的宜居竞争力指数计算由人口素质、社会环境、生态环境、居住环境、市政设施等指标计算得出。

（2）排名

表 12-4　《中国城市竞争力报告》中的全国宜居竞争力排名前 10 位（2015—2017 年）[1][2]

排名	城市（2017 年）	城市（2016 年）	城市（2015 年）
1	香港	珠海	珠海
2	无锡	香港	厦门

① https://www.phb123.com/city/tese/15759_2.html.

② http://business.sohu.com/20160615/n454533467.shtml.

续表

排名	城市（2017 年）	城市（2016 年）	城市（2015 年）
3	广州	海口	舟山
4	澳门	三亚	香港
5	厦门	厦门	海口
6	杭州	深圳	深圳
7	深圳	舟山	三亚
8	南通	无锡	温州
9	南京	杭州	苏州
10	上海	上海	无锡

（二）国外宜居城市的评价与排名

目前，尚无国际通行的关于宜居城市的评价标准，但是有些国家、地区和组织曾做过宜居城市或宜居社区等方面的调查与评选，其中以 Mercer（美世咨询）、Monocle 杂志（《单片眼镜》）、EIU（经济学人智库）的排名报告影响最大。

1. Mercer

Mercer 是全球最大的人力资源与金融服务咨询公司，每年发布"美世生活质量调查"，根据 39 项标准比较 221 个城市并进行排名。以公司总部所在地美国纽约市的基准分数为 100，其他城市则与之相对比较。标准涉及安全、教育、卫生、保健、文化、环境、娱乐、政治经济稳定、公共交通、商品和服务的获取等多个方面。排名靠前的城市相对稳定，值得注意的是，奥地利首都维也纳连续八年（2009—2016）在"生活质量"调查排名中占据榜首。中国城市普遍排名不高，2016 年上海排名最高（第 101 位），随后是北京（第 118 位）、广州（第 119 位）等城市。

表 12-5　Mercer 生活质量排名前 10 位（2010—2016 年）

城市	国家	2016 年	2015 年	2014 年	2012 年	2010 年
维也纳	奥地利	1	1	1	1	1
苏黎世	瑞士	2	2	2	2	2
奥克兰	新西兰	3	3	3	3	4
慕尼黑	德国	4	4	4	4	7
温哥华	加拿大	5	5	5	5	4
杜塞尔多夫	德国	6	6	6	6	6
法兰克福	德国	7	7	7	7	7
日内瓦	瑞士	8	8	8	8	3
哥本哈根	丹麦	9	9	9	9	11
悉尼	澳大利亚	10	10	10	10	10

2. Monocle 杂志 [1][2]

自 2006 年以来，Monocle 对全球 440 个城市的居住条件进行调查，发布了一系列宜居城市排名名单。2008 年，这份名单被命名为"最可居住的城市指数"，并对排名前 25 位的城市的生活质量予以介绍分析。这项调查的宜居标准是安全（犯罪）、国际连接、气候（阳光）、建筑质量、公共交通、宽容、环境问题、城市设计、商业条件、积极的政策发展和医疗保健等十类共 39 个因子。表 12-6 是该杂志评测的 2015 年全球排名前 10 位的宜居城市 [3]。

---

①　https://www.uk.mercer.com/newsroom/2015–quality-of-living-survey.html.

②　https://en.wikipedia.org/wiki/Mercer_Quality_of_Living_Survey.

③　https://skift.com/2015/06/12/monocles-quality-of-life-survey-is-an-alternative-places-to-go-for-2015/.

表 12-6　Monocle2015 年全球宜居城市排名（前 10 位）

城市	2013 年	2014 年	2015 年
东京	4	2	1
维也纳	5	6	2
柏林	20	14	3
墨尔本	2	3	4
悉尼	9	11	5
斯德哥尔摩	7	4	6
温哥华	19	15	7
赫尔辛基	3	5	8
慕尼黑	8	8	9
苏黎世	6	7	10

3.EIU（经济学人智库）①②

宜居性是世界各地生活条件优劣的反映。英国《经济学家》EIU 对宜居城市进行了几次世界范围的调查与评选，影响力较大。EIU 的宜居性评级依据五大指标（稳定性、医疗保健、文化和环境、教育、基础设施），共涉及 30 多个定量和定性因素，对任一特定城市个人生活可能面临的困难进行了量化，并在全球 140 个城市间进行比较，为每个城市进行打分，所有指标的平均分数为 EIU 综合指数。

EIU 发布的全球宜居城市排名相对稳定，对比 2014 年和 2017 年排名，前五位和后五位的城市基本没有变化。

① http://www.eiu.com/topic/liveability.

② http://house.qq.com/a/20150819/008709.htm.

表 12-7 EIU 全球宜居城市及排名（2017 年）

全球最宜居城市	全球最不宜居城市
2017 年 ①	2017 年
墨尔本（澳大利亚）	大马士革（叙利亚）
维也纳（奥地利）	拉各斯（尼日利亚）
温哥华（加拿大）	的黎波里（利比亚）
多伦多（加拿大）	达卡（孟加拉国）
阿德莱德（澳大利亚）	莫尔兹比（巴布亚新几内亚）
卡尔加里（加拿大）	

其中，上榜的中国大陆城市中，2017 年中国大陆排名最高的城市是苏州（排名第 72 位），随后是北京（第 73 位）。通过将国内外代表性的宜居城市评价标准的对比梳理，可以发现由于不同国家和地区社会经济发展阶段和历史文化存在着一定的差异，而且宜居城市评价的目标不同，导致不同主体的评价标准不尽相同，但是可以发现大多数宜居城市评价都考虑了城市安全性、公共服务设施的方便性、环境宜人性、社会和谐性。

综上所述，近年来对城市宜居性研究主要从以下几个方面展开：一是关于宜居城市概念和内涵的研究；二是对居住客观环境指标体系的构建，以及单指标评价和综合评价的探讨与分析；三是关于建立宜居城市指标评价模型，侧重于某城市或区域宜居性评价分析，并对不同居住空间人居环境差异的研究。这些研究为新型城镇化背景下宜居城市建设与研究打下了基础。

三、新型城镇化背景下城市宜居度评价体系与测算

长期以来，快速城镇化的发展导致了"城市病"，严重阻滞了城市宜居性

---

① http://news.xinhuanet.com/overseas/2017-08/18/c_129683680.htm.

建设。未来一段时间，不仅是中国城市化进程高速推进的时期，更是城市转型发展的关键阶段，宜居城市不仅是新型城镇化建设、经济转型升级、实现生态文明的重要途径，也是新型城镇化发展的重要方向。

从已有的研究成果看，宜居性研究多集中在宜居的概念内涵、宜居城市的评价标准（指标），以及宜居城市排名对比等方面，但对宜居城市建设与现在宜居城市建设的背景——新型城镇化进程之间关系的研究较少。因此，本文先从理论层面对新型城镇化与宜居城市建设之间的联系进行分析，再构建新型城镇化背景下的城市宜居度评价体系，并对全国 289 个城市进行测算排序比较，对城市宜居度发展进行分类分析，以有效促进宜居城市建设。

（一）城市宜居度指标体系构建依据

新型城镇化是以人的城镇化为核心，以体制机制创新为保障，加快转变城镇化发展方式，紧紧围绕全面提高城镇质量这一目标，实现以人为本、四化同步、优化布局、生态文明、文化传承。这些都和建设宜居城市的内涵相吻合，可以说新型城镇化与建设宜居人居环境存在相辅相成的内在联系。

1. 理论基础相同：可持续发展

新型城镇化的实质是可持续发展，以人为核心的城镇化，这种可持续性既表现为人口、经济、资源和环境的协同与制衡关系，也表现在一系列可持续性的制度和规划安排。它既要保证人口的适度集聚、经济的持续增长，又要做到资源有效利用、环境友好保护，社会公正和谐，同时还要求城镇规划上做到空间结构合理，寻求全面协调可持续的发展模式。

2. 有助于实现共同目标：小康社会

新型城镇化强调健全城镇社会保障体系、提升城镇公共服务、弘扬城镇文化、保护城镇生态环境等。随着城镇社会保障体系的不断完善、生态环境的有效保护、公共服务水平的不断提高、城镇文化的不断弘扬，人们的物质生活质量和精神生活质量都会不断提高，从而实现全面的小康。宜居城市是要建设经济繁荣、社会稳定、文化浓郁、设施齐备的生活环境，以建设小康社会为目标，全面提高人们的生活质量。由此看来，宜居城市建设和新型城镇化有着共同的目标，即建设小康社会。

3. 建设宜居人居环境是新型城镇化的根本

新型城镇化的本质属性是以人为核心，实现人的就业方式、生活方式、人居环境等一系列方面由"乡"到"城"的转变。这种注重以人为本的城市发展，离不开宜居人居环境的建设和优化。同时，"宜居"理念从城市设计运动衍生出来，表达着人们对生活品质不断提升的理想和盼望。宜居城市建设就是建设宜居人居环境，通过物质实体环境建设来服务于公民，强调以人为本，注重人的尺度和人的需要，关注人的生活和发展的需要，这些与新型城镇化强调人的城镇化的内涵是高度一致的，可以说宜居城市建设就是新型城镇化的根本。

从理论观念分析中发现，宜居城市建设与新型城镇化有着共同的理论基础，有着共同的目标，前者是后者的根本。由此，笔者认为新型城镇化的根本——城市宜居度的内涵要求是经济持续发展、社会和谐稳定、基础设施完备有序、生态环境可持续发展、城市住区适宜居住、文化丰富多彩，新时期的城市建设成果需要用新时期的评定标准来评价。因此，有必要在厘清新型城镇化建设中城市宜居度内涵的基础上，以一定的理论框架为指导，构建多维度指标体系并加以应用。

（二）新型城镇化背景下城市宜居度评价体系构建

根据宜居城市建设的现实要求，借鉴已有的相关研究成果，从社会、经济、资源、环境、文化、生活和安全七个维度进行指标体系重构，形成以构建城市宜居度指数指标体系为目标的七项准则层，即社会和谐度、经济发展度、资源利用度、环境健康度、文化丰裕度、生活便宜度、城市安全度，每个维度选取4个代表性指标（鉴于289个城市样本数据的可获得性，城市安全度维度下只选取了一个指标），共包含25个具体指标（见表12-8）。七个维度相互联系、相互影响，综合反映、协同促进城市宜居度的提高。基于一个多维视角的

表 12-8　新型城镇化背景下宜居城市评价体系

目标层	二级指标层	三级指标层	指标要点	指标类型
中国城市宜居度指标体系	社会和谐度	登记失业率	社会保障	正向
		社会保障覆盖率	社会保障	正向
		暂住人口占常住人口比重	社会公平	负向
		千人拥有病床数	医疗服务	正向
	经济发展度	人均 GDP	经济实力	正向
		城市居民人均可支配收入	经济实力	正向
		第三产业占全市 GDP 比重	经济结构	正向
		第三产业就业人口比重	经济结构	正向
	资源利用度	单位 GDP 水耗	传统资源利用	负向
		单位 GDP 占地	传统资源利用	负向
		单位 GDP 电耗	传统资源利用	负向
		燃气普及率	便民设施	正向
	环境健康度	空气质量达标天数	空气治理	正向
		污水处理率	污水治理	正向
		生活垃圾处理率	废物处理	正向
		绿化覆盖率	城镇绿化	正向
	文化丰裕度	普通高等学校数	教育资源分配	正向
		每万人大学生本科学校占有率	教育资源分配	正向
		剧场、影院数	文化环境	正向
		每百人公共图书馆藏书	文化环境	正向
	生活便宜度	人均道路面积	生活便利	正向
		万人拥有公共汽车数	生活便利	正向
		建成区面积占总面积比重	居住条件	正向
		人口密度	居住条件	适中
	城市安全度	每万人交通事故数	城市安全	负向

中国城市宜居度指标体系将有助于更好地把握城市宜居建设与发展目标，反映具体城市在多个维度的不同特征与主要问题，这也是城市宜居度指标体系重构与应用重要的现实性意义。

（三）城市宜居度实证测算

1. 研究对象

基于数据可得性，文章以除中国台湾省、香港特别行政区和澳门特别行政区、三沙市外的 289 个地级及以上城市为研究对象。

2. 研究方法

（1）数据标准化

由于指标体系中各指标计量单位各不相同，无法直接进行计算，且不具有直接可比性，因此需要在不改变数据属性的前提下，对原始数据进行标准化处理，以消除不同指标间量纲的影响。常用的标准化方法主要有最大值最小值标准化法、极差标准化法和标准差标准化法等，本文选取极差标准化法对数据进行标准化处理，公式如下：

正向指标：$X_{ij} = |\max_j(x_{ij}) - x_{ij}| / |\max_j(x_{ij}) - \min_j(x_{ij})|$

负向指标：$X_{ij} = |x_{ij} - \min_j(x_{ij})| / |\max_j(x_{ij}) - \min_j(x_{ij})|$

人口密度比指标为适中指标，其中大城市（直辖市和省会城市）适用 1000，其他城市适用 750，因此适用于负向标准化公式。

（2）指数合成

指数合成的一般思路是先对各个指标赋权，再进行加权平均处理。因为城市宜居性建设强调多维度的协同发展，需突出每个维度的同等重要性，因此本文采用均权法对各个维度及最终指数进行合成。

（3）数据来源与说明

数据采集年份为 2014 年。数据来源于以《中国城市统计年鉴 2015》为主，缺失值以《中国城市建设统计年鉴 2015》补充。其中，暂住人口占常住

人口比重来源于《中国城市建设统计年鉴 2015》；空气质量达标天数指标来源
于《中国环境统计年鉴》、各省市统计年鉴（2015）、国民经济和社会发展统计
公报（2014）以及中华人民共和国环境保护部数据中心网站；每万人交通事故
数的数据来源于各省市统计年鉴（2015）。

四、城市宜居度指数测算结果与分析

（一）城市宜居度指数测算结果

1. 中国城市宜居度指数基本情况——宜居度整体不高

通过指数合成计算，得出 289 个地级以上城市宜居度指数。本次研究结
果显示，全国 289 个地级市的城市宜居度整体不高，宜居度指数最大值和最小
值分别是 50.5 分、17.74 分，平均得分只有 25.88 分，距离 60 分的基本认可阈
值还有较大的差距，距离通常 80 分的优良水平仍有较大的空间，与公民的期
望值尚有一定差距，城市宜居性建设的道路还很长。不同维度得分的明显差距
也表明，中国城市宜居性建设和发展理念需要调整，城市建设发展不能仅仅强
调以经济为主导，而是要多视角、多维度地将经济、社会、生态、空间、资源
等领域协调统一发展，提高城市建设的内涵和质量，促进城市宜居度的提高。

2. 中国城市宜居度指数的空间特征

按照对中国东中西部地区的划分[①]，把各个地区城市宜居度指数从大到小
标记在坐标轴上（如图 12-1 所示）。

---

① 其中东部地区为：北京、天津、河北、辽宁、上海、江苏、浙江、福建、山东、广东、海南，共
11 个；中部地区为：山西、吉林、黑龙江、安徽、江西、河南、湖北、湖南，共 8 个；西部地区
为内蒙古、重庆、四川、贵州、云南、西藏、陕西、甘肃、青海、宁夏、新疆、广西，共 12 个。

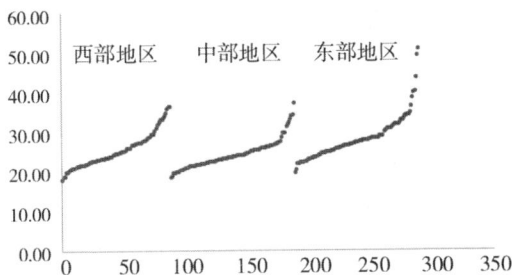

图 12-1　中国地级以上城市宜居度指数地区分布

（1）东部沿海城市的城市宜居度较高

从东中西对比来看，东部地区城市宜居度分数的最大值和最小值，均大于中部地区和西部地区最大值和最小值；中部地区城市宜居度分数最大值与西部地区基本持平，其最小值大于西部地区，表明东部地区城市宜居度高于中西部地区，而中部地区城市宜居度略高于西部地区。整体上与中国社会经济发展水平的区域差异一致，即社会经济较发达地区，城市宜居度分值较高。分析整体位列排名前 40 位的东部城市可以发现，这些城市的宜居度分值较高，不仅仅是因为经济发展水平较高，还与以下因素有关：首先，东部沿海城市如深圳、珠海、青岛、威海、三亚等自然环境优越，具有得天独厚的优势。其次，这些城市的第三产业发展较好，工业污染以及生态环境破坏现象较少。同时，这些城市旅游业发展较好，由此促进了当地公共服务设施建设以及交通出行的改善，易吸引市民在此生活居住。

此外，从图 12.1 中还可以发现，东部地区城市新型城镇化指数最大、最小值之差（31.15），远大于西部地区（18.39）和中部地区（18.52），表明中、西部地区城市宜居度差异较为相近，而东部地区城市宜居性建设虽然在整体上占据优势，但东部地区内部区域差异较中西部地区更为显著，面临严重的区域协调发展问题。

（2）中西部地区城市宜居度相对较低

从东中西部城市宜居度最大值和最小值的对比可知，中西部地区城市宜居度相对较低，城市宜居性建设所面临的任务和困难将会更加严重。从城市宜居度七个维度的城市分值来看，中西部地区城市宜居度得分较低主要是受经济发展、文化教育、社会基础设施等因素的制约。但是，对于不同城市而言，其城市宜居性建设的制约因素及短板又各有差异。例如，白银市，城市宜居度综合排名是第 250 位，经济发展度的排名甚至位于 289 个城市里的倒数第 9 位，但是其资源利用度却排名靠前；昭通市，城市宜居度综合排名是第 287 位，经济发展度的排名是第 116 位，而文化丰裕度、社会和谐度、生态便宜度排名都位于 289 个城市里的倒数前 10 位，成为该城市宜居建设的短板。

整体上看，中部地区、西部地区城市宜居度普遍较低，内部城市差异性较小。但值得注意的是，鄂尔多斯、呼和浩特、乌鲁木齐、拉萨、昆明等城市的宜居度分值位于 289 个地级市的前 30 位，与这些城市经济发展度较高、有实力发展社会基础设施、空气质量较高、环境健康度较高具有直接关系。

（二）城市宜居度类型分析——分维度空间格局

本文认为宜居城市的内涵是一个不断丰富扩展的过程，而且由于不同城市自身禀赋和特色的差异，宜居城市的建设在具备基本特征的基础上，会有自身的宜居特点。由此，结合上文测算的新型城镇化背景下城市宜居度指数得分结果，本文根据城市宜居特色将宜居城市分环境宜居型、人文宜居型、社会宜居性三种类型。

1. 环境宜居型城市

环境宜居型城市除了具备宜居城市的一般性特征，优美的环境是这类城市的突出亮点。根据城市环境健康度排名的空间分布情况，城市环境健康度得分排名靠前的城市主要是位于东南部的沿海城市、东北部的长白山地区以及西南部广西、云南等地区。而中、西部地区城市环境健康度得分普遍较低，排名靠后。这与中、西部地区自然本底条件以及城市建设水平具有一定的关系。中国幅员辽阔，气候、地形、地质以及生态条件的差异是影响城市宜居环境的重要因素。城市环境健康度排名靠前的东南部沿海地区位于气候环境宜居度较高的地区。同时，植被覆盖率也可以提高城市的环境宜居度。东北部的山脉地区森林覆盖率很高，例如黑河市、双鸭山市、佳木斯市、长白山市等城市的覆盖率都在45%以上，这对城市环境健康度的得分都起到积极作用，提高了城市的宜居度。而中、西部地区地处400毫米/年的降水线附近以及降水线西部，干旱少雨的生态环境导致区域植被覆盖率较低，水文条件较差，这都对城市环境健康度得分具有较为负面的影响。

另外，城市建设水平的高低对城市宜居度也有一定的影响。近年来，城市工业化和城镇化迅猛发展，导致农业用地以及生态环境用地减少，"热岛效应"等环境问题频出，不仅威胁到全国粮食安全问题，还对城市生态环境系统造成了破坏，影响城市宜居度。同时，城市土地的利用情况对城市环境也有较大影响。例如，云南昆明在自然生态环境方面属于289个城市中最好的城市之一，其森林覆盖率超过50%，位于全国前列，但其城市绿化覆盖率则为41.78%，仅略高于38.39%的平均水平。由于城市土地价格的上涨，城市公园等大片绿地显得弥足珍贵。在现代城市建设中，这些大片绿地逐渐远离市中心，可达性与便捷性迅速降低，街道绿地覆盖率不断降低，致使城市中心空间布局不均衡，降低了城市宜居度。

鉴于环境宜居型城市是重要的宜居城市类型，故选取中国289个地级市以上城市环境健康度得分排名前15名的城市，并将其城市宜居度得分及排名一起绘制成表12-9。根据两个指标的得分与排名差，选取排名差在10以内，且城市宜居度排名前15位的城市，可知289个城市中属于环境宜居型城市的是深圳市、厦门市、珠海市、广安市、威海市。这五个环境宜居型城市有4个是位于东部沿海地区，自然生态环境较好，近年来城市开发、建设发展较为合理，环境破坏较小，环境治理能力较强，污水处理率以及生活垃圾处理率都在90%以上，甚至高达100%。由此，这4个城市吸引力较强，宜居度较高。另外一个城市是四川广安市。广安是四川省唯一的"川渝合作示范区"和距离重庆主城区最近的地级市，已纳入重庆一小时经济圈，故其在经济实力、交通便捷、基础设施等方面都为城市宜居度的提升打下基础。同时，广安市属于中亚热带湿润季风气候，雨量丰沛，空气湿度较大，终年植物繁茂，有溪河333条，水文条件较好，森林覆盖率超过40%，一年中空气质量达到优良以上的天数是 328 天，占比达到 90%，生活垃圾处理率以及污水处理率都是 100%。

表 12-9　城市环境健康度和城市宜居度得分及排名（2014 年）

城市	环境健康度		城市宜居度		排名差[①]
	数值	排名	数值	排名	
新余	93.64	1	26.37	108	107
黄山	93.12	2	26.87	95	93
珠海	92.51	3	38.44	6	3
深圳	92.13	4	43.40	3	−1
贺州	92.07	5	22.76	213	208
威海	90.56	6	34.20	14	8
南平	90.30	7	24.83	151	144
海口	89.74	8	31.79	32	24
漳州	89.63	9	28.72	57	48
惠州	89.59	10	27.37	81	71
厦门	89.59	11	34.73	12	1
三明	89.18	12	27.85	71	59
广安	88.86	13	36.13	9	−4
黑河	88.60	14	25.01	144	14
抚州	88.55	15	21.37	255	15

2. 人文宜居型城市

一个城市的宜居度既在很大程度上取决于为居民提供的基础设施与环境，一个城市独特的文化吸引力也有着很大的助力作用。宜居城市的建设，不仅仅只关注对居民生产与生活空间的统筹，而且还要尊重城市文化的特色，延续城市文化传统，增强市的凝聚力。在现阶段的全球化发展中，不同的文化、不同的价值体系为城市文化多样性的发展提供了机遇。没有文化的城市是没有灵魂的城市，吸引力自然较低。在当今推进新型城镇化进程中，如何加强城市文

---

① 城市宜居度排名减去环境健康度排名。

化感知、文化认同与传承，已成为城市宜居性建设不可忽视的一个方面。

根据城市文化丰裕度排名空间分布，城市文化丰裕度得分排名靠前的城市主要是历史文化遗产较为丰富、被冠以历史名城的北京、南京、西安、洛阳等城市，以及大学较为聚集的上海、武汉、广州、郑州、长沙等省会城市。而西部、东北等地区城市文化丰裕度得分普遍较低，排名靠后。在面临着经济全球化、城市大规模扩展的压力下，排名靠前的这些城市能够注重保留城市的历史文化，采取各种措施保护并将其传承，保住了城市发展的根基，增强了居民的文化认同。

鉴于人文宜居型城市通常属于城市宜居度较高的城市，故选取中国289个地级市以上城市文化丰裕度得分排名前15位的城市，得到城市宜居度得分及排名，如表12-10。根据两个指标的得分与排名差，选取排名差在10以内且城市宜居度排名前15位的城市，可知289个城市中属于人文宜居型城市的是北京、广州、上海、南京、武汉、深圳。这六个城市可以分为三种类型。其一，历史文化名城——北京与南京，这两个城市有着悠久的建城史，文物资源丰富，厚重的历史文化培育了丰厚的人文环境，随着新区产业的发展培育了一批文化富裕的居民，城市也因人文丰厚、经济富裕而变得更加包容与和谐。其二，教育聚集城——武汉、广州、上海，这三个城市分别有82所、81所、67所高等院校，丰富的教育资源，培养出一批又一批高学历、高素质的毕业生，因城市经济发展提供的就业机会多，大量毕业生选择生活在这些城市，提升了城市的人文素质水平。其三，移民城市——深圳。深圳是中国改革开放建立的第一个经济特区，建成史较短，但是得益于移民支撑和包容开放，以及"文化立市"战略的优势，城市文化发展后来居上，这是一个新建的城市，非常重视各类人才的引进和利用，先后引进了北京大学等多所国内重点学校以及研究院所的高教优势和科研优势来推动本土人才培养、科研创新；同时，城市规划特别重视历史文化的保护与开发，对南头古城等文化场所进行整体包装，提升城市历史文化内涵；非常重视饮食文化与旅游文化的结合，发展美术馆、音乐厅、24小时书店等高品质文化休闲场所。

表 12-10　城市环境健康度和宜居度得分及其排名（2014 年）

城市	环境健康度		城市宜居度		排名差[①]
	数值	排名	数值	排名	
北京	53.82	1	48.87	2	1
济南	49.58	2	34.12	16	14
广州	47.05	3	40.05	4	1
合肥	45.95	4	33.00	25	21
上海	44.28	5	50.50	1	-4
武汉	42.22	6	34.16	15	9
郑州	40.52	7	33.88	18	11
南京	40.33	8	39.54	5	-3
深圳	39.70	9	43.40	3	-6
西安	39.57	10	33.95	17	7
长沙	37.92	11	32.24	29	18
太原	37.74	12	31.60	36	24
哈尔滨	36.86	13	29.58	51	38
杭州	36.83	14	33.80	19	5
昆明	36.58	15	32.40	28	13

3. 社会宜居型城市

　　城市宜居度与居民福祉密切相关，良好和谐的社会环境与城市宜居性也是密不可分。城市社会的和谐需要有社会保险、社会救济、社会福利、优抚安置等多层次的社会保障体系以及较健全的社会服务体系。根据城市社会和谐度排名空间分布情况，城市社会和谐度得分排名靠前的城市主要分布在东部沿海地区的一线以及二线城市，这些地区经济发展水平较高，社会保障理念发展较早，社会保险普及率较高，卫生医疗等公共服务体系较健全。然而，在中部地区，由于人口基数较大，城镇化的快速推进，城镇居民迅速增加，但是财政收入并没有以相近的速度增加，居民社会保障建设乏力，医疗卫生等公共服务体

① 城市宜居度排名减去文化丰裕度排名。

系不足。西部地区人口较少，经济发展水平较低，政府财政以及人均收入都处于全国落后城市，公共服务体系以及社会保障体系的构建起步较晚且普及率较低。因此，这些地区城市的社会和谐度得分排名较为靠后。

　　鉴于社会宜居型城市应属于城市宜居度较高的城市，故选取中国 289 个地级市以上城市社会和谐度得分排名前 15 位的城市，并将其城市宜居度得分及排名一起绘制成表 12-11。根据两个指标的得分与排名差，选取排名差在 10 以内且城市宜居度排名前 15 位的城市，可知 289 个城市中属于人文宜居型城市的是上海、北京、东莞、珠海、广州、深圳、厦门、杭州、武汉。这些城市中，社会和谐建设最为突出的是上海。上海是中国经济最为发达的城市之一，经济基础较好，在后工业社会向信息社会买进过程中正在形成一种稳定的新城市形态以及新城市文化[1]。该城市曾于2002年、2005年分别获得联合国的"城市可持续发展贡献奖""城市信息建设杰出贡献奖"。此外，上海扩大开放性，包容外来人员，解决其就业困难，使他们能和本地居民和谐相处。同时，在国内率先实施社会保险改革，大力推进社保的普及率；大力发展卫生医疗建设，医疗机构中千人拥有床位数高达 117 张。上海的开放度较高，文化多元化，社会层次多元化，生活方式多元化，需求与供给多元化，在此背景下的社会和谐成为上海城市宜居建设的特色。

表 12-11　城市社会和谐度和宜居度得分及其排名（2014 年）

城市	环境健康度		城市宜居度		排名差[2]
	数值	排名	数值	排名	
上海	54.74	1	50.50	1	0
北京	53.39	2	48.87	2	0
东莞	47.94	3	36.15	8	5
深圳	46.29	4	43.40	3	−1
广州	46.01	5	40.05	4	−1

---

① 高峰：《宜居城市理论与实践研究》，兰州大学硕士学位论文，2006 年。

② 城市宜居度排名减去社会和谐度排名。

城市	环境健康度		城市宜居度		排名差
	数值	排名	数值	排名	
重庆	42.92	6	31.58	37	31
厦门	40.75	7	34.73	12	4
珠海	40.55	8	38.44	6	–2
中山	39.54	9	29.73	49	40
杭州	37.81	10	33.80	19	9
武汉	34.96	11	34.16	15	4
绍兴	34.84	12	30.20	47	35
天津	34.25	13	32.75	27	14
嘉兴	34.14	14	30.67	43	29
佛山	33.94	15	27.64	77	62

五、问题与建议

建设宜居的人居环境是城镇化进程的最终目标，从 20 世纪 90 年代起，中国加快城镇化进程到目前转变思路发展新型城镇化，城市化得到了一定程度的发展，但是离宜居性的目标还有一定差距。同时，在这个过程中也暴露出诸多问题。

（一）存在的问题

1. 中国宜居城市建设相对滞后

国外宜居城市建设历史较长、目标明确、效果显著，较为公认和权威的全球宜居城市排名中基本上被欧美城市独占，而中国城市入选较少甚至没有，这在一定程度上显示出国外宜居城市建设的绝对优势，同时也体现出中国宜居城市建设的相对滞后。本文在新型城镇化背景下构建的城市宜居度指数最高分值也只有 50.50 分，并未达到通常认为 60 分的及格线，其他城市的宜居度指数都低于总分值的一半。

2. 宜居城市建设过于强调经济发展，缺乏对"人"的关注

从城市宜居度指数的测算结果可以看出，在中国城市宜居性的建设中，政府仍然过分地强调城市经济发展的重要性，没有突出对"人"的关注。例如，经济发展度城市排名前 10 位的，只有北京和珠海是宜居度排名前 10 位的城市，其他城市如鄂尔多斯（经济发展度排名第 2 位）、呼和浩特（第 3 位）、宣城（第 10 位）因经济维度得分较高提升了宜居度指数的排名，然而这些城市往往是只有经济维度得分较高，环境、资源、文化、安全等维度得分都较低，个别维度得分甚至位列 289 个城市的倒数。特别是像宣城、张家界、白城等城市，生活便捷度以及文化丰裕度得分较低，对城市社会空间如公共活动空间、邻里空间以及文化教育等对居民日常生活的作用尚欠重视。

3. 未对不同类型城市的宜居性建设分类指导

从国际排名来看，位列全球宜居城市前列的城市大多都是中小城市，但细观中国相关机构发布的宜居城市排名，排名靠前的都是特大或大城市，这种现象值得思考。对于国内排名，由于评价指标选取的不同甚至权重侧重的不同，导致不同城市排名差距较大。城市规模、生态条件、历史文化、社会生活都使城市具有了自己的宜居特色，而在现实城市建设中，并未对不同类型城市的宜居性建设分类指导，导致城市建设"一色化"。

4. 中国官方的宜居城市评价标准存有缺陷

2005 年，中国城市科学研究会向建设部申报《宜居城市科学评价标准》立项，2007 年通过建设部评审验收，自此成为中国官方认可的评价标准。对于这一官方标准，由于其中较多指标需要进行抽样调查，对全国所有城市的评价需要较多人力投入且周期较长，似乎并没有每年进行评价，评价缺乏持续性。更重要的是，指标体系中不少指标是被访人员的主观感受，评价结果总体客观性不强。该标准已经提出十余年，随着新型城镇化的推进，人们居住条件和需求的不断变化，这一标准已不能紧跟形势，不能客观反映新型城镇化背景下的城市宜居度。

（二）相关建议

建设生态宜居城市是现代城市发展的必然趋势，是全面小康时代中国新型城镇化建设的重要特征。根据当前新型城镇化发展形势，以及存在的问题，本文对新型城镇化背景下的宜居城市的建设提出以下建议。

1. 强化宜居规划引领，统筹安排城市建设要素

宜居城市的建设不能一蹴而就，制定科学的、符合自身特色的可持续发展的规划是宜居城市建设的前提与基础。要树立以城市环境生态化、城市文化特色化、公益设施便捷化、城市空间人性化为主要目标的城市现代化建设理念；统筹协调经济社会发展规划、城市总体规划、土地利用规划和人居环境发展规划，加强规划的衔接和平衡，形成统一协调的综合性空间规划体系。规划必须把握前瞻性、综合性、区域性的特征，要着眼于未来，着眼于现代化，特别是城市基础设施的供应能力要适当超前，以适应经济社会发展的需要；统筹安排生产、生活和生态要素，促进人口、产业及公共配套设施的有效集聚。

2. 转换经济发展方式，大力推动经济持续、快速、健康发展

宜居应宜业，就业是民生之本，经济是宜居之基。一个宜居城市应该是适宜于就业、创业和投资的城市。经济发展水平决定一个城市发展的物质基础，只有经济发展了，才能提供更好的基础设施、提供就业机会、解决城市贫困、保护生态环境。因此，宜居城市要求具有强劲的经济发展潜力，及时转化经济发展方式，加快经济发展，为宜居城市建设奠定经济基础和产业支撑。坚持以城聚产、以产兴城、产城互动、融合发展，把产业作为城市发展的基础，把城市作为产业发展的载体。

3. 提升公共安全管理水平，确保城市公共安全

宜居应安居，安全是人类生存发展最基本的需求，为居民提供生命财产等方面的安全保障是城市最基本、最原始的功能。除了传统的军事安全、治安和安全生产之外，还包括生态环境安全、信息安全、交通安全、恐怖主义及疾病蔓延等诸多非传统安全问题，故宜居就得安居。如何避免或减少诸多安全问题，让生活在城市当中的居民享有安全感，是建设宜居城市的重要内容。为

此，要以安全、安宁为目标，完善社会治安防控和公共安全保障体系，提高打击犯罪的能力，提升公共安全管理水平，使防范措施前置、防线前移，增强应对自然灾害和突发公共安全事件的能力，为经济发展和人民群众生活创造稳定的社会治安环境。

4. 提升人文环境质量，推进宜居品牌营销

宜居城市不是"千城一面"的景观，每个宜居城市都应有自己的个性特点。独具个性特色的城市因其凝聚着地域文化的精华而具有强劲的竞争力，因聚集着独特的自然环境禀赋，其发展才会有动力和后劲，才有可能朝着宜居城市的方向发展。城市的综合文化实力特别是市民的道德水平、文化素养、文明程度在宜居城市建设过程中会起着决定性作用。因此，要丰富群众文化生活，大力促进文化产业快速发展，加强文化遗产保护，夯实城市文化底蕴。同时，要切实发挥城市自身特点，根据实际情况打造宜居品牌，加快宜居城市创建。

5. 着力提高西部城市的宜居水平，缩小城市之间的差异

新型城镇化建设要注重中东西部共同发展。目前要加快西部城市的经济发展，完善城市基础设施建设，挖掘西部丰富的文化资源，提高西部城市的宜居性水平。要加快西部城市的经济、环境、设施和文化发展速度，特别是加快重庆、昆明、兰州和西宁的经济发展，改善兰州、西宁和乌鲁木齐的环境质量，完善重庆、贵阳、西宁和南宁的设施建设，丰富重庆、成都、贵阳、西宁、银川和乌鲁木齐的文化资源，以缩小西部城市之间经济、环境、设施和文化的差异。

6. 弥补宜居城市指标的短板

由于城市的历史文化、性质、规模、地域环境以及城市定位的差异，确定统一的标准去评定存在一定的缺陷。实践中，不同研究机构和学者制定的宜居城市指标体系的不统一，排名先后实际意义不大，更重要的是不利于根据指标得分查找问题，提高宜居水平。由此，笔者建议设立一个评定的准则，即由当地居民来决定最适宜居住生活的标准。建议根据中国国情，出台相应的指导性文件，加大对提高城市宜居水平的试点和经验总结。

第十三章

资源枯竭型城市转型与新型城镇化发展

孙祥栋

　　资源型城市是中国重要的能源资源战略保障基地，是国民经济持续健康发展的重要支撑。中国资源型城市数量多、分布广，历史贡献巨大，现实地位突出。促进资源型城市可持续发展，是加快转变经济发展方式、实现全面建成小康社会奋斗目标的必然要求，也是促进区域协调发展、推进新型城镇化的重要抓手。资源枯竭型城市是指矿产资源开发进入后期、晚期或末期阶段，其累计采出储量已达到可采储量的 70% 以上的城市。资源枯竭城市转型问题是世界各国经济和社会发展中都经历过或正在经历的突出问题，2014 年发布的《国家新型城镇化规划（2014—2020 年）》明确提出要"支持资源枯竭城市发展接续替代产业"。

一、资源型城市为什么要转型？

（一）概念界定

1. 资源型城市

　　"资源型城市"一词的形成与发展经历了几十年的沉浮，直至今日其概念仍未达成统一认识。国外在资源型城市方面有矿业城镇、资源型城镇、资源型社区等多种描述。它们指的是在公司主导下形成的、以单一采掘业为主的城市镇，比如加拿大的萨德伯里、美国的梅萨比、法国的鲁贝、图尔宽等。目前国内对资源型城市概念的认识也不一致，在名称上就有工矿城市、矿山城市、矿业城市、资源型城市等不同的称谓。工矿城市、矿山城市只能表示这类城市某一方面的性质和功能，矿业城市虽然比较全面但没有将森工类城市包括在内，所以本文认为资源型城市这一概念更能全面反映这类城市的本质特征。资源型城市是"资源"与"城市"两个概念的统一体，既具有城市的共性，又具有资源的特殊性，是生产技术将资源与城市两个概念结合到一起的。在资源与城市两个核心概念的基础上，资源型城市既是一定历史阶段的产物，属于历史范畴又是一个经济现象，与资源开发过程紧密相连。因此，资源型城市是在一定历史时期因资源的开发而兴起和发展起来的一种城市类型，可能在一定历史时期因资源耗竭或被取代而衰退或消失①。

《全国资源型城市可持续发展规划（2013—2020年）》中明确指明了中国资源型城市的划分范围。中国资源型城市共计262个，其中地级行政区（包括地级市、地区、自治州、盟等）126个，县级市62个，县（包括自治县、林区等）58个，市辖区（开发区、管理区）16个。

2. 资源枯竭型城市

从字面上来理解，"资源枯竭"是指资源被用完，已没有可用资源。事实上这是对资源型城市"资源枯竭"的一种片面认识。资源枯竭的含义包括以下几方面：一是指资源真正枯竭。即资源型城市依托其建设的主体资源采掘已进入后期、晚期或者末期，资源采掘量占已探明的可采储量以上，采掘时间占设计年限四分之三以上。如甘肃白银就属于这类城市。二是资源采掘成本高于市场售价，导致主体资源失去采掘意义。三是新资源的出现替代现有主导资源，现有主导资源产业已失去其市场竞争力，导致主导资源的一种"假枯竭"。四是因技术、经济、投入等原因没有勘查清楚，主体资源已用完，暂时没找到主导资源，如甘肃玉门。这种只需要投入必要的工作量或采取新的体制机制就会

---

① 张新营、佟连军：《资源枯竭型城市生态经济建设问题分析》,《生态经济》,2005年第1期，第59—63页。

有新的发现。五是尚存一定储量，但出于政治、地理和经济的限制，暂时不宜进行勘探开采，如辽宁抚顺。综上所述，资源型城市的"资源枯竭"是具有多层次、复杂的综合体，明确其真正"枯竭"的原因，才能对其存在状态、发展前景、转型对策等方面有一个正确的把握。事实上，目前真正面临资源枯竭威胁的毕竟只是少数城市。

基于以上分析，可对资源枯竭型城市做如下界定：资源枯竭型城市是指矿产资源开发进入后期、晚期或末期，其累计采出储量已达到可采储量的70%以上的城市。中国的资源枯竭型城市由国务院进行发布，国家发改委、国土资源部、财政部等单位评定。2008年、2009年、2012年，中国分三批确定了69个资源枯竭型城市（县、区）。

（二）资源枯竭型城市发展存在的问题

城市是经济增长与人类文明的产物，更是社会发展和文明进步的标志。经济与社会的发展促进并推动了城市发展的速度与规模，但同时也给城市带来了严重的负面影响，产生了一系列以"城市病"为代表的相关问题。这些问题在资源枯竭型城市中表现得尤为突出、最为严重。

1. 经济发展问题

一是经济结构不合理。第一、二、三产业比例失调，资源型城市以资源产业作为其主要或支柱产业发展，从而忽视了其他产业的发展，导致三次产业结构极为不合理。资源型城市在经济发展上严重依赖资源开采、加工，资源产业一业独大，产业链条较短，产业辐射能力较弱，可持续发展能力不强。资源型城市的公有制比重过大。原因在于中国大多数资源型城市初期的资源开发均由国家作为投资主体进行经营，并进一步固化形成了以国有经济占垄断地位的局面，这导致了城市国民经济中全民所有制经济占绝对优势，严重限制了城市中其他经济成分的发展和竞争环境的营造。[①]

---

① 于立：《资源枯竭型国企破产难点何在》，《经济日报》，2004年11月18日。

二是资源型产业的自身缺陷。资源产业是资源型城市的核心产业，但其本身具有成本递增的特点。当城市的资源水平开发到一定程度后，就很难通过技术创新来提高产出效益，从而出现效益递减。资源型城市中，资源枯竭必然会导致城市经济的衰退[1]。当前，中国的资源型产业主要是资源的初级加工业，其产品的需求收入弹性较小，产品销售量增长缓慢，城市的劳动生产率处于较低水平。

三是资源型城市的产业技术结构水平普遍不高。资源型城市的生产设备大多是在计划经济时代投资兴建的，由于种种原因没有得到及时更新，其工艺水平不断老化。相应产品品种少、能耗高、附加值低，产业组织老化。大部分企业规模不经济，适宜大批量生产的行业还未形成规模经济，专业化分工协作水平低。

四是经济二元结构现象突出。资源型城市是以其独特的资源丰富，吸引国家大力投入，并直接引入重工业而孕育发展起来的。因而其城乡发展的内部结构和关联程度都存在相当大的断层和反差，呈现出明显的"二元经济结构"特征。资源型城市强调对其所有资源的开发经营，忽视对城市所在区域的农村经济的发展，城乡经济发展的差距拉大，产业链松散、关联性不强。

五是经济效益不高。资源型产业属于资金资源密集型产业，需要国家投入大量的资金资源，但是由于多方面的客观原因，各资源型城市的投入产出差异巨大。总体来看，与其他类型城市相比，资源型城市在经济实力、经济效益以及发展潜力等方面均表现得不太理想。近年来，诸多资源型城市尤其是资源枯竭型城市均在谋求积极转型，其就业安置、治理环境、结构调整、弥补城市基础设施、剥离社会职能等均需要大量资金支付，这造成了地方财政更为紧张。地方政府解决实际问题的实力薄弱，需要国家和社会各界力量支持[2]。

六是市场机制不完善。由于历史等方面的原因，资源型城市受计划经济

---

① 胡援成、肖德勇：《经济发展门槛与自然资源诅咒》，《管理世界》，2007年第4期，第15—23页、第171页。

② 庞志强、王必达：《资源枯竭地区经济转型评价体系研究》，《统计研究》，2012年第2期，第73—79页。

体制的影响较深，市场发育不健全，市场体系不完善。主要表现为在一些地区的市场竞争机制不健全，"进入壁垒"较为明显，从而进一步影响到其他产业、企业的良性发展。

2. 社会发展问题

一是资源型城市发展的负担沉重。资源型城市中的资源性企业有的是在中华人民共和国成立前就已建立，有的则是在"一五""二五"时期建立，至今形成了大量的离退休人员。大量的离退休人员使这些企业背上了沉重的历史包袱，发展前景较为黯淡。资源型企业是一个独立性较强的"小社会"，由于在其建设初期大多企业均没有城市依托，企业办社会的内容较全较大。资源型城市中的资源开发企业一方面需从事企业的相关经营工作，另一方面还要担当相当大的社会功能，负担较为沉重①。

二是下岗与就业问题。资源枯竭是当前资源型城市发展面临的最大困境，由于资源的枯竭、资产组建、城市经济缺乏新的增长点等原因，资源型城市的大量职工面临下岗重新就业的困境②。据中国矿业联合会调查统计显示，全国面临资源枯竭威胁的矿山有 400 多座，直接涉及 300 多万职工的就业。由于资源型城市经济发展相对落后，产业结构较为单一，城市功能普遍欠缺，此外，下岗失业人员的技能普遍单一、文化程度偏低、年龄偏大，不具备再就业竞争力③。

三是资源开发与城市规划矛盾。资源开发的分散性与城市建设的集中性之间存在着较大的矛盾。矿山开采业是一个分散性产业，采矿点随矿体的分布而分布，受自然条件影响大，其布局只能被动地随采矿点地理位置决定，许多矿产资源分布散且地点偏僻。这就容易使城市发展与布局形成"点多、线长、

---

① 徐康宁、王剑：《自然资源丰裕程度与经济发展水平关系的研究》，《经济研究》，2006 年第 1 期，第 78—89 页。

② 邵帅、齐中英：《西部地区的能源开发与经济增长——基于"资源诅咒"假说的实证分析》，《经济研究》，2008 年第 4 期，第 147—160 页。

③ 蔡昉、王美艳：《中国城镇劳动参与率的变化及其政策含义》，《中国社会科学》，2004 年第 4 期，第 68—69 页。

面广"过于分散的态势，这种城市形态相对于资源开发来说便于服务于生产。而其弊端是十分明显的，极易造成城市空间布局过于分散，建设重点不突出，无法突出城市形象和风貌特色，城市水、暖、电等基础设施浪费较为严重，城市建设的摊子铺得过大，建设资金分流严重，无法形成城市中心的集聚效应。

四是城市管理二元化现象突出。表现为城市的供水、供气等公用设施和学校、医院等教育、医疗设施分属于资源性企业和城市政府，造成重复建设和资源浪费。管理体制上，资源型城市政府与企业存在职能错位，一种情况是政企不分、职责不明，政府管了一些不该管的事，应该发挥的城市功能没有发挥；另一种情况是企业办社会，管了许多应该政府管的事，形成生产与社会服务的双重职能，加重了企业经营成本，降低了市场竞争力。

3. 资源开发问题

资源是资源型城市赖以存在与发展的基础，许多资源型城市由于长期的高强度开采，加上资源的不可再生性，已探明的主体资源已枯竭或趋于枯竭，面临"矿竭城衰"的威胁和境地。有的虽有一定储量，但大多埋藏深、品质差、地质条件复杂，开采难度大，在现有条件下企业难以取得效益。资源的有限性制约了资源型产业的持续发展，严重影响矿工和市民生活、区域经济可持续发展和社会稳定[1]。

4. 环境保护问题

除了传统城市发展过程中所面临的废水、废气、废渣"三废"污染以外，资源型城市还存在一些特有的生态环境问题。如地表塌陷、地质环境恶化，这是许多资源型城市特别是煤炭城市面临的一个共性问题。再比如固体废弃物的堆放，主要包括冶金城市的矿石堆放和煤炭城市的煤矸石堆放及电厂的粉煤灰堆放。此外，在中国资源型城市当中，水资源破坏现象也极为严重，许多城市的水体多次受到污染，严重影响了作为饮用水水源地的水质，解决水污染问题已迫在眉睫。

---

① 邵帅、杨莉莉：《自然资源丰裕、资源产业依赖与中国区域经济增长》，《管理世界》，2010年第9期，第26—44页。

二、资源枯竭与城市经济增长——基于柯布道格拉斯函数的实证检验

资源枯竭城市转型问题是世界各国经济和社会发展中都经历过或正在经历的突出问题。由于资源枯竭、产业结构单一，以及替代产业未形成，资源枯竭城市逐渐出现产业空心化、经济增速下滑以及居民收入下降等诸多问题。已有研究多从定性的角度论述资源枯竭对经济发展的负面影响，尚缺乏相关定量分析。

本节将从定量的角度分析资源枯竭和城市经济增长的关系，应用地级城市统计数据，将资源枯竭这一变量加入经济增长函数中，测度资源枯竭对城市经济增长的负面影响。

（一）方法介绍

普通最小二乘法（Ordinary Least Square，简称 OLS），是从最小二乘原理和样本观测值出发，求得参数估计量的基本方法。

在已经获得样本观测值 y_i，x_i（i=1，2，…，n）的情况下，通过求得最合理的参数估计量 $\hat{\beta}_0$ 和 $\hat{\beta}_1$，确定拟合情况最佳的直线方程：$\hat{y}_i = \hat{\beta}_0 + \hat{\beta}_1 x_i$（i=1，2，…，n）

其中 $\hat{y}_i$ 为估计值，它是由参数估计量和观测值计算得到的。那么，$\hat{y}_i$ 与观测值应该在总体上最为接近，判断的标准是二者之差的平方和最小[①]。

（二）模型构建

柯布和道格拉斯于 20 世纪出提出的柯布道格拉斯生产函数是研究经济增

---

① 高铁梅：《计量经济分析方法及建模》，清华大学出版社，2009 年。

长影响因素的经典模型。柯布道格拉斯生产函数的常见形式为：

$$Y=AL^{\alpha}K^{\beta} \qquad (13.1)$$

其中，Y 表示产出，A 表示综合技术水平，L 表示劳动力投入，K 表示资本存量。α 和 β 分别表示产出对劳动力投入和资本存量的弹性系数。通常情况下，我们假定规模报酬不变，一倍的要素投入带来一倍的经济产出，也即 $\alpha+\beta=1$。对上式两边同时除以 L 并取对数，我们得到下式：

$$\ln\left(\frac{Y}{L}\right) = \ln(A) + \beta\ln\left(\frac{K}{L}\right) \qquad (13.2)$$

为了研究资源枯竭对城市经济增长的关系，我们引入城市枯竭的虚拟变量 REC（Resource Exhausted City）。按照国家资源枯竭型城市名单，如果城市是资源枯竭型城市，则 REC=1，否则 REC=0。本文的估计方程如下所示，其中，i 为城市标示；Z 为常数，代替 ln(A)：

$$\ln\left(\frac{Y_i}{L_i}\right) = \beta * \ln\left(\frac{K_i}{L_i}\right) + \gamma * REC_i + Z \qquad (13.3)$$

【假设一】按照柯布道格拉斯生产函数以及已有的实证经验，我们认为人均资本存量对经济增长有明显的促进作用，也即 β 显著不为 0 且为正值。

【假设二】由于产业结构单一等原因，资源枯竭对经济增长有负面影响，也即 γ 显著不为 0 且为负值。

（三）数据来源

本文使用 2014 年中国 285 个地级城市展开实证研究，其中资源枯竭型地级市共 24 个。数据来源于 2015 年《中国统计年鉴》《中国城市统计年鉴》和《中国区域经济统计年鉴》。其中，资本存量数据按照永续盘存法计算获得，与价值相关的数据均进行了价格平减处理。主要变量的统计特征如表 13-1 所示。

详细数据请见附录 13.3。

表 13-1　主要变量的描述性统计

变量	观测值	均值	标准差	最小值	最大值
城市产出	284	12.380	0.424	11.025	13.745
资本存量	284	13.667	0.428	12.550	14.818
资源枯竭	285	0.0842	0.278	0	1

（四）模型结果

使用最小二乘法对式（附录 13.3）进行检验，结果如下：

表 13-2　资源枯竭与城市增长

变量	城市人均产出
	$\ln\left(\dfrac{Y_i}{L_i}\right)$
$\ln\left(\dfrac{K_i}{L_i}\right)$	0.673^{***}
REC_i	-0.154^{**}
Z	3.197^{***}
观测值	284
R-squared	0.472

注：表 2 中右侧带星号的数据为拟合得出的左侧变量的系数，即由上至下依次为 β 、γ 、Z 的值。星号用于检验拟合所得的系数的显著性，其中"*** p<0.01"表示拟合所得系数等于零的概率小于 1%，"** p<0.05"表示拟合所得系数等于零的概率小于 5%，"* p<0.1"表示拟合所得系数等于零的概率小于 10%。

与假设类似，人均资本存量有效促进了城市经济增长，而资源枯竭这一因素则显著地拉低了城市经济增长水平。如表 13-2 所示，与非资源枯竭城市相比，资源枯竭因素使得城市人均产出显著降低。为促进城市经济的可持续发展和人民收入水平的持续提升，资源枯竭型城市转型迫在眉睫。

三、资源枯竭型城市转型的国际经验

（一）日本九州的转型经验

　　九州又称九州岛，是日本第三大岛，位于日本西南端，东北隔关门海峡与本州岛相对，东隔丰予海峡和丰后水道与四国岛相望，东南临太平洋，西北隔朝鲜海峡与韩国为邻，西隔黄海、东海与中国遥对。旧为筑前、筑后、丰前、丰后、肥前、肥后、日向、萨摩、大隅，共九国，遂称九州。广义上的九州则指九州地方，包括九州本岛上的福冈县、大分县、宫崎县、佐贺县、长崎县（含五岛列岛和对马岛）、熊本县、鹿儿岛县、冲绳县（含大隅诸岛和奄美群岛）等8县，人口约为 14 363 341 人（2016 年），面积约 3.79 万平方千米，目前是日本高科技产业的主要集中地。九州地区设有 3 个政令指定都市（主要城市），即北九州市、福冈市和熊本市。

　　日本九州曾依赖煤炭发展，但在 20 世纪 50 年代，煤炭资源逐渐枯竭。1962—1992 年间，日本政府制定、实施相关政策共九次，九州地区也顺利转型，成为日本重要的高科技产业集聚区。政府的支持主要体现在以下三点：

　　一是用法律手段保障振兴计划的实施。日本政府制订出台了《产煤地域振兴法》等多部法律法规，明确九州转型发展的目标，同时也确保了计划的实施以及政策的连续与稳定。

　　二是给予足够的优惠政策。日本政府对九州的政策优惠主要包括以下两点：第一，缓解政府财政困难，包括地方税收减免、对产煤区域地方政府财政补贴等；第二，制定优惠政策从而吸引高新企业入驻，包括简化企业入驻前期手续、减免入驻企业的地方税、提供长期低息的融资贷款等。

　　三是成立专门机构推进转型。日本政府组建了九州地区振兴整备公团，并由该组织负责统筹协调促进转型工作。

（二）法国洛林的转型经验

洛林是法国东北部地区及旧省名，为历史上的洛林公国所在地。东北部接德国，包括默兹省、孚日省、摩泽尔省和默尔特 - 摩泽尔省 4 省。面积 2.35 万平方千米，人口约 231 万。洛林大区交通非常便捷，历来是欧洲主要交通枢纽之一。高速及国家公路长达 1852 千米，可连接柏林、斯图加特、维也纳、巴塞罗那、米兰等欧洲城市。铁路长达 1600 千米，预计 2007 年东部高速铁路通车。水路为 700 千米。拥有梅斯、南锡、洛林 3 个机场。

洛林在第二次世界大战后的发展依赖煤炭钢铁产业。20 世纪 70 年代起，洛林的钢铁业产量开始下滑，而后欧共体开放国际钢铁市场，使其陷入了更加严重的危机。法国政府在 1966 年就提出整顿洛林冶金区，实施"钢铁工业改组计划"，但直至 1984 年，整顿工作才得以全面展开并逐渐取得成效。欧共体虽然带来了煤钢行业的低迷，但也为洛林提供了转型中合作的机会。合作的具体内容包括以下三点：

首先，与德国部分地区达成合作协议，包括承接德国的科研技术和成果，开展就业和外语培训，建立跨地区通信网络，发展联合旅游业等。其次，实施经济跨国合作计划，包括交流金融工程技术，扩大中小企业跨国经营风险基金，联合培养创新人才，吸引外资加强基础设施建设，重点建设农村和山区等。最后，政府对于跨国计划给予补贴，保证了资金的来源。

（三）美国休斯敦的转型经验

休斯敦（Houston），是美国得克萨斯州的第一大城，全美国第四大城市，墨西哥湾沿岸最大的经济中心。面积为 1440 平方千米，市名是以当年得克萨斯共和国总统山姆·休斯敦（Sam Houston）名字命名的。休斯敦创建于 1836 年，合并于 1837 年，是美国成长最迅速的大城市之一，以其能源（特别是石油）、航空工业和运河闻名世界。

美国休斯敦曾依赖石油发展，后期由于整个社会的石油开采量下滑，经济开始衰退。休斯敦政府采取了一系列招商引资的措施，主要包括以下三点：

一是发布优惠政策。为吸引企业投资，休斯敦制定了住房减税计划、经济发展减税计划、棕地减税计划和再发展减税计划等方案。

二是维持良好的投资环境。休斯敦人才济济，拥有大量工程技术人员和科学家，产业工人素质高，使得城市对外拥有良好形象，有利于吸引外资。对内休斯敦向企业及个人提供了大量商业贷款及相关债券，并成立了专门机构提供授信和融资服务。

三是通过国家政策和大型项目创造发展机遇。在美国国家航空和宇宙航行局航天中心建设这一项目中，休斯敦获得了 40 亿美元国防开支预算，带动孵化出 1200 余家小型高科技公司。

（四）德国鲁尔区的转型经验

鲁尔工业区是德国，也是世界最重要的工业区。位于德国西部、莱茵河下游支流鲁尔河与利珀河之间的地区，在北莱茵 - 威斯特法伦州境内；通常将鲁尔煤管区规划协会所管辖的地区，作为鲁尔区（Ruhrgebiet）的地域界限，其面积 4593 平方千米，占全国面积的 1.3%。区内人口和城市密集，人口达 570 万，占全国人口的 9%，核心地区人口密度超过每平方千米 2700 人；区内 5 万人口以上的城市 24 个，其中埃森、多特蒙德和杜伊斯堡人口均超过 50 万。鲁尔区南部的鲁尔河与埃姆舍河之间的地区，工厂、住宅和稠密的交通网交织在一起，形成连片的城市带。并且它形成于 19 世纪中叶，是典型的传统工业地域，被称为"德国工业的心脏"。它位于德国中西部，地处欧洲的十字路口，又在欧洲经济最发达的区域内，邻近法国、荷兰、比利时、丹麦、瑞典等国的工业区。

鲁尔区是德国最大的煤炭、钢铁、电力工业区。19 世纪初，鲁尔区因其丰富的煤炭资源和优越的地理位置快速发展。20 世纪 60 年代，由于浅层煤炭资源开发殆尽，鲁尔区面临经济危机，政府开始实施转型计划。其转型措施主要包含三点：

第一，对矿区进行清理整顿。关停盈利能力较差、机械化水平不高的矿井，扶持规模大、机械化水平高的煤炭和钢铁企业进行改造，对矿区实施生态治理和环境修复。

第二，加强社会保障。对下岗产业工人进行补贴，设立就业咨询机构并为下岗职工提供免费的再就业服务，创造再就业机会。

第三，大力扶持高新技术产业和第三产业，包括生物制药产业、现代物流产业、化学工业和旅游文化产业。

（五）小结

通过对以上案例的归纳总结，我们认为资源枯竭型城市的成功转型具有一些共同特点。

1. 充分借助外部支持作为转型依托

处于资源枯竭期的城市必然存在经济增长放缓、过度开发带来的环境恶化、发展停滞造成的社会矛盾等问题。在转型初期，仅靠自身能力难以解决这些问题，反而会因为初期的诸多变革激化矛盾，影响城市的转型和发展。这时就需要依靠外部力量为城市注入动力。

（1）国家支持。以日本九州为例，国家的支持不仅为地区带来了政策扶持和人才支撑，还通过专项提供资金、减免税收等缓解了地方财政压力。

（2）区域合作。以法国洛林为例，与其他地区的深度合作、协同发展，为该城市提供了更多发展外向型经济的机会，以及其他地区可借鉴的丰富的发展经验。

（3）招商引资与资本运作。以美国休斯敦为例，产业、项目的入驻和资本的加盟为城市带来了新的活力。国家专项资金缓解了地方财政困难，并为民生工程、基础设施建设提供保障。

2. 完善制度环境、推进机制体制改革作为转型保障

健全的制度和法律体系是经济社会转型持续推进的有力保障，也是城市

进行发展建设的必要条件①。依靠机制体制创新，着力优化政务、法制、市场、人文等软环境，为经济发展注入新动力。

（1）完善法律制度与推进机制体制改革。以日本九州为例，其正是在法律与制度的双重保障下，改革才得以顺利进行。地方应落实国家相关法律，健全法律体系，用法律规范政策的实施；持续推进行政管理体制改革，严格依法行政，推行政务公开；建设服务型政府，不断提高服务水平；深化行政审批制度改革，并加强对市场的监管。

（2）完善社会保障制度和公共服务体系。以德国鲁尔区为例，政府向下岗产业工人提供补助和再就业服务，帮助工人适应自身转型。除此之外，养老、医疗等保障的落实、生态环境的改善以及基础设施建设与经济转型相互促进，有利于城市综合实力的提升。

3. 符合自身条件和城市发展一般规律作为转型原则

城市转型的途径，由于城市经济基础、所处时期的不同各有差别，所以每一座城市的转型都无法完全照搬其他城市的成功案例，而应该在分析自身利弊的基础上，结合城市发展所共有的规律做出规划。

（1）因地制宜。政府应综合考虑城市矿产资源储量、财政现状、人才储备和生态资源等因素，选择产业转型的重点方向；结合所处时期的经济环境和自身行政级别，制定相关政策和计划。例如法国利用与德国接壤的区位优势与德国开展深度合作，德国鲁尔区发挥其工业基础雄厚的优势发展高新技术产业。

（2）符合可持续发展原则和循环经济理论。在考虑自身经济现状的基础上，城市应尽可能地选择可持续发展的产业，如新能源产业和生态产业，以促进城市发展的良性循环。循环经济理论倡导资源循环利用的经济模式，城市在转型中应调整产业结构，形成上下游紧密结合的产业链，提高资源的利用效率。

---

① 李绍光：《推动社会保障体系与市场经济体制和谐发展》，《中国金融》，2005 年第 5 期，第 24—25 页。

4. 寻找、确立接续产业作为转型重点

在城市发展的前期，往往因为技术落后导致资源消耗率高而产业附加值较低。当资源面临枯竭时，城市经济的发展应从"量"的追求转变为"质"的追求，在发掘自身潜力的基础上，寻找、确立合适的接续产业。

（1）产业高端化与多元化并存。德国鲁尔区重整煤钢产业，在现有工业基础上建设高端产业，同时吸引新兴产业入驻该地区，为经济带来新的生机。政府应选择具有较好发展前景的高新产业作为接续产业中的支柱产业，并由单一产业向各个产业协同发展，实现产业的多元化。

（2）选择第三产业作为未来发展的重要方向。无论是德国鲁尔区，还是美国休斯敦，都将第三产业作为发展重点。第三产业对不可再生资源依赖性低，对环境污染较小，有利于城市的长期发展。城市可依据自身的生态、文化、科技、交通等优势全面发展第三产业。

（3）鼓励创业。通过技术、管理培训和贷款政策帮助产业工人创业，通过一系列优惠政策吸引外部高端人才前来创业，从而弥补本地的技术不足。大众创业不仅能缓解就业压力，而且能够带动产业多元化发展。

附录13.1 全国资源型城市名单（2013年）

所在省（区、市）	地级行政区	县级市	县（自治县、林区）	市辖区（开发区、管理区）
河北（14）	张家口市、承德市、唐山市、邢台市、邯郸市	鹿泉市、任丘市	青龙满族自治县、易县、涞源县、曲阳县	井陉矿区、下花园区、鹰手营子矿区
山西（13）	大同市、朔州市、阳泉市、长治市、晋城市、忻州市、晋中市、临汾市、运城市、吕梁市	古交市、霍州市、孝义市		
内蒙古（9）	包头市、乌海市、赤峰市、呼伦贝尔市、鄂尔多斯市	霍林郭勒市、阿尔山市*、锡林浩特市		石拐区
辽宁（15）	阜新市、抚顺市、本溪市、鞍山市、盘锦市、葫芦岛市	北票市、调兵山市、凤城市、大石桥市	宽甸满族自治县、义县	弓长岭区、南票区、杨家杖子开发区
吉林（11）	松原市、吉林市*、辽源市、通化市、白山市*、延边朝鲜族自治州	九台市☆、舒兰市、敦化市*	汪清县*	二道江区
黑龙江（11）	黑河市*、大庆市、伊春市*、鹤岗市、双鸭山市、七台河市、鸡西市、牡丹江市*、大兴安岭地区*	尚志市*、五大连池市*		
江苏（3）	徐州市、宿迁市			贾汪区
浙江（3）	湖州市		武义县、青田县	
安徽（11）	宿州市、淮北市、亳州市、淮南市、滁州市、马鞍山市、铜陵市、池州市、宣城市	巢湖市	颍上县	
福建（6）	南平市、三明市、龙岩市	龙海市	平潭县、东山县	

所在省（区、市）	地级行政区	县级市	县（自治县、林区）	市辖区（开发区、管理区）
江西（11）	景德镇市、新余市、萍乡市、赣州市、宜春市	瑞昌市、贵溪市、德兴市	星子县☆、大余县、万年县	
山东（14）	东营市、淄博市、临沂市、枣庄市、济宁市、泰安市、莱芜市	龙口市、莱州市、招远市、平度市、新泰市	昌乐县	淄川区
河南（15）	三门峡市、洛阳市、焦作市、鹤壁市、濮阳市、平顶山市、南阳市	登封市、新密市、巩义市、荥阳市、灵宝市、永城市、禹州市	安阳县	
湖北（10）	鄂州市、黄石市	钟祥市、应城市、大冶市、松滋市、宜都市、潜江市	保康县、神农架林区*	
湖南（14）	衡阳市、郴州市、邵阳市、娄底市	浏阳市、临湘市、常宁市、耒阳市、资兴市、冷水江市、涟源市	宁乡县☆、桃江县、花垣县	
广东（4）	韶关市、云浮市	高要市☆	连平县	
广西（10）	百色市、河池市、贺州市	岑溪市、合山市	隆安县、龙胜各族自治县、藤县、象州县	平桂管理区
海南（5）		东方市	昌江黎族自治县、琼中黎族苗族自治县*、陵水黎族自治县*、乐东黎族自治县*	
重庆（9）			铜梁县☆、荣昌县☆、垫江县、城口县、奉节县、云阳县、秀山土家族苗族自治县	南川区、万盛经济开发区

续表

所在省（区、市）	地级行政区	县级市	县（自治县、林区）	市辖区（开发区、管理区）
四川（13）	广元市、南充市、广安市、自贡市、泸州市、攀枝花市、达州市、雅安市、阿坝藏族羌族自治州、凉山彝族自治州	绵竹市、华蓥市	兴文县	
贵州（11）	六盘水市、安顺市、毕节市、黔南布依族苗族自治州、黔西南布依族苗族自治州	清镇市	开阳县、修文县、遵义县☆、松桃苗族自治县	万山区
云南（17）	曲靖市、保山市、昭通市、丽江市*、普洱市、临沧市、楚雄彝族自治州	安宁市、个旧市、开远市	晋宁县☆、易门县、新平彝族傣族自治县*、兰坪白族普米族自治县、香格里拉县*☆、马关县	东川区
西藏（1）			曲松县	
陕西（9）	延安市、铜川市、渭南市、咸阳市、宝鸡市、榆林市		潼关县、略阳县、洛南县	
甘肃（10）	金昌市、白银市、武威市、张掖市、庆阳市、平凉市、陇南市	玉门市	玛曲县	红古区
青海（2）	海西蒙古族藏族自治州		大通回族土族自治县	
宁夏（3）	石嘴山市	灵武市	中宁县	
新疆（8）	克拉玛依市、巴音郭楞蒙古自治州、阿勒泰地区	和田市、哈密市、阜康市	拜城县、鄯善县	

注：1. 带*的城市表示森工城市。

2. 资源型城市名单将结合资源储量条件，开发利用情况等进行动态评估调整。

3. 带☆的为至今行政区划有名称变动。（编者注）

附录 13.2　全国资源枯竭型城市名单（2008—2011 年）

所在省（区市）	首批 12 座	第二批 32 座	第三批 25 座	大小兴安岭林区参照享受政策城市 9 座
河北	—	下花园区	井陉矿区	—
		鹰手营子矿区		
山西		孝义市	霍州市	
内蒙古	—	阿尔山市	乌海市	牙克石市
			石拐区	额尔古纳市
				根河市
				鄂伦春旗
				扎兰屯市
辽宁	阜新市	抚顺市	—	—
	盘锦市	北票市		
	—	弓长岭区		
		杨家杖子		
		南票区		
吉林	辽源市	舒兰市	二道江区	—
	白山市	九台市☆	汪清县	
		敦化市		
黑龙江	伊春市	七台河市	鹤岗市	逊克县
	大兴安岭地区	五大连池市	双鸭山市	爱辉区
	—			嘉荫县
				铁力市
江苏		—	贾汪区	

续表

所在省（区市）	首批 12 座	第二批 32 座	第三批 25 座	大小兴安岭林区参照享受政策城市 9 座
安徽	—	淮北市	—	—
		铜陵市		
江西	萍乡市	景德镇市	新余市	—
			大余县	
山东	—	枣庄市	新泰市	—
			淄川区	
河南	焦作市	灵宝市	濮阳市	—
湖北	大冶市	黄石市	松滋市	
		潜江市		
		钟祥市		
湖南	—	资兴市	涟源市	—
		冷水江市	常宁市	
		耒阳市	—	
广东	—	—	韶关市	
广西	—	合山市	平桂管理区	
海南	—	—	昌江县	—
重庆	—	万盛区☆	南川区	
四川	—	华蓥市	泸州市	
贵州	—	万山特区☆	—	
云南	个旧市	东川区	易门县	
陕西	—	铜川市	潼关县	
甘肃	白银市	玉门市	红古区	
宁夏	石嘴山市	—	—	—

注：带☆的为至今行政区划有名称变动。（编者注）

附录 13.3 2014 年全国 285 个地级城市城市产出等原始数据表格

地区	省份	城市	人均城市产出	人均资本存量	资源枯竭城市
东部	辽宁省	鞍山市	12.23	13.65	0
西部	陕西省	安康市	12.26	13.40	0
中部	安徽省	安庆市	12.32	13.76	0
西部	贵州省	安顺市	12.00	13.27	0
中部	河南省	安阳市	12.11	13.53	0
西部	内蒙古自治区	巴彦淖尔市	12.56	13.95	0
西部	四川省	巴中市	11.44	13.00	0
中部	吉林省	白城市	11.81	13.29	0
中部	吉林省	白山市	12.46	13.65	0
西部	甘肃省	白银市	12.03	13.53	1
西部	广西壮族自治区	百色市	12.23	13.78	0
中部	安徽省	蚌埠市	12.42	13.95	0
西部	内蒙古自治区	包头市	13.38	14.69	0
东部	河北省	保定市	11.73	13.39	0
西部	云南省	保山市	12.05	13.15	0
西部	陕西省	宝鸡市	12.57	13.89	0
西部	广西壮族自治区	北海市	13.09	14.44	0
东部	北京市	北京市	12.34	13.11	0
东部	辽宁省	本溪市	12.49	13.77	0
东部	山东省	滨州市	12.58	13.80	0
东部	河北省	沧州市	12.54	14.05	0

续表

地区	省份	城市	人均城市产出	人均资本存量	资源枯竭城市
中部	湖南省	常德市	13.25	13.76	0
东部	江苏省	常州市	13.09	14.34	0
中部	吉林省	长春市	12.50	13.93	0
中部	湖南省	长沙市	12.97	14.05	0
中部	山西省	长治市	12.14	13.53	0
东部	辽宁省	朝阳市	11.89	13.24	0
东部	广东省	潮州市	12.62	12.92	0
中部	湖南省	郴州市	12.61	13.96	0
西部	四川省	成都市	12.40	13.47	0
东部	河北省	承德市	11.96	13.61	0
中部	安徽省	池州市	12.69	14.30	0
西部	内蒙古自治区	赤峰市	12.84	14.08	0
西部	广西壮族自治区	崇左市	12.46	13.76	0
中部	安徽省	滁州市	12.44	13.96	0
西部	四川省	达州市	12.42	13.06	0
东部	辽宁省	大连市	12.57	14.40	0
中部	.黑龙江省	大庆市	13.24	13.85	0
中部	山西省	大同市	12.10	13.40	0
东部	辽宁省	丹东市	11.62	13.82	0
西部	四川省	德阳市	12.32	13.29	0
东部	山东省	德州市	12.63	13.46	0
西部	甘肃省	定西市	11.55	13.49	0
东部	山东省	东营市	13.04	14.33	0
东部	广东省	东莞市	12.14	12.65	0

地区	省份	城市	人均城市产出	人均资本存量	资源枯竭城市
西部	内蒙古自治区	鄂尔多斯市	13.57	14.71	0
中部	湖北省	鄂州市	12.44	13.75	0
西部	广西壮族自治区	防城港市	13.15	14.55	0
东部	广东省	佛山市	12.70	13.38	0
东部	福建省	福州市	12.30	13.56	0
东部	辽宁省	抚顺市	12.56	14.00	1
中部	江西省	抚州市	11.94	13.20	0
东部	辽宁省	阜新市	12.04	13.57	1
中部	安徽省	阜阳市	12.30	13.53	0
中部	江西省	赣州市	12.47	13.54	0
西部	宁夏	固原市	12.51	14.19	0
西部	四川省	广安市	12.89	14.33	0
西部	四川省	广元市	12.34	13.93	0
东部	广东省	广州市	12.94	13.41	0
西部	广西壮族自治区	桂林市	12.09	13.33	0
西部	广西壮族自治区	贵港市	12.66	14.19	0
西部	贵州省	贵阳市	11.88	13.41	0
中部	黑龙江省	哈尔滨市	12.37	13.94	0
东部	海南省	海口市	11.98	13.13	0
东部	河北省	邯郸市	12.04	13.74	0
西部	陕西省	汉中市	11.85	13.15	0
东部	浙江省	杭州市	12.36	13.25	0
东部	山东省	菏泽市	12.37	13.25	0
中部	安徽省	合肥市	12.36	13.88	0

地区	省份	城市	人均城市产出	人均资本存量	资源枯竭城市
西部	广西壮族自治区	河池市	11.96	13.50	0
东部	广东省	河源市	12.00	12.92	0
中部	河南省	鹤壁市	11.97	13.58	0
中部	黑龙江省	鹤岗市	11.39	13.17	1
西部	广西壮族自治区	贺州市	12.74	14.57	0
中部	黑龙江省	黑河市	11.02	13.16	0
东部	河北省	衡水市	12.21	13.57	0
中部	湖南省	衡阳市	12.35	13.49	0
西部	内蒙古自治区	呼和浩特市	13.07	13.96	0
西部	内蒙古自治区	呼伦贝尔市	12.67	13.83	0
东部	辽宁省	葫芦岛市	11.88	13.13	0
东部	浙江省	湖州市	12.51	13.70	0
中部	湖南省	怀化市	12.60	13.43	0
东部	江苏省	淮安市	12.28	13.58	0
中部	安徽省	淮北市	12.18	13.68	1
中部	安徽省	淮南市	12.04	13.62	0
中部	湖北省	黄冈市	11.69	13.32	0
中部	安徽省	黄山市	12.47	14.39	0
中部	湖北省	黄石市	12.35	13.58	1
东部	广东省	惠州市	12.26	13.31	0
中部	黑龙江省	鸡西市	11.46	13.10	0
中部	江西省	吉安市	12.31	13.57	0
中部	吉林省	吉林市	12.85	14.79	0
东部	山东省	济南市	12.56	13.51	0

地区	省份	城市	人均城市产出	人均资本存量	资源枯竭城市
东部	山东省	济宁市	12.34	13.49	0
东部	浙江省	嘉兴市	12.46	13.85	0
西部	甘肃省	嘉峪关市	12.42	13.53	0
中部	黑龙江省	佳木斯市	12.75	13.31	0
东部	广东省	江门市	12.53	13.33	0
中部	河南省	焦作市	11.83	13.27	1
东部	广东省	揭阳市	12.87	13.36	0
西部	甘肃省	金昌市	11.93	13.40	0
东部	浙江省	金华市	12.41	13.43	0
东部	辽宁省	锦州市	12.25	13.47	0
中部	山西省	晋城市	11.46	13.20	0
中部	山西省	晋中市	11.90	13.37	0
中部	湖北省	荆门市	12.26	13.63	0
中部	湖北省	荆州市	12.23	13.87	0
中部	江西省	景德镇市	12.40	13.72	1
中部	江西省	九江市	12.98	13.95	0
西部	甘肃省	酒泉市	12.49	14.06	0
中部	河南省	开封市	12.13	13.14	0
西部	新疆	克拉玛依市	12.77	13.89	0
西部	云南省	昆明市	12.46	13.81	0
东部	山东省	莱芜市	12.52	13.92	0
西部	广西壮族自治区	来宾市	12.52	14.14	0
西部	甘肃省	兰州市	12.20	13.38	0
东部	河北省	廊坊市	12.34	13.30	0

地区	省份	城市	人均城市产出	人均资本存量	资源枯竭城市
西部	四川省	乐山市	12.72	14.01	1
西部	云南省	丽江市	11.84	13.62	0
东部	浙江省	丽水市	12.98	14.16	0
东部	江苏省	连云港市	12.39	13.69	0
东部	山东省	聊城市	12.43	13.66	0
东部	辽宁省	辽阳市	12.47	13.92	0
中部	吉林省	辽源市	12.63	14.07	1
西部	云南省	临沧市	11.84	13.56	0
中部	山西省	临汾市	12.29	13.73	0
东部	山东省	临沂市	12.53	13.87	0
西部	广西壮族自治区	柳州市	12.44	13.66	0
中部	安徽省	六安市	12.75	14.16	0
西部	贵州省	六盘水市	12.39	13.69	0
东部	福建省	龙岩市	13.17	14.58	0
西部	甘肃省	陇南市	12.11	13.89	0
中部	湖南省	娄底市	12.45	13.71	0
中部	山西省	吕梁市	11.47	13.10	0
中部	河南省	洛阳市	12.41	13.54	0
中部	安徽省	马鞍山市	12.88	14.50	0
东部	广东省	茂名市	12.88	13.11	0
东部	广东省	梅州市	12.44	12.97	0
西部	四川省	眉山市	12.87	14.15	0
西部	四川省	绵阳市	12.22	13.42	0
中部	黑龙江省	牡丹江市	12.52	13.88	0

地区	省份	城市	人均城市产出	人均资本存量	资源枯竭城市
中部	江西省	南昌市	12.25	13.67	0
西部	四川省	南充市	12.22	13.52	0
东部	江苏省	南京市	12.56	13.69	0
西部	广西壮族自治区	南宁市	12.31	13.72	0
东部	福建省	南平市	12.47	13.93	0
东部	江苏省	南通市	12.22	13.46	0
中部	河南省	南阳市	11.93	13.37	0
西部	四川省	内江市	12.86	13.87	0
东部	浙江省	宁波市	12.82	13.78	0
东部	福建省	宁德市	12.16	13.68	0
西部	四川省	攀枝花市	12.31	13.46	0
东部	辽宁省	盘锦市	12.51	13.47	1
中部	江西省	萍乡市	12.55	14.14	1
中部	河南省	平顶山市	11.54	12.60	0
西部	甘肃省	平凉市	11.88	13.53	0
东部	福建省	莆田市	12.37	13.63	0
中部	黑龙江省	七台河市	11.58	13.23	1
中部	黑龙江省	齐齐哈尔市	11.91	13.12	0
西部	广西壮族自治区	钦州市	12.79	14.04	0
东部	河北省	秦皇岛市	12.35	13.63	0
东部	山东省	青岛市	12.94	13.92	0
东部	广东省	清远市	12.46	13.67	0
西部	甘肃省	庆阳市	11.91	13.66	0
西部	云南省	曲靖市	12.38	13.46	0

续表

地区	省份	城市	人均城市产出	人均资本存量	资源枯竭城市
东部	福建省	泉州市	12.45	13.23	0
东部	山东省	日照市	13.11	14.41	0
中部	河南省	三门峡市	12.17	14.02	0
东部	福建省	三明市	12.69	14.23	0
东部	海南省	三亚市	12.43	14.26	0
东部	广东省	汕头市	12.39	13.25	0
东部	广东省	汕尾市	12.20	13.07	0
西部	陕西省	商洛市	11.93	13.38	0
中部	河南省	商丘市	11.92	13.53	0
东部	上海市	上海市	12.46	13.15	0
中部	江西省	上饶市	12.04	13.60	0
东部	广东省	韶关市	12.23	13.42	1
中部	湖南省	邵阳市	11.96	13.04	0
东部	浙江省	绍兴市	12.30	12.83	0
东部	广东省	深圳市	12.48	12.64	0
东部	辽宁省	沈阳市	12.69	14.24	0
中部	湖北省	十堰市	11.74	12.63	0
东部	河北省	石家庄市	12.62	14.02	0
西部	宁夏	石嘴山市	12.73	14.34	1
中部	黑龙江省	双鸭山市	11.31	13.20	1
中部	山西省	朔州市	12.83	13.66	0
西部	云南省	普洱市	11.87	13.80	0
中部	吉林省	四平市	12.38	14.05	0
中部	吉林省	松原市	12.75	14.22	0

续表

地区	省份	城市	人均城市产出	人均资本存量	资源枯竭城市
东部	江苏省	苏州市	12.69	13.44	0
东部	江苏省	宿迁市	12.10	13.47	0
中部	安徽省	宿州市	12.36	13.14	0
中部	湖北省	随州市	12.59	13.85	0
中部	黑龙江省	绥化市	12.95	13.73	0
西部	四川省	遂宁市	12.48	14.23	0
东部	浙江省	台州市	12.19	13.07	0
东部	山东省	泰安市	12.53	13.88	0
东部	江苏省	泰州市	12.27	13.31	0
中部	山西省	太原市	12.07	13.25	0
东部	河北省	唐山市	12.85	14.10	0
东部	天津市	天津市	13.01	14.09	0
西部	甘肃省	天水市	11.96	13.17	0
东部	辽宁省	铁岭市	12.27	14.34	0
中部	吉林省	通化市	12.03	13.27	0
西部	内蒙古自治区	通辽市	13.14	14.25	0
西部	陕西省	铜川市	12.15	13.49	1
中部	安徽省	铜陵市	12.75	14.07	1
东部	山东省	威海市	12.65	13.70	0
东部	山东省	潍坊市	12.62	14.08	0
西部	陕西省	渭南市	11.90	13.59	0
东部	浙江省	温州市	12.78	13.81	0
西部	内蒙古自治区	乌海市	13.01	14.19	1
西部	内蒙古自治区	乌兰察布市	12.21	13.76	0

续表

地区	省份	城市	人均城市产出	人均资本存量	资源枯竭城市
西部	新疆	乌鲁木齐市	12.43	13.34	0
东部	江苏省	无锡市	12.88	14.15	0
中部	安徽省	芜湖市	12.73	14.18	0
西部	广西壮族自治区	梧州市	12.84	13.94	0
西部	宁夏	吴忠市	12.46	14.34	0
中部	湖北省	武汉市	12.86	13.96	0
西部	甘肃省	武威市	12.36	13.87	0
西部	陕西省	西安市	12.10	13.72	0
西部	青海省	西宁市	12.14	13.59	0
东部	福建省	厦门市	12.15	13.15	0
中部	湖北省	咸宁市	12.20	13.84	0
西部	陕西省	咸阳市	12.46	14.31	0
中部	湖北省	襄阳市	12.61	13.65	0
中部	湖南省	湘潭市	12.40	13.77	0
中部	湖北省	孝感市	11.13	12.67	0
中部	河南省	新乡市	12.30	13.81	0
中部	江西省	新余市	13.09	14.54	1
中部	山西省	忻州市	11.65	13.12	0
中部	河南省	信阳市	12.06	13.53	0
东部	河北省	邢台市	11.73	13.40	0
东部	江苏省	徐州市	12.82	13.94	0
中部	河南省	许昌市	11.87	13.49	0
中部	安徽省	宣城市	13.29	14.72	0
西部	四川省	雅安市	12.58	13.53	0

地区	省份	城市	人均城市产出	人均资本存量	资源枯竭城市
东部	山东省	烟台市	12.73	14.03	0
东部	江苏省	盐城市	12.47	13.79	0
西部	陕西省	延安市	11.97	13.63	0
东部	江苏省	扬州市	12.37	13.28	0
东部	广东省	阳江市	12.69	14.82	0
中部	山西省	阳泉市	11.96	13.19	0
中部	黑龙江省	伊春市	11.36	12.90	1
西部	四川省	宜宾市	12.49	13.26	0
中部	湖北省	宜昌市	12.60	13.72	0
中部	江西省	宜春市	12.39	13.76	0
中部	湖南省	益阳市	12.49	13.70	0
西部	宁夏	银川市	11.46	12.55	0
中部	江西省	鹰潭市	12.73	13.74	0
东部	辽宁省	营口市	12.79	14.39	0
中部	湖南省	永州市	12.64	13.84	0
西部	陕西省	榆林市	12.80	14.15	0
西部	广西壮族自治区	玉林市	12.45	14.14	0
西部	云南省	玉溪市	12.75	13.34	0
中部	湖南省	岳阳市	12.88	13.53	0
东部	广东省	云浮市	13.74	14.40	0
中部	山西省	运城市	12.18	13.85	0
东部	山东省	枣庄市	12.45	13.90	1
东部	广东省	湛江市	12.80	13.60	0
东部	福建省	漳州市	12.55	13.73	0

续表

地区	省份	城市	人均城市产出	人均资本存量	资源枯竭城市
中部	湖南省	张家界市	12.76	13.64	0
东部	河北省	张家口市	12.25	13.66	0
西部	甘肃省	张掖市	12.02	13.18	0
西部	云南省	昭通市	12.41	13.39	0
东部	广东省	肇庆市	11.90	13.75	0
东部	江苏省	镇江市	13.09	14.52	0
中部	河南省	郑州市	12.21	13.39	0
东部	广东省	中山市	12.39	13.15	0
西部	宁夏	中卫市	12.69	14.23	0
西部	重庆市	重庆市			0
东部	浙江省	舟山市	12.16	13.50	0
中部	河南省	周口市	11.62	13.26	0
东部	广东省	珠海市	12.15	13.23	0
中部	湖南省	株洲市	12.63	13.88	0
中部	河南省	驻马店市	11.52	12.91	0
西部	四川省	资阳市	12.60	13.60	0
东部	山东省	淄博市	12.92	13.97	0
西部	四川省	自贡市	12.70	13.54	0
西部	贵州省	遵义市	12.50	13.76	0
中部	安徽省	亳州市	12.55	13.85	0
东部	浙江省	衢州市	12.70	13.90	0
西部	四川省	泸州市	12.33	13.52	1
中部	河南省	漯河市	12.22	13.43	0
中部	河南省	濮阳市	11.65	13.13	1

第十四章

新型城镇化背景下的城乡一体化
与户籍制度改革

张坤领

城乡一体化是针对城乡在社会经济发展过程中长期存在的二元分隔状况提出来的，其实现的过程也就是二元社会解构的过程。改革开放以来，城乡分割的体制制度受到市场经济的强烈冲击，中国的二元经济结构状态也得到了缓解，但城乡之间的诸多不平等、不公正的制度性特征并未根本改变。新的历史条件下，《国家新型城镇化规划（2014—2020年）》指出要"推动城乡发展一体化"①。2018年，党的十九大进一步做出"建立健全城乡融合发展体制机制和政策体系"的重大决策部署，这为新型城镇化建设背景下的城乡一体化发展问题提出新的要求。以人为本的城镇化是新型城镇化的核心内容和本质要求，也是中国城乡二元结构背景下新型城镇化建设必须关注和解决的问题。

一、中国城乡一体化及其挑战

城乡一体化是人们试图改变城乡分离状态，主张城乡协调发展而提出的构想，如圣西门的"城乡平等"、欧文的"新和谐村"和傅立叶的"法郎吉"

---

① 国务院：《国家新型城镇化规划（2014—2020年）》，2014年3月16日，http://www.gov.cn/gongbao/content/2014/content_2644805.htm。

的设想等。从杜能的"孤独国"提出农业发展区位理论到马克思、恩格斯提出的"分立—对立—融合"的城乡发展必然趋势的论断，都体现了城乡一体化的构想。第二次世界大战后，一些发达国家的"逆城市化"和"城市分散化"现象在一定程度上成为城乡一体化的雏形。西方学者对城乡关系和城乡发展有大量探讨，如埃比尼泽·霍华德从城乡规划的角度曾提出"田园城市"的理念；埃利尔·沙里宁提出分散密集发展城市的"有机疏散"思想；弗兰克·劳埃德·赖特提出了主张城市分散发展的"广亩城市"设想；刘易斯·芒福德的"分散化城市"观念；岸根卓郎的"自然—空间—人类系统"相融合的城乡融合社会理论；麦基提出的"Desakota"（城乡联系模式）等。相比之下，中国的城乡一体化是在改革实践而非理论研究的产物。20世纪80年代，苏南地区的乡村工业化和城镇化迅猛发展，表现出强劲的一体化趋势，引起了学术界的广泛关注和探讨。中国城乡一体化的概念的提出丰富了西方学界关于城乡关系的研究，也暗含了西方学界所倡导的城乡融合的思想。

中国城乡关系经历了从中华人民共和国成立之初的"城乡兼顾"、改革开放前的"以工养农"、改革开放初的"城乡产业割裂"，到80年代逐渐探索城乡一体化发展，再到如今的全面推进城乡统筹、城乡融合的城乡一体化发展等阶段。改革开放后，中国进入了快速的工业化和城镇化进程。经过数十年的发展，中国从一个农业国迈入后工业化发展阶段。中国城镇化率从1978年的17.92%上升到2020年的63.89%，城乡居民收入显著提高，中国城乡关系调整取得了重要进展。但同时应当清醒地认识到，受城乡二元管理体制方面，中国城乡发展之间仍存在不协调、不开放、不完善的问题。主要表现在以下几个方面：

一是城乡二元结构有固化之势。中国逐渐形成了刚性、固化的城乡二元经济结构，且其转型严重滞后于经济发展，农业、农村发展在二元经济结构中处于不利地位。国家统计局数据显示，2015年中国的乡村人口在总人口的比重中仍高达45%，而所创造的农业总产值仅占国民总收入的16%，且仍有下降趋势；而城镇人口（包括农民工）尽管仅占总人口的55%，却创造了84%的国民收入，且仍有增长趋势。表明45%的乡村人口通过农耕等只获得总收入的16%，剩下55%的城镇人口却获得了总收入的84%。由此产生了中国社会发展悖论，即上升的国民收入与积贫积弱的农民并存的局面。可见农业和农村在中国工业化和城市化进程中做出了巨大贡献和牺牲，却没有享受到与城市同等的发展成果。

二是户籍制度显著阻碍城乡一体化发展进程。将人口划分为城市人口和农村人口的户籍制度使得中国工业化和城镇化进程具有显著的计划经济特征。2020年中国常住人口城镇化率（63.89%）与户籍人口城镇化率（45.4%）相差约18%，而18%的人口差距中大部分是农民工群体。户籍制度管制限制了农村户口向城市户口的转化，所以大量的农村户口劳动力在城市工作，却不能平等地享受到城市所提供的公共服务（如医疗、教育等），严重影响着居民整体福利水平。2016年，中国农民工总量达2.8亿，月均收入水平仅为3000元左右。同时户籍制度背景下，农村居民难以实现举家迁移，导致农村老龄化、空心化和留守儿童、妇女等社会问题。如此一来，农村居民无法享受城镇化所带来的成果，这又加深了城乡之间的差距，户籍制度成为影响城乡劳动力流动的主要决定因素，并最终影响中国城乡二元结构转型，阻碍着城乡一体化发展。虽然2014年以来各地逐步取消了户口的城乡之分，实行统一的户口登记管理制度，但从根本上看，二元的户籍制度没有根本突破，由户籍制度派生的就业、医疗卫生、教育、社会保障等其他城乡差别政策依然对统筹城乡发展起着重大的阻碍作用。

三是城乡基本公共服务差异显著。社会保障方面，资源配置失衡，加之市场调节具有趋利性，社保资源的配置整体向高发达区域和高收入人群倾斜。城镇建立了包括医疗、养老、工伤、失业等一系列相对完善的社会保障制度。而在农村，不仅社会保障的种类相对匮乏（例如失业和工伤保险制度缺失），既有的社会保障制度不仅标准低于城市，而且发展不完善。同时，由于城乡社会保障的差异，进城务工人员（农民工）的社会保障并不能随之转移，导致大量农民工的社会保障缺失。城乡教育方面，国家教育政策制定和教育资金的投入普遍向城市倾斜，城市的重点院校可以获得国家大量的财力、物力支持，形成了城乡二元教育体制。城市居民享有的教育资源远远优于农村居民，农村教育设施落后、教师匮乏、课程设置单一，甚至在一些偏远的农村地区，义务教育都难以顺利开展。农村学生（其中包括农民工子女）想接受良好的教育必须花费高额的成本到城市学校借读，导致家庭的教育负担增大。

四是城乡土地市场"同地不同权"激励地方政府短视行为。由于担心外来农民工市民化为本地带来巨额的财政压力，地方政府一般会对外来民工转市民持很强的排斥态度。而且，由于土地财政的体制性动因，地方政府有通过扩大城镇建成区面积来获取土地出让金，提高其财政能力的冲动。从现实情况看，中国土地资源分配是一种事实上的"以乡补城"，农民在土地资源利用开发中获得的收入极其有限。在城乡二元土地制度下，政府获得的大规模城市建设用地和经费主要依靠从农民手中征地卖地所得。因此，传统城镇化进程中的土地问题痼疾难除，"摊大饼"现象屡见不鲜，造成城镇化进程中土地城镇化速度远高于人口城镇化速度的事实。

综合上所述，地方政府行为在其中也扮演着重要角色，从户籍制度到福利体系再到土地财政，地方政府都是参与主体。改革开放后中国经济奇迹出现的一个重要原因在于中央政府通过财政分权和人事干部体制改革激发地方政府发展经济，从财政激励和政治激励等方面把地方官员的职业发展以及辖区财政收入和经济发展捆绑在一起。地方政府和官员对这种激励做出正反应，就是积极发展辖区内社会经济，逐渐成为强化市场型的地方政府官员和维护发展型的地方政府。而地方政府受限于财政的压力和相关激励机制的缺失，缺乏改变相关局面的动力，导致了城乡二元结构的固化和城乡差距的加大。在中国城乡关系发展中，地方政府在其中的作用经历了计划经济时期的无所作为，到转轨时期的崭露头角，再到市场经济时期的主动创新的转变。因此从地方政府行为的视角对中国城乡一体化发展的研究具有现实意义，也是城乡一体化发展的新思路。

二、地方户籍制度改革：实现城乡一体化的突破口

制度竞争是当下地方政府竞争的主题之一，而在诸多地方政府的制度竞争中，作为新型城镇化建设和城乡一体化发展过程中的环节，户籍制度竞争往往成为地方政府之间相互竞争的重要手段。实践表明，改革现行的户籍制度，

将为新型城镇化和城乡一体化奠定制度基础和提供现实可能。因此，对地方政府之间的户籍制度竞争的研究具有重要的现实意义。

（一）户籍制度与地方政府竞争

户籍制度是与户口或户籍管理相关的一套政治、经济和法律制度，个人身份的证明、资源配置和财富分配的执行以及政治参与的实现等都需要以户籍为依据（陆益龙，2002）[1]。户籍制度管制导致大量在城市工作的农村户口劳动力享受不到当地所提供的公共服务，严重影响着居民整体福利水平。同时在户籍制度背景下，农村居民难以实现举家迁移，导致农村老龄化、空心化和留守儿童、妇女等社会问题。如此一来，农村居民无法享受城镇化所带来的成果，户籍制度也成为影响劳动力流动的重要决定因素。虽然有学者认为，中国户籍制度是中国高储蓄率和高速度经济增长的重要原因之一（Vendryes，2011）[2]，对中国发展有着重大的贡献，在没有跨越刘易斯转折点的条件下，带来了中国经济的迅速增长和社会政治稳定（Wang，2005）[3]。但更多的学者指出，户籍制度显著地影响着居民消费行为（陈斌开、陆铭等，2010）[4]，永久管制的户籍制度加深了社会相对不公（Whalley and Zhang，2007；Afridi and Li et al.，2015）[5][6]，阻碍社会阶层的流动性（陆益龙，2008）[7]，导致了城市内部社

---

[1] 陆益龙：《1949 年后的中国户籍制度：结构与变迁》，《北京大学学报》（哲学社会科学版），2002 年第 2 期。

[2] T. Vendryes, "Migration constraints and development: Hukou and capital accumulation in China", *China Economic Review,* 2011, Vol.22, No,4, pp.669–692.

[3] F. L. Wang, *Organizing Through Division and Exclusion: China's Hukou System*, Stanford University Press, 2005.

[4] 陈斌开、陆铭、钟宁桦：《户籍制约下的居民消费》，《经济研究》增刊，2010 年第 1 期。

[5] J. Whalley, S. M. Zhang, "A numerical simulation analysis of (Hukou) labour mobility restrictions in China", *Journal of Development Economics*, 2007, Vol.83, No, 2, pp.392–410.

[6] F. Afridi, S. X. Li et al., "Social identity and inequality: The impact of China's hukou system", *Journal of Public Economics*, 2015, pp.17–29.

[7] 陆益龙：《户口还起作用吗——户籍制度与社会分层和流动》，《中国社会科学》，2008 年第 1 期。

会分割，并对信任产生严重的消极作用（汪汇、陈钊等，2009）[①]。全面的户籍制度改革，让劳动力实现自由流动，则能够提高经济效益，也是中国未来长期经济增长的主要源泉（都阳、蔡昉等，2014）[②]。尽管政府出台了《国家新型城镇化规划（2014—2020 年）》来推进中国新型城镇化进程，促进城乡一体化发展，但此规划依然延续了计划的思维，实际上是计划导向而非市场导向的城镇化规划，尤其是在户籍制度改革方面，计划的痕迹显得更为突出（Hu，Chen，2015）[③]。2019 年以来，政府加快了对城区常住人口 300 万人以下的大城市户籍制度改革的步伐，但对于流动人口较为集中的超大城市而言，改革速度依然缓慢[④]。可见，户籍制度变革速度（制度供给）仍跟不上中国由计划体制向市场体制转型的需要（制度需求）。

户籍制度的管制从全国层面来讲更多的是城乡人口流动问题，而从各个城市层面来讲更多的是地方之间的人口流动问题。如 2015 年，东部地区是流动人口最集中的地方，流动人口占全国流动人口的比例为 74.7%，中西部地区为 25.3%。同时，东部地区的流动人口以跨省流动为主，2015 年东部地区跨省流动人口的比例达到 87.7%[⑤]。一方面流动人口为了更好的生活，寻求到理想城市定居的机会，另一方面地方政府为了地方发展，寻求吸引更多的资本、人才和劳动力。1994 年的分税制改革及相应的中央与地方在财权和事权上相对明确划分以后，作为与地方公共福利密切相关的城市户籍政策也开始由城市地方政府来主导（汪立鑫、王彬彬等，2010）[⑥]。20 世纪 90 年代各大城市纷纷推

---

① 汪汇、陈钊、陆铭：《户籍、社会分割与信任：来自上海的经验研究》，《世界经济》，2009 年第 10 期。

② 都阳、蔡昉、屈小博等：《延续中国奇迹：从户籍制度改革中收获红利》，《经济研究》，2014 年第 8 期。

③ B. L. Hu, C. L. Chen, "New Urbanization under Globalization and the Social Implications in China", *Asia&The Pacific Policy Studies*, 2015.

④ 见《关于建立健全城乡融合发展体制机制和政策体系的意见》，http://www.gov.cn/zhengce/2019–05/05/content_5388880.htm。

⑤ 国家卫生计生委流动人口司：《中国流动人口发展报告 2016》，中国人口出版社。

⑥ 汪立鑫、王彬彬、黄文佳：《中国城市政府户籍限制政策的一个解释模型：增长与民生的权衡》，《经济研究》，2010 年第 11 期。

出过"蓝印户口政策",鼓励资本、技术或高级劳动人才的流入。近年来,全国大多数省份又出台了户籍制度改革方案,很多城市降低了落户门槛,部分经济较发达城市又陆续出台带有吸引高级人才流入的"居住证"制度,特大城市则普遍提出"建立积分落户制度"。通过利益扩散增加财政收入,并通过利益剥离减少财政支出,地方政府可以有效地推动地方户籍制度的变迁(王清,2011)①,户籍政策已经逐渐演变成地方政府手中极其重要竞争手段之一(王丽娟,2010)②。

地方政府竞争面临着激励与约束并存的局面。一方面是财政分权和政治晋升的激励(张为杰、李守明等,2016)③,另一方面是上级政府考核和地方民主选举和监督的约束(蔡昉、都阳等,2001)④。对于地方城市户籍制度,地方政府在制定户籍政策时,既要考虑城市经济发展,又要兼顾城市居民福利水平。就经济发展而言,放松户籍管制最为直接的好处是由新增资本投资和人口流入带来新的税基,能够增加城市税收收入,并强化市场分工,优化本地区的要素配置(夏纪军,2004)⑤。同时人才的流入能够提高城市人力资本,带来技术的进步,最终促进城市经济发展。而对于后者来讲,地方城市政府要控制地方公共品的外部性,保障居民的社会福利不受损失,并有所增加(夏纪军,2004)⑥。在理性人假设前提下,地方城市政府为寻求政治收益最大化,往往会在政策制定的政治成本和政治收益之间做出抉择,并最终出台那些政治净收益最大化的政策,对于户籍政策同样不例外。那么,各城市之间是否存在着这样

① 王清:《地方财政视角下的制度变迁路径分析——以当代中国城市户籍制度为例》,《武汉大学学报》(哲学社会科学版),2011年第3期。
② 王丽娟:《人口流动与财政竞争——基于财政分区和户口政策的比较视角》,《中央财经大学学报》,2010年第3期。
③ 张为杰、李守明、王询:《制度视阈下中国地方政府竞争的经济增长质量效应研究——基于空间杜宾模型的分析》,《制度经济学研究》,2016年第4期。
④ 蔡昉、都阳、王美艳:《户籍制度与劳动力市场保护》,《经济研究》,2001年第12期。
⑤ 夏纪军:《人口流动性、公共收入与支出——户籍制度变迁动因分析》,《经济研究》,2004年第10期。
⑥ 同上。

的户籍制度的竞争？这种竞争的城市经济发展效应又如何？本部分试图利用中国地级以上城市数据，通过实证分析回答以上问题。

（二）基于空间杜宾模型的实证分析

1. 模型构建

（1）地方城市政府户籍制度的竞争效应

考虑到被解释变量和解释变量各自存在的空间相关性、时间相关性，需使用空间面板模型，而空间面板杜宾模型（SDM）在解决此类问题时得到了广泛的应用。模型构建如下：

$$HR_{it} = \beta X_{ikt} + \rho \sum_{i=1,j=1}^{n} w_{ij} HR_{it} + \theta \sum_{i=1,j=1}^{n} w_{ij} X_{ikt} + \mu_{it} + \upsilon_{it} + \varepsilon_{it}$$

HR_{it} 表示第 i 个城市第 t 期的户籍管制程度，为被解释变量；X_{ikt} 表示第 i 个城市第 t 期第 k 个解释变量，如资本、劳动等；β 解释变量 X_{ikt} 对被解释变量 HR_{it} 的影响，ρ 表示相邻城市户籍制度的空间溢出对本城市户籍制度的影响，θ 衡量相邻城市解释变量对本城市户籍制度的影响系数。当 θ 值为零时，SDM 可以简化为空间滞后模型（SLM）。当 $\theta + \rho\beta$ 为零时，SDM 模型可以简化为空间误差模型（SEM）。w_{ij} 为非负权数，其构成的权数矩阵 W 刻画了城市间的经济空间相互关系；并且 $0 \leqslant w_{ij} \leqslant 1$，$w_{ij}=0$ 时，又被称为空间权重矩阵，它刻画了城市间经济活动的空间影响过程，以此界定为与本地区竞争的对象与范围。也即，w_{ij} 越大，则意味着城市 i 与城市 j 越相邻，城市 i 的政府将城市 j 的政府看成竞争对手之一。μ_{it} 和 λ_{it} 分别表示空间和时间固定效应，而 ε_{it} 为不可观测的误差项。

（2）地方城市政府户籍制度竞争的经济发展效应

建立既考察户籍管制对经济发展的影响，又兼顾地方政府间在户籍制度上的互动竞争，继续使用空间面板杜宾模型，如下：

$$LnGDPper_{it} = \beta HR_{it} + \gamma X_{ikt} + \delta \sum_{}^{n} w_{ij} LnGDPper_{it} + \rho \sum_{i=1,j=1}^{n} w_{ij} HR_{it} +$$

$$\theta \sum_{i=1,j=1}^{n} w_{ij} X_{ikt} + \mu_{it} + \upsilon_{it} + \varepsilon_{it}$$

$LnGDPper_{it}$ 表示第 i 个城市第 t 期的经济发展水平,这里用人均 GDP 表示; HR_{it} 表示第 i 个城市第 t 期的户籍管制程度; X_{ikt} 表示第 i 个城市第 t 期第 k 个控制变量,如资本、劳动等; β 衡量户籍制度对经济发展的作用方向, ρ 户籍制度的空间溢出对本地经济发展的作用方向, γ 衡量相邻地区控制变量对本地经济发展的影响方向。w_{ij} 同为非负权数。μ_{it} 和 λ_{it} 分别表示空间和时间固定效应, ε_{it} 为不可观测的误差项。

2. 变量及数据说明

（1）研究对象及数据来源

本章以中国 286 个地级以上城市为研究对象,样本期间选取 2004—2015 年信息。大部分数据来源于历年《中国城市统计年鉴》,个别城市缺失值以历年《中国区域经济统计年鉴》、各省市统计年鉴和统计公报等补充,总样本量 3432 个。

（2）变量说明

户籍管制程度是核心变量和研究重点。对于户籍制度的管制程度的衡量,已有的研究采取过不同的量化方法。如,蔡昉等（2001）使用户籍迁入人口与本地户籍人口之比,也即户籍人口迁入率表征户籍管制程度（蔡昉、都阳等,2001）[1];汪立鑫等（2010）用户籍人口净增加量,也即某城市在某期内的户籍人口增量扣除该城市自身人口自然增长数量后剩下的值,来代表户籍制度管制水平（汪立鑫、王彬彬等,2010）[2],但城市吸引力对此类指标大小影响显著,北京、上海等特大城市户籍人口迁入率可能高于一般地级城市,并不意味着北

---

[1] 蔡昉、都阳、王美艳:《户籍制度与劳动力市场保护》,《经济研究》,2001 年第 12 期。

[2] 汪立鑫、王彬彬、黄文佳:《中国城市政府户籍限制政策的一个解释模型:增长与民生的权衡》,《经济研究》,2010 年第 11 期。

京、上海户籍管制程度较一般地级市低；邓可斌、邓菊红（2010、2011）用刨除自然增长的城市每年入籍人口变化数与新增移动电话户数之比代表户籍管制指标[1][2]，但这种方法的弊端也是显然的，新增移动电话户数能在多大程度上代表当年新增人口总数，值得商榷；吴开亚等（2010）通过构建了落户门槛评价指标体系计算出城市落户门槛指数来衡量户籍管制程度，但构建指标体系本身就带有很强的主观性，并且很难分辨指标之间的重要程度。落户门槛评价指标体系包含了 34 个具体指标，若要把中国所有城市每个年份的落户门槛指数都计算出来，工作量将巨大，这也是该方法局限性所在；此外，邹一南、李爱民（2013）用户籍率作为户籍管制程度的衡量指标[3]；李拓等（2016）与陆万军、张彬斌（2016）则使用常住人口数减去户籍人口数与常住人口数的比例量化户籍管制水平。本书认为在所有常住人口都愿意获得本地户籍的假设前提下，他们的方法具有科学性，且可操作性较强，因此选取户籍人口与常住人口之比（HR）衡量户籍管制程度，比值越大表明户籍管制越宽松，比值越小则表示户籍管制越严格。HR 值以 1 为分界点，大于 1 表示人口流出，小于 1 表示人口流入。

这一指标同样基于邹一南、李爱民（2013）关于所有常住人口都愿意获得本地户籍的假定[4]。本章认为，在没有需求的情况下讨论户籍制度管制是没有意义的，一个完全没有吸引力，也即没有人愿意去的城市的户籍制度管制也就无所谓严格或者宽松。使用此指标可能会遭到两个主要挑战：一是对于所有常住人口都愿意获得本地户籍的假定，因为对于一些小城市，城市户籍对流动人口的吸引力不高，很多人可能由于多方面的原因不愿意获得这样城市的户籍。但值得注意的是，这类城市大部分是人口流出城市（对于全市来讲，而非市辖区），其 HR 值大都是大于 1 的数，也即相对于户籍的需要，此类城市是户籍制度较为宽松的城市，因此在数据层面上，此类城市已经得到了"惩罚"，

---

① 邓可斌、丁菊红：《户籍管制、经济增长与地区差距》，《制度经济学研究》，2010 年第 1 期。

② 丁菊红、邓可斌：《财政分权、软公共品供给与户籍管制》，《中国人口科学》，2011 年第 4 期。

③ 邹一南、李爱民：《户籍管制、城市规模与城市发展》，《当代经济研究》，2013 年第 9 期。

④ 同上。

不影响对结果的评估；二是 HR 值的大小可能与户籍管制程度无关，而与城市吸引力相关，因为假设户籍制度一定的情况下，城市吸引力越大，常住人口就会越多，HR 值就会越小。但我们认为，在所有常住人口都愿意获得本地户籍的假定下，常住人口越多表明对户籍的需求越强，而相对于不变的户籍政策，户籍制度本身已经属于较为严格的户籍制度。因此总的来说，本章所衡量的户籍管制程度松紧是相对于流动人口对城市户籍的需求而言的。需要注意的是，除人口普查年份外，中国地级城市人口统计常年以户籍人口为标准，而非常住人口数，但国家统计局要求，2004 年开始地级市人均 GDP 以常住人口统计（周一星、于海波，2004）[1]，因此常住人口数就可以通过地区 GDP 总值除以人均地区 GDP 获得。

借鉴已有的研究成果，控制变量方面我们选取了几个常见的变量：名义 GDP 总量代表城市经济规模，人均 GDP 代表城市经济发展水平，人口密度代表城市人力资本，固定资产投资代表资本投入，年末就业人数代表劳动力投入，预算财政支出衡量地方财政投入（全国和各地区变量描述统计见表14-1）。

表 14-1　变量描述统计

	HR	LnGDP	LnGDPper	Lnpopdens	Lninvest	Lnlabour	Lnexpend
样本数	3432	3432	3432	3432	3432	3432	3432
最小值	0.22	12.79	7.66	1.55	12.27	1.4	10.57
最大值	1.46	19.34	12.24	7.88	18.85	6.89	17.94
均值	1.02	15.93	10.09	5.71	15.4	3.46	13.96
标准差	0.14	1.04	0.77	0.92	1.13	0.81	1.01

（3）空间权重矩阵

就空间计量模型而言，空间加权矩阵的选择十分重要，基于邻近（假设

---

[1]　周一星、于海波：《中国城市人口规模结构的重构》，《城市规划》，2004 年第 6 期。

事物的联系仅仅存在于具有共同边界的地区之间，两个地区拥有共同的边界取值为 1，两个地区没有共同的边界取值为 0）或距离（假设两个地区之间空间交互作用与两个地区之间的距离成反比）建立的空间权重是较为常见的两种。但是，鉴于中国自上而下的行政制度现实情况，就户籍制度研究而言，使用这两种空间权重的模型结果很难令人信服，因为某省户籍制度框架既定的情况下，该省地级城市之间将会产生明显的空间相关性，而且这种空间相关性并不是地方政府之间的竞争导致的，因此也很难说明地方城市政府之间在户籍制度上的竞争问题。经济权重则可以很好地避免这种问题的出现，因为经济规模的大小不受行政制度的干扰，更容易测度出相同或相近经济水平的城市之间是否存在户籍制度竞争问题。因此使用的空间经济权重矩阵为：$W_{ij}=1/|gdp_i-gdp_j|$，其中 gdpi 表示 i 城市的经济规模，这里用各地级市 2004—2015 年名义 GDP 均值表示。

3. 计量检验与结果分析

（1）地方城市政府户籍制度的竞争效应

①全国样本

表 14-2 展示了全国城市样本的计量结果。可以看出，模型结果整体拟合效果良好。首先，无论是无固定效应的空间杜宾模型，空间或者是时间空间固定杜宾模型，还是双固定的空间杜宾模型，估计结果中户籍管制反应系数都显著为正，其中双固定的空间杜宾模型 HR 空间滞后项系数为 0.1590，说明城市之间在户籍制度上存在较为敏感的互动策略，也即当一个城市政府选择放松或者提高户籍管制，作为回应，经济规模相近的城市也会倾向于选择放松或者提高户籍管制，表明地方政府间存在显著的户籍制度竞争行为，户籍制度竞争已是城市政府争取更多税收收入、人才以促进经济发展，并实现地方官员晋升的重要手段。

由于稳健性检验结果表明，选取双固定的空间杜宾模型更贴切，因此，以下分析重点以双固定的空间杜宾模型为主。从解释变量方面看，经济规模对户籍管制程度显著负相关，并且在 1% 的水平下显著，也即经济规模越大的城市户籍管制越严格，而经济规模越小的城市户籍管制也相对宽松。这与现实情

表 14-2　全国地级以上城市模型估计结果

	混合 OLS 模型	无固定效应的空间杜宾模型	空间固定的空间杜宾模型	时间固定的空间杜宾模型	双固定空间杜宾模型
Intercept	1.4556*** （28.9575）	0.5968*** （5.2992）			
LnGDP	−0.1364*** （−17.1903）	−0.1901*** （−20.5749）	−0.1029*** （−9.6276）	−0.1989*** （−20.5162）	−0.0931*** （−9.0412）
Lnpopdens	0.0392*** （14.4867）	0.0363*** （13.6997）	0.0821*** （2.8548）	0.0364*** （13.7575）	0.1093*** （3.9899）
Lninvest	0.0671*** （10.4147）	0.0502*** （7.6192）	0.0397*** （7.6017）	0.0502*** （7.5836）	0.0436*** （8.7072）
Lnlabour	−0.0443*** （−8.4876）	−0.0300*** （−4.8550）	−0.0275*** （−4.5821）	−0.0314*** （−5.0677）	−0.0288*** （−4.9398）
Lnexpend	0.04531*** （7.8855）	0.0518*** （7.3481）	0.0821*** （10.2223）	0.0584*** （7.9870）	0.0909*** （11.8440）
W^*HR		0.2580*** （8.0060）	0.2640*** （8.2359）	0.2491*** （7.9587）	0.1590*** （5.9759）
W^*LnGDP		0.1561*** （7.0134）	0.0342 （1.4565）	0.1410*** （5.7611）	0.1019*** （3.4450）
$W^*Lnpopdens$		0.0066 （0.8528）	−0.3447*** （−3.8898）	0.0095 （1.2182）	−0.2002** （−2.2485）
$W^*Lninvest$		−0.0186 （−1.0968）	0.0327*** （2.6117）	−0.0021 （−0.1118）	0.0906*** （6.2609）
$W^*Lnlabour$		−0.0188 （−1.3116）	−0.0478*** （−3.6334）	−0.0552*** （−3.1517）	−0.0795*** （−4.4533）
$W^*Lnexpend$		−0.0411*** （−2.7151）	−0.0764*** （−4.5354）	0.0144 （0.6706）	−0.0066 （−0.3695）
R^2	0.2352	0.2880	0.8321	0.2916	0.8375
log-likelihood	2394.1	2503.2473	4975.7299	2511.1634	5046.5459

注：除特殊标出外，估计系数后括号内为 t 统计量。当 t 统计量在 10% 的显著性水平下通过检验，用 * 表示；当 t 统计量在 5% 的显著性水平下通过检验，用 ** 表示；当 t 统计量在 1% 的显著性水平下通过检验，用 *** 表示。

况基本一致，如上海、北京、深圳等城市经济规模超过其他地级城市，同时这些城市户籍管制程度也显著较其他城市严格。此外，值得注意的是，变量LnGDP的空间滞后项的系数为 0.1019，并在 1% 的水平下显著，这表明竞争对手城市经济规模越大，吸引人才的优势越强，本城市竞争压力则越大，于是便更倾向于通过放松户籍管制，提高城市竞争力。若竞争对手城市经济规模较小，则本城市放松户籍管制的动力也就越小。

人口密度和户籍管制呈显著的正相关关系，人口密度越大的城市，户籍制度越倾向于宽松。除上海、广州、深圳等城市外，中国地级以上城市人口密度排名前 15 位的城市均不是户籍管制程度严格的城市，其中有 4 个来自人口大省的河南（郑州、周口、濮阳和许昌），人口密度排名第一的汕头市户籍管制 HR 值接近于 1，户籍管制较为宽松；劳动力投入也与户籍管制呈显著的负相关关系，系数为 –0.0288，并且在 1% 的水平下显著。也即劳动力投入越高的城市，户籍管制程度越严格，反之则越宽松。这是因为劳动力投入较高的城市大都是人口流入较多的大城市，在户籍人口不变的情况下，城市常住人口增加，因此 HR 值减少，也就是户籍管制程度越高。这也从一个侧面说明，由户籍制度管制所带来的问题主要来自人口流入的大城市、特大城市，"全面放开建制镇和小城市落户限制"的户籍政策，并不能解决当下的主要问题（陶然、史晨等，2011）[①]；此外，固定资产投资和地方财政支出与户籍管制程度呈显著的正相关关系，系数分别为 0.0436 和 0.0909，并且在 1% 的水平下显著。也即固定资产投资和政府财政支出越大的城市户籍管制程度越宽松，说明城市政府愿意为吸引更多的投资降低户籍管制程度，并用更多的财政予以支持。

此外，人口密度和劳动力投入的空间滞后系数为负，并分别在 5% 和 1% 的水平下显著，表明竞争对手城市人口密度和劳动力投入越大，相对于竞争对手城市而言，本城市户籍管制程度越强。因为其他条件不变情况下，本城市户籍管制越严格，人口和劳动力越倾向于流向竞争对手城市。而固定资产投资则

---

① 陶然、史晨、汪晖等：《"刘易斯转折点悖论"与中国户籍—土地—财税制度联动改革》，《国际经济评论》，2011 年第 3 期。

相反，其空间滞后项系数为正，也即竞争对手城市固定资产投资越大，对本城市会产生正的溢出效应，促使本城市放松户籍管制，吸引更多的固定资产投资。可见，与劳动力相比，城市政府的户籍制度更倾向于对资本做出更积极的反应。

②分地区样本

利用双固定空间杜宾模型，我们对中国东中西三大地区地级以上城市样本分别进行估计，得出如表 14-3 结果。可以看到东中西部城市户籍管制空间反应系数都显著为正，说明各地区内部城市之间在户籍制度上同样存在较为敏感的互动竞争策略。同时值得注意的是东中西部城市户籍管制反应系数呈依次递增态势，分别为 0.0991（在 10% 的水平下显著）、0.2403（在 1% 的水平下显著）、0.2823（在 1% 的水平下显著），显示出不同地区内部城市之间户籍管制的不同互动竞争特征。从系数上可以看出，东中西地区内部城市户籍制度竞争激烈程度依次递增，东部地区较弱，西部地区最强，中部地区居中。

这个结果是符合预期的，由于东部地区城市经济发展水平较高，代表了更多的就业机会和更好的生活条件，具有较强的城市吸引力，在流动人口竞争中处于优势地位，因此地方政府就没有足够大的动力放宽户籍的管制程度，即便这样这些城市仍然是流动人口的主要目的地。而就中西部地区城市来看，户籍制度竞争明显较为激烈，虽然西部地区较中部地区更甚，但差距不大。中西部地区较东部而言城市经济发展水平普遍较低，城市吸引力不够高，需要利用放松户籍制度管制来吸引更多的流动人口，以此促进城市经济的发展，因此就表现出地方政府之间在户籍制度方面激烈的竞争。基于此，近年来中西部城市（如郑州、武汉等）出台的放松户籍管制吸引人才的举措频频见于报端，而东部地区城市，尤其是大城市（如北京、上海、深圳等）户籍制度依然十分严格。

代表性解释变量 LnGDP 回归系数均为负值，东中西部地区依次为 -0.0931、-0.1120、-0.1363，东部地区最低，西部地区最高，并在 1% 的显著性水平下通过检验。这既显示出与全国样本相同的特征，即经济规模越大的城市户籍管制越严格，而经济规模越小的城市户籍管制也相对宽松；也显示出三大地区的区域差别，即西部地区城市户籍制度管制水平对城市经济规模反应更为敏感，也就是相对于东部和中部地区城市而言，西部地区城市经济规模越

表 14-3　分地区模型估计结果

	东部	中部	西部
LnGDP	-0.0931^{***} （-4.0032）	-0.1120^{***} （-7.4787）	-0.1363^{***} （-7.9995）
Lndens	0.0645 （1.2151）	0.1953^{***} （5.2224）	-0.0116 （-0.2330）
Lninvest	0.0188^{*} （1.8957）	0.0141^{*} （1.7728）	0.0459^{***} （5.1585）
Lnlabour	-0.0541^{***} （-5.0379）	0.0056 （0.7389）	-0.0431 （-3.3514）
Lnexpend	0.1578^{***} （10.1389）	0.0987^{***} （7.4346）	0.0255 （2.0084）
W^{*}HR	0.0991^{*} （1.7334）	0.2403^{***} （4.9031）	0.2823^{***} （5.1932）
W^{*}LnGDP	-0.3097^{***} （-3.9266）	-0.0352 （-0.8895）	-0.0110 （-0.2169）
W^{*}Lndens	-0.1298 （-0.7719）	0.4484^{***} （3.7864）	-0.2537 （-1.6021）
W^{*}Lninvest	0.1188^{***} （4.19328）	0.0300 （1.5134）	0.0106 （0.4137）
W^{*}Lnlabour	-0.0285 （-0.9488）	0.0162 （0.9725）	-0.1408^{**} （-2.4987）
W^{*}Lnexpend	0.0990 （2.2881）	-0.0021 （-0.0607）	-0.0223 （-0.9874）
R^2	0.8844	0.7403	0.7856
log-likelihood	1727.9932	2071.2499	1431.1211
Wald 空间滞后检验	38.2228 （p=0.0000）	18.1839 （p=0.0027）	11.8401 （p=0.0370）
LR 空间滞后检验	38.5881 （p=0.0000）	17.3668 （p=0.0039）	11.8592 （p=0.0368）
Wald 空间误差检验	47.7468 （p=0.0000）	24.0978 （p=0.0000）	13.0794 （p=0.0226）
LR 空间误差检验	47.1272 （p=0.0000）	23.5799 （p=0.0000）	12.3677 （p=0.0301）

大的城市户籍制度管制严格程度越高，反之城市经济规模越小的城市户籍制度管制宽松程度越高。

（2）地方政府户籍制度竞争的经济发展效应

同样选用双固定空间杜宾模型估计地方政府户籍制度竞争对城市经济发展的效应，输出结果如表14-4所示。

首先，在全国样本下，户籍制度HR系数均为正，并且在1%的水平下显著。说明放松户籍制度管制对城市经济发展有着积极意义，放松户籍制度管制能够提高城市人均GDP，促进城市经济发展。放松户籍制度管制能够吸引更多的人力资本，为城市经济发展提供必要的人才和劳动投入。进而一方面扩大了税收税基，为增加财政收入打下基础；另一方面，宽松的户籍政策为企业减轻劳动力成本提供了可能性，有助于提升企业活力，吸引企业投资。因此，户籍管制宽松情况下更加有利于城市经济发展。同时，户籍制度的空间滞后项系数也为正，并且在1%的显著性水平下通过假设检验，这与前部分得出的结论基本一致，也即当竞争对手城市放松户籍制度管制时，本城市倾向于同样放松户籍制度管制，为自身经济发展争取更多的有利条件。

其次，LnGDPper空间滞后项系数为正，并在5%的水平下显著，表明在全国层面上，各地级以上城市之间整体上存在着正向的空间溢出效应，竞争对手城市的经济发展对本城市经济发展水平有正向的影响。财政分权背景下，当竞争对手城市经济发展水平提高时，城市政府官员基于政治晋升的需求，以及发展经济和保证民生的压力，存在着主动或者被动地搞好经济发展的动力。此外，随着各城市之间经济联系日益紧密，城市经济发展合作也不断得到强化，城市之间存在着既相互竞争又相互合作的关系，因此竞争对手城市的经济发展的同时也带动了本城市的经济发展水平的提高。

再次，分地区样本下，三大地区HR系数显著为正，并均在1%的水平下通过了假设检验，这与全国样本下的估计结果基本一致，也就是说，放松户籍制度管制能够促进城市经济发展。其中，东部地区HR的系数最高，为1.0296，表明宽松的户籍制度对户籍制度管制相对较为严格的东部地区城市经济发展有更大的积极作用。反过来也可以看出，户籍制度管制对东部地区城市的经济发

表 14-4　全国及分地区模型估计结果

	全国	东部	中部	西部
HR	0.8077*** （29.2414）	1.0296*** （29.1464）	0.4586*** （8.3007）	0.4586*** （8.3007）
Lnpopdens	−0.2181*** （−4.8653）	−0.6069*** （−9.2895）	0.3130*** （4.2515）	−0.4627*** （−5.6013）
Lninvest	0.1497*** （18.9378）	0.1260*** （10.6952）	0.1642*** （11.1705）	0.1049*** （7.1714）
Lnlabour	0.2031*** （−8.4876）	0.0290** （2.1620）	0.0226 （1.5487）	0.0268 （1.2567）
Lnexpend	0.04531*** （16.7476）	0.2244*** （11.8540）	0.2311*** （9.3165）	0.1227*** （6.2610）
W*LnGPEper	0.0820** （2.4272）	−0.1069* （−1.8504）	0.0373 （0.7015）	−0.0026 （−0.0439）
W*HR	0.2205*** （2.6171）	−0.1228 （−1.0124）	−0.5814*** （−3.3495）	0.0061 （0.0462）
W*Lnpopdens	0.3762*** （2.5952）	−0.1065 （−0.5002）	0.6000** （2.4273）	0.5429** （2.0722）
W*Lninvest	−0.0184 （−0.7681）	0.0809** （2.5426）	0.0317 （0.8346）	0.0490 （1.1654）
W*Lnlabour	−0.0516* （−1.7356）	−0.1079 （−2.7710）	0.0502 （1.5550）	−0.1074 （−1.1398）
W*Lnexpend	−0.1127*** （−3.9032）	−0.1235** （−2.1820）	0.0855 （1.3800）	−0.3048*** （−8.3745）
R²	0.9861	0.9887	0.9846	0.9861
log-likelihood	3362.0995	1463.813	1279.7274	923.9894
Wald 空间滞后检验	31.9097 （p=0.0000）	21.9372 （p=0.0000）	17.6090 （0.0035）	74.6834 （p=0.0000）
LR 空间滞后检验	31.7825 （p=0.0000）	21.6059 （p=0.0000）	17.4438 （0.0037）	74.0572 （p=0.0000）
Wald 空间误差检验	32.1354 （p=0.0000）	25.9850 （p=0.0000）	18.2643 （0.0026）	76.8281 （p=0.0000）
LR 空间误差检验	31.2161 （p=0.0000）	25.2667 （p=0.0000）	18.1114 （0.0028）	70.1260 （p=0.0000）

展束缚也是最大的。同时我们看到，地方政府间户籍制度竞争在不同地区间呈现出不同的特点，地区间差异显著，说明地方政府间户籍制度策略并不是全国性的，而是地区性的。由表 14-4 可知，东部地区城市政府之间表现出显著的差异化竞争策略，而从中西部地区的模型估计结果来看，由于 LnGPEper 空间滞后项系数不显著，表现出没有明显的户籍制度竞争策略。可以看出，东部地区城市政府间采取的差异化竞争策略，表明在户籍制度上东部地区城市间户籍制度竞争态势并不十分激烈，而中西部地区城市政府间户籍制度竞争激烈程度与东部地区相比明显较高，这与前部分得出的结论相吻合。如，中部地区 HR滞后项系数为 −0.5814，并在 1% 的水平下显著，表明竞争对手城市政府如果放松户籍制度管制，将对本城市经济发展产生负的溢出效应，不利于本城市经济发展，中部地区城市政府间户籍制度竞争较为激烈的原因可以在这里得到部分解释。城市政府如果放松了户籍制度管制，就能从竞争对手城市那里吸引更多的生产要素，抢占经济发展先机。

三、加快户籍制度改革，促进城乡一体化发展

进行户籍制度改革是统筹城乡发展的关键环节，是新型城镇化建设的重要内容，也是实现城乡一体化的突破口。户籍制度改革要消除户籍中所包含的政治特权、社会身份、社会福利、经营垄断等因素，尽快实现城乡之间，尤其是地区之间的户籍平等制度（胡必亮，2013）[1]。在城乡户籍制度广受批评的背景下，改革这种具有福利身份区隔和歧视性的制度已经是政府、学界和社会的共识。鉴于此，我们认为户籍制度改革至少需要重点关注以下几个方面的问题。

---

[1] 胡必亮：《论"六位一体"的新型城镇化道路》，《光明日报》，2013 年 6 月 28 日，第 11 版。

（一）地方政府制度创新配合中央政府顶层设计

在"理性人"假设前提下，地方政府会采取那些能够使地方利益最大化的"利己"政策，其中户籍制度就是一个有效的竞争工具。因此，要促进中国户籍制度的改革与变迁，必须在加强顶层设计的同时，给予地方政府户籍制度创新的一定自主权，给地方政府留下足够的创新空间（张玮，2011）[①]。研究结果表明，放松户籍制度管制将有利于城市经济的发展，这种促进关系在东中西部地区城市中表现是普遍的，而且东部地区城市相对更为强烈。这也说明，户籍制度管制对中国城市经济发展的束缚是普遍的，东部地区城市尤为如此，这就进一步验证了，户籍制度改革的关键仍然在大城市，甚至特大城市，而不应该把户籍制度改革的精力主要放在中小城市（陶然、史晨等，2011）[②]。

由于各个地方之间差异的存在，户籍制度改革很难做到一刀切，这就需要因地制宜和鼓励地方政府制度创新。但鉴于中国当今流动人口以跨区域流动人口居多，这要求在户籍制度改革过程中需要法律制度配合，中央的顶层设计以及系统性的制度安排，在不同类型城市和地区之间更全面、协调推进户籍制度改革。户籍制度改革若无来自中央政府的指导性政策、跨区的协调，跨区乃至跨省的户籍改革问题很难得到解决，尤其是人口流入较大的地方。户籍制度改革既是一个关乎个体和地方发展的问题，更是关乎整个中国能否走出城乡异化的困境，能否实现城乡一体化发展，实现未来稳定和可持续发展的关键所在。国家尤其是中央政府应当负起应尽的责任和义务，加强并优化顶层设计，保障户籍制度改革在地方政府之间的协调性，并在法律上保障流动人口在全国范围内享有相同的公民权利和义务。

---

① 张玮：《中国户籍制度改革地方实践的时空演进模式及其启示》，《人口研究》，2011 年第 5 期。

② 陶然、史晨、汪晖等：《"刘易斯转折点悖论"与中国户籍—土地—财税制度联动改革》，《国际经济评论》，2011 年第 3 期。

（二）与户籍制度相配套的福利体系改革

户籍制度重要的是户籍背后所包含的福利体系，户籍制度作用的发挥有赖于与之相关的一系列福利体系存在。因此，全面的户籍制度改革的着力点，应该是对与户籍相联系的福利体系、公共服务的全面改革，包括教育、医疗、住房、就业、社会保障等，使外来人口与本地人口在获得社会福利方面享有平等的机会和竞争的权利，消除对他们的一系列歧视性政策。首先，剥离那些将户籍制度变为城乡、地区分割手段的配套福利，把户籍制度变成仅仅是一种人口登记制度，行使其通常意义上的基本职能，而不拥有"身份"识别职能和资源分配职能。如此，使户口将不再与一系列福利待遇相关联在一起，便有利于消除城乡、地区之间的分割状态，使劳动力能够自由、充分流动，进而缩小城乡收入差距，合理配置城乡资源，促进城乡一体化发展。

（三）与户籍制度相配套的财政体制改革

从历史经验上看，户籍制度演变与财政体制变迁呈现高度的相关性，地方政府的户籍改革行为过程中财政体制约束发挥了关键作用。因此须完善现行财政体制，修改相关政策法律，以常住人口而非户籍人口作为城市基本公共服务的财政和法律依据。财政支出责任划分应结合中央与地方各自的优势，实现优势互补，充分考虑户籍制度的影响，实现中央事权决策部门与各级财政部门之间的横向协调，保障每一决策事项都具备相应的财力可供地方使用。实施以常住人口而非户籍人口为依据的政府间财政转移支付制度，地方政府的公共服务能力，即财政福利供给水平与能力十分重要，供应能力越强的政府则越有能力应对和化解户籍管理放松之后城市居民以及社会公共需求增加的压力与冲击，中央政府要对支出压力较大、外部性较强、跨省农民工在城市定居作用重要的领域进行补助，从财政上保障户籍制度改革的顺利进行。

（四）与户籍制度相配套的土地制度改革

从户籍制度和土地制度的角度看，中国传统的城镇化模式是把"地"的城镇化和"人"的城镇化分割开来，导致了土地城镇化的速度明显超越"人"的城镇化速度。而现行的土地制度造成地方政府垄断土地一级市场，并使地方政府有充分的激励低价从农民那里获得所需要的土地再高价转让给房地产开发商，实现所谓的"土地财政"。因此城乡二元户籍制度和土地制度不破除，土地城镇化速度快于"人"的城镇化速度的状况便不可避免。要改变这种现象就需要实行户籍制度与土地制度联动的配套改革，只有这样才能在劳动力流动的同时实现土地的流转。因此，一是要保证农民土地权益。加快农村土地的确权改革，给予农民完整的土地使用权，保障农民合法的财产权利和权益，包括土地的继承、抵押和转让的权利，促进农村土地市场和土地流转制度建设。二要加快农村土地流转。修改相关法律法规，制定允许农村集体建设用地规范入市的法规条款，引导农村集体建设用地流转，使其在合法的轨道上运行，促进城乡统一的建设用地市场的早日形成，实现"同地、同价、同权"。

第十五章

特色小镇与新型城镇化

刘清杰

作为特色产业、地域文化、环境优美和配套完善的综合体，特色小镇是一种可持续创新的产业组织形态，是高端产业、新兴业态、优秀人才集聚的重要平台。这不仅体现在产业、文化、旅游、休闲功能的叠加，还主要表现在生产、生活、生态的高度融合。特色小镇建设正在成为国家推进新型城镇化、加速农业人口市民化和培育创新创业的重要抓手，也是新常态下推进供给侧结构性改革、加快经济转型升级的重要战略举措，为优化生产力布局、破解空间资源瓶颈开拓新的路径。

一、特色小镇：新型城镇化的重要实践形式

特色小镇与新型城镇化具有较深的渊源，在党的十六大"新型工业化"战略文件中首次出现"新型城镇化"。党的十八大对其内涵进行高度概括，指明了"促进工业化、信息化、城镇化和农业现代化同步发展"的发展方向。随后发布的《国家新型城镇化规划（2014—2020年）》深入详细地阐述了中国新型城镇化建设的着力点。"十三五"规划纲要明确提出要发展特色县域经济，加快培育中小城市和特色小城镇。经过地方实践与政策引导，特色小镇建设已经成为现阶段新型城镇化建设中最为突出的载体和呈现模式，是新一轮城镇化的"综合实验区"。

（一）特色小镇是工业化后期城镇空间布局的新模式

根据国家部委和浙江省下发的文件，特色小镇被界定为空间平台或创新创业平台。特色小镇具有空间实体意义，是产业与城镇空间布局的一种类型，是进入工业化后期城镇化空间发展的新模式[①]。

美国城市地理与区域规划专家约翰·弗里德曼（John Friedmann）教授指出，当工业化逐渐成熟，城镇化的空间演化开始进入集中的分散阶段。在这一阶段，规模较大的次级中心开始逐渐增加，某些中心扩散效应占据优势地位，城市形成大小不一的城市区域。洛杉矶学派的后现代城市理论进一步用"基诺资本主义"来概括这种分散化和均质化的空间模式。代表人物蒂厄和弗拉斯提指出信息时代的城市化进程表现为一个均质的栅格，每个地方拥有同样的发展机会，资本可以落在任意一个地块上，而忽视附近具有同等条件的地块。早期的城市产业主要是地域不相邻、功能独立的随机拼贴，而不是产业集聚。经过相当长的时间后，这种相互隔离的地块与其他开发地块可能产生关系，呈现出传统的城市景观。而这种集聚在功能上未产生必然的联系，栅格仍然会朝着任意方向无限制扩展。在现代城市，城市空间拓展的主要驱动力是中心带动腹地发展，城市密度和多样性从中心向外围以同心圆的方式不断衰减。在后大都市时代，传统城市的集聚动力变成分裂与离心，城市开始从原来的单中心成为多中心布局模式。

美国城市地理学家诺瑟姆（Ray M. Northam）在 1979 年发现并提出了诺瑟姆曲线，把一个国家和地区城镇人口占总人口比重的变化过程概括为一条稍被拉平的"S"形曲线，并把城市化进程分起步阶段、加速阶段和成熟阶段。起步阶段是城市化缓慢发展的初期阶段；加速阶段是人口向城市迅速聚集的中期加速阶段，这一阶段开始出现郊区城市化现象；成熟阶段是进入高度城市化后城镇人口比重增长趋缓甚至停滞的后期阶段，这一阶段会出现逆城市化现象。诺瑟姆认为当城镇化率在 30%—70% 之间的时候，资源由农村向城市高度集聚，

[①]　张莉：《特色小镇：城镇化空间布局新模式》，《环境经济》，2016 年第 ZB 期，第 73—78 页。

城市人口快速增加，城市规模扩大，数量增多，工业在区域经济和社会生活中占主导地位。而当城镇化率高于 70% 时，城乡之间资源互动更加紧密，在资源向城市流动的同时，居住和部分产业功能反向流向郊区，新兴产业蓬勃兴起，城市人口增速下降。发达国家的一些城市在进入这一成熟阶段后，开始出现格林威治小镇、达沃斯小镇等以现代服务业和知识经济为主的特色小镇。

以人口、产业、文化等资源高度集聚为特色的"小镇"正在成为中国城镇化发展中后期空间发展的新模式[①]。2020 年，中国城镇化率为 63.89%，绝大多数省份已进入从城镇化中期向后期推进的阶段（见图 15-1），其中上海的城镇化率为 89.30%，北京为 87.5%，天津为 84.8%，城镇化率高于 70% 的省份有 7 个。以浙江省为例，根据国家统计局于 2021 年发布的《中国统计年鉴》，浙江省在 2020 年底的常住人口城市化率为 72.17%，全年人均 GDP 为 100 620 元，三产占比 3.4∶40.9∶55.8，可见浙江省正处于工业化后期向后工业化时期迈进的门槛阶段。浙江省特色小镇的兴起标志着空间发展正在逐渐从集聚向分散与集聚相均衡的阶段演变，在网络化快速交通体系的支撑下，大都市地区的边缘与中心具有均等发展机会，传统的城市边缘地区同样可以成为全球化资本的落脚空间，杭州梦想小镇、云栖小镇正是都市区边缘的新城镇空间。

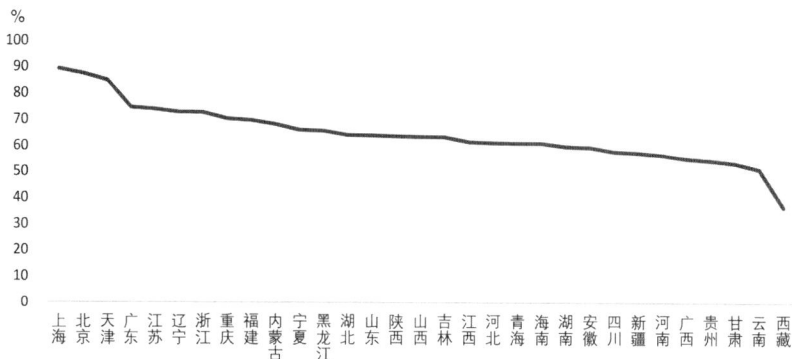

图 15-1　2020 年中国分省市城镇化率

数据来源：《中国统计年鉴》(2021)。

---

① 路建楠：《上海推进特色小镇发展的政策思路及典型案例研究》，《科学发展》，2017 年第 1 期，第 38—45 页。

（二）特色小镇建设对于城镇化发展的重要意义

1. 从发展基础上看，特色小镇是城市化发展特定阶段产物。在世界城市化规律中，一般先有市场，然后工业开始发展，第三产业逐渐替代工业，工业则开始远离城市，出现逆城市化进程。欧美地区城市化起步较早，逆城市化趋势更明显，面对工业化带来大量经济、社会矛盾，各国都不同程度关注特色小镇建设。在美国硅谷和芝加哥及英、法、德等国的一些城市，特色小镇功能与意义已超出传统行政意义上"镇"和"区"，更像是一个新的地域生产力创新空间，在有限的空间内优化生产力布局，破解高端要素聚集不充分的局限①。目前，由于中国城市发展成本过高，导致城市承载人口的压力越来越重，各种"城市病"凸显。特色小镇的提出，实际上为中国城市发展提供了新思路。

2. 从发展动力上看，特色小镇是区域经济转型升级的工具。是社会发展到一定阶段后，区域性空间与要素聚集的发展模式，是以经济发展为前提的。特色小镇建设注重比较成本，通过资源共享、行业与人口聚集形成行业规模经济，产生聚集经济效应。西方发达国家特色小镇强调富有竞争优势的产业。美国很多世界 500 强企业总部都设在小镇上，如 IBM 总部在阿蒙克市的一个小村庄，沃尔玛总部在人口不到 2 万的顿维镇。除了产业特色显著，部分小镇综合性功能强，具有较强辐射力，如瑞士达沃斯小镇，凭借"世界经济论坛"创造产业链，并以小木屋式家庭旅馆、特色博物馆及滑雪胜地名号赢得全世界关注；美国好时小镇始于一家巧克力工厂，逐渐成为负有盛名的巧克力主题旅游城市，同时配有银行、饭店、教堂、学校等社区功能。这些小镇通过特色产业链聚集和公共服务配套，带动城镇发展和区域经济繁荣。

3. 从发展机制上看，特色小镇是城镇体系协调发展的手段。就同等规模城市而言，中国大城市数量远远超过发达国家，而 50 万人口以下城市数量却偏低，这意味着中国中小城市发展相对薄弱。《国家新型城镇化规划（2014—

---

① 王振坡、薛珂、张颖等：《我国特色小镇发展进路探析》，《学习与实践》，2017 年第 4 期，第 23—30 页。

2020 年)》提出"以城市群为主导形态,推动大中小城市和小城镇协调发展",试图结合以日韩为代表的集聚型城镇化与以德国为代表的均衡型城镇化的优点。均衡城镇化模式的重要前提是在市场规律主导下,以扁平的城镇市场网络结构替代垂直的城镇行政等级结构①。从城镇体系看,加强特色小镇建设,有利于培育新生中小城市,促进大中小城市和小城镇协调发展。而过去发展过程中,在城市行政管理、资源配置方面,政府多偏重于大城市,这也是特色小镇发展中值得考虑的问题。寻求大中小城市并举发展,取决于一系列体制创新及其综合配套改革。因此从城镇体系来看,特色小镇建设对于培育新生中小城市,促进大中小城市和小城镇协调发展具有重要意义。

二、国家特色小镇试点的空间布局分析

为贯彻落实党中央、国务院关于推进特色小镇建设的部署,2016 年 10 月 14 日住房城乡建设部(以下简称住建部)根据《住房城乡建设部、国家发展改革委、财政部关于开展特色小镇培育工作的通知》(建村〔2016〕147 号)精神和相关规定,在各地推荐的基础上,经专家复核,会签国家发展改革委、财政部,认定北京市房山区长沟镇等 127 个镇为第一批中国特色小镇②。按照《住房城乡建设部关于保持和彰显特色小镇特色若干问题的通知》(建村〔2017〕144 号)和《住房城乡建设部办公厅关于做好第二批全国特色小镇推荐工作的通知》(建办村函〔2017〕357 号)要求,在各地择优推荐的基础上,经现场答辩、专家审查,2017 年 7 月 27 日将北京市怀柔区雁栖镇等 276 个镇认定为第二批全国特色小镇③。从住建部发布特色小镇试点至今,共有两批 403

---

① 石忆邵:《中国新型城镇化与小城镇发展》,《经济地理》,2013 年第 7 期,第 47—52 页。

② 中华人民共和国住房和城乡建设部:http://www.mohurd.gov.cn/gongkai/fdzdgknr/tzgg/201610/20161014_229170.html。

③ 中华人民共和国住房和城乡建设部:http://www.mohurd.gov.cn/gongkai/fdzdgknr/tzgg/201708/20170828_233078.html。

个特色小镇试点^①。以下分析中国特色小镇试点的空间分布、功能类型，总结主要特征，并就两批试点的变化趋势进行分析，为推动中国特色小镇建设提供政策参考。

（一）两批特色小镇试点的功能类型及空间分布特征

1. 第一批特色小镇

住建部、发改委、财政部三部委依据各省的小城镇建设和特色小镇培育情况，逐年确定各省推荐数量，因此分配试点较多地区的特色小镇培育情况相对较好。第一批特色小镇共 127 个，从总数量分布上来看，第一批特色小镇试点中有 47 个试点在东部地区，占比最高为 37%；其次是西部地区为 34.65%；中部地区试点数量相对较少^②。从平均水平来看，全国 31 个省级地区，平均每个地区有 4.1 个试点，而东部地区平均为 4.7，超过平均水平；其次是中部地区平均每个地区有 4.33 个试点；西部和东北部地区分别为每个地区 3.67 和 3.33 个试点，均低于全国平均水平，相对偏低。具体来看，浙江的特色小镇试点最多，为 8 个；其次是江苏、山东和四川，分别为 7 个特色小镇，广东有 6 个特色小镇试点；最少的是宁夏、青海、西藏、海南、天津，各有 2 个特色小镇试点。

特色小镇的功能类型主要有工业发展型、历史文化型、旅游发展型、民族聚居型、农业服务型和商贸流通型。对第一批特色小镇的功能类型进行分析，结果如图 15-2 所示。

---

① 中国特色小镇名单第三批未发布，仅在 2021 年公布了中国特色小镇 50 强名单。

② 将中国除港澳台外的各地区按照经济区域划分为东部、中部、西部和东北部地区，其中东部地区包括：北京、天津、河北、辽宁、上海、江苏、浙江、福建、山东、广东和海南 11 个省（直辖市），中部地区包括：山西、吉林、黑龙江、安徽、江西、河南、湖北和湖南等 8 个省（直辖市），西部地区包括内蒙古、广西、重庆、四川、贵州、云南、西藏、陕西、甘肃、青海、宁夏、新疆、广西等 12 个省（直辖市），东北地区包括辽宁、吉林和黑龙江等 3 个省（直辖市）。

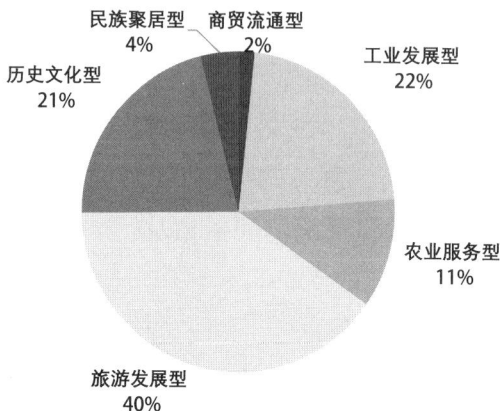

图 15-2　第一批试点的特色小镇功能类型

数据来源：住房城乡建设部官网，下同。

图 15-2 中，第一批特色小镇试中旅游发展型特色小镇数量占到 40.16%，有 51 个旅游发展功能型小镇上榜，几乎达到总数量的一半；其次是工业发展型占比为 22.05%，有 28 个工业发展型的小镇上榜；历史文化型小镇占比 21.26%，27 个历史文化型小镇上榜；农业服务型占比相对较低，为 11.02%，共 14 个；占比最低的是商贸流通型和民族聚居型，分别为 1.57% 和 3.94%。从这些数据来看，历史文化型和旅游发展型的特色小镇占比达到 61.42%，这可能与这些小镇的禀赋以及国家对旅游发展和历史文化的政策支持有关。一方面习近平总书记说过，青山绿水就是金山银山，而旅游发展型特色小镇能更大限度地合理开发利用当地丰富的旅游资源，提升当地的人民生活水平，保持可持续发展；另一方面，中华上下五千年，具有深厚的文化底蕴，但是很多地方并未注重保护、合理开发，历史文化型的特色小镇建设能够深入发掘中国文化，有利于保护我们的文化使其更好地传承下去。但是也应该注意到，历史文化型和旅游发展型小镇多是基于原有资源禀赋，主导产业特色不够明显，产业创新性不足。仅就旅游发展和历史文化小镇而言，其体现的独特性也不明晰。例如北京昌平区小汤山镇、辽宁省大连市瓦房店谢屯镇、安徽省安庆市岳西县温泉镇、江西省宜春市明月山温泉风景名胜区温汤镇、湖南省郴州市汝城县热水镇、四川省攀枝花市盐边县红格镇、陕西省西安市蓝田县汤峪镇、陕西省宝

鸡市眉县汤峪镇等 8 个地区以温泉为旅游主导，尤其是陕西省有两个小镇是温泉特色小镇，特色不明显。

表 15-1　特色小镇在各地区的功能类型分布情况

地区	功能类型											
	商贸流通型		工业发展型		农业服务型		旅游发展型		历史文化型		民族聚居型	
	数量（个）	占比（%）	数量（个）	占比（%）	数量（个）	占比（%）	数量（个）	占比（%）	数量（个）	占比（%）	数量（个）	占比（%）
东部	1	50	20	71	2	14	16	31	8	30	0	0
中部	0	0	5	18	1	7	10	20	9	33	1	20
西部	1	50	3	11	10	71	17	33	10	37	3	60
东北	0	0	0	0	1	7	8	16	0	0	1	20
总计	2	100	28	100	14	100	51	100	27	100	5	100

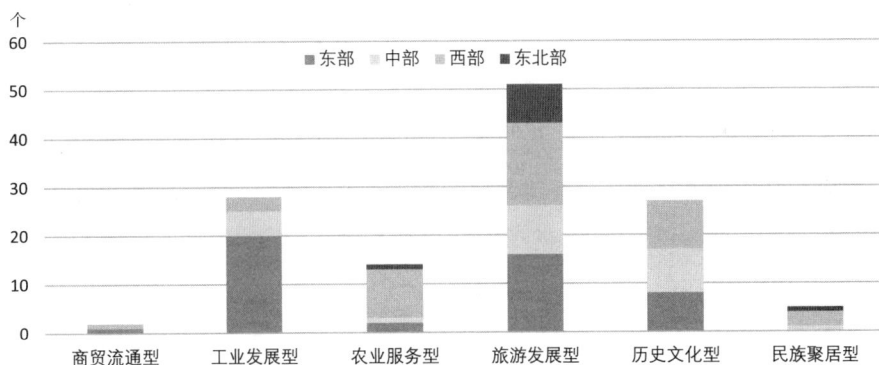

图 15-3　特色小镇功能类型主要分布的地区结构

　　具体到各个功能类型的特色小镇在各地区分布情况来看（见表 15-1 和图 15-3），总体上旅游发展型特色小镇在东部、中部、西部和东北部地区所占分量均较高，其中旅游发展型特色小镇多在东部和西部地区，历史文化型特色小镇在东部、中部和西部地区的分布比较均衡，而工业发展型特色小镇则主要分布在东部地区，农业服务型特色小镇、民族聚居型特色小镇绝大多数分布在西部地区，商贸流通型在各地区都很少。

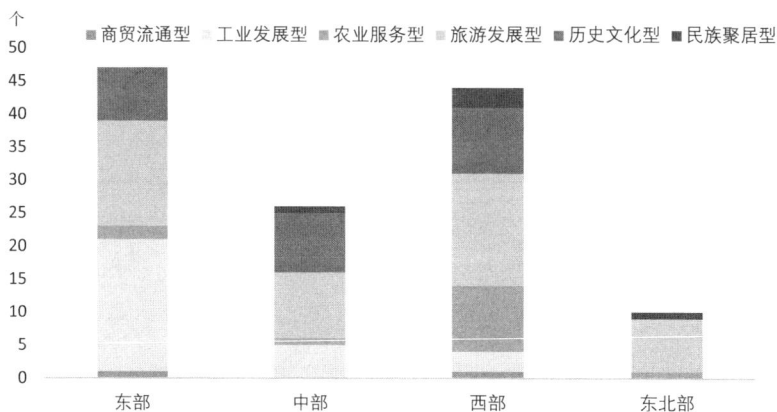

图15-4　各区域特色小镇功能类型结构

　　各地区的特色小镇试点也具有明显特征。东部地区共有特色小镇试点47个，中部地区26个，西部地区44个，东北部地区10个，东部和西部地区特色小镇试点最多。从各地区特色小镇试点功能类型的结构特征来看，东部地区主要是以工业发展型（42.55%）和旅游发展型（34.04%）为主，其次是历史文化型（17.02%）；中部地区主要是旅游发展型（38.46%）和历史文化型（34.63%），其次是工业发展型（19.23%）；西部地区主要是旅游发展（38.64%），农业服务和历史文化分别占比22.73%；东北部地区80%的特色小镇为旅游发展型。可见，中国东部地区特色小镇试点的发展产业更加多元化，从东部向中西部、东北部扩散的过程中，特色小镇的工业类型逐渐被农业服务等类型取代，地区功能类型逐渐单一化，在吉林、辽宁主要以旅游发展和民族聚居为主，在西藏和云南则主要是以历史文化和民族聚居为主。

　　综上分析，第一批特色小镇试点从功能类型和空间分布特征来看主要有以下几个特点：首先，特色小镇在各省区的试点数量上，无论是总量还是平均值，都是东部地区最高，并且浙江省特色小镇试点数量最多，西部地区虽然总量上仅次于东部，但是平均到每个省来看，低于全国平均水平。其次，功能类型方面，接近2/3的特色小镇试点是旅游文化型的，依靠生态旅游资源和历史文化资源形成特色小镇，特色差异不大。再次，各地区功能类型分布方面，旅游发展型特色小镇在东部和西部地区高于中部和东北部地区，历史文化型特色小镇在东部、中部和西部地区的分布比较均衡，而工业发展型特色小镇则主要分布在东部地区，农业服务型特色小镇主要分布在西部地区，其他地区分布的非常少，民族聚居型特色小镇主要分布在西部地区。

2. 第二批特色小镇

住建部公布的第二批特色小镇试点包括北京怀柔区雁栖镇等 276 个小镇，有 99 个试点在西部地区，占比高达 35.87%；其次是东部地区有 94 个试点，占比为 34.06%，东部和西部地区相差不大；中部地区有 60 个试点，相对较少；东北部地区为 23 个试点。从平均水平来看，全国 31 个省级地区共 276 个特色小镇试点，平均每个地区入选 8.9 个特色小镇试点，而中部地区平均水平最高，平均每个地区入选 10 个特色小镇试点；其次是东部地区平均每个地区入选 9.4 个特色小镇试点；西部和东北部地区低于全国平均水平，分别每个省区平均入选特色小镇 8.25 和 7.67 个。

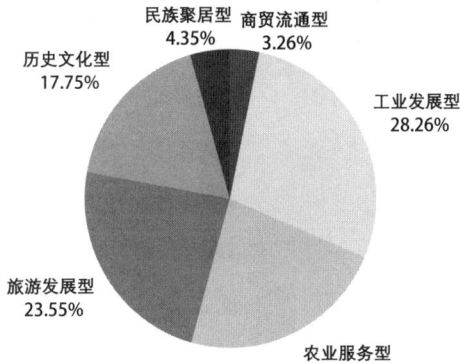

图 15-5　第二批试点的特色小镇功能类型

图 15-5 中第二批 276 个特色小镇试点中，占比最大的工业发展型（28.26%），有 78 个工业发展型特色小镇入选；其次是旅游发展型占比 23.55%，共有 65 个特色小镇入选，除此之外，农业服务型占比 22.83%，历史文化型特色小镇占比 17.75%。工业发展型、旅游发展型和历史文化型的特色小镇占比相对比较平均，但是也可以看出旅游和文化类仍然占比很高，虽然比第一批特色小镇试点中的比重有所降低，但是仍然超过 1/3，亟待进一步挖掘

小镇优势特色，建成名副其实的特色小镇。工业发展型特色小镇入选比重的增加是优化特色小镇功能类型结构的一大进步，结合不同的工业特色进行升级改造，形成高附加值的工业特色，培育特色小镇有利于中国供给侧改革和工业调整升级。

表 15-2   不同类型特色小镇在各地区的分布情况

地区	功能类型											
	商贸流通型		工业发展型		农业服务型		旅游发展型		历史文化型		民族聚居型	
	数量（个）	占比（%）	数量（个）	占比（%）	数量（个）	占比（%）	数量（个）	占比（%）	数量（个）	占比（%）	数量（个）	占比（%）
东部	5	56	36	46	15	24	23	35	14	29	1	8
中部	1	11	15	19	15	24	14	22	13	27	2	17
西部	1	11	19	24	26	41	22	34	22	45	9	75
东北	2	22	8	10	7	11	6	9	0	0	0	0
总计	9	100	78	100	63	100	65	100	49	100	12	100

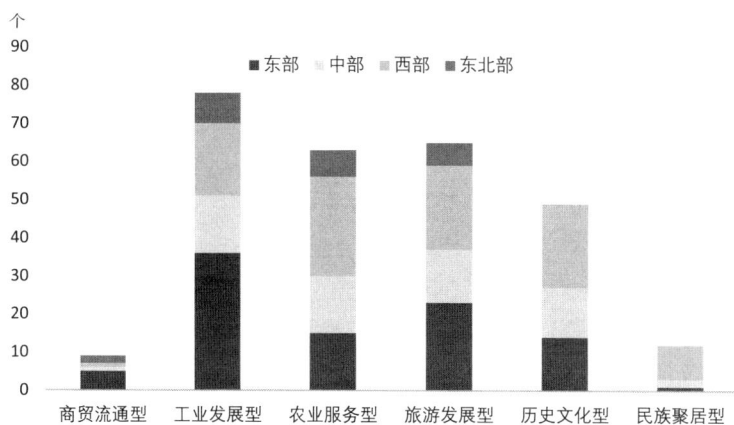

图 15-6   不同功能类型特色小镇在各地区的分布情况

具体到各个功能类型的特色小镇在各地区分布情况来看，表 15-2 和图 15-6 中可以看出总体上工业发展型特色小镇在东部地区分布最多，占比 46%，几乎一半的工业发展型特色小镇试点是在东部地区，尤其以江苏和浙江最多，

其中江苏有 11 个工业发展型试点，浙江有 8 个工业发展型试点。超过一半的
商贸流通型特色小镇分布在东部地区，而农业服务型、历史文化型和民族聚居
型仍是以西部地区为最多，占比分别是 41%、45% 和 75%，这与东部和西部
的发展特色差异有关。

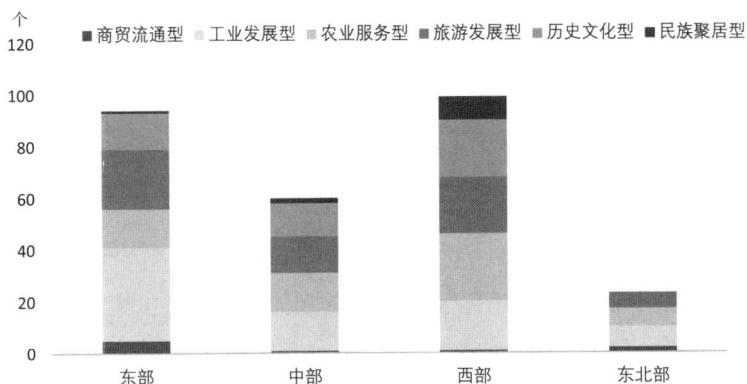

图 15-7　特色小镇试点功能类型的地区分布结构

　　分地区来看，第二批特色小镇试点中，仍然是东部和西部地区特色小镇
试点最多。具体到各地区特色小镇试点的功能类型结构特征来看，东部地区
主要以工业发展型（38.3%）为主，其次是旅游发展型（24.47%）；中部地区
的工业发展型、农业服务型、旅游发展型和历史文化型都接近 1/4，其中农业
服务型和历史文化型远超过国家各地区平均水平，其他类型低于全国平均水
平；西部地区以农业服务型特色小镇占比最高（26.26%），其次是旅游发展和
历史文化型（均为 22.22%）；东北部地区工业发展型（34.78%）、农业服务型
（30.43%）占比较高，其次是旅游发展型（26.09%）。可以看出，总体上各地
区的特色小镇功能类型结构变得更加多元化，多数以四种或五种功能类型特色
小镇试点，也逐渐开始表现出地区资源优势。比如工业发展型特色小镇数量占
比较高的是天津、河北、江苏、浙江、山东、广东，这些地区的工业发展已经
到后工业时代，发展更加呈现出特色。而中部地区没有表现出这些特征可能是
因为工业仍然不具有特色。

　　综上分析，第二批特色小镇试点从功能类型和空间分布特征来看主要有

以下几个特点：首先，试点数量方面，东部和西部地区试点总量最高，中部各省市试点平均数最高。其次，功能类型方面，工业发展型特色小镇占比最高，但是工业发展型、旅游发展型和历史文化型的特色小镇比重相对比较平均。再次，各地区功能类型分布方面，工业发展型、商贸流通型特色小镇试点主要集中在东部地区，而农业服务型、历史文化型和民族聚居型则在西部地区较多，旅游发展型在东部和西部地区占比同样较高，分布较为平均。

（二）国家特色小镇试点的主要变化趋势

2017 年《住房城乡建设部办公厅关于做好第二批全国特色小镇推荐工作的通知》中专门提出特色小镇应具备良好的发展基础、区位优势和特色资源，能较快发展起来。总体上看，特色小镇试点工作正在逐渐走向成熟。

1. 特色小镇试点普遍增加，中部地区增幅最大

住建部公布的两批特色小镇试点共 403 个小镇，第一批特色小镇试点 127 个，第二批 276 个试点，总体上比第一批试点增加 149 个，增长幅度为 117.32%。具体到各地区来看，增幅最低的是东部，增长了 100%，增幅最高的是中部为 130.77%，东北部地区增幅 130%，西部地区增幅为 125%。

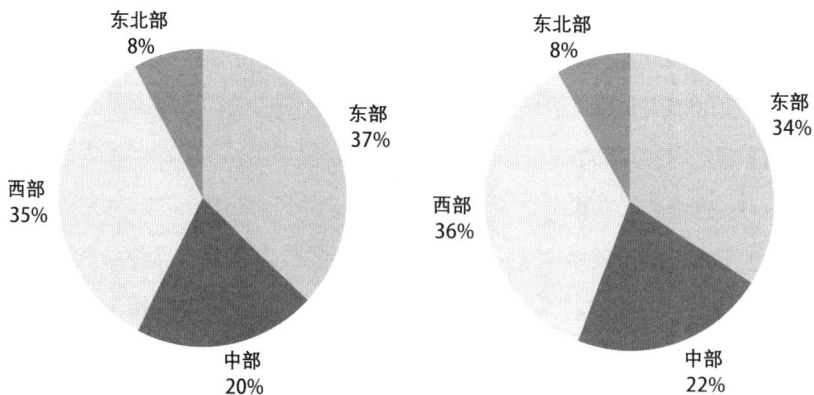

图 15-8　两批试点特色小镇的地区占比

两批特色小镇试点在各地区的分布所示（见图 15-8），到第二批特色小镇试点时，东部地区占比有所降低，为 34%；中部地区特色小镇试点有所增加，从 20% 增加到 22%；西部地区从 35% 增加到 36%，取代东部地区成为占比最高的地区。可见，中西部地区的特色小镇建设和培育工作正在快速发展起来，中国的各区域特色小镇试点正在逐渐走向地区均衡状态。

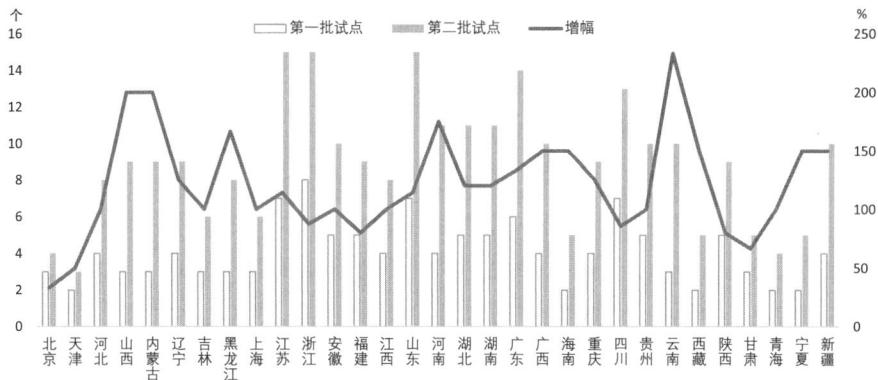

图 15-9　两批试点的特色小镇的地区分布

从图 15-9 中可以看出，无论是总量还是各个地区的数量，第二批试点均多于第一批试点。华东和西南地区特色小镇数量不仅增加较多，而且也是分布最多的区域。综合来看，各地区特色小镇试点数量均增长明显，尤其是中部地区增幅最大，说明各地区尤其是中西部地区正在快速进入特色小镇建设与培育时期，发展潜力巨大。

2. 特色小镇试点向多元化发展

第二批特色小镇试点中，四大主要类型即工业发展型、旅游发展型、历史文化型和农业服务型的小镇数量分布开始变得均衡，占比均在 20% 左右。相比于以旅游和历史文化类为主的第一批特色小镇试点，第二批特色小镇试点开始更倾向于多种功能类型特色小镇的培育。

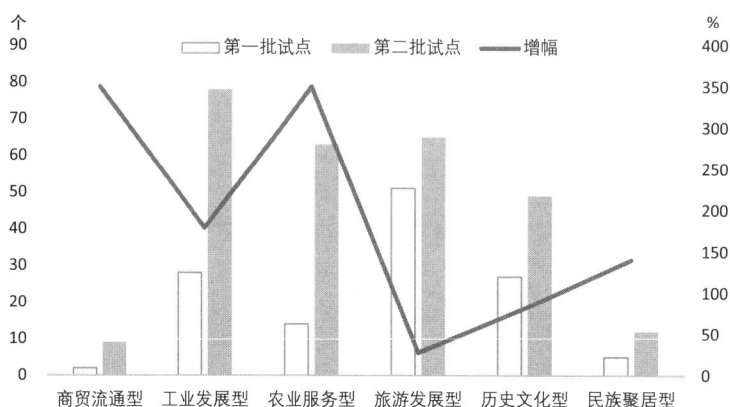

图 15-10　两批试点功能类型增加个数及增长幅度

具体来看，图 15-10 中占比最高的不再是旅游发展型，而是工业发展型小镇，农业服务型特色小镇占比也高于第一批试点，旅游发展型小镇和历史文化型小镇占比均比第一批试点有所降低。商贸流通型和民族聚居型数量上虽有明显增加，但占比仍然较低。

住建部在确定第二批特色小镇试点前，要求对存在以房地产为单一产业，镇规划未达到有关要求、脱离实际，盲目立项、盲目建设，政府大包大揽或过度举债，打着特色小镇名义搞圈地开发，项目或设施建设规模过大导致资源浪费等问题的建制镇或县政府驻地镇不得推荐。并且特别提出以旅游文化产业为主导的特色小镇推荐比例不超过 1/3。从第二批特色小镇试点的功能类型来看，旅游发展型和历史文化型占比比第一批有较大幅度降低，并且两批特色小镇的功能、类型、数量分布变化过程正是特色小镇功能类型培育逐渐多元化的过程，也是开始充分体现小镇特色的过程，这为推进第三批特色小镇试点确定了较为合理的方向。

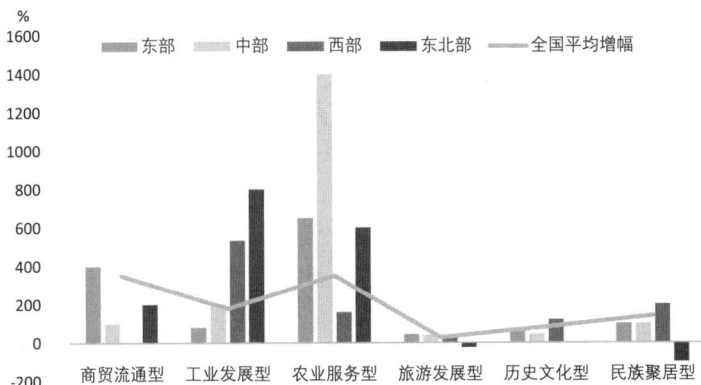

图 15-11 特色小镇试点的功能类型增长幅度与平均幅度

从图 15-11 显示的增幅来看，农业服务型特色小镇增幅最快，尤其是中部地区增幅达到 1400%，东部和东北部地区也有较高幅度增长。其次是工业发展型特色小镇增幅也较高，东北部和西部地区增幅分别达到 800% 和 533%。

综上所述，从住建部公布的两批 403 个特色小镇试点功能类型与空间分布来看，第二批试点相比于第一批主要表现为以下几方面特征：首先从数量来看，无论是总量还是各省区的分布数量均有了较大幅度增加，尤其是中西部地区增幅较大，特色小镇建设潜力巨大。其次从功能类型来看，旅游和文化类特色小镇所占比重正在降低，多元功能类型特色小镇开始凸显，挖掘各地区各产业特色，依托工业农业等产业形成特色，正成为特色小镇的培育方向。最后从地区表现来看，中部地区的农业服务型特色小镇试点增幅较大，东北部和西部地区的工业发展型特色小镇试点增幅较大，东部的商贸流通型特色小镇试点增幅较大，可见各区域正在摆脱单一的小镇特色，向多元化特色小镇发展。

三、特色小镇建设实践：以浙江省模式为例

浙江省特色小镇建设实践走在全国前列。2016 年 2 月，发改委召开特色小镇新闻发布会，介绍新型城镇化和特色小镇建设有关情况，也将浙江特色

小镇的案例向全国推广。浙江作为特色小镇的先行先试地区，从政策设计到规划、建设已经初步形成了一套体系，也已在全省推进，在全国推广。因此，本部分在国内特色小镇建设经验案例中选择浙江特色小镇建设为例进行分析，为全国各地区特色小镇建设提供参考。

（一）浙江特色小镇建设的缘起

一直保持高速增长的浙江经济进入"十二五"以来，面对错综复杂的宏观经济环境和"三期叠加"的压力，在全国范围内较早出现增速换挡回调[①]。2014 年浙江省第二产业增加值指数仅为 107.2，为近 20 年来的最低水平，可见新常态下浙江产业转型升级的压力较大。经济发展中存在的过多依赖低端产业和劳动密集型产业、资源环境消耗严重等问题更加凸显[②]。2014 年，浙江省高新技术产业增加值占规模以上工业比例为 34.8%，广东省、江苏省分别为43.2%、39.8%；浙江省 R&D（研究与开发）占 GDP 比重为 2.34%，而广东省、江苏省分别为 2.4% 和 2.47%；浙江省全社会劳动生产率为 10.8 万元 / 人，而广东省、江苏省分别为 11 万元 / 人、13.7 万元 / 人。面对传统产业竞争力持续下降的严峻挑战，如何通过高端项目和龙头企业的引领，在传统产业集群中嵌入新的创新要素和发展动力，成为加快浙江产业转型升级的重要方向。

在这种情况下，为呼应中央倡导的"供给侧改革"，适应正在发生的从资源投入驱动转为金融流转引导下的以产业升级为主题、依靠高附加值产出推动的经济增长转型，2015 年 4 月浙江省政府出台《浙江省人民政府关于加快特色小镇规划建设的指导意见》，对特色小镇的创建程序、政策措施等做出了规划，开始了以特色小镇布局供给侧改革的探索。

从某种程度上说，特色小镇的城市化与产业发展模式，正是在开发区模

---

① 杨祖增、来佳飞、冯洁等：《进入增长新常态下的浙江经济——浙江经济增长、结构转型和升级趋势观察》，《浙江学刊》，2015 年第 6 期，第 194—203 页。
② 胡书芳：《新常态下浙江经济增长与环境的关系研究》，《商场现代化》，2015 年第 18 期，第168—169 页。

式受到不同程度的挑战，且中国经济开始从高速增长进入"新常态"背景下应运而生的，是浙江省"块状经济"转型升级的战略选择。依托"块状经济"支撑产业和城镇发展，是浙江经济的显著特点。过去 20 多年里，浙江省中小企业形成了近 500 个工业产值在 5 亿元以上的产业集群。"块状经济"造就了发达的县域经济，目前全省县域工业企业单位数和工业增加值均占全省的 60%以上[①]。由于传统"块状经济"存在着产业集群低端、空间分散、技术创新能力低等问题，浙江不断促进"块状经济"向技术密集、资本密集、人才密集的高端产业升级。特色小镇战略布局的提出，为浙江省应对产业结构调整和产业升级两项压力提供了可能。通过特色小镇的区块经济部门特型化，使得产业调整可以在整个浙江范围内进行，既保证了现有产业的延续，同时又做到了产业集聚。通过特色小镇的构建，为同产业的各企业提供产业内充分竞争的环境，在优胜劣汰的同时，推动资源优化配置和产业内企业布局的合理化。与此同时，特色小镇的区块经济部门模块化架构，又为浙江省整体的产业结构调整提供了保障。

（二）浙江特色小镇建设进程

从 2014 年甚至更早开始，浙江省根据自己拥有大批块状经济即区域特色经济的特点，开始探索新型城市化和产业发展道路，形成了一批"相对独立于市区，具有明确的产业定位、文化内涵、旅游功能、社区特征的发展空间载体"，并因杭州云计算产业生态小镇——云栖小镇的引人瞩目而催生了"特色小镇"这一后来流行的称谓[②]。在浙江省人大 2015 年 1 月通过的《政府工作报告》中，特色小镇作为关键词被提出，其重要性被提高到新一轮更大范围的战略布局中。浙江提出积极推进特色小镇创建工作，计划通过三年左右时间，重点培育和规划建设 100 个左右特色小镇。随后，浙江省政府公布了《关于加快

---

① 张莉:《特色小镇：城镇化空间布局新模式》,《环境经济》, 2016 年第 213 期, 第 73—78 页。
② 周晓虹:《产业转型与文化再造：特色小镇的创建路径》,《南京社会科学》, 2017 年第 4 期, 第 12—19 页。

特色小镇规划建设的指导意见》，并先后公布了包括上城玉皇山南基金小镇、西湖云栖小镇、乌镇互联网小镇在内的两批 79 个特色小镇。2016 年 1 月 29 日公布了省级特色小镇第二批 42 个创建名单，2017 年 8 月 2 日公布了第三批 35 个创建名单。近三年来，省政府先后公布了三批共计 114 个省级特色小镇创建名单。如表 15-3 所示。

表 15-3　浙江省省级特色小镇创建情况（三批创建名单）

设区市	第一批创建名单	第二批创建名单	第三批创建名单
杭州	上城玉皇山南基金小镇、江干丁兰智慧小镇、西湖云栖小镇、西湖龙坞茶镇、余杭梦想小镇、余杭艺尚小镇、富阳硅谷小镇、桐庐健康小镇、临安云制造小镇	下城跨贸小镇、拱墅运河财富小镇、滨江物联网小镇、萧山信息港小镇、余杭梦栖小镇、桐庐智慧安防小镇、建德航空小镇、富阳药谷小镇、天子岭静脉小镇、杭州湾花田小镇、西湖艺创小镇	上城南宋皇城小镇、淳安千岛湖乐水小镇、滨江互联网小镇、萧山湘湖金融小镇、杭州东部医药港小镇
宁波	江北动力小镇、梅山海洋金融小镇、奉化滨海养生小镇	鄞州四明金融小镇、余姚模客小镇、宁海智能汽车小镇、杭州湾新区滨海欢乐假期小镇	镇海 I 设计小镇、慈溪小家电智造小镇、海曙月湖金汇小镇、江北前洋 E 商小镇、余姚智能光电小镇、宁波杭州湾汽车智创小镇、象山星光影视小镇
温州	瓯海时尚制造小镇、苍南台商小镇	瓯海生命健康小镇、文成森林氧吧小镇、平阳宠物小镇	乐清智能电气小镇、瑞安侨贸小镇
湖州	湖州丝绸小镇、南浔善琏湖笔小镇、德清地理信息小镇	吴兴美妆小镇、长兴新能源小镇、安吉天使小镇	德清通航智造小镇、长兴县太湖演艺小镇
嘉兴	南湖基金小镇、嘉善巧克力甜蜜小镇、海盐核电小镇、海宁皮革时尚小镇、桐乡毛衫时尚小镇	秀洲光伏小镇、平湖九龙山航空运动小镇、桐乡乌镇互联网小镇、嘉兴马家浜健康食品小镇	海宁阳光科技小镇、嘉善归谷智造小镇、秀洲智慧物流小镇、平湖国际游购小镇
绍兴	越城黄酒小镇、诸暨袜艺小镇	柯桥酷玩小镇、上虞 e 游小镇、新昌智能装备小镇	诸暨环保小镇、嵊州越剧小镇、新昌万丰航空小镇

续表

设区市	第一批创建名单	第二批创建名单	第三批创建名单
金华	义乌丝路金融小镇、武义温泉小镇、磐安江南药镇	东阳木雕小镇、永康赫灵方岩小镇、金华新能源汽车小镇	浦江水晶小镇、义乌绿色动力小镇
衢州	龙游红木小镇、常山赏石小镇、开化根缘小镇	江山光谷小镇、衢州循环经济小镇	柯城航埠低碳小镇、常山云耕小镇
台州	黄岩智能模具小镇、路桥沃尔沃小镇、仙居神仙氧吧小镇	定海远洋渔业小镇、普陀沈家门渔港小镇、朱家尖禅意小镇	台州无人机航空小镇、玉环时尚家居小镇、椒江绿色药都小镇、临海国际医药小镇
丽水	莲都古堰画乡小镇、龙泉青瓷小镇、青田石雕小镇、景宁畲乡小镇	温岭泵业智造小镇、天台天台山和合小镇	丽水绿谷智慧小镇、云和木玩童话小镇、青田千侠小镇、遂昌汤显祖戏曲小镇
舟山		龙泉宝剑小镇、庆元香菇小镇、缙云机床小镇、松阳茶香小镇	

资料来源：浙江省政府官网。

　　从创建的成果看，根据浙江省发改委提供的数据：首批 37 个省级特色小镇 2015 年完成固定资产投资额（不含商品住宅和商业综合体项目）480 亿元，平均每个特色小镇 12.97 亿元，其中 27 个特色小镇投资额超过 10 亿元。新入驻企业达 3207 家，新开工建设以上项目 431 个。新集聚国内外创新创业人才超过 1 万人，一批投资基金公司纷纷入驻，特色小镇已成为大众创新万众创业的新平台。如梦想小镇仅启用半年就吸引了 400 多个互联网创业团队、4400 多名年轻创业者落户，300 多亿风投基金进入，形成了较为完整的互联网创业生态圈。而且特色小镇正成为培育新产业和催生新业态的孵化器。如常山赏石文化小镇，引入"金融＋""互联网＋"理念，建立评估抵押制度，推出"石头变富矿"融资新模式；与阿里巴巴和腾讯合作，推进线上线下同步经营，开创"石头＋互联网"的营销新形式。

　　作为浙江省布局供给侧改革和推动产业转型升级的重要策略，特色小镇的建设在第一阶段已经取得了积极的成效，同此前的发展规划相比，在产业链集聚程度和产业架构的合理性等方面都有了长足的进步。浙江省在吸取其他国家和地区有参照价值的专业化小镇发展经验的基础上，结合地区的资源禀赋特征，进行了必要的本土化改造，使得特色小镇成为以产业转型升级为目标的区域创新发展规划。在明确了特色小镇规划的政经逻辑①，从地区资源禀赋出发，立足其区位和既有产业优势，通过各经济部门模块化，来推动产业集聚和升级，进而在提高各种资源利用率的同时，便利对各项经济生产外部效应的消化和治理，既提高各经济部门和区块的综合性专业化水平，又促进各经济区块间的合作，从而提高整体经济效率。

（三）浙江特色小镇率先成势的原因及经验

1.浙江特色小镇率先成势的原因。（1）块状经济的草根性。块状经济是指一定的区域范围内形成的一种产业集中、专业化极强，同时又具有明显地方特色的区域性产业群体的经济组织形式。块状经济与区域发展的结合是浙江特色小镇在全国率先成势的重要禀赋基础。浙江是中国市场经济最为发达的省份之一，在过去的20多年时间里，数以万计的中小企业在浙江形成了近500个工业产值在5亿元以上的产业集群，块状经济的崛起是近年浙江经济中最为突出的亮点，无论是义务的小商品、嘉善的木材、海宁的皮革、绍兴的轻纺这些县域性的块状经济，还是濮院的羊毛衫、大唐的袜子、织里的童装这些镇域性的块状经济，其发展所带来的人口聚集，在浙江的城镇化推进过程中发挥了重要作用。浙江各地注重发挥自身的资源优势和产业特色，培育了各具特色、以民间资本为主、中小型企业居多的产业集群，以"一村一品""一乡一业"生产方式，通过村、乡范围细分工、协作来进行产品的专业加工生产。

（2）产业升级的迫切性。进入21世纪以来，浙江块状经济转型、分化现

---

① "经济人"假设基础上的"被利益绑架的政治"和"被权力操纵的经济"。

象日益明显。少数通过与周边城市融合，成为城市经济中有机部分，或是通过中心镇建设、小城市培育，初步构筑起商茂科技等功能优势，但绝大部分陷入转型升级困境，活力受损严重。一方面，因轻工产品仿制较容易而知识产权保护意识较弱、难度较大，导致企业陷入依靠不断引进技术、设备来升级产品的不良循环，创新意愿越来越弱。同时，由于普遍缺乏良好商务、人居、教育环境，难以吸引优秀人才，导致创新动力严重缺乏。另一方面，块状经济依赖的规模生产、专业市场销售模式已难以适应定制化生产、个性化消费潮流，特别在国内外市场基本饱和的背景下，价值链低端的薄利多销模式随着用工、用地、环保、商务等成本增加而日益艰难。因此，在供给侧结构性改革的大背景下，浙江传统制造业率先全国面临产能过剩的巨大压力和产业转型升级的迫切要求。

（3）城乡一体化的长期性。浙江坚持推进城乡一体化，从嘉兴经验到德清模式，再到今天的特色小镇，是长期不懈、一以贯之的结果。1998年，浙江在全国率先提出并实施城市化发展战略。2004年制定实施全国第一个城乡一体化纲要。2006年在全国率先提出并实施新型城市化战略，出台《关于进一步加强城市工作，走新型城市化道路的意见》，强调新型城市化的核心要义是推动城市化的科学发展，基本内涵是坚持统筹发展、集约发展、和谐发展、创新发展，走资源节约、环境友好、经济高效、社会和谐、大中小城市和小城镇协调发展、城乡互促共进的城市化道路。2010年，率先提出开展小城市培育试点，扩大财权和土地使用权，推动事权下放和人事权改革，特色城镇雏形初显。2015年1月，浙江省《政府工作报告》指出："加快规划建设一批特色小镇，按照企业主体、资源整合、项目组合、产业融合原则，在全省建设一批聚焦七大产业、兼顾丝绸黄酒等历史经典产业、具有独特文化内涵和旅游功能的特色小镇，以新理念、新机制、新载体推进产业集聚、产业创新和产业升级。""特色小镇"作为关键词被提出，其重要性被提升到新一轮更大范围的战略布局。正是在这一基础上，浙江的特色小镇得以迅速在全省范围推广。透过浙江特色小镇发展的内在动力可以看到一些普遍特征，即新时期的城乡一体化面临破题，区域禀赋基础有待激发，城乡资源配置有待优化，城镇功能提升有待突破。

2. 发展经验。浙江特色小镇建设，是推动产业转型升级、增强区域发展新动能、引领经济新常态的战略选择，但从本质上说，则是顺应浙江区域经济发展阶段演变、重构产业生态位、优化区域产业生态系统的内在要求。在具体规划建设中，特色小镇的发展秉持四大发展理念：产业定位摒弃"大而全"，力求"特而强"，避免同质竞争，错位发展，保证独特个性；功能体系摒弃"散而弱"，力求"聚而合"，重在功能融合，营造宜居宜业的特色小镇；城镇形态摒弃"大而广"，力求"精而美"，形成"一镇一风格"，多维展示地域文化特色；制度设计摒弃"老而僵"，力求"活而新"，将其定位为综合改革试验区，"特色小镇"优先作为政策试点示范基地，把握政策先试先行机遇，体现制度供给的"个性化"。

发展定位上强调产城融合。特色小镇建设中要求产业特色要明显，打造具有产业、文化、旅游的综合性空间平台，着重聚焦信息经济、环保、健康、旅游、时尚、金融、高端装备制造等支撑浙江未来发展的七大产业，兼顾茶叶、丝绸、黄酒、中药、青瓷、木雕、根雕、石雕、文房等具有浓厚浙江特色的历史经典产业。特色小镇坚持产业间的融合、产业内的融合、产业发展与城镇空间布局之间的融合，实现产业发展和城市建设并驾齐驱，推进产业集聚、产业创新和产业升级，实现产业带动就业，就业聚集人口，保障城市化发展进程的健康和可持续，形成"产、城、人、文"四位一体的创新创业发展平台。

城市功能上注重有机导入。在发展特色产业的同时，积极推进职住平衡、提高服务效率、优化服务品质，注重完善好社区功能，特别是加强优质中心城区公共服务设施延伸，完善基础性公共服务设施布局，加大高端设施配置，系统性提升整体建设和服务品质。特色小镇要求建有公共服务 App，提供创业服务、商务商贸、文化展示等综合功能的小镇客厅，所有特色小镇要建设成为 3A 级以上景区，打造具有高品质人居环境、高效自治管理能力、完善的公共配套和商业配套、良好的社区就业环境的现代化城镇社区，而不是"园区＋公园＋商住区"等功能的简单相加、牵强附会、生搬硬拼。

　　运作方式上强调市场为主。浙江特色小镇建设坚持政府引导、企业主体、市场化运作，既凸显企业主体地位，充分发挥市场在资源配置中的决定性作用，又加强政府引导和服务保障，在规划编制、基础设施配套、资源要素保障、文化内涵挖掘传承、生态环境保护等方面更好发挥作用。每个特色小镇要明确投资建设主体，原则上三年内要完成固定资产投资 50 亿元左右（不含住宅和商业综合体项目），以企业为主推进项目建设。

　　特色小镇的良好生态不仅使内在的发展动力得以充分释放，对外在的高端要素资源也形成强大的吸附力。在当今全球经济进入新一轮科技革命和产业变革"阵痛"期的背景下，在中国经济发展进入新常态的情况下，浙江提出的特色小镇战略布局为下一阶段的发展提供了蓝图，并为中国其他地区的调整改革提供了可借鉴的思路和样本。特色小镇的全面铺开和成功创建，必将为新常态下的供给侧改革提供可行的思路和有力的支撑，也为经济社会及生态环境的和谐发展提供了有利的尝试。

第十六章

高铁建设与新型城镇化

钟绍颖

　　高速铁路[①]作为当代技术集成创新的集中体现，是人类在铁路运输技术上的重大突破之一，正在改变着全世界铁路运输的发展。进入 21 世纪以来，中国高速铁路迅速崛起，改变了交通发展格局，对中国城市间通达性、生产要素流动、经济活动联系、区域空间结构、新型城镇化发展等产生了重大影响。

一、高速铁路建设对新型城镇化的影响

　　城镇化一般是指农业人口转变为非农业人口，产业、资本、经济活动等向城镇集中的过程，促使农业活动转变为非农业活动、农业活动空间转变为非农业活动空间。面临在城镇化快速发展过程中出现的种种问题，中央提出要走以人为核心、四化同步、优化布局、生态文明、文化传承的中国特色新型城镇化道路。高速铁路的建设会扩大人们的活动空间，让城市生活方式不断向外传播，促进城市空间开发建设，提高城市居民的生活质量，对城镇化以至新型城镇化发展具有积极作用。

---

① 结合《高速铁路设计规范》(TB10621—2014)，中国高速铁路是新建设计时速最低 250 千米的客运专线铁路。

（一）高速铁路建设促进城镇化发展的理论基础

高速铁路在不改变城镇的行政辖区界限的前提下，增进沿线城镇间的联系和互动交流，扩大人们的活动空间，使城镇居民享受更多更好的生活服务。高速铁路的建设会降低人们的出行成本，更加方便城乡间劳动力的流动，为产业转移、集聚创造了条件[①]。修建高速铁路会促进产业和人口在沿线聚集，加快新的城镇的形成速度，也会增强沿线已有城镇的综合竞争力，从而对城镇化发展起到巨大的推动作用。这些影响可以用多种理论来解释。

1. 投资乘数效应

凯恩斯的投资乘数理论认为，投资乘数是将投资看作初始的需求，在供给允许的情况下，需求得以满足并产生国民收入，新的国民收入又经过分配和再分配，并形成新的需求且要求新的供给与之相适应，从而产生新的国民收入，新的国民收入又得以被分配，进而形成新的需求。

高速铁路的建设，其本身投入的庞大资金增加了社会投资总量，促使投资乘数不断增加，从而有力地促进了沿线地区经济的发展，而经济发展又是新型城镇化的动力源泉，高铁建设也就会在一定程度上促进高铁沿线地区的新型城镇化发展。

2. 区域分工理论

马克思的地域分工理论认为，建立在发挥区域自然条件优势基础上分工和相互之间的协作，能极大地提高劳动生产率。亚当·斯密认为，每个国家如果都按照"绝对有利的条件发展生产"，合理调配其社会生产要素，则将在很大程度上提高劳动生产力和提高财富[②]。

高速铁路通过快速到达目的地，有利于高速铁路沿线站点所在区域的人员和物资能够迅速到达其他地区，从而有助于中国各城镇充分发挥自身的地区

---

① 王娇娥、金凤君：《中国铁路客运网络组织与空间服务系统优化》，《地理学报》，2005 年第 3 期，第 371—380 页。

② D. Gabriel, S.Vadav, "Cities and highway networks in Europe", *Journal of Transport Geography,* Vol.4, No.2, 1996, pp.107—121。

优势或资源优势；同时，各城镇的地区优势或资源优势很多情况下又各不相同、形成了互补的性质，因此，各城镇之间又可以通过高速铁路快速抵达目的地的特征来展开充分的合作，进行优势互补，从而有利于促进大中小城市和小城镇协调发展。

3. 增长极理论

增长极理论是法国经济学家弗朗索瓦·佩鲁（Francois Perroux）提出的，该理论认为经济增长首先会发生在具有创新能力的部门、行业或地区，这些"增长中心"被称为增长极。选择适当的增长极，通过极化效应、扩散效应、乘数效应等，会对整个区域的经济产生推动作用。

因此，城镇化发展过程中，选择特定地区作为增长极，通过一系列的经济效应，会使增长极周围区域的经济得到发展，基础设施等得到改善，周围地区的资本、人力等不断聚集，从而使增长极周围地区的经济赶超增长极地区。高速铁路各站点即可看作是一个个增长极，从而由点及线、由点及面带动周边地区经济发展，对中国城镇化发展起到极大的促进作用。

4. 点轴开发理论

中国区域经济学家陆大道吸收了增长极理论、中心地理论和生长轴理论中的有益思想后，提出了"点轴开发理论"。他认为，点轴开发理论是对大量地区发展经验的总结，是经济发展的普遍规律。其中，"点"是指一定地域的各级中心城镇，即各类"增长极"；"轴"是联结点的线状基础设施，包括各类交通线、动力供应线、水源供应线等。一方面，工业、第三产业等都是产生和积聚于"点"上，并由"轴"连接在一起；另一方面，集聚于各级"点"上的产业和人口又要向周围地区扩散其影响力，其中，沿着主要"轴"的扩散强度最大，从而引起或加强经济发展在该轴上的更大规模的聚集。

高速铁路的建设会促使各站点成为"点"，站点与站点之间的连线成为"轴"，从而形成一个点、轴组成的空间组织形式，使得经济增长以不同的强度首先出现于一些增长点和增长轴上，然后向外扩散，可以以最有效的速度促进中国的新型城镇化的发展。尤其值得重视的是，增长极的形成可以通过政府的经济计划和重点投资来主动建立，这更使得中国高速铁路在建设过程中通过最有效的规划配置增长极来促进中国新型城镇化发展成为可能。

5. 以公共交通为导向的发展模式

随着城镇化进程的加速，城镇规模不断扩张，可利用的土地资源不断减少，城镇化继续发展需要新的发展模式，高速铁路的建设创新了城镇发展的模式。按照彼特·卡尔索普（Peter Calthorpe）的公共交通重视型开发模式（Transit-Oriented Development，TOD），由于高速铁路的修建，会形成三种城镇化发展模式：一是走廊型 TOD 发展模式，高速铁路沿线的城镇之间的经济联系会不断增强，分工更加明确，城镇规模不断得到培育，链式的城镇高铁经济走廊逐渐形成；二是枢纽型 TOD 发展模式，高速铁路的建设会促进城镇综合公共交通枢纽的建设，使出行方式更加多样化、便捷化，提高出行效率，也提高公共交通工具的运行效率，使高速铁路沿线的城镇联系更加紧密；三是网络型 TOD 发展模式，随着城镇化的高度发展以及高速铁路的网络化建设，城镇间的同城化效应不断增强，优势互补性更加强烈，大中小城市间分工更加明确，建立起以中心城市为龙头、大中城市为骨干、小城市（镇）为依托的城镇体系，成为共同发展的有机整体。

（二）高速铁路建设加速城镇化进程

高速铁路速度快、运能大，可以满足城市间旅客大运量、高强度、高效率交流要求。中国规划的高速铁路网覆盖了 93% 省会城市、80% 的 50 万以上城市人口大城市、70% 的地级及以上城市。高速铁路的建设运营，从多方面提高了城市对人口的吸引力，对促进中国城镇化进程发挥着重要作用。

1. 高铁建设促进城镇人口布局体系重新调整

首先，高速铁路的建设，可以吸收中国城镇大量的剩余劳动力，可以直接增加就业，提高就业率。其次，高速铁路沿线站点的确定并开通，可以引发沿线地区房地产业、零售业等行业的飞速发展，可以间接地增加大量的就业人员。相对于已有稳定职业的城市居民，这些新的就业机会更容易被进城务工人员所接受，从而促进了农村人口进城就业。高速铁路建成运营以后，还会促进人口持续向城镇集聚。高速铁路的建设，使城市间形成了高梯度的交通运输条件，降低了交通运输成本，方便了城乡劳动力的流动，为产业转移和形成新的经济增长点创造了条件。新建高铁站周边会出现新的生产生活空间，其房价、物价上升需要一个过程，这也为广大农民进城提供了新的空间。

2. 高铁建设促进城市土地价值调整

高铁开通后，便捷的交通会加速沿线的购房资金向二、三线城市流动，二、三线城市房价短期内有大幅上升的可能。交通线路建设的土地价值外溢效应不仅增加了政府收入，提升了企业商家营业额，而且让房地产商获取了周边地价、房价上升的收益，也使居民享受到了出行费用降低、出行时间短与安全性提高等便利和物业价值提升的隐含利益。高铁建设对于土地开发的影响不仅表现在城市建成区的规模扩张上，而且还体现在城市土地的局部开发控制上。就城市建成区扩张形态看，随着城市主要交通方式的运量增大，所形成的城市内聚力增强，城市常常呈紧凑的形态。高铁建设缩小了城市间距，促使城市有可能向着"主轴—网络状"城市空间形态模式发展。城市中的交通形式同土地开发模式紧密相连，尤其是与土地开发规模与强度密切相关。城市土地利用活动刺激了人和货物交通需求的产生，并不断增加交通系统的负荷，从而导致城市交通功能和效率的下降。作为新时代的重点交通运输方式之一的高铁建设不仅用以实现人和物的流动，同时会影响用地的可达性，从而可能改变和调整城市空间布局结构。因此，在城市规划和土地利用开发中，不可能单纯以土地利用或交通系统为本位主义，而需要注重土地利用与高铁建设的互动关系和整合效应，理性促使沿线土地的高密度开发和高强度利用，协调其间的空间和时序关系，以促进良性循环的实现。

3. 高铁的扩散效应催生小城市群落

高速铁路极大地缩短了城市间的时空距离，给沿线城市提供了加强联系的渠道，进一步密切了沿线城市之间的联系，使之成为优势互补、产业对接、分工协作和个性化发展的有机整体。通过高速铁路的扩散效应，将带动沿线不发达地区的产业发展，极大地促进沿线中小城市建设，形成新城镇，造就一批中小城市群落，加速城市城镇化进程。

4.高铁的同城效应加大城市吸引力

高速铁路的同城效应将从根本上改变目前的工作地与居住地合二为一的理念，从而对人们的择业选择、就业模式产生巨大影响。甲地居住，乙地工作，丙地消费将成为普遍现象。随着珠三角城际轨道交通网的规划建设，百姓可以更加方便地享受不同城市的公共服务和生活氛围。可以住在佛山，早上在广州喝茶，上午在深圳购物，晚上到珠海体验滨海休闲生活。另外，高速铁路将改变人们的生活节奏和模式，工作和生活空间距离扩大，周末旅游度假以及城市间的商务往来迅速增加。

（三）高速铁路建设推动新型城镇化

新型城镇化是中国经济结构调整的重点和破除城乡二元结构的根本途径，从资源、环境、经济、社会、空间维度看，其具有"资源节约、环境友好、经济高效、城乡互相促进、大中小城市和小城镇协调发展"的特征。高速铁路在这些方面有助于促进新型城镇化建设。

1.资源节约、环境友好

新型城镇化具有"资源节约、环境友好"的特征，这就要求中国社会生产、建设、流通、消费的各个领域切实保护和合理利用各种资源，提高资源利用效率，以最少的资源消耗和环境代价获得最大的经济效益、社会和生态效益，实现可持续发展。

而高速铁路是比公路和航空运输更绿色环保，也是资源最节约的运输方式，因而通过提供"资源节约、环境友好"的交通方式来推动中国新型城镇化建设。高速铁路大量节约土地。一般高速铁路的占地是高速公路的1/3。一条500千米高速铁路的用地约相当于一个大型机场：中国的高速铁路大量采用全线高架形式，在避免对所经区域空间分割的同时。更加节约土地资源，"以桥代路"每公里减少用地约45亩，以京津城际高速铁路为例。仅此一项共节约土地4590余亩。高速铁路能耗低、污染小，中国高速列车采用电力牵引的动力分散方式。时速350千米的高速列车，每人百千米能耗5.2千瓦时，远低于其他交通运输方式。根据国外对能耗和污染所做的统计分析，在能耗方面，高速铁路为1，小轿车为5-3，大客车为2，飞机为5.6；在污染方面，高速铁路的 CO_2 排放约是公路的1/4，航空的1/5。

2. 经济高效

高速铁路的低碳、环保、节约使得新型城镇化的基础设施建设达到了"经济"的效果；其高速运行能在极短的时间内让乘客们到达目的地，也部分地实现了"高效"的效果。高速列车载客量大、速度快、密度高，时速350千米高速列车与时速120千米的公路大客车相比。前者运输能力是后者的4.6倍。根据日本在东海道新干线的统计分析结果，高速铁路的运能约是公路的5倍，是航空的10倍。

同时，高速铁路建设也通过投资乘数效应促进经济发展，通过提供就业岗位增加居民收入。高速铁路的建设运营也会优化城镇化发展的产业结构，通过扩散加速效应而提高第一产业的科技化水平，通过投资拉动和效率提升而强化第二产业主体地位，通过消费拉动和提高资源的配置效率而加速第三产业发展，促进城镇产业结构不断升级，从多个方面为新型城镇化提供经济动力。

3. 城乡互相促进

目前，城市里的岗位有诸多空缺，而农村里有很多赋闲农民却无法在短时间内到达城市；农村里有些技术需要城市里的人来讲解与演示，而城市里人才济济却因往返过于艰难而不愿去农村。

新型城镇化要求能解决以上问题从而达到城乡互相促进的效果，而高速铁路能在最短时间内缩短城乡的空间距离，大大地便利了城乡之间的互通有无，从而推动了二者之间的相互促进。从社会整体发展角度看，这也为城乡协调发展和促进社会公平提供了助力。

4. 大中小城市和小城镇协调发展

从空间维度看，大中小城市和小城镇协调发展的新型城镇化特征，要求中国的城镇化在发展大城市时要加快中小城市和小城镇的提质扩容。这就要求在新型城镇化建设过程中，在做大做强大城市的同时，不仅要突出支持一批发展潜力大、区位条件优越的中小城市发展成为中等城市和区域中心城市，还要扶持发展一批具有资源优势的小城镇，将其建设成为高品质、特色型的精品小城镇。

　　高速铁路建设无疑能够加速和促进这一过程。要做大做强大城市，则需要让大城市在较短的时间内能获得较多的人力和物资的支持，而高速铁路显然可以促进人力和物资在高速铁路沿线地区的流动；要促进中小城市和小城镇的发展，发挥其区位优势和资源优势，需要有一股快速的力量来推动资源向其他地区转化并交换才能真正实现，高速铁路则是当前最有效的手段，通过速度压缩了区位间的巨大差距。

　　综上所述，高铁的建设运营不仅可以推动城镇化进程，而且可以在资源集约、环境友好、经济发展、社会公平、空间协调等五个维度，体现其对新型城镇化的促进作用。而其产生作用的基本机制，在于提高了城市通达性，改变了城市格局以及城市间的相互关系。

　　下面重点对这一作用机制进行深入分析，考察高铁建设对城市通达性、城市相互关系的具体影响，进一步诠释高速铁路建设对新型城镇化的促进作用。

二、高速铁路建设对城市通达性的影响

　　自 2004 年国务院通过《中长期路网规划》以来，中国高速铁路"四纵四横"的建设构架初步形成，对城市通达性的总体影响、分阶段影响以及分城市影响逐渐显现。

（一）全网络时间通达性变化情况

1959 年 Hansen 首次定义了通达性，主要是指交通网络中各个节点相互作

用的机会大小，后来不同学者对通达性的含义做了延伸和发展[1]，普遍认为通达性反映了区域间经济社会交流的便利程度，多采用拓扑网络连接、时空距离、运输费用、交流机会等指标来度量评价[2]。随着技术的发展，许多学者采用 GIS 空间分析的方法通过绘制等值线进行更加直观的评价[3]。

本文选择中国铁路网络中建有二级及以上站点的直辖市、省会城市、地级市及少量县级市作为干线城市，共 153 个作为样本，考察"四纵四横"高速铁路主干线网络对城市间通达性的影响。为方便纵向比较，选取 2007 年、2012 年、2020 年三个典型年份，其中以 2007 年为基准年，即中国未开通高速铁路的年份；2012 年为"四纵四横"干线网络建设过半的年份；2020 年为规划目标年，即 2020 年"四纵四横"高速铁路网络全部建成的年份。建立距离矩阵 L，其计算公式为：$L = [l_{ij}]_{nxn'}$（$i = 1, 2, 3\cdots\cdots, n$；$j = 1, 2, 3\cdots\cdots, n$），式中：$l_{ij}$ 为两城市之间的铁路线实际距离。当 $i = j$ 时，$l_{ij} = 0$；当城市 i 与城市 j 为相邻节点时，l_{ij} 为两个城市之间的距离；其余的 l_{ij} 用最短路径方法获得。公式为：$l_{ij} = \min\{(l_{ik} + l_{kj})\}$，（$k = 1, 2, 3, \cdots, n$）。通达性的距离指标：定义一个给定节点到其他各个节点的最短距离之和为此节点的通达性距离指标。此距离越短，表示该节点在国家铁路网络中的通达性越好。将节点 i 的总运输距离 D_i 定义为：$D_i = \sum l_{ij}$。整个网络的距离通达性 M 定义为：$M = \sum D_i$。节点 i 的通达性时间指标 $A_i = \sum l_{ij}/V_{ij}$，式中：V_{ij} 为路段 l_{ij} 的铁路运行速度；整个网络的时间通达性定义为 N，即网络中每个城市到达其他所有城市的最短时间之和，公式为：$N = \sum A_i$。

计算结果显示，随着高铁建设，中国城市通达性大大提高。2007 年全网络时间通达性指标为 306 257 小时，即所有 153 个城市到达其他各个城市的最

[1] Si-ming Li, Yi-man Shum, "Impact of the National Trunk Highway System on accessibility in China", *Journal of Transport Geography*, Vol.9, No.1,2001, pp.39–48。

[2] 蒋海兵、徐建刚、祁毅：《京沪高铁对城市中心城市陆路可达性影响》，《地理学报》，2010 年第 10 期，第 1287—1298 页。

[3] 孟德友、陈文峰、陆玉麒：《高速铁路建设对我国省际可达性空间格局的影响》，《地域研究与开发》，2011 年第 4 期，第 6—10 页。

短时间之和为326 257小时；2012年该指标为236 554小时，比2007年缩短27.5%；2020年该指标为167 821小时，比2012年缩短29.0%，比2007年缩短48.5%（图16-1）。由此看出，在2012年前建成的"京广深"线、"京沪"线、"京哈（大连）"线和"四横"干线网络中"徐兰"线郑州到西安段、"青太"线对整个网络通达性的影响，要远远大于"宁汉蓉"线和"杭甬深"线以及"杭长"线的影响。这其中的原因主要有两点：第一，2012年底以前建成的高铁线路比2013—2020年建成的线路多近1500千米。第二，2012年底前建成的线路都经过城市密集城市，对整个城市网络通达性的影响举足轻重；而2012年后建设的三条线路经过的城市分布相对稀疏。

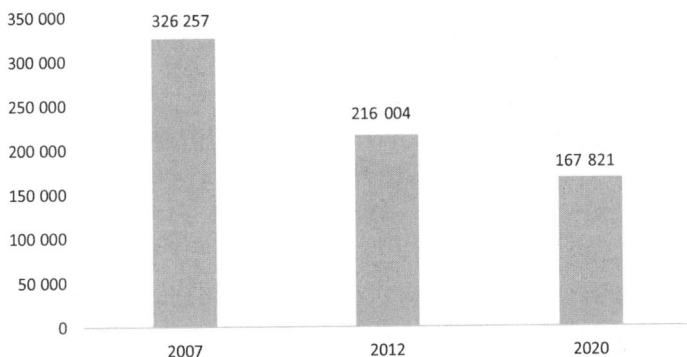

图16-1 全网络通达时间指标变动情况

　　高速铁路建设大大提高了全国范围的通达性，但是区域间的差异仍然存在。京沪铁路沿线的城市从高铁服务中获得的通达性比其他城市要多，如天津、廊坊、无锡、苏州、常州、南京、上海等。高速铁路沿线城市通达性明显高于非高速铁路沿线的城市，北京—上海、北京—广州、上海—徐州—西安、上海—武汉等四条高速铁路沿线表现出明显的"廊道效应"。因此，较高可达性仍然集中在"高铁廊道"范围内，一些偏远地区与京津冀地区、长三角地区等差距仍然很大，说明高速铁路的建设对城市的通达性影响很大。

　　研究发现，有高速铁路的城市通达性明显高于无高速铁路的城市，西北地区城市建设高速铁路后通达性增长最大，相比较而言，华中地区因原来就具备便利的交通条件和区位优势,通达性增幅最小,高速铁路的建设对大城市通达性的影响要高于小城市,随着全国高速铁路网络的建设和完善,各城市间的通达性会趋于均衡发展。

(二)通达性水平最高和最低的城市

1. 通达性水平最高的城市

2007 年,通达性最高的七个城市全部位于河南境内。前 30 个城市中,除了北京、天津两个直辖市以外,河南省 10 个,河北 4 个,山东 5 个,湖北 2 个,湖南 2 个,陕西 2 个,安徽 2 个,江苏 1 个。可以看出,通达性高的城市基本位于地理位置的中心城市和铁路主干线上。城市本身地理位置的"中心性"对城市的通达性起着最重要的作用。

2012 年通达性前三个城市和 2007 年基本没有大的改变,但是排序发生了很大的变化。位于京广、京沪、京哈线上的城市排名提前,相反河南没有位于京广高铁干线上,且原来排名很靠前的城市排名后移,但是京沪线上的部分城市排名有了明显的提高。这同样说明地理位置的中心性在影响城市的通达性方面发挥着最重要的作用,同时也表明高铁的建设对城市通达性的变动开始发挥重要影响。

2020 年继续延续 2012 年的趋势,通达性前 30 位的城市仍然没有大的变动,但是随着徐兰线的开通,位于此线路上的部分城市的通达性排名提前。

2. 通达性水平最低的城市

从测算结果来看,2007 年通达性后 30 位城市主要位于东北、西南和西北三大地理边缘城市,这也说明了在当时影响城市通达性的最主要因素是城市的地理位置。2012 年后,东北地区除了个别边境城市外,其他城市全部离开后 30 位城市名单,说明东北地区相对西南地区和西北地区城市的通达性有了明显的改善。2020 年后 30 位的城市仍然主要位于西南地区和西北地区,说明这些城市通达性程度虽然有了一定程度的改善,但是相对其他地区来说,通达性还是比较滞后。

表 16-1 2007—2020 年通达性程度前 30 位城市的变动情况

排序	通达性时间指标					
	2007 年		2012 年		2020 年	
	城市	时间（小时）	城市	时间（小时）	城市	时间（小时）
1	郑州	8.031	郑州	6.634	郑州	6.320
2	安阳	8.341	新乡	6.746	新乡	6.525
3	新乡	8.918	石家庄	6.846	邯郸	6.559
4	开封	9.002	邯郸	6.863	漯河	6.709
5	洛阳	9.343	开封	6.931	开封	6.718
6	商丘	9.425	安阳	6.971	安阳	6.743
7	月山	9.465	漯河	7.006	石家庄	6.754
8	阜阳	9.612	兖州	7.058	武汉	6.837
9	兖州	9.804	济南	7.151	洛阳	6.914
10	信阳	9.870	泰山	7.185	月山	6.926
11	徐州	9.914	月山	7.246	信阳	6.952
12	邯郸	9.933	衡水	7.269	济南	7.019
13	石家庄	9.976	信阳	7.276	泰山	7.019
14	衡水	9.994	北京	7.341	兖州	7.028
15	菏泽	10.022	天津	7.416	衡水	7.042
16	南阳	10.051	唐山	7.428	北京	7.086
17	德州	10.054	洛阳	7.440	商丘	7.100
18	漯河	10.148	武汉	7.500	天津	7.167
19	北京	10.369	徐州	7.602	唐山	7.176
20	武汉	10.498	德州	7.620	菏泽	7.355
21	天津	10.560	菏泽	7.634	德州	7.381
22	济南	10.580	南阳	7.717	淄博	7.435
23	唐山	10.748	商丘	7.809	南阳	7.455
24	岳阳	10.919	淄博	7.845	蚌埠	7.480
25	襄樊	10.951	秦皇岛	7.859	徐州	7.514
26	西安	11.047	蚌埠	7.926	岳阳	7.581
27	合肥	11.064	阜阳	8.002	青州	7.602
28	株洲	11.142	榆次	8.076	秦皇岛	7.607
29	淄博	11.159	岳阳	8.101	长沙	7.653
30	宝鸡	11.176	西安	8.105	镇江	7.658

表 16-2　2007—2020 年通达程度后 30 位城市变动情况

排序	通达性时间指标					
	2007 年		2012 年		2020 年	
	城市	时间（小时）	城市	时间（小时）	城市	时间（小时）
1	凭祥	16.68	南宁	13.09	宜宾	12.27
2	延吉	16.77	内江	13.15	六盘水	12.31
3	银川	16.81	牡丹江	13.15	玉林	12.51
4	钦州	16.96	龙岩	13.16	龙岩	12.56
5	哈尔滨	17.06	武威	13.19	武威	12.61
6	图们	17.09	石嘴山	13.30	南宁	12.64
7	武威	17.16	银川	13.62	西宁	12.70
8	防城港	17.27	钦州	13.93	牡丹江	12.90
9	白城	17.35	宜宾	14.03	石嘴山	13.14
10	绥化	17.46	佳木斯	14.15	银川	13.46
11	大庆	17.64	厦门	14.17	钦州	13.50
12	齐齐哈尔	18.43	防城港	14.28	防城港	13.86
13	昆明	18.71	凭祥	14.54	佳木斯	13.90
14	牡丹江	18.95	六盘水	14.65	凭祥	14.15
15	嘉峪关	18.97	攀枝花	15.42	昆明	14.34
16	大理	19.37	海拉尔	15.62	攀枝花	14.66
17	攀枝花	19.82	嘉峪关	16.20	海拉尔	15.38
18	佳木斯	19.94	昆明	16.70	嘉峪关	15.63
19	格尔木	20.47	满洲里	16.85	大理	15.81
20	敦煌	21.25	大理	17.79	满洲里	16.60
21	海拉尔	21.53	格尔木	18.33	敦煌	18.06
22	满洲里	22.64	敦煌	18.64	格尔木	18.08
23	吐鲁番	25.02	吐鲁番	22.34	拉萨	19.40
24	乌鲁木齐	25.88	乌鲁木齐	23.27	吐鲁番	21.77
25	拉萨	27.82	拉萨	25.84	乌鲁木齐	22.69
26	阿拉山口	28.91	阿拉山口	26.27	那曲	20.26
27	库尔勒	29.88	库尔勒	27.27	阿拉山口	25.69
28	那曲	27.22	那曲	24.54	库尔勒	26.69
29	阿克苏	35.32	阿克苏	33.34	阿克苏	30.19
30	喀什	38.40	喀什	36.42	喀什	33.27

（三）通达性变化最大和最小的城市

从 2007—2012 年通达性变化最大的 30 个城市来看，东北地区占了 20 个，可见京哈、京广、京沪线修通对东北地区的通达性影响最为显著。2007 年以前，从地理位置来说，东北地区属于外围地带，通达性较差。随着京广、京哈、京沪以及徐兰线郑州到西安段的修通，大幅度提高了东北地区到其他地区的通达性。与此同时，位于高铁干线上原本通达性条件并不优越的部分城市随着高铁的修通，通达性也有了明显的提高。

从 2012—2020 年通达性变化最大的 30 个城市看，变化最大的城市基本位于西南地区和杭甬深专线上。在 2007 年西南地区很多城市位于通达性的后 30 位，通达条件非常差，严重影响了西南地区的发展，随着宁汉蓉线、杭长线的修通，打通了西南地区与外部联系的快速通道，西南地区的通达性因此有了明显的提高。东部沿海地区是中国经济最为发达的地区，但是，从国内通达性来说，由于东部沿海地区尤其是上海到湛江沿线位于地理位置的外围地区，通达性条件并不好，这严重影响了东部沿海地区经济的整合和东部沿海地区对内陆地区的辐射带动作用。随着杭甬深、宁汉蓉、杭长高铁的修通，大幅度提高了东部沿海到中部、西南地区的通达性，东部沿海地区城市自身之间的联系也比以前更为紧密，必将有力带动相关城市的联系。

（四）省际间通达性空间分布呈现出中心－外围模式

高速铁路的旅行里程相较于传统的客运而言，在空间格局上并未发生较大变化，但是就旅行时间而言，高速铁路建设完成后，平均旅行时间大大缩短，其中，武汉成为旅行时间最短的城市。在省际间空间距离未发生较大变化的情况下，高速铁路的建设大大压缩了省际间的时间距离，使通行时间和平均的最短旅行时间比传统客运时期提高了一倍。传统客运情况下，北京、河北、河南、江苏、上海、安徽、湖北和湖南等省份通达性在全国各省份中位列前茅，郑州是铁路网络中通达性最优的城市，与其他所有节点总的最短通行时

表16-3　2007—2020年城市通达范围变动情况

排序	通达性变化率（%）			
	2007—2012 年		2012—2020 年	
	城市	小时	城市	小时
1	哈尔滨	36.407	温州	23.227
2	大连	35.783	厦门	20.717
3	秦皇岛	34.986	重庆	20.347
4	葫芦岛	34.635	萧山	18.431
5	长春	34.340	金华	18.148
6	四平	34.313	贵阳	17.948
7	鞍山	33.775	福州	16.829
8	铁岭	33.536	宁波	16.278
9	绥化	33.238	杭州	16.122
10	大庆	33.009	六盘水	15.985
11	沈阳	32.669	拉萨	14.921
12	本溪	32.434	怀化	14.898
13	济南	32.409	昆明	14.124
14	吉林	32.403	上海	14.081
15	蚌埠	32.262	内江	13.368
16	抚顺	32.220	东莞	13.235
17	白城	32.096	深圳	13.107
18	齐齐哈尔	32.061	桂林	12.654
19	锦州	31.459	苏州	12.582
20	石家庄	31.369	常州	12.547
21	南京	31.118	宜宾	12.526
22	萧山	31.022	青岛	11.838
23	镇江	31.010	娄底	11.601
24	漯河	30.961	大理	11.177
25	邯郸	30.910	无锡	10.599
26	唐山	30.890	安庆	9.636
27	菏泽	30.739	柳州	9.627
28	牡丹江	30.607	镇江	9.543
29	西安	30.413	韶关	9.480
30	长沙	30.396	广州	9.086

间为 467 小时，其次为石家庄，第三位武汉；在高铁运营环境下，山东、江苏、上海、河南、湖北、湖南和安徽等成为通达性较好的省份，武汉成为旅行时间最短的城市节点，与其他所有节点的总的最短旅行时间为 241 小时，由此 2013 年春运后期也被媒体称为"武汉时期"。从空间上看，高速铁路建设运营前后省际间通达性的变化呈现出中间凹、四周凸的"碗形"结构，在铁路网络中心附近的节点通达性变化幅度较小，因为传统客运或高速铁路客运情形下这些节点与其他省份都能便捷地连接，而一些边远城市如昆明、海口等同东部、中部省市的联系时间大大缩短。

表 16-4　中国省际间通达性变化幅度 [①]

	省会或直辖市	最短旅行时间比（传统客运 / 高速铁路）
全国平均水平	乌鲁木齐、银川、太原、长春、哈尔滨、济南、南京、合肥、西宁、广州	2.0—2.1
高于平均水平	呼和浩特、杭州、厦门、昆明、重庆、贵阳、南宁、海口、拉萨	2.2—2.6
低于平均水平	北京、上海、天津、石家庄、沈阳、郑州、兰州、西安、长沙、武汉、南昌	1.5—1.9

整体来看，省际间通达性空间呈现出中心 – 外围模式，中心较传统客运条件下略向南移，武汉取代郑州成为出行最便捷的中心城市。高速铁路时代下中国省际间通达性更加均衡，多数省份与外界的联系变得更加方便快捷。

随着"四纵四横"高速铁路网络的建设，城市间通达性有了显著的提高，通达时间大大缩短，大幅度提高了城市间通过铁路进行联系的便捷程度。可以看出，中国城市比较密集地分布在南北走向的铁路干线周围，因此南北走向的高速铁路建设大幅度提高了城市之间的通达性。相对来说，东西走向的铁路建设不足，这一方面妨碍了东部发达地区对内陆地区的辐射带动作用，另一方面

---

① 冯长春、丰学兵、刘思君：《高速铁路对中国省级可达性的影响》，《地理科学进展》，2013 年第 8 期，第 1187—1194 页。

也使得西部地区发展外向型经济先天不足。总体而言，高铁的建设对整个交通网络通达性的提升带来的积极效果是显而易见的。

三、高速铁路建设对城市相互作用的影响

距离衰减法则对城市间相互作用的强度大小表明，随着距离的增加相互作用会逐渐降低。伴随着科技的发展，时间距离、成本距离等将逐渐替代传统的空间距离，特别是交通技术的变革，缩短了城市间的旅行时间，改变了城市间的相对区位结构，重构了地域空间结构。高速铁路作为交通史上的一次重大变革，其快速发展改变了传统城市间经济联系的模式，影响着城市间相互作用的强度[①]。

（一）高速铁路建设促进沿线城市集聚经济发展

高速铁路可以改善城市间的通达性，进而影响沿线城市集聚经济的发展。高速铁路通过时空压缩效应对人们出行的时间、空间、心理三方面产生影响，进而影响人们的出行方式选择、城市间相互作用；通过区位叠加机制和经济场的作用，加速要素在城市间的流动，提高城市的规模经济、范围经济、城市专业化和多样化、空间溢出效应，降低了生产和交易成本，导致经济集聚发展。随着高速铁路网的建设和完善，中国城市集聚经济不断发展，梯度发展格局逐渐形成。整体来看，中国城市集聚经济在东、中、西部呈现出明显的地带性规律。东部地区集聚经济水平最高，其次是中部地区，再是西部地区。根据梯度转移理论，中心城市对其他城市经济的影响方向一般由高梯度向低梯度地区转移。由于高速铁路的建设，中国东、中、西部城市之间交流变得更加便利，在

---

① 张楠楠、徐逸伦：《高速铁路对沿线城市发展的影响研究》，《地域研究与开发》，2005 年第 3
期，第 32—36 页。

经济梯度转移效应下，城市经济发展由发达的东部地区和中部地区转移到西部地区，城市产业由低附加值向高附加值产业发展，城市产业结构不断优化。特别是，高速铁路的建设使东部和中部地区的经济不断扩散，这对西部地区经济集聚有很大的促进作用，西部地区城市产业优势不断建立，城市分工向专业化发展，从而促进了中国区域经济的协调发展。

（二）高速铁路沿线城市对外经济联系总量提升幅度较大

高速铁路建设对"四纵四横"干线沿线城市经济联系带来很大的影响，其变化有几点共性：一是"四纵四横"高速铁路各干线沿线城市通达性显著提高，经济联系强度也有显著增强。通过研究发现，2011年与2020年相比，8条高速铁路主干线沿线城市可达性均值都低了70个百分点，每条干线沿线城市的经济联系强度均值最低扩大了1113.28%，最高扩大了4605.69%。二是8条高速铁路干线沿线城市的可达性据对差异显著缩小，经济联系绝对差异均扩大。2020年8条干线沿线城市可达性标准差均下降了50个百分点，而经济联系强度标准差扩大了十几倍到几十倍不等。三是除京沪线与沪汉蓉线外，其余高速铁路干线沿线的城市经济联系强度相对差异随通达性提高而缩小。

高速铁路在中国经济发展过程中纽带和动脉作用逐渐增强，对中国大范围、长距离和大宗商品和物资的运输产生了直接的影响。特别是中国地域宽广，从南到北、从东到西跨度非常大，高速铁路已成为不可或缺的运输方式。研究表明，高速铁路廊道沿线的城市相对于其他城市，对外经济联系总量提升幅度较大，成为高速铁路建设的受益者。京广线、京沪线、京哈线、宁波—厦门高速铁路沿线的城市，以及成都—重庆、郑西高速铁路沿线的城市，得益于高速铁路的建设，对外经济联系总量有较大幅度提升。

表 16-5　高速铁路对"四纵"干线沿线城市经济联系强度的影响 ①

时间	测度指标		"四纵"干线			
			京广线	京哈线	京沪线	杭福深线
2011 年	通达性	均值	932.77	1329.81	811.01	1219.50
		标准差	150.40	254.11	38.87	221.35
		变异系数	0.16	0.19	0.05	0.18
	经济联系强度	均值	711.27	364.74	2308.34	914.82
		标准差	849.95	877.48	1524.59	1611.53
		变异系数	1.19	2.53	0.66	1.76
2020 年	通达性	均值	274.31	352.80	266.92	346.62
		标准差	40.63	51.20	17.92	49.85
		变异系数	0.15	0.15	0.07	0.14
	经济联系强度	均值	19 599.21	5598.44	28 006.60	14 706.04
		标准差	18 835.93	9470.38	23 806.94	12 490.39
		变异系数	0.96	1.69	0.85	0.85

表 16-6　高速铁路对"四横"干线沿线城市经济联系强度的影响 ②

时间	测度指标		"四横"干线			
			京广线	京哈线	京沪线	杭福深线
2011 年	通达性	均值	932.77	1329.81	811.01	1219.50
		标准差	150.40	254.11	38.87	221.35
		变异系数	0.16	0.19	0.05	0.18
	经济联系强度	均值	711.27	364.74	2308.34	914.82
		标准差	849.95	877.48	1524.59	1611.53
		变异系数	1.19	2.53	0.66	1.76

① 覃成林，黄小雅：《高速铁路与沿线城市经济联系变化》，《经济经纬》，2014 年第 4 期，第 1—6 页。

② 同上。

时间	测度指标		"四横"干线			
			京广线	京哈线	京沪线	杭福深线
2020年	通达性	均值	274.31	352.80	266.92	346.62
		标准差	40.63	51.20	17.92	49.85
		变异系数	0.15	0.15	0.07	0.14
	经济联系强度	均值	19 599.21	5598.44	28 006.60	14 706.04
		标准差	18 835.93	9470.38	23 806.94	12 490.39
		变异系数	0.96	1.69	0.85	0.85

（三）高速铁路对中心城市的强化作用增强

高速铁路建设对城市空间结构发展的重要影响之一是缩短了时空距离，减少了城市到经济中心的出行时间和成本。高速铁路建设在提高城市通达性的同时，沿线城市或城市区位优势不断增强，成为企业选择的目标地，不断向沿线城市或城市集聚，并带动生产要素的大量积聚。随着高速铁路的建成，城市与城市之间的联系强度发生改变，更多的是和城市中心城市发生经济联系，人力、资本等生产要素会更多地在城市与少数城市中心城市间流动，从而强化中心城市的地位。

（四）高速铁路促进城市群内部城市同城化发展

城市群日益成为中国城镇化发展的主要形式，其内部各城市间联系紧密，构成一个相对完整的城市集合体。高速铁路的修建提高了城市群间以及城市群内部城市间通达性，加速要素流动，提高了城市群产业竞争优势，促进城市群内部的产业集聚，优化了各城市间的产业分工。要素流动对城市群产业发展有非常明显的促进作用，促进各城市产业专业化效应、产业规模效应、范围效应和技术溢出效应的形成，有利于优化城市群内部产业结构和促进形成产业集聚效应，特别是服务业的集聚，促进高端服务业向城市群中心城市聚集，中心城市服务业发展规模不断扩大。高速铁路特别是城际间列车的修建，使城市群内部城市间同城化效应不断增强，进而不断优化城市群内部城市间的产业分工，提高城市群内部经济效率。城市群内部城市的分工有助于各城市的专业化发展，促进形成更加合理的城市体系，优化城市群产业结构，提升经济效率，提高城市群整体竞争力。

总体来看，高速铁路的建设会增强城市间的相互作用，并会促进发展要素在城市间的流动，但也会对一些边远或欠发达城市或城市发展产生抑制效果，这主要受城市区位、经济发展潜力、产业结构等因素的影响。多项研究表明，高速铁路建设的第一阶段即 2012 年之前，其效率会高于后续高速铁路建设带来的效率，随着高速铁路的修建会导致空间差异的缩小。高速铁路缩短了城市群之间的时间距离，提高了核心城市空间相互作用的强度，这也将改变既有城市群间的竞合模式[①]。总之，高速铁路的修建将会促进高铁沿线交通经济带的形成和城市群在空间上的重构，进而促进相应地区城市一体化的发展。

（五）高速铁路的建设使城市或城市间空间差异性逐渐缩小

高速铁路建设会对沿线城市或城市的经济集聚起到促进作用，经济的集聚会影响生产要素的流动，从而会导致一定程度上的扩散，带动周边城市或城市共同发展。高速铁路的建设在提高城市整体对外经济联系总量的同时，会降低城市对外经济联系总量的空间差异，因此，高速铁路在促进城市协调发展、缩小城市间发展差距方面具有重要作用。有研究显示，若将无高铁时代、2012年和 2020 年作为分界点，采用引力模型进行分析，2012 年以前要比 2012 年以后建设的高速铁路对城市对外经济联系强度的影响要大，但是城市对外经济

---

① 王姣娥、焦敬娟、金凤君：《高速铁路对中国城市空间相互作用强度的影响》，《地理学报》，2014 年第 12 期，第 1833—1846 页。

联系总量的变异系数呈现出缩小的趋势。

表 16-7　中国城市对外经济联系总量的统计特征 [1]

单位：10^8 亿元·万人 $/h^2$

指标		均值	变异系数	指标		均值	变异系数
全国	无高铁	247.61	3.97	中部地区	无高铁	99.06	1.36
	2012 年	764.30	3.24		2012 年	289.82	1.51
	2020 年	912.99	3.43		2020 年	329.23	1.42
东部地区	无高铁	665.33	2.58	西部地区	无高铁	39.14	2.46
	2012 年	2097.21	1.99		2012 年	99.52	3.80
	2020 年	2513.27	2.13		2020 年	128.73	3.23

四、政策建议

为更好地发挥高铁建设的积极作用，结合本文的研究，给出如下政策建议。

（一）稳步推进高速铁路建设，为城市经济发展提供动力

高速铁路作为城市经济发展的重要条件之一，具有十分重要的推动作用。在当前中国经济结构需要转变、城市经济发展面临新形势等条件下，如何促进经济结构转型和产生新的经济发展增长点是一个重点和难点。从长远来看，具有大能力、全天候、高速度、低能耗、低排放等显著技术经济优势的高速铁路，顺应时代发展趋势和要求，发展高速铁路对于中国这样一个幅员辽阔、人

---

[1]　王姣娥、焦敬娟、金凤君：《高速铁路对中国城市空间相互作用强度的影响》，《地理学报》，2014 年第 12 期，第 1833—1846 页。

口众多、资源相对有限的发展中大国而言，具有重要的战略意义。

高铁开通后，无论是其直接影响还是间接影响，对经济增长都存在带动作用。因此，交通对经济发展产生的增长效应决定了中国大规模建设高铁的战略是正确的。根据交通对经济发展产生的结构效应，高铁建设有利于城市实现网络化发展，高铁线网络化密度越高，通过交通网络效应带动区域内经济发展的城市越多，实现缩小地区差距、带动区域共同富裕[①]。

（二）发挥高速铁路的骨干作用，促进区际协调发展

运输大通道是综合运输网络和国家经济的主动脉，是跨区域间最重要的连接纽带，其发达程度既是一个国家交通运输水平的代表，更是区域经济规模和发展水平的重要影响因素。大通道是各种运输方式骨架网络的必经地区，发挥铁路在大通道中的作用，是铁路的运输特点和自身性质决定的，也是综合运输体系发展的需要。

当前，中国经济大通道的布局，主要构建连接长江三角洲经济圈、珠江三角洲经济圈、环渤海经济圈等主要经济中心和新的城市次中心，并向外辐射的"四纵三横"的大通道，铁路特别是高速铁路在大通道中要发挥主要作用。按照"四纵四横"高铁规划，南北走向的高速铁路建设大幅度提高了城市之间的通达性，相对来说东西走向的铁路建设不足。这一方面妨碍了东部发达地区对内陆地区的辐射带动作用，另一方面也使得西部地区发展外向型经济先天不足。而到2030年"八纵八横"高铁路网建设完成后，中部的通达性将大幅提升，东部、中部、西部之间的运输大通道才会真正缩小与南北走向通道的差距，更好地发挥东部地区对中西部地区城市发展的带动作用。

---

① 陈东琪：《发挥高铁经济的支撑引领作用》，中华人民共和国国家发展和改革委员会网，http://www.ndrc.gov.cn/zcfb/jd/201607/t20160722_812968.html。

（三）将高速铁路纳入综合路网，促进城市经济协调发展

城市间空间距离以及不同交通方式特点的客观差异，意味着需要不同交通方式的组合，才能最大限度地促进经济增长。因此，必须强化高铁和其他交通工具的衔接和组合发展，发挥组合交通对经济成本的节约、对经济效率的提升作用。

建议以"四纵四横""八纵八横"高速铁路为骨架，将高铁延伸至一般铁路、高速公路、水运航道、国道、省道、乡村公路网络，向上对接民用航空网络，构建立体化交通体系，全面提升区域共建共享和互联互通水平，实现交通同网、信息同享，通过资源整合、要素互补实现整体集群优势，逐步实现主要繁忙干线实现客货分流，打通主要运输通道能力瓶颈问题，大幅提高运输速度和运输能力。通过扩大路网规模，扩大路网的覆盖面，优化路网结构，提高路网质量，提高运输的综合效率。

（四）利用高速铁路建设契机，完善城镇发展规划

高速铁路的战略性规划与城市经济建设规划应做到相互支持、协调发展。城市经济的发展战略以发展高速铁路为主要依托，高速铁路的发展规划以支持、拉动城市经济发展为主要目标。

虽然高铁建设可以带动沿线城市发展，但现实中仍然会出现高铁建设与城市建设进度不匹配的情况。相应城市应该利用高铁建设契机，修正或完善现有规划，以便更好地发挥高铁的作用。例如，从区域整个空间结构和用地布局上协调城镇的交通分布形态及特征，以尽量减小出行时间为目标规划城镇的空间结构；利用高铁带动沿线产业带升级与产业链互动的机遇，制定现代服务业、休闲旅游业、现代制造业的发展规划，促使传统产业向现代产业的转型升级；从城镇用地性质、开发规模及强度上协调城镇的各种交通设施，以"平衡交通"和以公共交通为导向的开发（TOD）的引导策略，处理好土地利用与高速铁路、高速公路、城市轨道交通、公交线网和交通枢纽的关系，以支持和

促进城镇、产业和城镇交通的可持续发展。

（五）利用高速铁路枢纽经济效应，规划建设新城

由于高速铁路吸引了大量的高端商务群体、旅游群体，高铁站的周边区域往往是人口、商业、商务、居住、交通汇集的地区。因此，高铁催生新城经济，促进城市商务、休闲、商业、地产等产业的快速发展，高铁站点（特别是综合交通枢纽）区域成为城镇新的增长极。但由于高铁路线规划会考虑征地问题和新城区发展，一些高铁站周边还是农地，高铁站周围的建设相对滞后。

这就需要根据高铁规划，做好高铁站与城区的交通接驳，并及早做好高铁新城的规划建设。一方面，要通过城市轨道交通等方式主动对接高铁站点，构建"轴－辐"式交通组织结构，培育城镇空间结构演变新的核心节点。另一方面，要重点在高铁站点周边区域布局和发展与高铁经济相关的用地和产业，以最大限度利用区位优势和发挥综合交通枢纽的辐射功能。由于高铁在一定程度上对航空具有替代作用，完全有理由像对待港口经济区一样考虑高铁经济区建设的可能，与未来众多高铁站共同形成的同城化便利生活工作圈相比，新建高铁站周边的建设空白和价值洼地，也意味着无限的增值空间。

（六）利用高速铁路通道经济效应，聚合和重构区域城镇体系

高铁的开通与运营意味着时间距离的缩短，首先带来了客流，而后随着客流的增加又带来了相应的信息流、技术流、资金流，极大地促进了沿线城镇及周边区域的商务活动、休闲旅游活动、信息交流活动等。在高铁时代，城镇发展模式势必从单个城镇的孤立发展走向多个城镇相互联动、相互制衡。

因此，利用高铁对区域经济与城镇经济的再配置作用，以充分发挥集聚与扩散效应、协同效应、规模效应、提升整体竞争力为目标，需要在更大的范围内思考城镇空间发展问题，应该建立区域之间、城镇之间竞合发展与共赢发展的协调机制，使高铁沿线城镇重新思考自己的特色和定位，以便在高铁带来

的区域发展机遇及挑战中获得新的增长；通过政府引导、市场主导逐步形成
"区域中心城市—次级节点城市—中心城镇—新型农村社区"结构与布局合理
的等级规模与职能分工，使城镇群的整体竞争力由于经济规模的累加效应得到
提升，打造"N 小时经济圈"，真正让高速铁路成为促进城镇经济与区域经济
一体化的重要物质基础。

第十七章

空港经济区与新型城镇化

李泽星

航空运输在现代交通运输体系中占据越来越重要的地位，以机场为核心的空港经济，成为推动区域经济新一轮增长的主力军。随着全球范围内产业结构、产品形态及产业组织结构的飞速变化，空港经济区作为新兴的经济形态，在区域经济格局中的地位日益突出，已经逐步成为城市经济新的增长极。

一、空港经济区基本概念

（一）空港经济区相关概念

1. 空港经济

空港，通常理解为大型或特大型空中运输基地或空中运输枢纽。空港经济又称为"临空经济"，是以机场为核心，聚集航空运输、物流、商贸、休闲娱乐、工业制造等产业的综合体[1]。

空港经济的概念可以从以下三方面进行解释[2]：第一，从经济形态的角度讲，空港经济是一种新经济形态，以机场为核心产生的经济发展模式，对机场

---

[1] M. Conway, "The Fly-in Concept", *Journal of Airport Management*, Vol.6,1965, pp.10.

[2] 曹允春：《临空经济发展的关键要素、模式及演进机制分析》，《城市观察》，2013年第2期，第5页。

周边区域产生直接或间接的经济影响，使得劳动力、资本、技术等生产要素在机场及周边区域产生聚集与扩散。第二，从产业集群的角度讲，在空港经济发展初期，主要以航空运输业为核心，但伴随着物流、人流、信息流、资金流的快速流动，促进了航空枢纽指向性产业在机场周边地区迅速集聚，空港规模不断扩大，实现了机场及周边地区经济的快速发展。第三，从地理空间的角度讲，空港经济是依托机场交通枢纽，以交通运输干道为轴线向周边区域扩散，通过临空指向性产业聚集，在机场附近形成的经济区域。

2. 空港经济区

空港经济区又称临空经济区，是指依托大型枢纽机场的综合优势，发展具有明显航空指向性的产业集群而在空港周边所形成的经济区域，是传统空港区与经济开发区双重功能的结合。根据世界经济发展的趋势和临空经济区发展的特殊规律，临空经济区的产业结构布局应以机场服务业、航天航空产业、物流快递产业、高新技术产业、会展会议产业、旅游休闲产业和"短、小、轻、薄"的高附加值制造业为重心。空港经济区是借助机场的区位优势、口岸优势和交通运输优势，在机场及周边区域发展多种航空相关产业而形成的具有航空特色的城市功能区[①]。

空港经济区的双重功能体现在以下方面：首先，空港经济区使得物流业、制造业、商贸业、服务业在机场及周边区域不断聚拢，由此形成航空产业及相关产业的聚集区域[②]。其次，政府往往在机场周围布局设立开发区，给予土地、税收等资源优惠，大力扶植附近的开发区发展，是政府主导的综合性经济开发区域。

3. 空港新城

空港新城是由空港与城市发展相互渗透、相互融合产生的新的城市，是以国际大型枢纽机场为基础，以交通为纽带，围绕空港形成的基础设施健全、产业集聚、城市生活功能完善的城市综合体。

---

① 欧阳杰：《我国航空城规划建设刍议》，《规划师》，2005 年第 21 期，第 30 页。

② J.D. Kasarda, "From Airport City to Aerotropolis", *Airport World*, Vol.2, 2001, pp.19–24.

在全球经济一体化的大背景下，越来越多的国家和地区已深刻意识到建设和发展空港城市对促进经济社会发展的巨大作用，并将空港城市的建设和发展作为提升国家和地区综合竞争力的重要战略手段。

空港新城作为全球产业体系的重要节点，建设和发展的目的就是使其所在区域能够最大限度地利用全球范围内的资源，实现人才、资本、技术、信息和商品等要素在区域间的高速流动。空港新城作为新型城市形态，其巨大聚集辐射效益有可能使其成为中国新型城镇建设体系中的重要组成部分，并为推动经济增长、提升新型城镇化建设水平起到关键作用。

（二）空港经济区发展相关理论

1. 第五波理论

20世纪90年代，美国北卡罗来纳大学教授约翰·卡萨达（John Kasarda）首次提出交通运输带动城市经济社会发展的第五波理论，他认为城镇的形成和发展与道路交通有着较为密切的关系，交通运输方式的变革与城市的发展模式高度契合[①]。

人类道路交通共经历了五次重大变革，这五次变革对城市发展起到了很大的推动作用。首先是17世纪，随着欧洲海洋贸易的兴起及海港运输发展，逐渐出现了依托大型海港发展的大型商业城市；其次是18世纪，依托天然运河而兴起的江河运输，极大地推动了欧洲、美国工业革命，形成了以纽约、威尼斯等区域为中心的城市；第三次是19世纪，随着火车的出现及铁路运输的发展，逐渐形成了以法兰克福、芝加哥、亚特兰大等内陆城市为核心的商品物流集散中心；第四次是20世纪，由于汽车及高速公路的出现，发达国家的工业园区、商业中心、大型购物商城依托高速公路不断远离城市中心向郊区蔓延发展；第五次是21世纪，在经济全球化背景下，全球迎来航空经济第五波理

---

① J.D. Kasarda, "The Fifth Wave: The Air Cargo-Industrial Complex, In Portfolio", *A Quarterly Review of Trade and Transportation*, Vol.1, No.1, 1991, pp.2–10.

论（图 16-1 所示）。航空运输因其高效、快捷的特点，逐渐成为国际经济中心城市崛起的新动力，促使机场所在城市快速参与全球化产业链的分工合作，成为推动城市建设的重要影响因素。

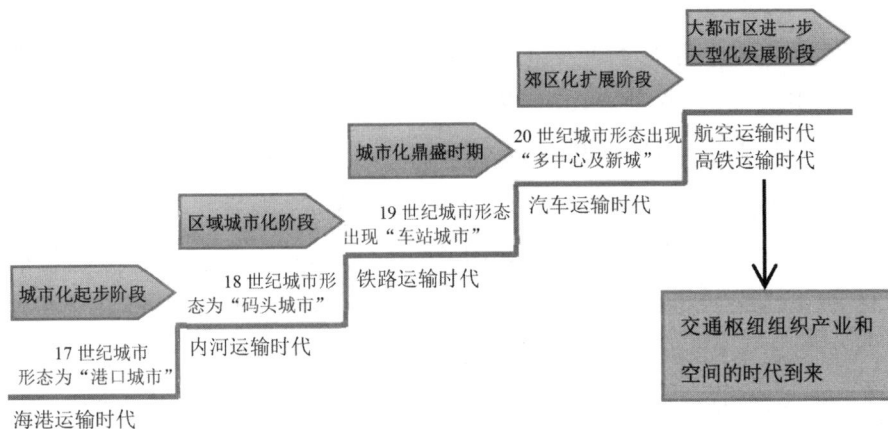

图 17-1 第五波理论示意图

从第五波理论可以看出，城市形成和发展与交通运输方式的变革息息相关。随着知识经济时代的到来及信息产业的发展，中国交通运输方式已跨入了高速综合交通时代，城市的发展不再单纯依靠一种交通方式，而是依靠航空运输或高速铁路等高速运输方式形成的综合立体交通运输网络体系。以空港地区为核心建设综合立体交通运输网络，能够实现航空运输、区域交通与城市交通的良好衔接，有利于促进空港及周边城镇发展的经济互动，不断增强航空运输的吸引力，加快区域生产要素的流动，促进空港城市发展。

2. 增长极理论

增长极理论作为不平衡发展理论的依据，是由法国经济学家佩鲁于 1950 年在其著作《经济空间：理论与应用》一文中提出的。佩鲁认为，一个国家或地区要实现经济均衡增长是不可能的，增长并非出现在所有地方，通常是在不同部门、行业或地区出现一个或数个不同强度的增长点或增长极，逐渐向其他地区传导，最终对整个经济产生影响 ①②。

增长极理论被称为经济区域观念的基石，许多专家、学者开始将增长极理论从抽象的经济空间范畴引入具体的地理空间研究中，用增长极的观点来解释和预测区域内资源配置的合理性及经济增长的地理结构与布局。法国经济学家布代维尔（J-R. Boudeville）将增长极概念地理化，提出了区域增长极理论，他认为增长极是城区的推进型产业不断聚集形成的工业综合体，这些产业的聚集能够促进区域内经济活动的进一步发展。瑞典经济学家缪尔达尔（Gunnar Myrdal）提出的"回波效应"和"扩散效应"理论、美国经济学家赫希曼（Albert Otto Hirschman）提出的不平衡增长理论、美国城市与区域规划学家弗里德曼（Milton Friedman）提出的"核心—外围"理论都在不同程度上丰富和发展了增长极理论。

增长极是推动型产业的空间聚集点，能够通过乘数效应、扩散效应、支配效应与极化效应对区域经济产生影响，通过推进型产业带动前后产业链的延伸发展，优化劳动力、资本及技术等生产要素的配置，并且随着整个产业不断扩大，最终将会影响或支配整个区域经济发展的速度及走向。

增长极理论作为非均衡发展战略的典型理论，曾被广泛用于世界各国区域经济发展的实践中。相应地，空港作为区位条件优越的区域，同样也可以用增长极理论分析空港建设对周边地区的辐射促进作用。当前，空港地区通过强大的产业联动产生扩散效应，促进区域经济产业链的形成，推动相关产业发展，进而带动整个区域经济的发展，使该区域逐渐演化成一种空港产业高度集中，且具有自我组织能力的经济区。

3. 圈层结构理论

空港经济区在产业特征及空间布局上存在着显著的圈层特征，其整体规划结构多是立体、多层、辐射的同心圆形式，呈现一种圈层结构③。根据不同

---

① 〔法〕弗朗索瓦·佩鲁：《经济空间：理论与应用》，《经济学季刊》，1950 年。

② 〔法〕弗朗索瓦·佩鲁：《略论增长极概念》，《经济学译丛》，1989 年。

③ G. E. Weisbrod, J.S. Reed et al., "Airport Economic Development model", *The PTRC International Transport Conference*, 1993.

产业在空港地区的分布差异，可以将空港经济区的圈层布局结构划分为 4 个圈层区[①]。每个圈层区分布着不同的产业类别，各具特色（如图 17-2 所示）。

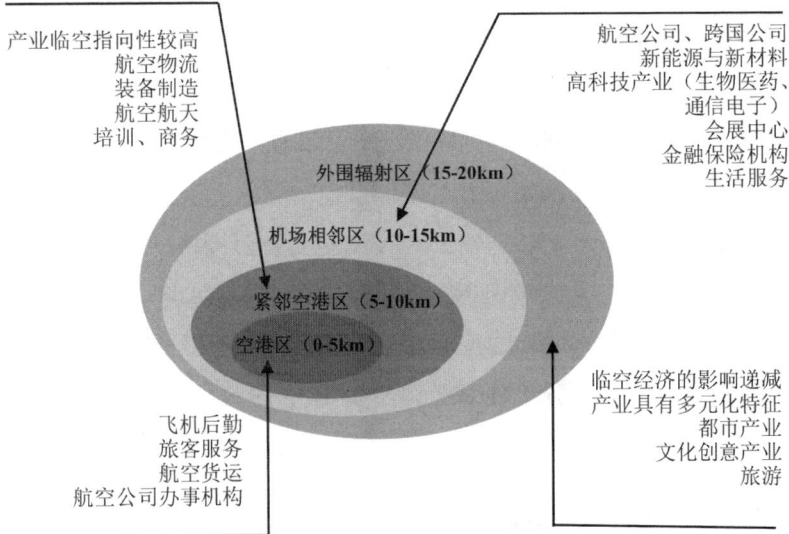

产业临空指向性较高
航空物流
装备制造
航空航天
培训、商务

航空公司、跨国公司
新能源与新材料
高科技产业（生物医药、
通信电子）
会展中心
金融保险机构
生活服务

外围辐射区（15-20km）
机场相邻区（10-15km）
紧邻空港区（5-10km）
空港区（0-5km）

飞机后勤
旅客服务
航空货运
航空公司办事机构

临空经济的影响递减
产业具有多元化特征
都市产业
文化创意产业
旅游

图 17-2 圈层结构理论空间布局

（1）空港区

该区域直接为机场提供服务，通常位于机场附近 1—5 千米范围以内，包含两大产业，一是机场基础设施，二是与航空运营相关产业。产业类型主要分为 4 种：航空运输业、航空物流业、航空服务业和航空支持性产业。这些产业主要为机场及空港经济区提供旅客服务、航空货运、物流中转和仓储、餐饮、住宿与汽车后勤、保养、维修等服务。

（2）紧邻空港区

该区域位于机场周边 5—10 千米范围内，主要是航空公司、生产制造区、商业活动区，为空港运营提供服务，产业临空指向性较高。紧邻空港区交通体系便捷，发展空间广阔，区位优势明显，促使高新技术产业、现代服务业和航空物流业在此区域聚集，增强了对周边地区的带动能力。

① 临空经济发展战略研究课题组：《临空经济理论与实践探索》，中国经济出版社，2006 年。

（3）空港相邻区

该区域是位于机场周边 10—15 千米或空港交通走廊沿线地区 15 分钟内车程的范围。空港相邻区作为空港经济的延伸和扩展，该区域主要包含两类产业：一类是满足教育、医疗、居住、金融等生活需求的产业；另一类是空港吸引产业，这些产业大部分是高科技制造业及航空关联产业链的上下游产业，为空港关联产业提供产品和服务，与空港运营并没有直接关联。

（4）外围辐射区

该区域位于机场地区 15—20 千米范围以内，主要聚集商务会展、文化创意、休闲娱乐等产业。这些产业对空港依赖程度降低，在此区域空港与城市发展相互渗透、相互融合，将机场的区位优势转化为城市化延伸的动力，形成基础设施完善、生活功能完备的有机整体。

二、空港经济区发展现状与问题

（一）空港经济区发展现状分析

近年来，中国空港经济区得到了较快发展。目前中国已经初步形成了以北京、上海、广州等枢纽机场为依托的临空经济区为中心，以成都、重庆、西安、深圳、武汉、天津、青岛等省会或重点城市的特色临空经济区为骨干，其他城市相继顺势规划发展临空经济的基本格局。

1. 空港经济区发展概况

20 世纪 90 年代，中国开始空港经济发展实践，1992 年成立的西南航空港经济开发区是国内空港经济发展最早的尝试。随着经济贸易的日益频繁，各地政府纷纷认识到空港经济的重要性，争相将发展空港经济作为促进城市经济增长的新动力，将发展航空运输、建设空港经济区作为优化产业结构、促进经济增长的重要途径。在随后的几年里，北京、上海、广州、成都等城市依托广阔的经济腹地及机场巨大的辐射优势，将空港及其周边区域规划为空港经济开发区，加大了对空港经济的投入，率先在空港经济区内聚集了一批先进制造、现代服务、航空物流、信息技术等特色产业，使得空港经济区的规划建设取得了较大进展，带动了空港经济蓬勃发展态势。

（1）空港数量不断增加

现阶段，随着中国机场属地化改革以及民航开放、准入、补贴等政策的出台，国内机场的数量和规模不断壮大。截至2020年底，中国已发布通用机场340个，比上年底净增通用机场93个，增长率37.65%；中国境内共有民用航空颁证运输机场241个，民用运输机场覆盖92%以上的地级市，航空服务覆盖全国88%的人口和93%的经济总量。

机场在全国范围内的空间分布方面（表17-1），国内已初步形成了以北京、上海、广州等一线城市空港经济区为中心，以重庆、成都、郑州、天津、深圳、武汉、杭州等省会或重点城市特色空港经济为主要支撑力量，其他城市规划发展的空港经济基本格局。

表17-1　2020年中国通用机场分布情况

地区	机场数量（个）	占全国比例（%）
全国	340	100
东北地区	102	30
华东地区	77	22
华北地区	51	15
中南地区	56	17
西南地区	23	7
西北地区	17	5
新疆	14	4

数据来源：《2020年民航行业发展统计公报》。

中国通用机场数量快速增长的同时，总体布局呈现出不均衡的现象，现有通用机场主要分布在中东部地区，其中有的城市密集地分布有多个不同所有权、不同功能属性的通用机场。由于国内大型枢纽机场数量的增加，机场自身功能不断提升，空港产业也在发展壮大，空港经济迅速发展，空港经济区规模也在逐渐扩大，空港布局范围进一步扩张，对周边城镇经济发展的带动效益和辐射效应也逐步增强。

（2）试点示范促进产业集聚

民航局出台的《民航局关于加强民用运输机场总体规划工作的指导意见》明确指出，将构建机场总体规划与国土空间规划、综合交通规划、城镇化发展相适应的格局。根据总体目标，到 2035 年，机场总体规划将成为各机场可持续发展的重要指南，"四型机场"高标杆成为普遍形态，为 2050 年建成全方位的民航强国奠定坚实基础。选择若干条件成熟的空港经济区开展试点示范，有利于发挥比较优势、挖掘内需增长潜力、促进产业升级、增强辐射带动作用，对于促进民航业发展、优化中国经济发展格局、全方位深化对外开放、加快转变经济发展方式具有十分重要的意义。

（3）航空指向性产业占据主导

航空指向性产业在空间上的集中能够降低企业的生产成本、交易成本、信息搜索成本、增加企业间的交流与合作，提高该区域的规模效益、整体效益，从而获得更多经济效益，提升整个产业群的市场竞争优势。

在现实发展中，各城市空港发展概况、地理区位、产业基础、经济发展水平均有不同，则空港经济区的发展也存在着差异，各有特色。各地区根据当地经济发展状况、产业基础条件，因地制宜，充分发挥其优势产业，培养特色产业，纷纷打造了具有竞争力的现代航空产业体系。国内部分空港经济区的产业类型如表 17-2 所示。

表 17-2　国内部分空港经济区产业类型

序号	空港经济区	产业状况
1	顺义临空经济区	航空物流、汽车生产、现代制造、现代服务业、高新技术、商务会展、金融、办公
2	浦东国际航空城	航空物流、航空制造、航空培训、高端商务、现代服务业、金融、旅游、办公
3	虹桥临空经济园区	航空物流、信息服务业、现代物流业、现代服务业、金融、大宗商品平台交易服务业、高新技术、商务会展
4	广州空港经济区	航空物流、航空维修与制造、融资租赁、商务会展、高端制造业、跨境电商
5	重庆空港新城	航空物流、商务会展、休闲旅游、高端服务业、高新技术、生物医药、电子信息、文化创意
6	双流临空经济区	航空物流、高新技术、综合服务、电子信息、高端制造业、商务贸易
7	郑州航空港经济综合试验区	航空物流、高新技术、航空维修及制造、生物医药、电子信息、商务会展、电子商务、航空金融、高端商贸
8	天津空港经济区	航空物流、高新技术、装备制造、信息技术、大众消费品、生物医药、现代服务业
9	宝安空港新城	航空物流、高端制造业、休闲旅游、高新技术、商务会展、现代服务业
10	杭州空港新城	航空物流、高新技术、跨境电商、生态农业、休闲旅游、商务会展、金融贸易

数据来源：各空港经济区网站及中国空港经济区（空港城市）发展报告。

2. 空港经济区发展特点

（1）城市经济新的增长点

当一个城市拥有较强的综合实力，产生巨大的货物运输和中转需求后，会形成对空运市场的需求。机场在地区发展中的作用日趋重要，每年100万航空旅客运输量会产生1.3亿美元的经济收益，增加约2500个就业岗位，机场规模越大，对地区经济的贡献也越大[1]。因此，空港经济区将吸引大量的人力、

---

[1]　孟津竹：《哈尔滨临空经济区空间规划对策研究》，哈尔滨工业大学硕士论文，2012年。

资金和技术资源及与航空相关联的企业在机场周围聚集，形成具有航空特色的产业集群，成为带动区域经济发展的主要动力，同时大型航空枢纽也潜移默化地影响着整个城市，国内一些机场地区的经济增长已超过了城市经济的增长。

根据相关数据统计，国内机场所在地区 GDP 的增长速度普遍要高于整个城市的速度，机场成为城市经济发展的重要部分并发挥着举足轻重的作用。国内空港经济区的建设是城市经济增长的新契机，空港经济区的经济带动作用明显，为腹地城市的经济贡献程度也在不断提升，对城市经济的贡献越来越大。

（2）区域中心城市发展优势明显

目前中国各地空港经济区发展水平不平衡，其中上海、北京、广州等地空港经济区起步早，发展水平较高，现如今已发展为功能完备、环境和谐的城市示范区，集商务会展、休闲娱乐等多功能于一体。天津、杭州、郑州、重庆、青岛、南宁、长沙等地的空港经济区不断快速发展，政府部门着手规划布局了多个空港产业园区，引进多家空港型企业，促进机场地区产业结构升级优化。但中国的空港经济区低端和传统产业居多，第二、三产业基础薄弱，集聚效应低，缺乏具有空港型的支柱产业，面临融资和招商困难。

（3）开发管理模式多样化

空港经济的发展受到航空城管理模式的影响，一个合理有效的管理模式能够调动机场地区各个部门的积极性，形成发展合力。目前中国空港经济区的管理体制模式大致可以分为三种："一区多园＋开发公司""管委会＋行政辖区""政府＋机场集团"。

①一区多园＋开发公司

航空城是由多个临空产业园区在发展成型后统一整合而成，各个产业园区均设置自己的管理机构，最终会统一于所在地区政府的领导。在实施运营方面，成立开发总公司进行开发建设，招商引资。武汉临空经济区、顺义临空经济区采取该种模式。

②管委会＋行政辖区

该模式一般应用在依托新建机场而建设的空港经济区中，机场建设初期划定空港经济区范围，成立空港经济区管理机构，配合机场建设和外围基础设施建设，并独立行使行政管辖权。广州空港经济区采取该种模式。

③政府＋机场集团

该模式是机场所在地的区政府和机场集团共同出资建设空港经济区的基础设施，有利于解决机场与航空城的用地矛盾，带动机场周边区域的经济发展。重庆空港新城、长沙临空经济区采取该种模式。

（二）空港经济区的空间布局模式

从空港经济区自身产业规划布局来看，其理想状态呈现出一种同心圆式的产业空间布局模式。而在实际的空港经济区发展中，由于自身区位条件及周边区域空间的影响，往往形成不同的空间形态结构。将空港经济区的空间拓展和城市的空间发展进行联系，可以总结出以下五种模式。

1. 空间融合互动模式

这类空港经济区一般位于城市近郊，距离城市主城区边界的距离在 5 千米以内，因此与城市主城区空间的互动交流比较密切，空港经济区的发展程度较高，可以有效地带动城市边缘区域、乡镇的产业空间发展。

例如，虹桥临空经济区紧邻上海主城区西侧，其空港经济区成为城市西部的空间核心，促进城市"一城两翼"空间格局的形成。随着近几年虹桥商务区的不断发展，其周边区域的城镇化建设，带动青浦、嘉定、闵行等地的产业发展，形成一个更大范围的空港经济空间格局。

2. 线性联动模式

这类空港经济区一般距离城市主城区距离适中，与城市之间有着良好的交通联系，由于地形或者交通条件的影响，在一定范围内的其他方向上没有与之产生强烈互动的城市空间组团，因此与城市主城区间形成一种两极联动空间上的点－轴开发模式。

例如，荷兰史基辅机场，自身依托大量的客货运输聚集机场服务产业，形成核心增长极，沿着通往城市中心的交通要道聚集大量临空关联产业，形成了一条城市商务服务轴线和一条城市物流、高科技轴线。

3. 新增长极模式

这类空港经济区在发展过程中逐渐在两个增长极中间出现第三增长极参与的空间互动模式。通常有两种情况：一种是第三增长极在临空经济区与主城区互动开始阶段就已经出现；另一种情况是第三增长极在主城区与空港经济区互动发展到一定阶段才出现。

例如，杭州萧山空港经济区，虽然与杭州市主城区联系不便，但由于杭州"一江两岸"的空间发展格局，使得主城区—新城区—空港经济区形成一个紧密联系发展轴带，空间上拉近了彼此之间的距离，形成江南新城区为第三增长极的空港经济区域互动模式。

4. 星型放射模式

这类空港经济区一般位于城市远郊，处于人口规模、经济实力接近城市或城市新城所围合区域的核心位置，由多个方向的交通建立之间联系，形成了较为明显的多方向的星形放射互动空间模式。

例如，广东揭阳临空经济区，在潮汕区域经济一体化发展的要求下，围绕揭阳机场，临空产业沿着经过空港地区连接三个城市的交通要道布局，形成了星型放射式空间格局。

5. 组团协作模式

这类空港经济区所在的城市一般由于地形和生态资源环境保护限制，主要采取组团式扩展的空间发展策略。空港经济区的空间扩展和城市整体空间发展模式对接，在空间扩展的过程中优先考虑生态保育和土地资源的限制，形成和城市其他组团功能上相互协作、生态格局互动发展的模式。

例如，深圳宝安国际机场，采取组团协作模式进行空间布局，一方面可以增加服务利用效率，另一方面也使得临空经济区与带型分布的各组团间联系更加紧密。深圳市城市空间布局适应这一结构发展临空经济组团，凭借区域空间战略区位性优势，推动前海成为第二城市中心。

（三）空港经济区面临的问题

1. 空港经济区缺乏统一规划

目前中国大多数机场在进行开发建设时，缺乏对空港、临空产业和空港经济区的统一规划，难以实现三者的协调发展。在产业遴选方面，政府或者开发区管委会（或开发公司）缺乏足够的认识，没有形成明确的具有针对性的主导产业遴选模式，对主导产业发展定位认识不到位，空港型产业缺乏政策支撑，主要还是以发展传统产业为主，产业效益较低，机场地区土地稀缺性和产业结构低端性矛盾凸现。同时机场地区的空间布局没有详尽的规划指导，因此各个产业园区之间缺乏有效的协调机制，存在资源重叠和浪费。机场地区内存在政府、企业、海关等多个利益主体，相互之间协调沟通机制不畅通，协调困难。国内空港经济区的开发建设以及后续的发展过程中，应该制定完善的规划和指导，这在一定程度有利于促进空港经济区的建设发展进程。

2. 空港经济区产业关联性弱

随着空港产业的不断壮大，以航空为纽带，以高新技术、高端制造、空港物流、商务会展等为基础的临空产业网正逐步形成，但从产业集聚效益来看，产业之间联系紧密程度不高。各临空产业之间与航空运输虽有一定联系，但实现产业联动发展的机制尚未建立，产业做大做强基础不牢，整体提升效益不明显。虽然空港经济区内的企业数量和种类日益增加，但多数企业在空港经济区内没有配套的原材料、零部件生产加工基地，使得生产成本居高不下，难以形成产业集群并构建完整的产业链，从而降低了空港经济区的竞争优势。这也大大降低了区内企业参与区域经济合作的可能性，不利于促进产业互动，振兴区域经济。

3. 城市功能配套不完善

部分机场地区在发展空港经济时，仅仅注重产业效益，而忽视了城市功能配套。机场周围分布着大量的物流园区、产业园区，但城市配套设施的建设却滞后于工业的发展，造成了典型的"产城分离"的发展现状，这些问题也不利于机场地区的产业结构和升级。

例如在交通配套设施方面，国内许多机场综合交通配套程度较低，对外交通方式较为单一，尽管政府越来越重视机场与城市中心之间的交通衔接，但仍然不能满足日益增长的出行需求。这样造成了旅客乘机难、换乘难，付出了更多的时间和金钱成本，不利于人流的聚集。

三、空港经济区对新型城镇化发展的影响

新型城镇化建设作为转变经济发展方式、加快推进社会主义现代化的重要战略举措，有助于提高经济发展质量，推动城市可持续发展。在全球化浪潮中，工业化和城镇化进程不断加快，城市发展与资源环境之间的矛盾逐渐突出。为解决城市发展中面临的环境恶化、资源耗竭、城乡差距等问题，世界各国纷纷探索城市发展的新路径。空港经济区以及空港新城有可能发展为新兴城镇的重要组成区域，为加快新型城镇化建设、促进城市发展做出重要贡献。

（一）促进产业集聚，带动经济发展

1.空港经济区促进产业集聚

在全球一体化进程不断加快的背景下，空港作为交通运输体系中重要组成部分，使得劳动力、资本、技术等生产要素及航空指向性产业在机场周边地区聚集。航空业的发展改变了全球采购、运输和销售模式，区域经济对机场的依赖程度正在逐渐提高。借助机场的产业聚集和空间辐射优势，"空港经济"这一新型经济形态应运而生。

近几年来，随着空港经济的蓬勃发展，机场规模不断扩大，机场及周边地区对生产要素的吸附能力不断增强，产业集聚规模逐渐增大。一些依赖于机场的产业逐渐在机场与城市之间的空白区域兴起，这些产业构成了空港与城市相互渗透、相互融合的基础。空港经济以机场为依托，吸引了众多信息技术产业、高新技术产业、现代服务业和航空物流业在机场及周边地区聚集，并形成

产业集群，对城市和区域经济有着强有力的带动作用和辐射效应。空港经济作为新型经济形态，已逐渐成为促进经济增长、推动社会进步、加快城镇化建设、助推城市发展的新动力和新引擎。空港与城市发展的逐渐融合，促进了空港经济区的城市功能不断完善，降低了对中心城区的依赖程度，其在区域城镇体系建设中的地位也在不断上升。

2. 产业集聚带动人口聚集

现代化大型机场的建设通常选址在距离中心城市一定距离的郊区，大规模的开发建设伴随着机场的运营接踵而来，使得近邻空港的郊区成为区域开发中最活跃的地区和经济发展的增长极。

机场建设征用了大量的土地用于发展第二产业和第三产业，机场附近的农村劳动力可以通过多种途径向第二、三产业转移。例如，一部分可以参与到园艺农业和生态农业等需要精耕细作、劳动力密集度较高的新农业中去，实现农业内部转移；一部分可以向城镇转移，由临空经济区及周边卫星城镇所吸纳；其余的可以在市场利益驱动和政府部门引导下，实现剩余劳动力向区域外转移，如劳务输出等，这有利于促进地区城市化水平的提高。

3. 带动城市基础设施建设

重视大型枢纽机场的建设也带动了周边的基础设施日益完善。

从空港经济区与城市发展互动的角度看，空港经济区作为一个载体促进机场及周边区域在空间、产业、交通、服务等方面的有效融合，生产和服务水平的程度不断提高，城市的职能趋于综合性。空港经济区作为社会经济发展的重要组成部分，其对城市经济有着较强的推动作用，未来将会成为促进社会经济增长、加快城镇化建设、助推城市发展的新动力。

空港经济区建设能够积极推进城乡要素平等交换，进一步提高城市功能、综合承载能力及拓展城市框架，不断完善基础设施建设及公共服务体制。空港经济区的发展能够进一步优化交通线网布局，促进城市轨道交通及城际高铁的建设，形成高效快速的立体公共交通体系，缓解区域交通压力，为进一步拓展城市的发展空间提供了可能性，也为不断提升城市功能、提高城镇居民的生活质量提供了基础和保障。

（二）优化城镇空间布局

1. 空港经济区优化产业发展空间

机场周边地区临空产业发展迅速，临空经济与空港新城经济发展叠加，在经济发展速度、人口增长、城市化水平等方面明显高于相邻地区。机场和临空产业的发展，直接推动地区城市化进程，机场周边地区由于其交通便利的特殊区位条件，在城市总体规划中会被优先提及并配套相关资源。

临空经济由发展阶段逐步走向成熟阶段的过程中，将对产业布局产生深远影响，有效带动产业空间的发展。机场和临空产业的发展，直接推动地区城市化进程。空港工业区所在地周边会建设娱乐休闲、生态走廊等设施，与空港城建设相结合，有利于城市新区产业发展的多元化，形成完整的生产生活服务产业配套。

2. 空港新城拓展城市发展空间

城镇化飞速发展，农村人口不断涌入城镇，只有合理的城镇空间结构才具有承载大量人口生存发展的能力。由于飞机噪音、机场净空要求等因素的影响，机场地区的开发通常会选择距离市中心较远的郊区进行，然而开发新的城镇空间同时意味着将农村土地向城镇土地转化。随着新区域的不断开发，城镇经济不断发展，越来越多的相关企业加入集聚区，土地利用也更加合理，在城镇空间布局上得到进一步优化。

空港工业区、空港物流基地是依托航空港发展产业，并推动地区城市化，形成空港城的典型实例。新城、小城镇及产业园区的建设，进一步促进城镇功能提升，提高基础设施建设速度，优化城镇空间格局，促进新型城镇化的发展。随着城市化进程的不断加剧，以中心城市为核心的城市群的发展呈现多中心网络化的趋势，空港经济区在这种网络化的趋势中会发挥区位优势和增长极效应。凭借机场设施的不断扩建发展、临空关联产业集群的建立、周边地区区域性基础设施的完善，空港经济区会逐渐成为促进城市群区域产业和空间融合的关键性节点。

四、推进空港经济区建设对策建议

（一）空港经济区发展原则

1. 坚持以人为本的发展

新型城镇化本质上是人的城镇化，发展经济需要"人"，而经济发展也是为了"人"，所以空港新城的规划建设要贯穿以人为本的原则。以人的发展为核心建设空港经济区，要把握好空港经济区建设的本质及人与环境的关系，实现人与自然生态环境协调发展。空港新城的规划要从人的角度规划所需要的居住用地、商业生活用地以及公共服务设施，在空港经济区的建设和发展过程中，在空港开发和土地的征迁、人员安置上，要做到对待空港原住民和新住民一视同仁，从拆迁户的角度考虑问题，做到以人为本、公平公正，保证空港新城的和谐稳定发展。

2. 坚持绿色可持续发展

空港经济区的发展要坚持绿色可持续的原则，注重经济、文化、社会、环境等各方面的协调。将空港经济区的发展与生态文明建设相结合，注重提高空港经济区建设质量，走高效集约的发展之路，在建设中应留有生态公共绿地，形成临空经济区与城市生态空间格局的对接，打造绿色、生态、宜居的空港新城。

3. 坚持一体化协调发展

空港与城市的建设有机结合密不可分，空港经济区要与周边的乡镇本着一体化的目标，坚持统筹发展的原则。空港经济区是城市未来经济发展的增长点，而城市为空港经济区的发展提供重要的支撑条件，只有两者有机结合并协调发展，才能完善空港职能，助推城市进一步发展和繁荣。在空港经济区开发过程中，要和所在城市的建设进行一体化考量，包括产业、功能、空间和交通等方面。由于空港经济区一般位于城市郊区，其开发建设必然和周边的乡镇用地、居民和产业发生关系，要充分挖掘乡镇的资源优势和特色，有针对性地使空港经济区与周边乡镇形成一种协调合作发展关系，达到优势互补。

（二）空港经济区规划建设的对策

1. 发展地域特色的空港产业

（1）完善配套设施

机场与周边区域联系十分密切，机场发展与区域发展相互依存、相互促进。在开发建设空港周边区域时，应该进一步加强基础设施以及配套设施建设。加大基础设施建设与机场运营的合作力度，鼓励航空公司发展第二、第三产业，在土地使用和空间布局等层面给予一定支持和相关优惠政策，以保证空港新城能够科学合理的发展。对机场的治安秩序进行维护和整顿，以保证空港新城公共空间的安全有序，为空港产业、空港新城的发展创造良好环境。

（2）借鉴国内外空港经济发展经验，因地制宜

临空经济经过一段时间的发展后，各种资源和信息向航空城集聚，空港经济区逐步形成特色产业集聚区。空港经济区的设计规划，建议借鉴国内外航空城建设的成功经验，结合各地区的区位特点、经济结构、自然资源等因素，挖掘地域文化和航空产业相融合的特色，明确定位，高点布局。

空港经济区发展的过程中，一要注意临空产业的选择要考虑临空关联程度和发展潜力，不是所有的城市产业转移都照单全收；二要站在动态的视角看待临空经济区发展，遵循城市制定的其他相关规划的要求，对土地开发强度进行统筹考虑。本着空港经济区向空港新城发展的方向，不将功能单一的产业布置过多，尽量使得空港周边地区承载多种功能。根据产业链的联系，发展推进型产业的产业链集群，吸引其上下游企业在临空经济区附近集中，形成多元化、集约化和产业化的规模经济形态。充分利用空港产业的资源竞争优势，优化产业结构布局，形成具有空港特色优势的产业格局，从而促进空港经济区产业环境的完善和产业结构的优化。

在未来的发展过程中，机场地区应该更加重视加快空港经济核心区的持

续发展，在产业推进方面，应重视现代服务业的整体水平提升，以适应未来的发展形势。

2. 推动空港产业升级

机场在噪音、净空等方面的要求又为第一产业的发展创造了有利条件；为了满足飞机维修保养等方面的要求及充分发挥货运和仓储的功能，必须在空港附近发展一定的现代制造业。因此，空港经济区在选择临空产业时，既要注重第三产业，也要选择第一、二产业，做到"一、二、三"产业并举，有序、有重点地发展。

空港经济区在开发的早期阶段，第一产业比例较重，农业人口多，产业结构调整对该地区的经济发展具有重要意义。根据空港经济区的交通优势，第一产业应以发展现代园艺农业、生态农业为支撑点，走农业产业化道路，提高农业生产专业化、市场化、现代化水平。

临空经济区的第二产业应发展与高新技术联系紧密的产业，主要包括附加值高、污染少的高新技术制造业和深加工业，并促进企业自身技术创新和区内科研机构的建立。在空港经济的发展初期，靠近机场区域内的产业主要集中在地方传统产业上。随着航空运输业的发展，现代化的高端产业逐渐向机场附近聚集，与机场之间的联系越来越紧密，能够充分利用航空运输的便捷性，形成资源聚集优势。

空港的建设和发展要求相应的社会配套服务体系的完备，因此空港经济区发展第三产业是必然的要求，重点推动商贸业、仓储业等生产性服务业的发展，以及总部经济、商务会展、航空展示等高端服务业。通过高端服务业的发展，促进机场地区的临空产业升级，扩大临空产业的整体规模，形成包含高新技术产业和现代服务业并驾齐驱的临空产业链。增加机场地区的流动人口和就业人口，从而带动城市化建设，促进城市功能完善。

3. 建设高铁与空港联合枢纽

交通枢纽是一种或多种运输方式的交叉与衔接之处，共同办理客货的中转、发送、到达所需的多种运输设施的综合体。推进机场与城市之间的基础交通线路的建设，提升机场与城市的交通联系，审视现有路网结构，在原有道路网基础上，加强以机场为中心的高等级道路的配置，充分考虑机场范围与外围干道系统的衔接，并优化整个区域的道路网系统，为客、货运提供良好的交通条件。

积极推进城际铁路，如城际铁路线的引入，增加机场地区的便利性，为机场吸引更加多的客源以及促进临空产业入驻。现在国际上的大型机场普遍拥有轨道交通，而高速铁路作为轨道交通的一种也逐步被应用于机场，以扩大机场的辐射面和快速大量且稳定的运送旅客。早在 1927 年，德国工程师就把铁路（当时只有普通铁路）修进了柏林滕珀尔霍夫机场，大型机场作为综合交通枢纽的趋势在当时就已经取得了成功。

国际上法兰克福、巴黎、阿姆斯特丹等都有接入高铁网，其中法兰克福机场高铁运送的旅客占该机场年吞吐量的 10%。法兰克福机场标志性的 The Squaire 大楼就建在高铁站上方，建筑面积约 14 万平方米，这一大型综合体布局有办公空间、两间希尔顿酒店、商务和会议中心，以及专为这里的工作人员提供的基础设施等，提供包括餐厅、商店、医院、健身场所等各种范围的服务。

国内区域中心城市可以借鉴国外经验建立大型综合交通枢纽，将高铁站和机场设在一起，增大机场的辐射范围，快速疏散机场的客流。根据各地区总体发展规划的要求和总体发展战略，与区域经济发展的实际需求相结合，在可持续发展战略指导的前提下，制定高铁、机场融合发展的规划标准，正确发挥综合交通枢纽的带动作用，推进空港新城和新型城镇化的协同促进。

4. 推动实施"港产城"融合发展战略

"港产城"融合发展是指空港、临空产业以及航空城三者之间相互作用、相互影响，使得机场地区最终成为集交通功能、产业功能以及城市功能于一体的城市副中心，是城市未来拓展空间、促进产业发展的重要战场，也是推进城乡一体化、打造城市经济新增长极的突破口。

在港产城复合系统中，空港属于城市的重大基础设施，是临空经济的发动机，对临空指向型产业具有强大的吸引力。通过直接和间接、诱发和催化等作用，影响并带动区域经济发展，带动周边土地升值。

　　港产城融合开发建设应坚持以空港带产业，以产业兴城市，带动临空产业及人口向机场周边发展集聚。这需要政府相关部门发挥引导作用并制定相关的激励政策，高水平规划布局空港新城综合体，统筹规划地上地下空间，建设功能齐全的市政公用基础服务设施，促进人口集聚，创新推进"港产城"协调共融发展，打造现代化城市新城。营造宜业、宜居、宜商的人居环境，注重城区生态空间和景观打造，为空港建设、产业发展提供服务支撑。构建智能交通、智慧社区等信息应用系统，促进产业与居住功能、公共服务、休闲娱乐等方面的衔接配套，满足现代化、国际化的生产生活需求。

第十八章

PPP 与新型城镇化

孙艳艳

城镇化是一个庞大的系统，新型城镇化建设的内容则更为全面，其发展需要考虑人口的转移，土地、水等自然资源的使用情况和利用效率，产业发展、就业机会与经济的可持续增长，环境保护，社会公平与公正和空间结构的合理性等。在新型城镇化推进过程中，不仅需要大量资金，还需要专业化的建设运营以及社会的广泛参与，而不能仅仅依靠政府推动。大量实践证明，PPP (Public Private Partnership) 模式作为政府与市场合作的方式，可以有效提升基础设施和公共服务提供的质量和效率，在促进全球城镇化发展中发挥了一定的推动作用。因此，有必要深入研究 PPP 与城镇化的关系、PPP 促进新型城镇化发展的机制、PPP 对新型城镇化发展的实践，以及如何更好地发挥 PPP 对新型城镇化的促进作用。

一、PPP 助推城镇化发展

（一）PPP 的概念与运作

PPP 是政府部门（Public）与私营部门（Private）之间为提供公共产品和公共服务建立相关协议，形成"利益共享、风险共担、全程合作"合作伙伴关系（Partnership）。PPP 有广义和狭义之分，广义 PPP 是指政府和私人部门为提供公共产品和服务建立的各种合作关系，且政府基本不参与项目的实际开发和运作；狭义 PPP 是指项目所在地政府与私人投资者合作，建立一个项目公司，政府和私人部门参与项目开发整个过程、政府也可能有资本金投入，双方通过建立契约协议、签署合同实现风险共担、利益共享的合作伙伴关系。狭义 PPP 更强调合作过程中的风险分担机制和项目的衡量值（Value For Money，也称"资金价值"）原则。

从世界范围来看，由于各个国家对 PPP 定义不同，PPP 模式的认定标准也存在显著差异（表 18-1）。一方面，同一模式在有些国家被视为 PPP，在其他国家却被归为传统采购模式。如联合国培训研究院狭义 PPP 认为，世界银行 PPP 分类中的外包、租赁和剥离不属于 PPP 范畴。孟加拉国 PPP 办公室的指导材料中提到，PPP 不包括公共服务某种职能的简单外包以及"交钥匙"建造合同，这两种模式应该被视为传统采购项目。另一方面，一些研究者和官方文件对 PPP 与私有化进行了区分。例如，穆迪认为，如果公共部门在整个合同期间都保留设施的所有权，那么这种模式（例如 BOO）并不属于 PPP。

一般来说，PPP 成功运作需要的要素至少包括以开展公共设施建设和提供公共服务为目的、私营部门参与、支付回报和风险分担。在一个典型的 PPP 结构中（图 18-1），首先，政府特定部门根据需求进行招标。每个竞标者一般是由几个公司（如建筑公司、私募基金、物业管理公司等）组成的一个承包联合体。政府与中标者签订长期合同，期限通常在 25—30 年左右，最长的可达

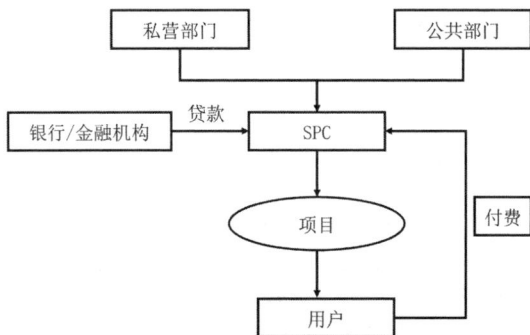

图 18-1　PPP 的典型模式

表 18-1　PPP 的定义与类型

机构	定义	PPP 类型
世界银行	广义 PPP：政府部门与私人部门之间就公共品或公共服务的提供而签订的长期合同。在此合同下，私人部门承担一定的风险和管理职能，其报酬与业绩挂钩	1）服务外包；2）管理外包；3）租赁；4）特许经营；5）建设—经营—转让；6）建设—拥有—经营；7）剥离
亚洲开发银行	为开展基础设施和提供其他服务，公共部门和私营部门之间可能建立的一系列合作伙伴关系	
联合国培训研究院	狭义 PPP：认为世界银行 PPP 分类中的外包、租赁和剥离不属于 PPP 范畴	1）特许经营；2）建设—经营—转让；3）建设—拥有—经营
中国财政部	在基础设施及公共服务领域建立的一种长期合作关系。通常模式是由社会资本承担设计、建设、运营、维护基础设施的大部分工作，并通过"使用者付费"及必要的"政府付费"获得合理投资回报；政府部门负责基础设施及公共服务价格和质量监管，以保证公共利益最大化	1）委托运营;2）管理合同;3）建设—运营—移交；4）建设—拥有—运营；5）转让—运营—移交；6）改建—运营—移交；7）建设—拥有—运营—移交等模式
英国财政部	一种以公共部门和私人部门相互合作为主要特征的安排。从最广义的层面看，PPP 可以包括从公共部门独立运作到私人部门独立运作之间的各种合作执行政策、提供服务和建造基础设施的方式	
加拿大委员会	公私部门之间基于各自的专长而建立的风险合作关系。它通过资源、风险和收益的适当分配，更好地满足事先界定好的公共需求	1）捐赠协议；2）经营和维护；3）设计—建设；4）设计—建设—主要维护；5）设计—建设—经营（超级交钥匙）6）租赁—开发—经营；7）建设—租赁—经营—转让；8）建设—转让—经营；9）建设—拥有—转让；10）建设—拥有—经营—转让；11）建设—拥有—经营；12）购买—建设—经营
欧盟委员会	公共部门和私人部门之间的一种伙伴关系，旨在合作建造传统上应由公共部门建造的项目或提供传统上应由公共部门提供的服务。它承认双方都有某种优势，通过使双方各自从事自己最擅长的工作，公共服务和基础设施便得以以最有效的方式提供	1）服务外包，其中租赁业属于私人承包类，委托运营和租赁与上面两种分类不同；2）建设—经营—转让，有时也指全承包或"交钥匙"；3）转让，剥离，其中转让包括设计—建设—融资—经营—转让、建设—拥有—运营—移交—转让等，剥离包括建设—拥有—转让等。

99 年。其次，中标的联合体成员企业分别出一部分资金设立一个特殊目的载体（Special Purpose Vehicle，SPV）作为项目公司。第三，由于工程规模巨大，项目公司通常会进行债务融资，而融资来源包括银行体系和资本市场。

（二）PPP 是公共产品和公共服务提供的重要方式

PPP 在提供公共产品和公共服务方面发挥着重要的作用。城镇化是人口向城市不断集聚的过程，城镇化发展中投资不可缺少，政府需筹集足够的资金用于城市建设，以满足不断增加的城市人口需要，城镇基础设施及城镇基本服务两方面均需要资金投入（巴顿，1984）。PPP 产生的原因是为了解决城市发展中的资金不足问题。1992 年英国提出的 PFI（民间主动融资）计划使得私人部门可以参与到交通设施和公共服务领域，解决公共服务提供效率等问题，标志着现代意义上 PPP 的出现。此后，PPP 快速发展，不仅形成了欧洲、亚洲与澳大利亚、拉美与加勒比、美国与加拿大在内的前五大投资市场[1]，和包括加拿大、美国、法国、比荷卢经济联盟和英国在内的全球最活跃的五大 PPP 市场[2]，也在中低收入国家取得了快速发展[3]。

英国是 PPP 成熟度较高的市场之一。英国政府发布的 NIP（国家基础设施规划），涉及 2020 年及更远期、金额超过 4660 亿英镑共 550 个基础设施项目，其中能源和交通领域项目分别为 2750 亿英镑和 1400 亿英镑。该计划 65% 均来自私人部门投资，另外，20% 由公共财政进行投资、15% 由公共和私人部门共同投资[4]。

PPP 是中低收入国家资金、公共产品提供、基础设施建设的重要来源，中低收入国家 PPP 在 PPI（私人参与基础设施）中保持了较大比重，近年来更是

---

① 按照 1985 年至 2011 年期间的名义总投资计算。

② 2012 年 Partnerships Bulletin 和德勤对 70 多家国际领先的 PPP 企业进行调查的结果显示。

③ 根据世界银行 PPI 项目数据库统计的中低收入国家的基础设施行业私人参与数据分析得到。

④ 资料来源：http://gb.mofcom.gov.cn/article/k/201609/20160901392397.shtml。

超过了 90%（图 18-2）①。从总量上来看，1990—2017 年，中低收入国家 PPP 取得快速发展，共实施了 5847 项 PPP 项目，总投资 14 325.7 亿美元。1990—2012 年间，PPP 项目整体呈现增长的趋势，由 1990 年的 40 项增长到 2012 年的 638 项，增长了 1495%。2013—2016 年，PPP 项目有所减少，但整体保持了较高水平（图 18-3）。

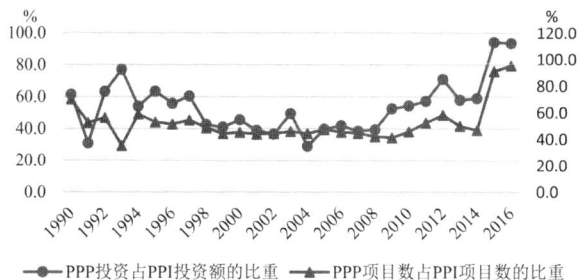

图 18-2　中低收入国家 PPP 投资额、项目数占 PPI 投资额、项目数的比重
（1990—2016 年）

资料来源：世界银行 PPI 数据库，1991—2017 年。

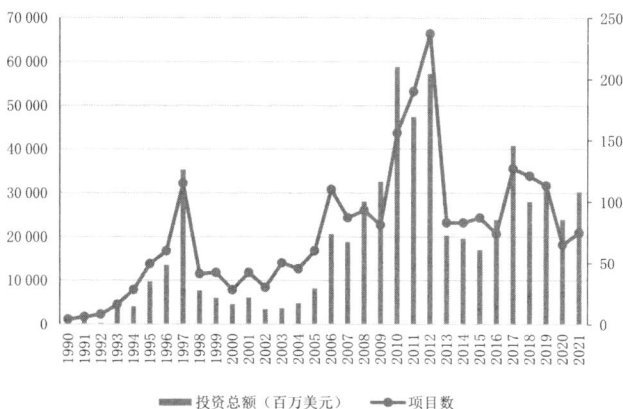

图 18-3　中低收入国家 PPP 投资额和项目数（1990—2016 年）

资料来源：世界银行 PPI 数据库，1991—2017 年。

---

① 根据世界银行 PPI 项目数据库统计的中低收入国家的基础设施行业私人参与数据分析得到。

从建设项目来看，中低收入国家 PPP 广泛应用于公路、铁路、机场、港口等交通设施建设。主要包括能源、电力、天然气、信息通信技术、交通基础设施、给排水系统七个方面（图 18-4），1990—2017 年全球 PPP 的投资总额从大到小的顺序为电力、道路、机场、港口、给排水、天然气、信息通信技术，项目总数按照从大到小的排序为电力、给排水、道路、港口、天然气、机场、信息通信技术。

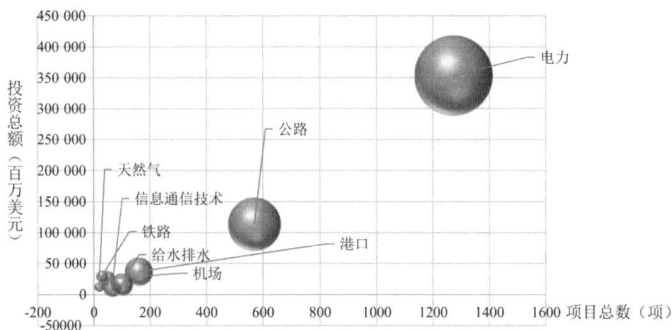

图 18-4　中低收入国家 PPP 各领域投资总额和项目总数（1990—2017 年）

资料来源：世界银行 PPI 数据库，1991—2018 年。

（三）PPP 助推中国新型城镇化发展

1. 提供资金支持，促进城镇化建设

新型城镇化伴随着人口在城市的集聚化趋势。2010—2030 年，中国城镇人口将从 6.3 亿人增加到 9.9 亿人，占全球新增城镇人口的 1/4。人口规模超过 500 万的城市数量将从 14 个增加到 32 个，占全球 500 万人口以上城市总数的 40%[①]。人口集聚过程对基础设施、教育、医疗、养老等提出了更多需求，由此带来的投资需求约为 42 万亿元。

中国城镇化建设中的项目最低资本金一般在 20%—25%，其余依靠外部

---

① 麦肯锡在 2012 年《城市化的世界：城市与消费阶层的崛起》报告中指出。

融资解决，以银行信贷为主。各类项目的资本金比例是：城市轨道交通项目20%，港口、沿海及内河航运、机场项目25%，铁路、公路项目20%，保障性住房和普通商品住房项目20%，城市地下综合管廊、城市停车场项目以及经国务院批准的核电站等重大建设项目可以在规定最低资本金比例基础上适当降低。在资本金当中，政府的比例一般低于50%，这意味着在项目的总投资额中，政府的出资比例一般低于12.5%，很多时候政府的出资比例仅为5%—10%。

截至2017年8月，中国PPP综合信息平台项目平台入库项目14 165个，总投资额17.6万亿元。从各省的发展情况看（表18-2），PPP投资额前三的省份依次为贵州（17 282.56万元）、新疆（13 681.51万元）、四川（13 595.91万元），河南、云南、山东、江苏、内蒙古、湖南等省份的投资额也较大。相比之下，深圳（15.82万元）、上海（30.25万元）、西藏（119.92万元）、山西（1144.59万元）、天津（1149.57万元）、青海（1251.02）、海南（1576.2）等地区的PPP投资额较小。

表18-2　中国各省PPP投资额排名情况（2017年）

排名（按投资金额）	地区	投资总额（万元）	排名（按投资金额）	地区	投资总额（万元）
1	贵州	17 282.56	17	广东	2942.01
2	新疆	13 681.51	18	北京	2695.99
3	四川	13 595.91	19	安徽	2577.24
4	河南	13 458.66	20	重庆	2399.24
5	云南	12 927.33	21	江西	2364.06
6	山东	10 203.87	22	广西	2352.72
7	江苏	9668.76	23	黑龙江	2317.99
8	内蒙古	8902.03	24	宁夏	2314.90
9	湖南	8869.62	25	吉林	2299.69
10	河北	7502.74	26	海南	1576.20
11	甘肃	5584.56	27	青海	1251.02

续表

排名 （按投资金额）	地区	投资总额 （万元）	排名 （按投资金额）	地区	投资总额 （万元）
12	浙江	5440.84	28	天津	1149.57
13	陕西	5111.49	29	山西	1144.59
14	湖北	4184.37	30	西藏	119.92
15	辽宁	3781.00	31	上海	30.25
16	福建	3737.74	32	深圳	15.82

资料来源：财政部政府和社会资本合作中心，http://www.cpppc.org/。

在"土地财政"饱受争议和地方融资平台形成巨量的地方政府债务、银行紧缩银根，贷款、信托、BT（建设移交）等多种融资手段受到严格限制的环境下，PPP 成为实现城镇化融资理念、商业模式的及时的重要方式，成为推进中国新型城镇化发展的重要力量。PPP 模式可以有效降低政府债务负担，有助于化解地方债务风险。表 18-3 为各主体参与 PPP 的主要方式。

表 18-3 各主体参与 PPP 的主要方式

参与主体	主要方式	基本模式	运行状况	典型案例
政府	按政府出资方式一般分为两种	土地等无形资产或实物资产作价。	—	济青高铁潍坊段
		直接以货币资金注资	—	山东省淄博市博山姚家峪生态养老中心项目
	按代表政府出资的企业性质一般分为三类	地方平台公司，包括不同类型的城市建设投资、城建开发、城建资产公司	—	安徽省安庆市外环北路工程 PPP 项目、大理洱海环湖截污 PPP 项目
		地方政府部门的关联性企业	—	河北省大巫岚至冷口（秦唐界）公路工程、海西高速公路网古武线永定至上杭段高速公路工程

· 455 ·

参与主体	主要方式	基本模式	运行状况	典型案例
		地方国资委控股的与项目相关的其他国有企业	—	吉林（中国－新加坡）食品区中小企业创业园PPP示范项目
银行	直接信贷支持	银行利用自身优势在对PPP项目或实施主体的资信状况、现金流、增信措施等进行审核综合评估后，为项目提供项目融资、银团贷款、并购贷款等信贷资金支持	银行参与PPP模式最直观的形式，与传统的信贷无异，可获得稳定的利息收入，承担的风险相对有限	如海西高速公路网古武线永定至上杭段高速公路工程
	投贷联动	银行通过投行资金和配套发放贷款来满足PPP项目融资需求，以"股权＋债权"的模式对企业进行投资，形成股权投资和银行信贷之间的联动融资模式，借助投行业务直接为项目投入资本金，配套发放贷款为项目公司融资	可以降低银行大规模贷款带来的风险，投行资金的参与也为银行更好参与PPP项目的运作提供了良好的契机	贵州省贵阳市南明河综合治理项目二期
	借道理财资金对接资管计划	由银行统一募集的理财资金，通过与信托公司、证券公司等金融机构合作，认购其成立为PPP项目筹资的资管计划	间接为PPP项目融通资金	济青高铁潍坊段
	PPP基金	银行成立基金参与PPP项目已成为主流	多家银行及其集团子公司已涉及该领域	首支国家级PPP基金——1800亿中国PPP融资支持基金
	地方PPP基金——新疆PPP政府引导基金	—	—	—
	融资咨询顾问服务	银行除了提供资金支持外，还积极参与项目的设计、开发等环节，为项目开发提供咨询顾问服务	试图从传统的信贷服务机构转变为综合性的服务提供商	贵阳市南明河水环境综合整治二期项目的操作过程
企业	大型企业单独参与	一般会选择自行参与PPP，负责PPP项目资金筹集、建设、运营及维护等事宜。	—	扬州市611省道邗江段工程项目

续表

参与主体	主要方式	基本模式	运行状况	典型案例
企业	联合体形式	综合联合体：以集团为单位，联合下属不同专业的子公司，组成联合体，参与 PPP 项目运作	可通过联动集团，发挥平台优势，组织子公司分工协作，共享 PPP 项目收益	中信系 PPP 联合体承建贵阳市南明河水环境综合整治二期项目
		互补联合体：由各自独立不同专业的单位组成，旨在将不同领域的企业联合起来，充分发挥其在各领域的专业优势，通过强强联合，实现优势互补	参与方博采众长，各司其职，分工明确，保障 PPP 项目的顺利运行	光大、中铁组成联合体，与杭州市成立 1000 亿 PPP 城市建设基金。
		共性联合体：组成成员通常是同一专业的企业，一般是由集团及其下属公司组成联合体统一对外招标，适用于规模大、工期紧的项目，参与方可各自承担部分	一方面，便于协调，保证项目进度；另一方面，可实现收益共享、风险共担，降低项目的经营风险，提高中标概率	中国铁建股份有限公司及下属中铁十二局集团有限公司、中铁十四局集团有限公司组成的中国铁建联合体中标兴延高速 PPP 项目
	分包	在大多数项目均被国企央企所垄断环境下，中小企业只能通过承包参与 PPP 项目的建设、运营和维护	承包企业的利润相对有限，但风险也相对较小，比较适合资质一般且规模不大的企业	—

2. 依据行业特点，推进多领域发展

处于快速城镇化阶段的中国需要大量基础设施建设，包括轨道交通、市政道路、垃圾处理、供水、供气、供电、供热、排水、公园、管网、景观绿化、停车场、管网、广场等。在政府的推动下，PPP 在各类项目中都发挥了重要作用。PPP 在交通基础设施建设中应用较多[1]，效率得到了极大的提高。目前中国的 PPP 发展已涵盖能源、交通运输、水利建设、生态建设和环境保护、市

---

[1]　2015 年 1 月，关于加强城市轨道交通规划建设管理的通知（发改基础〔2015〕49 号）中提到创新投融资体制，实施轨道交通导向型土地综合开发，吸引社会资本通过特许经营等多种形式参与建设和运营。

政工程、医疗卫生、养老、教育、社会保障等 19 个一级行业（表 18-4）。其中市政工程领域开展的 PPP 项目数最多，占全部 PPP 项目的 35%，其次为交通运输领域，占比为 13%，生态建设与环保领域、旅游、城镇综合开发领域的 PPP 占比约为 6%，科技占比 1.2%，能源、体育、政府基础设施等项目占比也都较小。

表 18-4　中国 PPP 入库项目行业分布（2015 年）

行业	占比（%）
市政工程	35
交通运输	13
生态建设与环境保护	6
城镇综合开发	6
旅游	6
水利建设	5
教育	5
医疗卫生	4
文化	3
能源	2
养老	2
体育	2
政府基础设施	2
其他	2
农业	1
科技	1
保障新安居工程	1
社会保障	1
林业	0

资料来源：财政部政府和社会资本合作中心，http://www.cpppc.org/zh/index.jhtml，数据截至 2017 年 8 月 31 日。

　　政府也给各行业的 PPP 项目以相应的用地政策。比如，对于轨道交通类项目，政府鼓励通过土地综合开发来支持并补贴项目。对于养老服务、文化产业，依据项目营利与否，政府推出不同的供地方式，营利性项目主要以协议出让、租赁等有偿方式用地，非营利项目主要以划拨无偿方式用地。表 18-5 为 PPP 在各领域的典型项目的部分汇总。

表 18-5　中国 PPP 各领域的典型项目

"PPP+各行业"特点	一级行业	典型项目		PPP 支持文件/政策背景
		项目名称	模式与运行特点	
财政支持	生态环保	大理洱海环湖截污项目	BOT（建设-经营-转让）+DBFO（设计-建设-融资-经营）	财政部财监〔2009〕74 号文
	地下综合管廊	六盘水市地下综合管廊试点城市项目	BOT	2014 年 12 月，财政部出台了《关于开展中央财政支持地下综合管廊试点工作的通知》
	海绵城市	镇江市海绵城市建设项目	BOT	2014 年 12 月，财政部印发《关于开展中央财政支持海绵城市建设试点工作的通知》
项目工程利润丰厚	交通运输	扬州市 611 省道邗江段工程项目	BOT，运输业的平均利润为 9%，超过其他行业	"两标并一标"
	片区开发	华夏幸福南京市溧水区产业新城项目	社会资本全程深入参与，平均收益超过 15%	城市运营
现金流充足	市政设施	北京轨道交通四号线	BOT，"地铁+物业"的开发模式	供给侧改革
	养老	山东省淄博市博山姚家峪生态养老中心	BOT	2013 年 9 月，《国务院关于加快发展养老服务业的若干意见》；2015 年 11 月，《国务院办公厅转发卫生计生委等部门关于推进医疗卫生与养老服务相结合的指导意见》
	能源	光山县垃圾焚烧发电项目	BOT	2016 年 4 月，国家能源局发布《关于在能源领域积极推广政府和社会资本合作模式的通知》
	水利建设	宁阳县引汶工程项目	BOT	2015 年 3 月，《关于鼓励和引导社会资本参与重大水利工程建设运营的实施意见》；2015 年 5 月，《国家层面联系的社会资本参与重大水利工程建设运营第一批试点工作方案》
	医疗	尚荣医疗	通过股权投资方式，辅以融资杠杆，除分享医院利润外，还可掌控医院医疗器械的采购与后勤管理等	2015 年 3 月，《全国医疗卫生服务体系规划纲要（2015—2020 年）》；2016 年 3 月，《关于 2016 年深化经济体制改革重点工作的意见》

3. 开展城市运营

2010 年前后，随着中国城镇化发展发展进入一个以新城区开发推动城市群发展的阶段，中国的城市运营开始出现。城市运营由城市经营演化而来，而城市经营起源于 20 世纪 50 年代欧美地区的 "Urban Management"（城市经营）。城市运营与城市经营的最大区别在于：城市经营中政府占绝对主导地位，而城市运营中市场在政府的法律授权下成为资源配置和运营过程中的主导。

在城市运营中，城市开发商开始由单一地产开发、商住楼建设为主逐渐转向城市综合体的开发。城市运营的目标是实现新型城镇化过程中城市的综合发展，通过对土地、资本和劳动力这三个关键的要素进行整合，推进 "五位一体" 的城市发展布局，涉及城市的产业系统、文化系统、交通系统、生态系统、人居环境系统的总体系统（图 18-5）。在 "多规合一" 的体系中，城市运营中通过市场作用，需要将 "五规" 要素整合在城市有机空间中，通过内部有机融合，形成城市运营特有的产业、文化、交通、生态、人居环境的 "五位一体" 的系统特征。

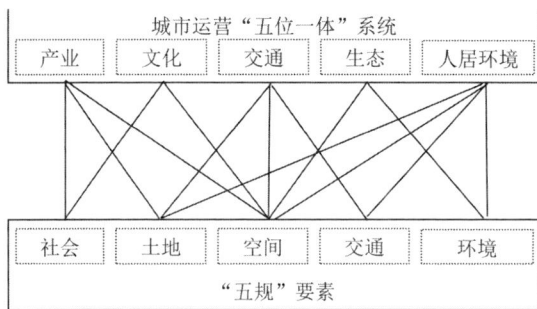

图 18-5 城市运营系统与 "五规" 要素关联度分析

表 18-6 PPP 城市运营的主要形式及典型案例

城市运营的主要形式	典型案例
园区开发与运营业务	苏州工业园区、广州番禺清华科技园、蛇口网谷、南海意库、固安肽谷生物医药产业园、固安环保产业园、香河机器人产业园、长白山国际旅游度假区

续表

城市运营的主要形式	典型案例
社区开发与运营	高端酒店——美伦山庄、高端酒店——康莱德酒店、高端住宅——广州金山谷、深圳双玺花园、滨海综合体海上世界
邮轮产业建设与运营	青岛邮轮母港、天津邮轮母港、太子湾邮轮母港、厦门邮轮母港
产业新城/城市综合开发运营	中信滨海新城、大厂产业新城、固安产业新城、香河产业新城
城市综合体	融景广场、广州绿地中央广场

目前中国的中信地产、华夏幸福、金茂地产、碧桂园等房地产企业在城市运营领域都取得了一定成功（表 18-6）。

中信地产作为典型的城市运营商，其认为城市运营运作模式是在新型城镇化战略引导下，以土地运营为基础，以产业运作为保障，以资本运作为核心，以构建产业、文化、交通、生态和人居环境等城市综合系统为目标，通过"市场主导、政府引导"的 PPP 市场化运作方式，企业与政府建立平等契约伙伴关系，共同获取城市整体资源溢价和投资增值收益的城市综合开发运营过程[①]（图 18-6）。

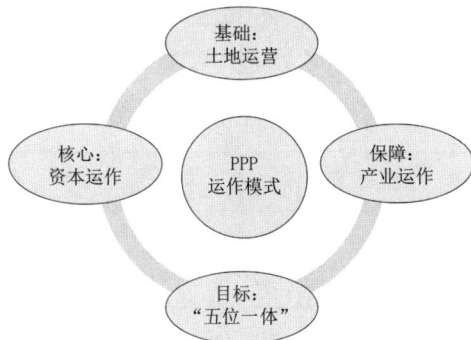

图 18-6　城市运营的基本概念

---

① 林竹：《城市运营》，中信出版社，2016 年。

　　以中信集团参与的城市运营 PPP 项目——汕头市滨海新区的建设为例。滨海新城项目位于濠江区南岸，总规划面积是 168 平方千米，预计投资总额是 500 亿元。在"市场主导、政府引导"原则的指导下，项目以资本运作为主导、以产业整合为手段、以土地开发运营为基础，以政府和企业协同合作平台为主要方式，建立基于城镇化的资源复合型 PPP 政企合作发展模式，形成政府和企业"伙伴关系、利益共享、风险共担"的共同体关系。

　　中信滨海新城围绕产业、土地、资源等"三要素"进行资源整合和资本运作，构建起产业、文化、交通、生态、人居环境等方面"五位一体"的城市系统。产业孵化方面，整合本地生态资源，培育产业集群，发展文化创意、跨境金融、健康养生养老、临港物流等产业；文化方面，在传承潮汕历史文化、保护原有文化资源的基础上，创新性地将潮汕传统居民、近代骑楼等潮汕历史文化元素融入建筑当中；交通方面，以公共交通为导向（TOD）交通发展模式、投资 60 亿元建设汕头海湾隧道、高等级的城市道路和公路建设，形成了完善的城市交通网络体系，提升了城市价值；生态保护方面，以保育增效、滨

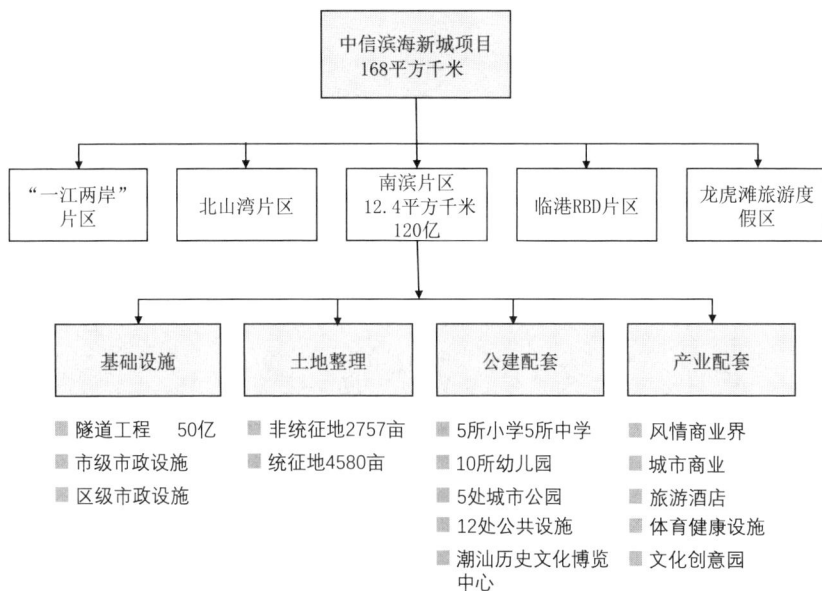

图 18-7　中信地产城市运营的主要方式

海宜居为目标，对原有的生态条件好的生态系统进行控制防御，对生态质量下降的鱼塘、湿地、盐田等系统进行修复，并沿濠江建设了一整条生态景观廊道，基于地理信息系统（GIS）将其生态要素分为已建区、适建区、限建区和禁建区，在城市开放中实现环境保护；人居环境方面，项目有效整合要素资源、平衡多方利益，配套相应的学校、医院、健康设施等，建立宜居、宜业、文化内涵丰富的城镇化模式。

二、PPP 促进新型城镇化发展的作用机制

新型城镇化从本质上要推进实现市场化、集约化、智能化、生态化的"四化"发展。其中市场化是城镇化发展的根本力量，集约化是指资源的集约有效利用，智能化是城市发展的基本方向，生态化是推进实现绿色、生态和可持续发展的城镇化[①]。PPP 之所以可以促进城镇化发展的原因就在于 PPP 是实现市场化、集约化、智慧化、生态化的重要模式（图 18-8）。PPP 通过政府与企业的合作，有利于充分发挥比较优势，优化城镇化发展中的资源配置，提高全社会的整体福利水平；通过在政府和企业之间建立起契约关系，引入市场化的运作机制，可以提高城镇化的质量和效率；PPP 引入大量的投资可以刺激经济增长，促进经济集聚化发展和社会产业结构的优化；PPP 合作中，社会资本在政府的引导下，可以在兼顾经济效益的同时，重视社会效益的实现，有助于在城镇化发展中推进社会公平与可持续发展。随着 PPP 模式不断推进阶段性、差异化、可持续的城镇化发展，从而提升城镇化发展的经济增长动能。

---

① 胡必亮 2015 年 11 月 13 日在"中国经济学家年度论坛暨中国经济理论创新奖 (2015) 颁奖典礼"上的讲话，http://www.myzaker.com/article/584866857f780b7476004c14/。

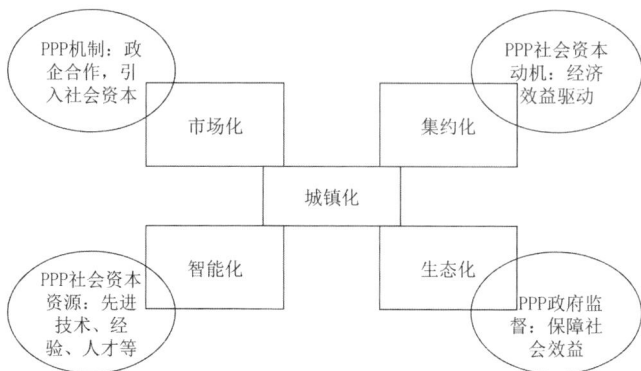

图 18-8　PPP 与城镇化发展的关系

（一）推进市场化发展

PPP 是指政府与社会资本共同提供公共产品和公共服务，其本质在于市场化发展，PPP 将公共物品和公共服务领域由政府垄断逐渐变为相对开放。同样，新型城镇化的动力一定源于市场，市场主导、政府引导。城镇化发展中的产业集聚、人口集聚都要在市场的作用下主导建设，要破除户籍制度等非市场因素的阻碍推进城镇化发展。因此，PPP 模式与应依靠市场力量推进城镇化发展是从根本上一致的，PPP 正是推进市场力量推进城镇化发展的重要探索与实践。

PPP 通过市场化推进方式，为社会资本参与城镇化建设提供了参与渠道。PPP 是政府和企业在统一的合作协议下，充分发挥各自的比较优势：一方面，可以发挥政府的管理与治理优势，公共部门通过与私人部门深入合作，可以学习后者先进的管理经验，帮助改进政府作风、提高行政效率。引导社会资本在实现经济效益的同时，最大限度的实现社会效益。另一方面，充分发挥社会资本的资金、技术、经验等优势，整合社会资源，实现社会资源的优化配置。

城镇化发展中 PPP 通过引入社会力量参与，可以将更多的社会资本和社会资源纳入统一的合作框架下开展相关合作，为更多社会力量提供参与城市管理与治理的机会。秘鲁 90 年代引入的宪法和法律改革，促进竞争，解除市场管制，并为私人投资建立广泛的担保，为社会资本参与城镇化发展提供了更好的机制保障[①]。通过 PPP 引入大量社会资本，政府可以在较长的时间内分摊建设成本，缓解财政约束。

PPP 的最终目的不仅在于提供公共项目，更在于这种提供方式下如何实现公众利益的最大化。在 PPP 合作框架下实现了社会部门的技术、资金、人才、经验等方面在城市建设中的应用，有助于更好地整合城镇化发展中的社会资本、技术、人才、经验等资源[②]。相比于政府，在市场化的运作模式下，社会资本更加注重提高基础设施、公共服务等的质量和效率，推进对接市场需求的条件下，提高公共产品与公共服务的质量。

（二）刺激集约化发展

PPP 模式要求社会资本对项目负责，而追求经济利益是社会资本的根本属性，这有助于推进项目的集约化发展。社会资本在具体的项目中会不断探索降低成本、提高效益的技术与方法，如在使用土地时企业会考虑如何在有限的土地，用已有的成本获得最大的经济利益，在具体的项目实施中也会充分考虑项目特点和项目依托的资源优势，结合企业自身的技术、经验、人才等资源特点，最大限度地挖掘项目的经济价值。而这与城镇化要求实现集约化的发展从根本上是一致的，PPP 模式通过引入社会资本的参与，推进实现城镇化的集约化发展。

PPP 可以在促进全球资本流动，提升城镇化城市空间利用和土地利用效率，促进社会资本的技术扩散、人才流动、经验推广，以及优化政府职能等方

---

① G. R. Diaz, "The contractual and administrative regulation of public-private partnership", *Utilities Policy*, 2017, Vol.48, pp.109–121.

② R. S. Abhilash, M. N. Chandy, "Ensuring public Realm Through Private-Private Partnership, in the Context of Rapid Urbanization (Case of CBD area Kochi)", *Procedia Technology*, 2016, Vol.24, pp.1652–1659.

面发挥重要作用，成为实现城镇化发展中资源优化配置的有效工具。俄罗斯在推进城镇化发展中，PPP 模式对城市道路、街区、中央商务区等城市空间的建设发挥了重要作用，PPP 有效满足了城市核心密度的基本需要，更加有效地推进土地集聚、土地融合等土地重组，为商业发展和城市基础设施建设带来积极的公共空间，推进城镇化的发展。加纳的城市水管理部门采用了 PPP 模式，数据显示其劳动生产率、收入、能源和成本具有显著改善[①]。

PPP 也可以促进经济的集聚化发展。日本北海道的建设实例说明，通过 PPP 模式能够促进地区的产业集聚，这也是落后地区实现规模经济和经济增长的有效途径。政府通过 PPP 项目吸引相关企业，私人部门会充分结合城镇资源禀赋和自身产业特色寻求发展，实现产业和城镇化共同发展。中国的城市运营商也在充分整合城市资源的基础上建设了多个特色产业园区，在推进城镇化发展过程中实现经济集聚。

（三）提升智慧化发展

智能化发展是城镇化高效建设的重要力量，也是推进城镇化高效开展的关键支撑。PPP 模式通过引入社会资本参与城镇化建设，一方面为社会资本创造了更为宽松的发展环境，激发社会资本创新活力，有利于催生城镇化智慧化发展的技术变革；另一方面，PPP 将社会企业先进的技术与经验运用到公共物品和公共服务的提供中，推进城镇化中包括市政设施、交通管理、公共服务提供、人口管理等各领域的智能化。相较于政府，物联网技术、大数据等更倾向于在社会企业中产生创新，因此，社会资本参与的 PPP 会更有效地推进城镇化中的智能化发展。表 18-7 为部分国家智慧城市建设的投资模式，PPP 对智慧化建设发挥了重要作用。

[①] R. Osei-Kyei, A. P. C. Chan, A. A. Javed, E. E. Ameyam, "Critical Success Criteria for Public-Private Partnership Projects: International Experts' Opinion", *International Journal of Strategic Property Management*, 2017, Vol.21, pp.87–100.

表 18-7　智慧城市建设投资模式

	投资模式
美国	政府的强力支持与企业的积极参与相结合的形式
瑞典	政府与市场合作模式，市场提供设计、构建以及运行系统中的技术系统
日本	由政府主导规划智慧城市的建设，同时积极鼓励市场力量参与各项智慧城市项目的建设
韩国	由政府主导和规划智慧城市的建设额，同时积极鼓励市场力量参与各项智慧城市项目的建设
新加坡	"市民、企业、政府"合作模式
马来西亚	由政府主导和规划智慧城市的建设，同时，积极鼓励市场力量参与各项智慧城市项目的建设

如桂林市智慧旅游城市建设吸引了北京、广东两家实力公司参与投入了 2400 万元。通过 PPP 模式项目共融资 3000 万元，其中桂林市国资委投入 600 万元，北京、广东两公司投入 2400 万元。通过智慧城市的衍生品，如 3G 旅游体验馆、智慧农业、智慧服务产品以及项目平台来盈利。

（四）促进可持续发展

城镇化发展要推进实现城市的自然资源系统、经济增长系统、生态环境系统、社会发展系统、空间结构系统和城市创新系统的"六位一体"的全面发展，走可持续的城镇化道路①。PPP 从资源、制度角色和制度规则三个方面构建了可持续城镇化的分析框架，公私合伙制作为可持续融资方式发挥作用至关重要；PPP 治理结构的选择——是维护公共价值与提高效率之间的权衡；PPP 政策设计应从以资金为导向或以效率为导向转向以可持续性为导向。中国的 PPP

---

① 胡必亮：《光明日报》2013 年 6 月 28 日第 11 版，http://epaper.gmw.cn/gmrb/html/2013-06/28/ nw.D110000gmrb_20130628_1-11.htm?div=-1。

发展对通过 PPP 实现可持续城市化产生了一些重要的政策影响^①。具体来看：

从融资角度，PPP 模式通过在各个方面的应用，加强基础设施建设、提升政府公共服务水平及治理能力、提高基层公共服务供给数量和质量，促进推进新型城镇化建设和可持续发展。

从治理结构来看，很多成功的 PPP 城镇化项目充分考虑了群众的建议，搭建了政府、企业和公众对话合作的机制。为了 PPP 项目的成功运营，政府要考虑项目的经济效益、文化效益、社会效益等全面的发展。与纯私营部门仅仅追求自身利益不同，政府引导开展的 PPP 项目会充分考虑市场需求和群众需求，更多考虑缓解贫困、绿色发展等方面的问题，有助于实现社会公平与可持续发展，更好地实现新型城镇化。

从政策设计来看，新型城镇化建设要求改变传统的高能耗、高污染的城镇化发展模式，PPP 项目也须将社会生态的可持续发展作为重要的目标。一方面，政府要行使监督职责，不允许企业仅仅考虑实现经济利益而以牺牲环境为代价，企业因此会考虑综合实现经济效益与生态效益的方法，从而政府与社会资本共同探索实现绿色城镇化的合作机制。另一方面，企业要真正赢得消费者市场，就要探索创建适宜人类生活的环境、生态环保的市政设施，从而调动社会资本推进绿色发展的主动性和创造性，为新型城镇化的可持续发展提供更多力量。

（五）提升经济增长动能

多元化的融资渠道可以激发经济活力。PPP 将大量社会资本引入基础建设中，可以将闲置资本充分利用起来，有助于激发经济活力。政府也可以进一步发挥其在城镇化发展中的引导作用，发挥其规划引导、监督管理等优势，形成政府与社会资本良性互动的局面。从短期看，可以直接提高投资水平，拉动经济增长；从长期看，可以改善基础设施状况，提高生产率。对内罗比卫生、

---

① W. Xiong, B. Chen, H. M. Wang, D. J. Zhu, "Public-private partnerships as a governance response to sustainable urbanization: Lessons from China", *Habitat International*, 2020, Vol.95.

水、污水和垃圾收集四项公共服务的 PPP 项目进行公平与效率分析发现，由市场提供城市基础设施建设融资、政府通过完善机制、加强信息交流等方式，可以最大限度地促进城市基础设施建设①。

PPP 通过投资可以直接拉动就业和经济增长，通过开展基础设施建设可以极大促进经济增长②。2014 年 3 月，加拿大公私合作委员会（CCPPP）发布了一份报告，对 2003 年至 2012 年这十年期间加拿大 PPP 项目的经济绩效进行了评估，结论是 PPP 的实施极大地促进了加拿大的经济发展、就业创造与居民福利。并且，PPP 项目为公共部门节约了 99 亿美元，为联邦和地方政府创造了 75 亿美元税收③。

政府部门可以在小城镇建设方面与私人建立合作关系，促进当地经济增长与可持续发展。例如，南非小镇艾利斯代尔（Alicedale）在破败的情况下，依托于其旅游资源基础，通过 PPP 模式推进商业街区建设、交通建设、住房提供、房地产业发展、水、卫生设施和电力、通信设施、娱乐设施和博物馆等的建设，推进旅游产业的发展。在市民的支持和参与下，实现就业增长、推进经济多样性、实现经济复苏与可持续发展④。

由以上分析可知，PPP 模式与城镇化本质上是一致的。PPP 作为城镇化发展的重要手段，是推进实现新型城镇化发展的重要抓手。

如选取 1990—2017 年中国 PPP 模式在基础设施建设领域的投资额、基础设施领域投资总额、中国的 GDP 产值（2010 年不变价格）、资本形成总额 GCF（2010 年不变价格）这四个主要指标，使用来自世界银行数据库的数据，运用回归模型分析基础设施建设中的 PPP 模式与中国经济增长的关系。因变量为国内

①　E. Werna,"Urban management, the provision of public services and intra-urban differentials in Nairobi", *Habitat International*, 1998, Vol.22, pp.15–26.

②　J. Teranishi, "Interdepartmental transfer of resources, conflicts and macro stability in economic development", *Economic Development and Roles of Government in the East Asian Region(Aoki, Kim and Okuno-Fujiwara, eds)*, Nihon Keizai Shimbun, 1997.

③　2014 年 3 月，CCPPP 发布的一份报告对 2003 年至 2012 年十年期间加拿大 PPP 项目的经济绩效进行了评估得出的结论。

④　M. Gibb, E. Nel, "Small Town Redevelopment: The Benefits and Costs of Local Economic Development in Alicedale", *Urban Forum*, 2007, Vol.18, pp.69–84.

生产总值 GDP 和资本形成总额 GCF，所有基础设施领域的投资总额 PPI_1 和基础设施建设中应用 PPP 模式的数据 PPP_1 为自变量。设定回归方程，通过国内生产总值和总资本形成两个指标观察公私合作的基础设施建设与经济增长的关系。

$$Ln（GDP）=\alpha_1+\beta_1 Ln（PPP_1）+\beta_1 Ln（PPI_1）+\mu_1 \quad （1）$$
$$Ln（GCF）=\alpha_2+\beta_3 Ln（PPP_1）+\beta_4 Ln（PPI_1）+\mu_2 \quad （2）$$

这里的 α 为截距项，β 为回归方程的斜率，μ 为误差项。

通过回归分析得到如下回归表格：

表 18-8　回归结果

变量	方程（1）		方程（2）	
	β	Sig.	β	Sig.
Constant	25.6177（20.54）	0.000	10.3329（6.94）	0.00
PPP_1	0.2273（0.95）	0.352	0.3132（1.10）	0.284
PPI_1	0.1527（0.58）	0.567	0.1328（0.42）	0.676
R^2	0.2222		0.2218	
Adjusted R^2	0.1574		0.1570	
F-value	3.43		3.42	
观察值	27		27	

注：1.5% 的显著性水平；2. 括号里是 T 值。

从方程（1）可以发现，在 1990—2017 年间，中国的基础设施建设和 PPP 项目投资对中国 GDP 增长产生了积极影响，其影响系数分别为 0.1527 和 0.2273，虽然影响尚不显著，但是 PPP 基础设施投资影响系数比总基础设施投资影响系数大，说明 PPP 模式对经济增长的拉动作用相较于其他投资模式产生了更大的拉动作用。以同样方式分析，从方程（2）可见，在中国资本形成中，中国的 PPP 基础设施投资比基础设施总投资的影响系数更大。因此，与基础设施建设投资相比，PPP 模式看上去更有助于在中国创造更好的投资环境，对社会资本形成的促进作用更明显。

三、PPP 促进城镇化发展的国际经验

（一）北海道——由落后到发达

北海道原为日本最北端的一个交通闭塞、人烟稀少、社会经济发展落后的行政区。依托其丰富的自然物产和区位优势，1956 年后，北海道推进开发与工业化、城市化结合，以建设大规模的工业农业基地、新产业城市和高技术聚集城市等为杠杆的发展战略（表 18-9）；从开发策略看，北海道综合开发是由"点"（即工业农业基地和新产业城市据点）、"线"（即交通网）开发到"面"（即重视居民社会生活）的开发。其通过推进公路、铁路、港口、机场等基础设施的建设，搭建 20 余个地方核心城市（人口在 30 万以上）和地方中心城市（人口在 30 万以下）组成海、陆、空交通网，将各地经济、政治和文化中心城市与农村、山村、渔村联结成城市田园共同体，加之道内中枢城市札幌，在北海道内形成有中枢且形状散射的网络，人均农业收入水平远超日本其他地区。北海道的成功是在政府和社会资本合作下共同推进建设的。

表 18-9 北海道发展战略

战略提出时间	典型战略项目
1964 年	道央地区新产业城市项目
1973 年	石狩湾新港项目
1984 年	道央地区高技术聚集城市项目
20 世纪 90 年代末	北海道"产业集群计划"、北海道"知识集群计划"

1. 政府的主导与支持

政府为北海道开发提供体制保障。在第二次世界大战后初期特殊的历史背景下，日本建立了中央直辖和地方辅助的双重开发体制，中央设立北海道厅、地方设立北海道开发局、总理府设国土厅和建设省等机构，其中国土厅负责制定全国综合开发计划，协调通产省、建设省、运输省、自治省等部门的地区开发有关工作。同时，结合北海道各地区实际情况，各级政府制定了相互配套的开发法律和开发规划。一方面，《国土综合开发法》《国土利用计划法》等法规为北海道开发提供法律支持；另一方面，中央级的《北海道综合开发规划》和都道府县级的《北海道长期发展规划》，特别是中央级的《北海道综合开发规划》4 个文件相互组合，形成了完整的规划体系。

政府给予北海道开发以充分的财政和资金支持。第二次世界大战后，日本政府北海道开发预算纳入国家公共财政预算，进行统管，单独列支，并给予有力的金融支持政策，国家财政上对北海道的基础设施建设进行大力支持，通过倾斜性财政补助，有力促进了北海道铁路、公路、桥梁、港口及机场等交通体系的建设。1963—1997 年，北海道开发事业费中用于公路、铁路、港口和机场等交通开发的费用占总开发费的 50% 左右，比率占居首位。

2. 社会资本参与开发建设

第一，推进投资建设的多元化。北海道采取公私混合的形式，共同出资组建的地区性开发公司、新机场公司和疗养中心等，政府与社会资本开展金融合作为北海道开发提供资金支持。如 1956 年日本政府成立的北海道东北开发公库，与北海道综合开发规划保持联动，不仅提供资金支持，同时引导民间资金参与投资，形成灵活多样的投融资机制。

第二，社会资本通过"经营"的方式，参与城市的具体开发管理。如社会资本参与城镇土地和非公益性基础设施，实行市场化供给和有偿使用、对居民住房实行商品化等。在地域开发和城镇管理上，通过出让项目经营权、道路冠名权、环境管理权、可利用空间使用权，以及级差地租等方法，将地域资源多方位推向市场。

第三，行业协会等非营利组织成为项目实施的中坚力量。在北海道"产业集群计划"策动期中和"北海道超级集群促进项目"II 期 IT 创新战略中（图 18-9），北海道信息与通信技术协会除了为企业成员提供信息查询、产学合作、争取政府支持等基础服务外，还支持成员企业开展世界级 IT 研发项目和培育一流 IT 企业，在实践中形成了独特的委托项目运营模式，促进了 IT 产业集群网络的形成。

北海道是欠发达地区实现成功发展的典型。但由于在"产业集群计划"与"知识集群计划"中主要由政府主导，采用了自上而下的方式征集各地集群项目，没有充分认识与尊重客观经济系统的演进规律，而使政府的政策制定和贯彻与企业发展的政策需求之间仍然存在较大的差距，对产业集群的长期发展产生了一定的不利影响。

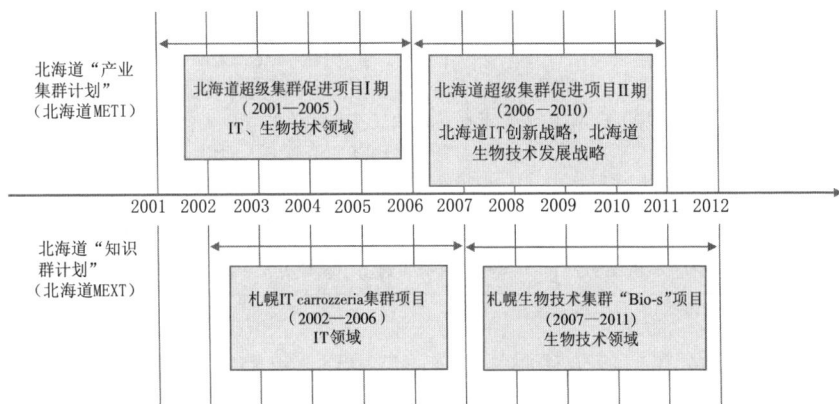

图 18-9 北海道产业集群计划与知识集群计划

（二）新加坡——智慧城市建设

新加坡是一个国土狭小、资源匮乏的城市型国家，是世界人口密度最高的国家之一。随着 20 世纪 80 年代新加坡战略的转型，新加坡开启了信息化时代（表 18-10）。目前，新加坡已成为世界上网络连接能力领先的国家之一。在"智慧国 2015"的推动下，新加坡资讯通信产业的发展在亚洲排名首位并在全球排名前十位。

表 18-10　新加坡智慧国家建设战略规划

时间	智慧国家建设战略	战略内容
1980—1990 年	国家电脑化计划	计划在政府、企业、商业、工厂推广采用电脑化的应用
1991—2000 年	国家科技计划	在行政和技术层面上，解决城市信息互联互通和数据共享的问题，将信息共享从政府扩展到全社会,消除"信息孤岛"
2001—2010 年	信息与应用整合平台 -ICT	推进信息、通讯、科技在新加坡经济和现代服务业领域内的快速成长；使得信息与应用整合平台 -ICT 成为新加坡重要的经济平台，每一个行业都有能力采用数字化技术应用和电子商务来改变传统的经济模式，将传统的行业改造为知识型的经济；提高人们的生活素质，使新加坡变成为一个信息化的社会
2006—2015 年	智慧国 2015(iN2015)	提出了创新、整合和国际化三大原则。其规划目标是：创建新型商业模式和解决方案上的创新能力，核心在于提升跨地区和跨行业的资源整合能力。在计划中描绘了资讯通信将如何改变人们生活、工作、学习与交流的方式
2015 年 8 月	《2025 年资讯通信媒体发展蓝图》	从国家层面上为资讯通信业与媒体业发展指明了基本方向，成功实施后，新加坡有望成为世界首个智慧国家

第一，以公民需要为核心，政府统筹规划。根据智慧城市发展需要先后成立资讯通信发展管理局（IDA）、iN2015 推进委员会、信息与通信技术（ICT）专业人员组成的秘书处，成立资讯通信媒体发展局（IMDA）和政府科技局（GovTech agency）。"整合政府 2010"（iGov2010）的目标是通过资讯通信系统与公民建立良好联系；在"iN2015"计划制定过程中，IDA 通过组织"畅想 IT!iN2015"竞赛和公共座谈会等方式向社会各界广泛征集意见；在电子政府建设中，力推 REACH 民情联系交流平台。如"众包"工具是新加坡的新型民众参与模式①，推出"Data.gov.sg"一站式数据服务，为公众与政府共同开发提供平台。同时，政府推进法律法规的完善，制定了《电子交易法》《滥用

① 通过公开征集将工作外包给一群人或一个团体,利用网络技术实现公众协作。

计算机法》^①及相关指南等法律法规。

第二，充分推进政、企及高校合作。新加坡政府积极推进与社会资本在智慧城市建设领域的合作，如新加坡的无线运营商与合作伙伴共同推出了诸如设备检测、无现金支付系统、定点服务和数字广告等多类企业级应用；基础设施建设吸引了法国巴黎银行（BNP）、戴姆勒汽车等跨国公司在新加坡建立 IT 枢纽支持全球业务运作，思科、甲骨文等多家公司在新加坡设立创新中心；新加坡第一通电信公司同诺基亚进行合作，建立一套专门用来传输感应器数据的商用网络；新加坡国立大学研发出一套名为 "Home-Rehab" 的家居康复系统，于 2014 年底推出有关系统供病人试用[②]；阿里巴巴集团旗下阿里云与新加坡国立大学将在人工智能、量子计算、云计算、大数据等领域展开研究合作，并探索人工智能、云计算大数据技术在城市治理领域的应用。

（三）斯德哥尔摩——"六位一体"

斯德哥尔摩是瑞典的首都和最大的城市，北欧第二大城市，瑞典大部分的财富都集中在大斯德哥尔摩地区。2010 年 2 月，斯德哥尔摩被欧盟委员会评为首个 "欧洲绿色首都"。其标准涵盖了气候与能源、可持续消费、交通便利、城市绿化和环境、资源保护与经济及城市发展与生活六大主题。"哈马碧" 滨水新城作为斯德哥尔摩市十余年来最大的市政建设项目[③]，验证了 12 个方面的绿色发展指标所界定的城市环境可持续发展（表 18-11）。

---

① 《滥用计算机法》列明了有关非法进入电脑系统的新罪名，即透露进入网络的密码以非法获利或使别人受损失等登录电脑系统的犯罪行为。这部法律的目的，一是为了应付日益严重的计算机犯罪；二是对相关法律法规给予补充，以适应电子商务发展的需要。
② 该系统让长期患者可以在家完成康复训练，减少去医院的次数。
③ 在国开行完成的绿色发展导则研究中，"哈马碧" 滨水新城被作为主要案例，得到了全面回顾和深入分析，见全球绿色开发资本网，http://ggdcchina.com。

表 18-11　哈马碧湖城 12 个方面的绿色发展指标

12 个方面	具体内容
城市扩容的边界	在棕地的旧址上开发。所有污染的土地都已经在开发前做了无害处理。100% 已开发的土壤得到修复，并适用于本地区地产开发条件。地理位置毗邻斯德哥尔摩内城区，距离城市中心大约 3 千米。哈马碧湖城的总面积是 160 公顷
以公交为导向的发展	公交站坐落在商业和商务区的中心地带，靠近公共交通站的低端容积率较高。低端容积率从 1.2 至 2.3 不等
混合功用	地块的职住平衡率是 0.53，竣工后可容纳 20 400 位居民并提供 11 000 个工作岗位。建筑带底商，上面为住宅
小尺度街区	典型的街区大小为 50 米 × 70 米或 70 米 × 100 米。普遍的建筑布局由围绕内部庭院再建的街区组成，平均高度为 18—24 米，或 7 层楼
公共绿色空间	由各式各样的公园、绿色空间、码头、广场和步行道组成的网络贯穿整个城区，为户外活动提供了空间。公共绿色空间总计为区域总面积的 19%
非机动交通	步行道的密度约为 25.8 千米 / 平方千米；自行车道的密度约为 10.5 千米 / 平方千米。哈马碧的特殊自行车道源自斯德哥尔摩的公共自行车共享项目（步行道路合计 45 千米；自行车道长度合计为 18.5 千米）
公共交通	每栋住宅都在距离轻轨交通站点 300 米的范围之内。哈马碧还提供若干公共交通的选择；轨道交通、步行和自行车基础设施、自行车共享、拼车、驳船轮渡线路、公共巴士交通线路
限制小汽车使用	汽车保有量较低。每千位居民占有 210 辆汽车。每户占有 0.55 个停车位
绿色建筑	2012 年哈马碧湖城内的建筑物的平均能耗水平在 113 千瓦小时 / 年，远远低于瑞典建筑物的平均能耗（>200 千瓦小时 / 年）水平。哈马碧湖城内的建筑分类可归纳为四种不同的体系：环保建筑、绿色建筑、LEED 认证、BREEAM 认证
可再生能源和区域能源	综合协调运作的城区系统使得将近 50% 的能源需求来自本区固定废弃物和废水的能源利用。80% 转化自固体废弃物和废水的能源都得到了再利用。斯德哥尔摩所有公交车辆采用有机垃圾和污泥产生的沼气提纯以后的生态气燃料
固定废弃物管理	强化固态废弃物源头分类，并应用最新的生产者负责回收的法规，固态废弃物得到 100% 回收利用。50% 的固态废弃物被焚烧生产能源，16% 变成了沼气，33% 被资源循环再利用，还有 1% 的危险废弃物。全面使用了垃圾真空收集系统
用水效率	100% 的污水得到处理，污水源热泵利用污水中的热量。所有的雨水都在区域内进行处理，在排放之前得到净化

资料来源：全球绿色开发资本网，http://ggdcchina.com/。

斯德哥尔摩的规划建设是政府和企业合作开展的城市运营模式。斯德哥尔摩城市建设及规划以公民福利为核心导向、以优化城市宜居宜业宜发展的环境为目标，在城市环境、交通、能源使用等领域制定了相关规划。政府主导确立了权责明晰的监管机制，各部门协调落实，形成便于执行和监督的动态实施机制。在实施方案的研究中，重视可持续发展中的公平性，公众参与占据极其重要的地位，城市管理部门、大学和研究机构、投资和建设单位、基础设施运营公司、产品供货商都以不同形式参与形成了许多创新性方案，共同促进斯德哥尔摩市的可持续发展。

政府与社会资本合作推进城市发展。哈马碧湖公共部门与包括开发建设单位和运营商、供货商等私营机构建立多层次的伙伴关系，市政设施运营企业自负盈亏。为满足更高的要求，项目综合造价增加了约 5%，但这些额外的投入顺利从市场得到了回报，该区房地产价值是斯德哥尔摩同期建设的新建筑中提升幅度最大的。高标准的市政建设的另一个重要支柱是著名的"哈马碧生态循环模式"带来的多系统整合共生的经济效益（图 18-10）[①]。

可燃废弃物焚烧　　　　　　　　　　　　　　　污水处理过程中的热回收

集中供热和供电

图 18-10　哈马碧湖城废物转化为能源

---

① 哈马碧湖城所有能源需求的 50% 来自对它自身产生的垃圾和污水进行综合利用，从废物到能源，带来的价值是相当可观的。

交通建设方面，该市通过市场化的运营机制控制成本公共交通。斯德哥尔摩地区所有的公共汽车和轨道交通系统实行了竞争性招投标。1991 年，斯德哥尔摩公共交通当局（Storstockholms Lokaltrafik）的规划部负责规划运营服务和制定票制，运营部负责组织地铁（Tunnelbana）和全市 400 多条公交线路的招投标工作。到 1995 年，已有超过 60% 的公共汽车和轨道交通线路在市场化竞标的机制下运营。研究表明，采用新的竞标机制后，运营成本要比过去节省 37%。

并且，为解决斯德哥尔摩严重的交通拥堵问题，一方面，2006 年初，瑞典当局在宣布征收"道路堵塞税"，另一方面，政府与 IBM 公司合作运营，IBM 为瑞典公路管理局设计、运行了一套先进的智能收费系统，包含摄像头、传感器和中央服务器，确定交通工具并根据车辆出行的时间和地点收费，这一举措将交通拥堵降低了 25%，交通排队所需的时间下降 50%，道路交通废气排放量减少了 8%—14%，二氧化碳等温室气体排放量下降了 40%。

斯德哥尔摩实现了自然资源利用、经济增长、生态保护、社会发展、空间优化、城市创新这样的"六位一体"的建设，是"六位一体"城市发展的典范。

四、PPP 促进新型城镇化发展的建议

PPP 对当前中国新型城镇化建设具有重要意义，但是，目前中国 PPP 推进过程中仍存在很多问题，如政府对 PPP 的认识不足、PPP 运行政策法规有待完善、权责机制不清、PPP 运行招标、风险划分、收益补偿等程序仍有待明确、PPP 在各行业投资发展不平衡、PPP 集聚化发展程度不足等问题。中国现在改革已步入深水区，在 PPP 项目的推进过程中，应循序渐进地推进改革，确保配套改革同步推进，健全财政补贴机制，保障社会资本的合法权益，使得 PPP 更好地推进城镇化的高效、高质量的发展。可以从以下几个方面着手推进。

（一）优化政策环境

发达国家及其城市的 PPP 发展经验告诉我们，给予充分的政策与法律支持是确保 PPP 顺利开展的重要力量。目前中国权威的 PPP 立法尚未出台，现存的多为部门规章条例，层级较低，法律效力不足，且存在冲突之处。此外，PPP 项目不同地区和行业的用地政策亦存在差异。北京市、四川省、河南省等地分别发布相关用地政策，以指导 PPP 项目的土地使用。虽然相关部门出台铁路交通、养老服务、文化产业等行业 PPP 项目的土地供应方式，但整体上还不太系统，较为分散，因此，应尽快弥补国土资源部的缺位，积极发挥作用，制定全面的 PPP 项目用地政策，明晰 PPP 项目土地的取得方式。

一方面，从法律上明确 PPP 主管与参与机构，协调完善立法工作，未来统一出台 PPP 立法，理顺职能部门分工，形成中央和地方统一和明确的管理权属，有效厘清责任和义务。另一方面，要完善 PPP 立法。对于法律中关于 PPP 的盲区，如土地、税收、审计等问题，应及时关注，完善补充，避免争议的产生。

（二）推进多元合作

目前中国的 PPP 项目整体表现为社会资本尤其是民企对 PPP 项目的参与积极性不高。其原因在于，一是 PPP 项目吸引力不足。PPP 项目大多为微利项目，对社会资本而言，前期投资巨大，但收益偏低，一般仅为 6%—8%，远低于社会资本自身的运作效率[①]。二是有的基层政府把"含金量"高、收益率高的"好"项目自己运营，而只是将一些资金来源少、回报率低的项目做 PPP，推进效率低，项目落地慢。

对此，政府应该充分认识 PPP 的价值，转变工作思路，公平对待社会资

① 在江苏、安徽、福建、江西、山东、湖北、贵州等七省发改委为民企挑选的项目中，收益率分化较大，盈利能力较强的项目，预期收益率可达 8%—9%，稍低一点的项目也大概在 4.9%—6.5%。而 2014 年民营企业 500 强的分析报告显示其净资产收益率平均水平为 14.04%。

本，提高项目质量。PPP 运行中要从民众的现实需要出发，搭建政府与企业沟通的平台，形成政府、企业、民众共同推进 PPP 开展的格局。

（三）鼓励创新发展

科学技术对于社会进步和城市发展可以发挥关键作用。新加坡的智慧城市建设、日本的高技术企业的集聚都是 PPP 成功运作典范。因此，PPP 的运行要鼓励技术创新，引导 PPP 与更多高科技企业合作。一方面，要鼓励更多高技术企业参与 PPP 建设，给予更多政策支持与相应的补贴机制；另一方面，要在全社会鼓励技术创新，增加全社会创新的活力，发挥 PPP 模式在促进城镇化发展中的技术驱动作用。

国际和中国 PPP 成功运行的经验表明，PPP 推进集聚化发展可以实现城镇化经济效益和社会效益的极大提升。因此，中国在推进 PPP 项目合作中应着力推进整体开发模式，如产业园区建设、城市运营的方式，在充分依托地区自身资源的基础上，给予更多集聚化发展的政策支持，推进产业结构优化升级，实现 PPP 运行经济效益、社会效益、生态效益的统一。

（四）完善合作机制

PPP 的机制创新体现在"使市场在资源配置中起决定性作用"和"更好发挥政府作用"。因此完善 PPP 的合作机制需要从推进政府各部门之间、政府与企业之间都建立良好的合作机制入手。

一方面，加强政府各部门之间的配合与协调。PPP 成功运作中政府各部门之间的良好配合发挥着关键作用，PPP 项目牵涉市政、交通、财政、发展改革等多个部门，目前存在审批流程长、"重复审批"等问题，导致 PPP 项目审批决策周期长、时间成本高且项目灵活性差，进而影响 PPP 项目的推进。因此，中国 PPP 开展中要实现多部门合作，推进各部门有效衔接，提高项目推进能力。

另一方面，要协调好政府与市场的关系。目前中国 PPP 的发展虽有成效，但是目前中国 PPP 市政公用相关领域价费体系和财政补贴机制尚不健全，如尚未形成城镇供水、供气行业上下游价格联动机制，无法为社会资本提供合理的投资回报。因此，在充分发挥市场的作用的同时，推进政府价格形成、财政补贴方面的机制，创造社会资本参与 PPP 的公平环境，进而调动社会资本的参与积极性。同时，要不断完善社会资本参与 PPP 项目的退出机制，制定合理的违约及风险负担方式，为社会资本提供多元化、规范化、市场化的退出渠道。

第十九章

城市群建设与新型城镇化发展

马　悦

　　城市群是城市之间由竞争关系转向竞合关系的"同城化"与"一体化"城市群体，是组成国家经济社会发展的核心单元，也是中国参与全球未来合作与竞争的主要载体。近年来，城市群越来越多地被列入国家各项重要议程之中：《国家主体功能区规划》将城市群作为重点开发区或优化开发区，中国共产党的十七大、十八大报告强调城市群作为新的经济增长极作用。毫无疑问的是，作为经济增长与创新驱动的核心引擎，城市群肩负着引领经济发展方向、实现中华民族伟大复兴等多重历史与现实使命。非常关键的是，城市群建设对于推进新型城镇化的作用愈发凸显：《国家新型城镇化规划（2014—2020年）》中以高频率词频强调了城市群对于新型城镇化的重要意义；中国共产党的十九大报告又强调以城市群为主体构建大中小城市和小城镇协调发展的城镇格局，加快农业转移人口市民化。

　　也正因此，从推进新型城镇化的角度出发探讨城市群建设也就具有重要价值。本章首先明确城市群的内涵与形成机理，其次介绍中国城市群的发展现状，之后参考世界级城市群的城镇化推进经验，最后提出推进城市群建设的建议。

一、城市群的内涵与形成机理

（一）城市群的内涵

城市群概念最早由法国地理学家戈特曼（Jean Gottmann）在 1957 年根据北美城市地区与扩展的大都市地区而提出[①]。之后，城市连绵区、都市地带、都市圈等相近概念也大量涌现。一般而言，城市群指的是在特定的地域范围内具有相当数量不同性质、类型和等级规模的城市，以一个或两个超大或特大城市作为地区经济的核心，借助于现代化的交通工具和综合运输网的通达性，以及高度发达的信息网络，发生与发展着城市个体之间的内在联系，共同构成一个相对完整的城市集合体[②]。

城市群至少需具备四点特征：一是城市群内部有一个或多个中心城市，以及若干中小城市；二是要有相当数量的人口规模；三是有强劲持久的经济发展动力；四是具备较为紧密的经济社会联系。

具体而言，第一，以一个或几个城市化水平较高的大城市为中心，周边分布若干中小城市是城市群最基本的格局特征[③]。例如，中国京津冀城市群以北京、天津为中心城市，以保定、石家庄、唐山等为次中心城市；日本太平洋沿岸城市群以东京、大阪、名古屋为中心城市，横滨、静冈、神户等为次中心城市。第二，人口规模方面，只有达到一定的人口规模才可视为城市群，例如戈特曼认为 2500 万是人口规模的下限[④]。第三，经济动力是城市群发展扩张

[①] J. Gottmann, "Megalopolis or the Urbanization of the Northeastern Seaboard", *Economic Geography*, No.3, 1957, pp.189–200.

[②] 姚士谋等：《中国城市群新论》，科学出版社，2016 年，第 2 页。

[③] P. M. Polyan, "Large urban agglomerations of the Soviet Union", *Soviet Geography*, Vol.23, No.10, 1982, pp.707–718.

[④] J. Gottmann, "Megalopolitan systems around the world", *Ekistics*, Vol.243, 1976, pp.109–113.

的根本原因。伯廷利（Bertinelli）和布莱克（Black）认为城市群是因劳动分工与专业化经济、交易效率与多样化消费偏好而形成[①]，城市群具备强大的经济活力；刘士林则提出，人均 GDP 超过 3000 美元、经济密度大于 500 万人民币 / 平方千米是城市群的判别门槛[②]。第四，中心城市与其他城市以及各城市之间紧密的劳动力、资金、信息等联系是城市群产生的必要条件。唯有大量且频繁经济联系与交互的存在，才能保证功能网络的形成，也只有以大城市为核心并与周围地区保持强烈交互作用和密切社会经济联系的城市化区域，才可被称为城市群[③]。

（二）城市群的形成机理

城市群实质上是由诸多较为分散的城市个体，因联系加强与空间重组而形成的城市群体。对于城市群形成机理的探讨离不开两个过程：一是城市的产生，二是诸多城市集合成群。

1. 城市的形成

相较于乡村地区，城市产生和发展的经济根源在于其所拥有的接近性、人口密度与亲近性[④]所带来的经济优势。古典经济学认为，城市是相互交换需要的自然反映，因为人们具有天然的交往倾向。城市便利了人们之间的劳动分工和专业化，高交易效率带来了生产的高效率。保罗·贝洛克（Paul Bairoch）总结城市出现赖于两个条件：一是农业技术进步，无技术进步则无农产品剩余，城市不可能出现；二是劳动分工和专业化能提高生产效率，形成高效的社会结构，城市就是这种社会结构的表现形式[⑤]。

在新古典经济学看来，城市的形成与外部规模经济、运输成本息息相关。

---

① L. Bertinelli, D. Black, "Urbanization and growth", *Journal of Urban Economics*, Vol.56, No.1, 2004, pp.80–96.

② 《中国城市群发展迅速增至23个　功能定位日益清晰》，《人民日报》（海外版），2012年4月4日。

③ 方创琳等：《2016中国城市群发展报告》，科学出版社，2016年，第19—20页。

④ 〔美〕爱德华·格莱泽：《城市的胜利》，刘润泉译，上海社会科学院出版社，2012年，第5页。

⑤ 〔英〕保罗·贝洛克：《城市与经济发展》，肖勤福等译，江西人民出版社，1991年，第7—13页。

外部规模经济使厂商倾向集聚以享受专业化投入品的生产、劳动市场、外溢知识[1]，厂商集聚生产使员工选择就近居住，集中的人口所产生的巨大需求将驱使更多的经济活动和就业人员的进一步集聚。

在新经济地理学[2]和新兴古典经济学[3]看来，报酬递增和交易效率促进了城市形成。报酬递增可产生于规模经济，也可产生于专业化经济，均可促使经济活动在城市集中，但在一个低交易效率环境下，这一进程以及相应的人口集聚将大大放慢。相反，一个高交易效率环境将促使农民和工业品制造者之间的分工或工厂的大规模生产，加速城市的产生。

2. 城市群的产生

由分散城市向城市群转变的过程是因经济联系而出现的空间扩展与区域重组过程。城市空间扩展必须考察空间扩展的方向、空间扩展的动力这两点内容。基于此，城市群形成发展可分为三个阶段：一是基于产业集聚动力基础上的狭小城市区与近郊住宅区并存阶段，二是基于交通优化发展动力基础上的城市郊区化阶段，三是信息技术发展动力基础上的城市空间大扩展、大联系阶段。

第一阶段为工业革命初期，工业、人口集聚布局的趋势显现，产业部门从城市内部、城市周围以及附近农村吸收就业人口。大量的人口吸收造成人口流动频率加大，城市空间的扩展速度往往难以跟得上城市社会的需要，形成近郊的住宅区，郊区分散首先从居住活动开始，渐渐涉及商业和商品交换活动。

第二阶段是工业集聚分散化与郊区城市化。一方面，城市的区位优势与城市建设的推进，使大量劳动力、资本、资源、技术和商品集中于城市；另一方面，交通条件的改善尤其是汽车与火车的普及发展，使得城市向近郊甚至是远郊扩展成为可能，使城市边缘地区实现城镇化。

---

① 〔英〕马歇尔：《经济学原理》，朱志泰、陈良璧译，商务印书馆，1964年，第280页。

② M. Fujita, P. Krugman, "When is the economy monocentric? von Thünen and Chamberlin unified", *Regional Science and Urban Economics*, Vol.25,1995, pp.505–528.

③ X. K. Yang, "Development, structure changes and urbanization", *Journal of Development Economics*, Vol.34, 1991, pp.199–222.

　　第三阶段是信息技术带来的城市空间扩展的强化。信息技术的作用可概括为四种效用：协作效用、替代效用、衍生效用与增强效应。协作效用指在空间上表现为信息空间扩展与城市空间延伸复合，信息流通仍集中在交通发达的城市及各城市间交通走廊。替代效用指通信技术可克服时间、空间障碍，减少部分通勤时间。衍生效用指信息技术对经济形成激发点，促进经济发展。增强效用指信息技术可扩大物质形态网络的功效，使其更具吸引力。信息技术的发展强化了城市间的联系，为城市空间的扩展奠定基础。

二、中国城市群发展现状

（一）中国城市群建设的提出

　　中国的城市群建设与国家层面的规划推进息息相关，城市群的战略地位经历了三个阶段的变化。第一阶段，城市群被看作是新的经济增长极。中国共产党的十七大报告指出，走中国特色城镇化道路，以增强综合承载能力为重点，以特大城市为依托，形成辐射作用大的城市群，培育新的经济增长极；中国共产党的十八大报告进一步强调，科学规划城市群规模和布局，增强中小城市和小城镇产业发展、公共服务、吸纳就业、人口集聚功能。第二阶段，城市群成为推进新型城镇化的主体。2013 年 12 月召开的中央城镇化工作会议明确提出了新型城镇化的六大任务，其中第四大任务就是优化城镇化布局与形态，并把城市群作为推进新型城镇化的主体；2015 年 12 月 20 日召开的中央城市工作会议提出要以城市群为主体形态，科学规划城市空间布局，实现紧凑集约、高效绿色发展，并对不同地区的城市群做了分类引导。第三阶段，城市群持续落实到规划和建设之中。《中华人民共和国国民经济和社会发展第十三个五年规划纲要》（以下简称“十三五”规划纲要）在坚持“以城市群为新型城镇化主体形态”的基础上，明确提出了 19 个城市群的名录，并且《中华人民共和国国民经济和社会发展第十四个五年规划和 2035 年远景目标纲要》（以下简称

"十四五"规划纲要）基本上继续保持了这一名录。随着多项城市群建设规划的相继通过和落地实施，中国城市群建设进入到如火如荼的落地阶段。

（二）中国城市群名录

根据"十三五"规划纲要和"十四五"规划纲要，中国 19 个城市群包括京津冀、长三角、珠三角、成渝、长江中游城市群，山东半岛、粤闽浙沿海、中原、关中平原、北部湾城市群，哈长、辽中南、山西中部、黔中、滇中、呼包鄂榆、兰州—西宁、宁夏沿黄、天山北坡城市群，各城市群范围按照发改委、住建部以及各省市等发布的正式文件界定。

1. 京津冀城市群。包括北京、天津，以及河北的石家庄、张家口、秦皇岛、唐山、保定、廊坊、邢台、邯郸、衡水、沧州、承德。

2. 长江三角洲城市群。包括上海，江苏省南京、无锡、常州、苏州、南通、盐城、扬州、镇江、泰州，浙江省杭州、宁波、嘉兴、湖州、绍兴、金华、舟山、台州，安徽省合肥、芜湖、马鞍山、铜陵、安庆、滁州、池州、宣城。

3. 珠江三角洲城市群。包括广州、深圳、珠海、佛山、惠州、东莞、中山、江门、肇庆。

4. 成渝城市群。包括四川省成都、自贡、泸州、德阳、绵阳（除北川县、平武县）、遂宁、内江、乐山、南充、眉山、宜宾、广安、达州（除万源市）、雅安（除天全县、宝兴县）、资阳，重庆市渝中、万州、黔江、涪陵、大渡口、江北、沙坪坝、九龙坡、南岸、北碚、綦江、大足、渝北、巴南、长寿、江津、合川、永川、南川、潼南、铜梁、荣昌、璧山、梁平、丰都、垫江、忠县以及开州、云阳的部分地区。

5. 长江中游城市群。包括湖北省武汉、黄石、鄂州、黄冈、孝感、咸宁、仙桃、潜江、天门、襄阳、宜昌、荆州、荆门，湖南省长沙、株洲、湘潭、岳阳、益阳、常德、衡阳、娄底，江西省南昌、九江、景德镇、鹰潭、新余、宜春、萍乡、上饶及抚州、吉安的部分县（区）。

6. 山东半岛城市群。覆盖山东省 16 个设区市，包括济南、青岛、淄博、枣庄、东营、烟台、潍坊、济宁、泰安、威海、日照、临沂、德州、聊城、滨州、菏泽。

7. 粤闽浙沿海城市群。包括福建省福州、厦门、泉州、莆田、漳州、三明、南平、宁德、龙岩，浙江省温州，广东省汕头、潮州、揭阳、梅州。

8. 中原城市群。包括河南省郑州、开封、洛阳、南阳、安阳、商丘、新乡、平顶山、许昌、焦作、周口、信阳、驻马店、鹤壁、濮阳、漯河、三门峡、济源，山西省长治、晋城、运城，河北省邢台、邯郸，山东省聊城、菏泽，安徽省淮北、蚌埠、宿州、阜阳、亳州。

9. 关中平原城市群。包括陕西省西安、宝鸡、咸阳、铜川、渭南、杨凌农业高新技术产业示范区及商洛市的商州区、洛南县、丹凤县、柞水县，山西省运城市（除平陆县、垣曲县）、临汾市的尧都区、侯马市、襄汾县、霍州市、曲沃县、翼城县、洪洞县、浮山县，甘肃省天水市及平凉市的崆峒区、华亭县、泾川县、崇信县、灵台县和庆阳市。

10. 北部湾城市群。包括广西壮族自治区南宁、北海、钦州、防城港、玉林、崇左，广东省湛江、茂名、阳江和海南省海口、儋州、东方、澄迈县、临高县、昌江县。

11. 哈长城市群。包括黑龙江省哈尔滨、大庆、齐齐哈尔、绥化、牡丹江，吉林省长春、吉林、四平、辽源、松原、延边朝鲜族自治州。

12. 辽中南城市群。包括沈阳、大连、鞍山、抚顺、本溪、营口、辽阳、铁岭、盘锦。

13. 山西中部城市群。包括太原、晋中、忻州、阳泉、吕梁。

14. 黔中城市群。包括贵阳、遵义、毕节、安顺、黔东南州、黔南州及贵安新区的33个县（市、区）。

15. 滇中城市群。包括昆明、曲靖、玉溪和楚雄彝族自治州及红河哈尼族彝族自治州北部的蒙自市、个旧市、建水县、开远市、弥勒市、泸西县、石屏县。

16. 呼包鄂榆城市群。包括内蒙古自治区呼和浩特、包头、鄂尔多斯和陕西省榆林。

17. 兰州—西宁城市群。以甘肃省省会兰州、青海省省会西宁为中心，还包括甘肃省定西和青海省海东、海北藏族自治州等22个地州市。

18. 宁夏沿黄城市群。包括银川、石嘴山、吴忠、中卫、平罗、青铜峡、灵武、贺兰、永宁、中宁。

19. 天山北坡城市群。包括乌鲁木齐、昌吉、米泉、阜康、呼图壁县、玛纳斯县、石河子、沙湾县、乌苏、奎屯、克拉玛依。

（三）中国城市群的发展格局

根据"十四五"规划纲要中第二十八章完善城镇化空间布局的相关内容，中国19个城市群被分为三类：5个优化提升城市群、5个发展壮大城市群、9个培育发展城市群，以下将进行概述并分别选择个例进行介绍。

1. 优化提升城市群

优化提升城市群包括京津冀城市群、长江三角洲城市群、珠江三角洲城市群、长江中游城市群和成渝城市群。2015年，优化提升城市群占全国18.41%的面积，集中了全国44.02%的人口和现价GDP的64.45%，地方财政收入占全国的68.73%，全社会固定资产投资占全国的51.82%，实际利用外资占全国的69.49%，社会消费品零售总额占全国的55.54%，年末金融机构存款余额占全国的57.00%，城乡居民储蓄年末余额占全国的57.69%。[①] 优化提升城市群在全国经济社会发展中占据半壁江山，主导着国家经济发展的命脉。选择长江三角洲城市群和京津冀城市群进行介绍。

（1）长江三角洲城市群

长江三角洲城市群是中国经济最具活力、开放程度最高、创新能力最强、吸纳外来人口最多的区域之一，在国家现代化建设大局和全方位开放格局中具有举足轻重的战略地位。国土面积21.29万平方千米，2015年地区生产总值13.55万亿元，总人口1.3亿人，分别约占全国的3.1%、19.7%、9.4%。长

---

① 数据来源于《2016年中国城市统计年鉴》，北京师范大学新兴市场研究院测算。

三角城市群的经济总量、地方财政收入、全社会固定资产投资额、实际利用外资、社会消费品零售总额、年末金融机构存款余额和城乡居民储蓄年末余额七项指标均居 19 个国家城市群首位。

　　长三角城市群有四项巨大的发展优势。第一，区位优势突出。长三角城市群处于东亚地理中心和西太平洋的东亚航线要冲，交通条件十分便利，现代化的港口、机场群和密集度高的公铁交通干线为立体综合的交通网络奠定了良好的基础。第二，自然禀赋优良。地形以平原为主，土地开发利用难度小；滨江临海，物产丰富，气候温和。第三，综合经济实力强。产业体系完备，配套能力强，产业集群优势明显，科教与创新资源丰富，国际化程度高，国际贸易、航运、金融等功能日臻完善，货物进出口总额占全国的 32%。第四，城镇化体系较完备。拥有多个大城市以及各具特色的小城镇，城镇分布密度达到每万平方千米 80 多个，是全国平均水平的 4 倍左右。

　　（2）京津冀城市群

　　京津冀城市群是中国创新能力最强、第三产业占比最高、最具发展活力和潜力的城市群之一。国土面积 21.49 万平方千米，2015 年地区生产总值 6.99 万亿元，总人口 1 亿，分别约占全国的 3.1%、10.2%、7.3%。京津冀城市群的经济总量、地方财政收入、全社会固定资产投资额、实际利用外资、社会消费品零售总额、年末金融机构存款余额和城乡居民储蓄年末余额七项指标在 19 个国家城市群中均列前三。

　　具体来看，京津冀城市群有两项发展优势。第一，城镇化水平总体较高，增长速度仍然较快。2008 年京津冀城市群城镇化水平首次突破 50%。之后仍然以较快速度增长，年均增长达到 2.73 个百分点。第二，京津冀城市群经济增长迅速，创新性居于全国首位。2015 年京津冀地区生产总值为 69 994.2 亿元，其中，第一、二、三产业产值分别占全国的 6.2%、9.5% 和 11.5%。北京市作为京津冀城市群的核心，聚集了全国近一半的金融资源，同时研发投入占全国的比例非常高，使京津冀城市群成为全国创新性最强的城市群。

　　2. 发展壮大城市群

　　发展壮大城市群包括山东半岛、粤闽浙沿海、中原、关中平原、北部湾等城市群。总体来看，发展壮大城市群在经济发展方面仍是中坚力量。选择中原城市群和北部湾城市群进行概述。

（1）中原城市群

中原城市群是发展壮大城市群中辐射面积最广、发展活力足、国际竞争力强的区域之一，地处全国"两横三纵"城镇化战略格局陆桥通道与京广通道交汇区域。国土面积 20.19 万平方千米，2015 年地区生产总值 4.23 万亿，总人口 1.40 亿，分别约占全国的 2.95%、6.16%、10.20%。

当前，中原城市群对中国经济总量的贡献并不十分巨大，但仍具有良好的发展基础。第一，综合实力较强。中原城市群产业体系完备，装备制造、智能终端、有色金属、食品等产业集群优势明显，物流、旅游等产业具有一定国际影响力。第二，交通区位优越。地处沿海开放地区与中西部地区的结合部，是中国经济由东向西梯次推进发展的中间地带。第三，城镇体系完整。拥有特大城市郑州和数量众多、各具特色的大中小城市，城镇空间聚合形态较好，常住人口城镇化率接近 50%，正处于工业化城镇化加速推进阶段。第四，自然禀赋优良。地处南北气候过渡地带和第二阶梯向第三阶梯的过渡地带，动植物资源丰富，城镇建设受自然条件限制较小。

（2）北部湾城市群

北部湾城市群位于全国"两横三纵"城镇化战略格局中沿海纵轴最南端，是中国沿海沿边开放的交汇地区，在中国与东盟开放合作的大格局中具有重要战略地位。陆域面积 11.66 万平方千米，海岸线 4234 千米，还包括相应海域。2015 年末常住人口 4141 万人，地区生产总值 16 295 亿元，分别占全国的 3.01% 和 2.25%。

北部湾地区具有较好的发展基础。第一，资源要素禀赋优越。北部湾地区坐拥中国南部最大海湾，旅游资源丰富、国土开发利用潜力充足、环境容量较大。第二，经济活力较好。经济增速持续保持在全国平均水平以上，创新创业活力、人力资源较为充足发展活力日渐提升。第三，开放合作不断深化。开放领域拓展、开放型经济初具规模。第四，城镇发展基础较好，南宁、海口等大城市引领作用逐步增强，其他中小城市发育加快，基础设施日益完善。

3. 培育发展城市群

培育发展城市群包括呼包鄂榆城市群、黔中城市群、滇中城市群、兰西城市群和宁夏沿黄城市群。对待这一类城市群要着重引导和培育。本章选择黔中城市群进行概述。

黔中城市群位于贵州省中部地区，是国家实施新型城镇化战略、长江经济带战略和新一轮西部大开发战略的重点区域，也是贵州省实施工业强省和城镇化带动主战略的重要支撑。总面积5.38万平方千米，2015年常住人口1643.47万人，实现地区生产总值7111.28亿元，分别占全国的1.19%、1.05%。

黔中城市群的发展特征有三点。第一，是贵州经济实力最强的区域，也是西部地区迅速成长的经济板块。2015年，黔中城市群地区生产总值占贵州和西部地区比重分别比2010年提高8.87和1.56个百分点。第二，核心城市聚集程度不断提升，贵阳市的引领作用不断增强。市区常住人口超过300万人，地区生产总值从2010年的834.98亿元增加到2015年的2227.58亿元，占贵州省比重从18.14%提高到21.21%。第三，城市间联系日趋紧密，贵阳中心城区与周边清镇、修文、平坝、龙里等城镇的同城化趋势日益明显，与长顺、惠水、贵定、息烽、开阳、黔西等县城的联系也不断增强。

三、世界级城市群的发展推进经验

当今具有较大影响力的世界级城市群主要包括美国东北部大西洋沿岸城市群、北美五大湖区城市群、日本太平洋沿岸城市群、英格兰城市群、西北欧城市群。本节分别对其进行介绍。

（一）美国东北部大西洋沿岸城市群

美国东北部大西洋沿岸城市群包括波士顿、纽约、费城、巴尔的摩、华盛顿等城市及其周边市镇。美国东部大西洋城市群能够快速发展为世界上最具竞争力和创新活力的城市群，主要得益于三个方面①。一是核心城市的辐射带动作用，二是城市间分工明确、协同发展，三是具有前瞻性的城市群空间布局规划。

从地理位置上看，纽约处于波士顿至华盛顿所连成直线的中点位置，波士顿和费城、巴尔的摩和华盛顿分别位于纽约的两侧，其余40多个小城市分布在该线性带上，以中间某点为中心、向两边扩散分布的线性带状布局结构发挥了纽约作为核心城市的辐射与带动作用。

华盛顿是美国的首都，纽约定位的是经济和金融中心，波士顿是科技中心——高科技产业和教育产业全球知名，费城主要发展制造业，巴尔的摩则是以钢铁、造船为核心的工业中心：这五个重要节点城市定位清晰、分工明确，既借助了当地的资源禀赋优势，又减少了同质竞争的损失。

美国东部大西洋沿岸城市群的发展过程还表明，城市群并非完全自主形成的，政府、非政府、市场从中都发挥了不小的作用。以1929年纽约区域规划协会制定的《纽约及周边城市的区域规划》为例，这项区域规划强调了对交通网络和公共空间的规划，随后发布的其他规划方案也显示了政府对城市群的发展加以引导，避免大城市对其周边小城市产生"虹吸"作用，也避免了大城市为谋求自身发展牺牲中小城市利益的现象。

（二）北美五大湖区城市群

北美五大湖区城市群包括芝加哥、底特律、克利夫兰、匹兹堡、多伦多、蒙特利尔等城市及其周边市镇。北美五大湖区城市群的发展与繁荣得益于，在统筹基础设施互联互通的基础上，强化产业分工；利用信息经济促进城市群经济协调发展，通过产业集聚形成规模经济、范围经济；利用电子政务开展成员城市之间的沟通，提高沟通效率，统筹规划区域发展。

政府之间通过服务合同的方式进行协调管理，建立区域信息网络协调机

---

① 姚晓东、王刚：《美国城市群的发展经验及借鉴》，《天津经济》，2013年第12期，第22—25页。

制，对信息基础设施实行共享，提高信息设施的使用效率。多个城市在国际上的智慧城市评选中脱颖而出，例如，美国拥有首个"互联社区"的威彻斯特市、为市民提供"足不出户享受在线教育"服务的奥尔巴尼市、建成"无线费城"实现网络无缝覆盖的费城等。

电子商务促进协调发展。依靠高度发达的信息网络，发展城市个体之间的内在联系，构成相对完整的城市集群电子商务网络。通过电子商务集聚形成的规模经济、范围经济以及高速通道，缩短了城市间的空间距离和经济距离，企业的生产成本、服务成本、管理成本和交易成本大大降低，投资回报率和要素收益率明显提高。政府间服务合同的方式在区域协调管理中应用也比较普遍，如纽约州威彻斯特市建立了救援医疗分流系统，使医院能够在一段时期内实行分流；区域内城市之间签订治安和消防合约，就近合作解决城市边缘地带的治安和消防问题等。北美五大湖区城市群针对一些诸如供水、垃圾、消防等具体的区域性问题建立专门的协调小组。

（三）日本太平洋沿岸城市群

日本太平洋沿岸城市群包括东京、横滨、静冈、名古屋、大阪、神户、长崎等城市及其周边市镇。归纳起来有以下四方面经验：注重基础设施建设、行政力量主导推进、重视中心城市辐射作用、多产业协作发展。

东京、名古屋及阪神地区的高速公路与日本南相贯通的五条大干线相接，形成了全国高速公路网体系。1889 年东海道铁路干线的开通对连接关东和关西的经济、社会交流和人员往来起到了重大作用；1964 年开通了东海道新干线，1969 年东海道高速公路全线通车，这使城市群成为内部联系紧密的交通统一体。城市群还拥有日本最大的港口群体和航空网络，促进了经济的发展，提高了农业的专业化水平和集约化程度，带动了周边的农业观光产业的发展。紧密的信息网络为城市群的区域分工与协作和城市群参与国际分工创造了条件，使城市群与国内市场和国际市场接轨。

特殊的自然地理条件促使日本政府较早地重视国土开发和整治，让城市圈经济发展模式成为区域经济发展的首选模式。日本政府自 20 世纪 50 年代一直通过政府规划和政策来影响、促进城市群经济的发展，对市场竞争和社会保障进行必要的国家干预，对中小企业在运输、投资、科技发展等方面提供帮助。

第二次世界大战后日本着力将东京培养成集多种功能于一身的"纽约＋华盛顿＋硅谷＋底特律"型的世界城市，使东京具有五大综合功能：全国的金融、管理中心，全国最大的工业中心、商业中心、政治文化中心、交通中心。东京中心城市具有重要增长极的作用，有较强的辐射发散作用，使城市群整体得以快速成长。

城市群内各城市根据自身的基础和特色，承担不同的职能分工。例如，东京的出版印刷业、横滨川崎的电子电器业、名古屋的汽车业和运输机械业、东海市的钢铁冶金业、大阪的石油化工业等，各城市间形成了一种产业分工连锁关系，避免了产业结构的趋同化。城市群在更大空间范围内进行资源的合理配置，实现城市规模效应、聚集效应和乘数效应。

（四）欧洲西北部城市群

欧洲西北部城市群包括巴黎、阿姆斯特丹、鹿特丹、海牙、安特卫普、布鲁塞尔、科隆等城市及其周边市镇。欧洲西北部城市群的发展经验主要有两个方面：一是产业协同，二是外部性问题内部化。

就产业协同而言，第一，德国莱茵—鲁尔区各有差异的主导产业。依托发达的交通网络、分工各异的产业布局，鲁尔区各城市努力提高城市核心竞争力。杜塞尔多夫是德国北莱茵—威斯特法伦州首府，以发展广告、服装和通讯业为重要产业支撑；科隆是德国金融中心之一，以军工、冶金、机械、化学、制药、炼油、火电、纺织等为主；埃森德的传统产业是采煤、钢铁、机械等，转型发展了商贸及教育、电子等新兴产业，成为鲁尔区服务密集产业中心等。城市群内其他规模较小的城市大多都有各自的优势主导产业，城市间产业差异化发展，使城市群保持强劲的竞争力。第二，巴黎都市圈沿产业价值链圈层集聚发展模式。巴黎地区经济技术基础雄厚，工业门类齐全，各行业相互促进，伴随工业和人口持续集聚，巴黎地区地价不断大幅度上涨，大比重的重工业使城市环境污染日趋严重，巴黎与其他地区间经济发展的不平衡不断扩大，推动巴黎实施一系列区域规划。巴黎的产业结构布局因此获得了较大的调整，巴黎市区中心四区（CBD）成为金融业、保险、管理咨询、科研机构等产业的集聚中心；市区内、外环集中了政府部门及教育、纺织、服装和印刷出版业等机构；工业中心西移，形成了沿巴黎西郊到西部工业轴心两侧发展的工业带。非生产人员主要集中在巴黎市区的中部、西部和市区近郊。第三，荷兰兰斯台德地区的创新网络体系。荷兰兰斯台德地区最重要的是逐渐形成的复杂区域创新网络，本地区及周边拥有乌得勒支大学、阿姆斯特丹自由大学、莱顿大学、马斯特里赫特大学等大学与研究机构，为技术研发与区域创新网络体系输送源源不断的人才。政府积极鼓励技术创新，组建了多个由来自大学和各行业跨学科专家组成的一流创新中心，鼓励产品投产前的工业研究，测试和示范创新的全规模潜力，减少全规模厂房投资风险和缩短创新产品进入市场的时间。政府还为本地企业和外商投资企业提供广泛的技术创新补贴，包括飞利浦、壳牌、联合利华等大约有 5000 家公司拥有自己的研究部门，以不断革新其产品和生产工艺。

　　城市群负外部性一般表现为，因城市群内主体利益不一而形成的行政壁垒、各城市竞争能力不一而导致发展差距扩大、城市人口集聚和产业不断集聚带来环境污染等问题。通过自由贸易区、关税同盟、统一大市场、经济货币联盟和政治联盟等多个区域一体化进程，欧洲西北部城市群推动了资源向欧洲区位更优越、工业与城市发展基础更好的国家和城市集中。城市带内商品流、技术流、资金流、信息流、人才流高速集聚与资源配置合理化，提高了区域内城市分工专业化、基础设施共享和知识、技术外溢等正外部性，形成欧洲西北部城市群正外部性。法国、荷兰与德国等都有严格的城市规划立法，并且在实践中严格执行规划法，确保了城市群及城市发展按照规划法要求实现良好空间布局。城市群内城市间通勤效率高、联系紧密，形成了良好的城市网络体系，对人口、产业的承载能力得以提升。每个国家都制定了更为严格的交通规则、环境保护法与碳排放交易制度体系，比较成功地克服了城市群的环境污染、土地浪费、城市拥堵等负外部性问题。

（五）英国中南部城市群

英国中南部城市群也被称为伦敦城市群或伦敦都市圈，包括伦敦、伯明翰、利物浦、曼彻斯特、利兹等城市及其周边市镇。英国中南部城市群的发展经验主要有三个方面：进行四个"同心圆"城市规划设计、建设"反磁力吸引"体系、形成准确的产业定位与协作体系[1]。

英国中南部城市群的雏形最早起源于"巴罗委员会"规划的伦敦都市圈四个同心圈设计，以伦敦—利物浦为轴线，涵盖了伦敦、伯明翰、谢菲尔德、曼彻斯特、利物浦等大城市及周边中小城镇。中心层为内伦敦，包括金融城和内城 12 个区；第二层是伦敦市区内、外伦敦所属的 20 个市辖区；第三层是伦敦大都市区，包括伦敦市及其临近的 11 个郡；第四层是伦敦都市圈。伴随着城市集群化的不断推进，以伦敦为圆心，辐射带动周边城市及小城镇发展，使得城市群不仅是世界经济、金融、贸易中心，也成了高新科技中心、国际文化艺术交流中心和国际信息传播中心。

伦敦地区工业与人口的不断聚集主要原因在于工业发展，这一集聚趋势弊大于利，要解决这一问题也就意味着疏散中心地区的工业和人口势在必行。在 20 世纪五六十年代，政府在离伦敦市中心 50 千米的半径内建了八座新城，沿主要快速交通干线向外扩展，在区域范围内构建"反磁力吸引"体系。"反磁力吸引"区域千方百计引进工业，配备完善的基本生活服务设施，为迁移居民提供各种工作岗位，有效发挥了大城市过剩人口疏散点的作用，也成了该区域的经济发展中心。

随着城市规划的不断健全和完善，产业格局有了进一步的优化和调整，形成了多中心的产业网络型格局。先进的生产服务业使周边主要城市各具特色，分别承担不同的职能分工，城市群具有区域综合职能和产业协作优势。现

---

① 李凌：《伦敦都市圈对建设中原城市群的启示》，《财政科学》，2016 年第 9 期，第 124—129 页。

代化的伦敦不仅是全球的政治经济中心，同时还被誉为"国际设计之都"，随着创意产业的高速发展，将可能超过金融服务业而成为最大的产业部门。英国第二大城市曼彻斯特以电子、化工和印刷为中心，主要发展新兴工业，已经集金融、教育、旅游、商业、制造业为一体。大批伦敦及其他城市转移的工业产业被伯明翰所承接，通过改造夕阳产业，加快电子工程和发展汽车制造业，实现了传统工业向现代制造业的迅速转型。利物浦的船舶制造中心得到迅猛发展，船舶修造厂、修造厂和大型船坞主要分布在港区内侧，新兴工业主要集中在市郊。总的来看，伦敦沿交通干线发展城镇带，充分发挥了中心城市的辐射作用，把新建工业分散至各卫星城中，促进它们专业化的分工协作，使它们成为有主导产业的各个副中心。

四、以城市群建设促进新型城镇化

城市群建设是推进新型城镇化道路的主体形态。分析中国城市群目前存在的主要问题，并有针对性地解决问题、提升发展质量，对于促进新型城镇化的稳步推进具有重要意义。

（一）中国城市群存在的主要问题

中国城市群存在的三个主要问题：一是从整体的城市群规划与建设来看，有着较重的政府主导和行政干预色彩；二是从中国现有城市群格局来看，城市群数量较多、实力不强；三是从城市群中各城市的关系来看，城市群内部发展差异大、分工协作不足。

1. 政府主导与行政干预色彩较多

政府主导与行政干预主要有两种表现：城市群的选择与确定表现为强烈的政府主导，城市群的发展过程受到较多的行政干预。

城市群的形成与确定需要达到一定的要求。例如，方创琳提出了七大识别标准[①]。然而照此标准，处于"扩容"状态的长江中游城市群的城市化水平、人均 GDP 等 5 项指标不达标。以此来看，长江中游城市群的建设就不能单靠主观意志"划"出来，而是应如何靠市场机制"育"出来。处于同样情况的地方，还有中西部地区的山西中部地区、滇中地区、黔中地区等也存在类似问题。

许多城市群在空间构成、形成发育过程中带有强烈的政府主导和浓厚的计划经济色彩。在培育各自的经济发展增长极过程中，往往有意识地将相互毗邻且发展势头较好的若干城市集中起来作为城市群。例如，河南省政府曾将中原城市群定义为郑州、洛阳、新乡等 9 个城市，后来又将全省 18 个地级市全部纳入。这种定义并不以自然的经济联系为依据，也不是以城市群内各城市产业与产业间的联系紧密程度为依据，在事实上成为人为的划分[②]。市场配置资源的决定作用在城市群发展过程中并未充分发挥出来，但城市群本质上是需要市场力量推进的自发过程，人为的行政干预虽然也可能加速城市群的发展，有时也会面临较大困难。

2. 城市群数量较多、实力不强

在 1992 年姚士谋第一次在国内系统提出城市群的概念时，中国只有 5 个相对成熟的城市群。据"十三五"规划纲要和"十四五"规划纲要，在国家规划层面要建设 19 个城市群；各地自发要求建设的城市群数量则更多。较世界级城市群而言，即便是国内最大的城市群仍存在较大的发展差距。长三角城市群的经济规模虽然是国内最高的，2011 年，其 GDP 占全国比重为 17.4%，人口占比为 6.3%；同时期的东京都市圈经济规模占比为 75%，人口占比为 61%。由此可见，中国城市群数量较多，同时实力不强的问题较为突出。

3. 城市群内部发展差异大、分工协作不足

城市群的发展目标是各城市能够实现协同发展，较大的内部发展差距不利于城市群的健康推进。目前中国的城市群内部表现为中心城市经济实力远高

---

① 方创琳：《城市群空间范围识别标准的研究进展与基本判断》，《城市规划学刊》，2009 年第 4 期，第 1—6 页。

② 李博、靳取：《我国城市群发展现状及存在的问题分析》，《徐州工程学院学报》（社会科学版），2009 年第 5 期，第 30—34 页。

于一般城市，经济集中度过高。

城市群的高度一体化最终目标得以实现的关键在于，城市之间进行深度的产业分工与合作与共赢发展。中国许多城市群城市仍各自为政，城市联系并不紧密，阻碍了经济要素的自由流动和跨地区经济合作。以长三角城市群为例，苏州、无锡、常州三城市均以电子、机械、纺织、食品、冶金和化工等行业为主导行业，同质竞争现象较突出。正是城市群内部分工协作不足使得城市群内部各城市之间表现为发展定位相似、产业结构雷同、生态环境缺乏控制、发展战略缺乏协调的问题，大大损害了城市群发展的整体利益。

（二）发展建议

1. 坚持市场优先原则，打造市场型城市群

城市群建设的根本动力在于市场机制，市场化是城市群形成发育的重要前提。坚持市场优先要减少政府主导和行政干预，还要让市场发挥其应有的作用。

政府要把握"互惠互利、优势互补、结构优化、效益优先"原则，推动城市间、地区间的规划、产业、市场、交通联动，调整区域产业结构，壮大跨区域的龙头产业，以较低的成本促进产业优势的形成。城市群内政府之间应该建立多层次的合作和对话框架，一同推动城市群经济内部融合。还需要明确自身的权力界限，尽可能地减少对城市群据市场原则发展的影响，切勿管得太严。还要根据市场自发的原则，推进市场建设一体化。按照产业及消费的区域性需求，构建多层级的区域市场网络，形成内外商品和生产要素无障碍自由流动的一体化市场机制。加快培育和发展功能机构健全的市场，建立开放、统一、竞争的区域市场体系。立足于区域商业发展和市场建设的有利条件，从区域联合与整体共荣的长远目标出发，联合共建大市场，发展大商业，搞活大流通，以区域性市场建设为重点，形成现代化的市场网络体系。

2. 坚持创新驱动理念，打造创新型城市群

创新是引领发展，更是引领城市群发展的第一动力。必须把创新摆到城市群发展全局的核心位置，不断推进城市群理论、制度、科技等各方面创新。

中国共产党的十九大报告再次强调实施创新驱动发展战略。创新型城市群是开展国家创新活动、建设创新型国家的重要基地与力量之源，是推进国家创新体系建设的关键环节，是加快经济发展方式转变的核心引擎，是加快国家新型城镇化进程和新农村建设的重要路径[①]。把建设创新型城市群作为建设创新型国家的核心载体，把提高城市群的自主创新能力作为打造创新型城市群的关键，把引进和培养高级创新人才作为创新型城市群建设的出发点。以提升国际竞争力为目标，以聚集创新人才为关键，以产业创新为重点，以体制机制创新为依托；加大投入，促进创新要素集聚，打造环境优良、活力充沛、人才汇聚的创新氛围，形成经济社会效益好，在区域、国家甚至全球范围内辐射引领作用显著的创新型城市群。

3. 坚持特色定位思路，打造自主型城市群

城市群的发展动力来源于紧密联系所激发出的专业化、先进化，而非辐射范围扩大后的同质竞争。因而，各城市需要根据自身所处位置及产业优势，坚持自主原则，找准自身的特色定位以明确发展方向。

核心城市应致力于成为区域经济的增长极。目前中国一些特大和超大城市在经济结构层次、综合实力等较发达国家仍存在差距。发展高新技术产业、实现高质量发展意味着中国城市的发展趋势必须是集约型、效益型的资源集聚中心，以尽快地赶上或超过世界先进水平。要发展中小城市，让小城市的特色得以发挥。中小城市应设法做小、做精、做巧，充分发挥城市特色，充分发挥城市带的资源市场优势，开辟特色城市服务圈，在特色化的产业和专业化分工基础上实现现代化。要充分利用核心城市的辐射带动效应，延伸和拉长中心镇的产业链条，拓展中心镇的产业服务覆盖面，创新服务方式，在此基础上有针对、有重点地进行城市品类选择和培育，实现城市的个性化发展。小城市的个性化发展还是带动农村现代化的直接动力，将产业协作生产配套作为农村发展的出发点与突破口，逐步完善延展成一块经济区域带，从而从根本上推动中国城市化整体水平的提升。

---

① 方创琳等：《中国创新型城市发展报告》，科学出版社，2002年，第2—3页。

第二十章

国家新型城镇化综合试点案例分析

——来自"改革重镇"重庆的经验

李叶妍

统筹城乡发展、打破二元结构、推动新型城镇化建设，是中国"创新、协调、绿色、开放、共享"发展的客观要求，也是解决新时代中国社会主要矛盾的重要战略部署之一。2014 年 12 月，国家发改委印发《国家新型城镇化综合试点方案》（以下简称《方案》），《方案》显示，包括重庆在内的 62 个城市（镇）成为第一批国家新型城镇化综合试点地区。此前重庆已于 2007 年 6 月率先成为至今为止国务院批准的两个全国统筹城乡综合配套改革试验区之一。长期以来，重庆市可谓是推动城乡协调发展、新型城镇化建设的改革领头军，在畅通农业转移人口进城落户通道、推进公共服务均等化、完善农村产权制度等方面都实现了重大突破。因此，有必要对这一"改革重镇"的试点地区进行专题分析，深刻总结经验教训，为下一步完善顶层设计及复制推广提供有价值的借鉴。

一、国家新型城镇化综合试点设立的背景与重要意义

为贯彻落实《国家新型城镇化规划（2014—2020 年）》（中发〔2014〕4号）、《关于落实中央经济工作会议和中央城镇化工作会议主要任务的分工方

案》(中办发〔2014〕7 号), 国家发展改革委等 11 部门印发《关于开展国家新型城镇化综合试点工作的通知》(发改规划〔2014〕1229 号), 并于 2014 年 12 月公布《国家新型城镇化综合试点方案》(以下简称《方案》), 同意将苏皖两省和 62 个城市 (镇) 列为国家新型城镇化综合试点地区。《方案》包括详尽的总体实施方案及试点地区试点工作方案要点, 其中重庆市主城九区方案列示于省会城市部分。

(一) 国家新型城镇化综合试点设立背景

当前中国处于新型城镇化稳步推进阶段, 但农民实际进城落户进程并不及社会预期, 农村人口数量依然较庞大, 农地流转历史遗留问题较严重, 城乡居民收入及所获得的公共服务差距仍较显著, 迫切需要通过发挥改革试点的先遣队作用。"按照试点要求, 充分发挥主动性和创造性, 探索出体制改革和机制创新的路径", 新型城镇化综合试点为全国提供可复制、可推广的经验和模式[1]。

长期以来, 中国农村人口占据总人口的比重高, 直至 2011 年中国常住人口城镇化率才首破 50%。统计数据显示, 2016 年末全国常住人口城镇化率为 57.35%, 而户籍人口城镇化率仅为 41.2%, 农村户籍人口依然高于城镇户籍人口 17.6 个百分点。虽然同期重庆市常住人口城镇化率 (62.6%) 略高于全国平均水平, 但城乡间的体制鸿沟导致在城乡居民生活水平、公共服务获取等方面依然存在显著差距。

1. 居民生活水平方面

2011 年全国城乡居民收入比[2]为 3.1 : 1, 重庆市与全国水平一致; 2016 年

---

[1] 常修泽:《中国现阶段基本公共服务均等化研究》,《中共天津市委党校学报》, 2007 年第 2 期, 第 66—71 页。

[2] 2011 年全国和重庆城乡居民收入比均为城镇居民人均可支配收入与农村居民人均纯收入之比, 2016 年全国城乡居民收入比为城镇居民人均可支配收入与农村居民人均可支配收入之比, 重庆城乡居民收入比为城镇常住居民人均可支配收入与农村常住居民人均可支配收入之比。

全国城乡居民收入比仍达 2.7∶1，重庆该比值为 2.6∶1 基本持平 [1]。五年间变
化趋势与幅度基本相当，城乡间收入差距未见显著收敛。

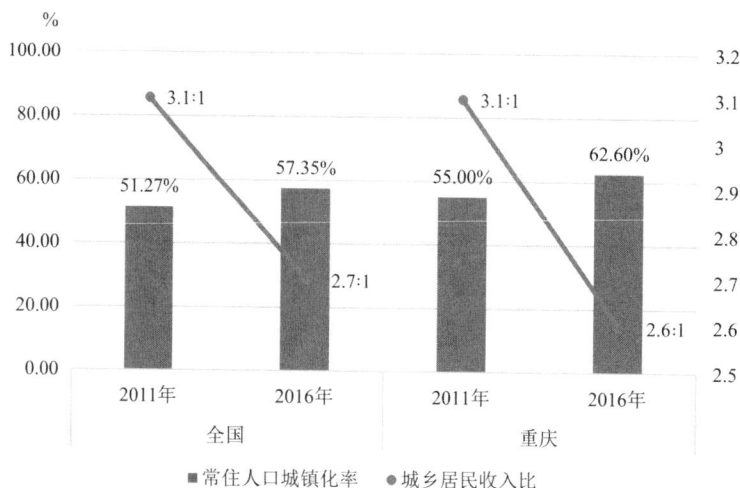

图 20-1　2011 年和 2016 年全国与重庆的常住人口城镇化率、城乡居民收入比

2. 公共服务获取方面

首先，城乡公共服务体制差异体现于政府的统计指标设计。以城乡基础
设施为例，无论全国还是重庆，统计年鉴中均列示了城乡公共设施支出和城市
单项公共设施支出或维护的费用，却并没有农村基础设施建设支出相关统计。
其次，有限数据依然展示出城乡公共财政支出、基础设施水平等方面存在较大
差距。对比城乡基础设施水平（因可比数据有限，以城乡均有统计的自来水用
水情况为代表），2010—2015 年重庆城市用水普及率分别为 91.47%、91.68%、
92.76%、94.83%、95.80%、96.55%，同期重庆农村自来水受益村比例仅为

---

① 资料来源：《中华人民共和国 2011 年国民经济和社会发展统计公报》，中华人民共和国国家
统计局网，http://www.stats.gov.cn/tjsj/tjgb/ndtjgb/qgndtjgb/201202/t20120222_30026.html，2012
年 2 月 22 日。《中华人民共和国 2016 年国民经济和社会发展统计公报》，中华人民共和国国
家统计局网，http://www.stats.gov.cn/tjsj/zxfb/201702/t20170228_1467424.html，2017 年 2 月 28
日。《重庆统计年鉴 2012》，重庆市统计局，国家统计局重庆调查总队编.北京：中国统计出
版社，2012。《2016 年重庆市国民经济和社会发展统计公报》，重庆市统计局网，http://www.
cqtj.gov.cn/tjsj/shuju/tjgb/201703/t20170320_440551.htm，2017 年 3 月 20 日。

65.22%、68.38%、72.91%、77.49%、81.56%、86.06%[①]。虽然农村基础设施水平在不断改善，但与城市相比依然存在显著差距，仍需不断推动城镇化与公共服务均等化。

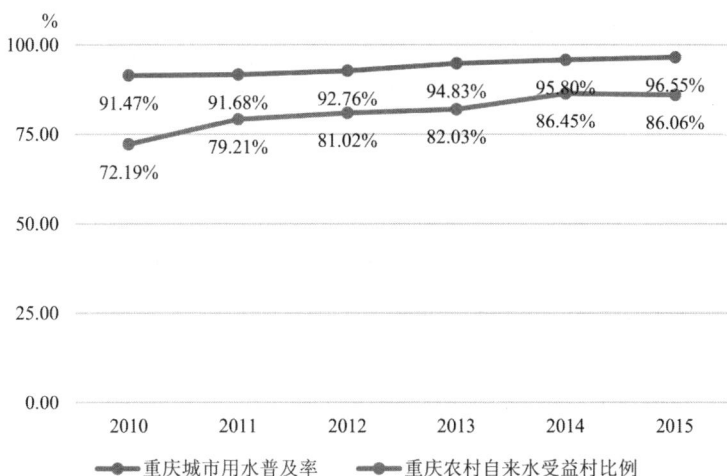

图 20-2　2010—2015 年重庆城乡用水普及率变化

二、国家新型城镇化综合试点设立的重要意义

城镇化是人类社会发展的客观趋势，是国家现代化的重要标志[②]，所解决的是中国长久以来二元社会带来的结构性问题，对全面建成小康社会、加快社会主义现代化建设进程、实现中华民族伟大复兴的中国梦，具有重大现实意义和深远历史意义。这一重大战略部署的扎实有序推进需要先行先试，这是时代赋予重庆等地的光荣使命，全国其他地区都在急切等待着试点地区的好经验、好做法。

---

① 资料来源：《成都统计年鉴（2011—2015 年）》，《重庆统计年鉴（2011—2016 年）》。
② 《国家新型城镇化规划（2014—2020 年）》，国家发改委发展规划司，2014 年 3 月，http://ghs.ndrc.gov.cn/zttp/xxczhjs/ghzc/201605/t20160505_800839.html。

根据《方案》安排，第一批试点的重庆主城九区于 2014 年底启动试点工作，到 2017 年可取得阶段性成果并形成可复制推广的经验，2018—2020 年将在全国范围内推广其成功经验。试点地区的改革探索任务艰巨而又紧迫。

三、重庆主城九区的主要城镇化路径及成效

重庆市主城九区包括渝中、大渡口、江北、沙坪坝、九龙坡、南岸、北碚、渝北、巴南等九区。2014 年以来，重庆市根据试点工作方案安排率先推进户籍、地票、农村产权制度等系列改革，并通过进一步畅通农业转移人口进城落户通道、改革创新城镇化投融资机制、改革完善农村宅基地制度、建立城乡一体化发展机制、推动新型城市建设等试点工作，为全国特大型城区推进新型城镇化积累了阶段性成果与经验[1]。

（一）合理成本分担机制助推户改"一步到位"

户籍制度改革是城镇化的切入点，是破除城乡二元结构的第一道闸门。重庆通过降低落户门槛和成本多头分摊，走好了新型城镇化的第一步。

重庆户籍制度改革的总思路可概括为"降低门槛、一步到位"。实际上，在 2014 年国家新型城镇化综合试点方案确定前，重庆早已领先全国大部分省市于 2010 年下半年通过直接降低落户门槛畅开进城通道，让农业转移人口一步到位获得城市居民身份及其全套福利，彻底实现城乡同权。通过政府有效引导，截至 2016 年 6 月，重庆累计有 436.6 万农业转移人口进城落户，其中农民工及家属共转户 362.1 万人。如果转户成本按照人均 10 万元计，总成本高达 4300 多亿元，若单靠财政解决将为政府背上沉重负担，而重庆之所以能够

---

[1] 北京大学国家发展研究院第三方评估组，成渝全国统筹城乡综合配套改革试验区评估报告，2015 年 12 月。

顺利克服困难，还得益于成本分担机制的合理构建。政府、社会、企业分别承担 30%、30%、40% 的转户成本且均摊于 20 年期，年支付额并不高，具体方式为"租金付息、本金两还"。

2013 年试点启动前，重庆主城九区常住人口 809 万人，常住人口城镇化率 87.9%，户籍人口城镇化率 73.5%；2017 年试点工作取得阶段性成果，常住人口达到 851.8 万人，常住人口城镇化率为 89.0%，提升了 1.1 个百分点，户籍人口城镇化率为 81.0%，增长了 7.5 个百分点。虽离《方案》目标 91% 和 83% 均略有差距，但观察分区数据可知，仅少数城区如北碚区、渝北区和巴南区的常住人口城镇化率低于 91% 未达标，多数城区已超标完成，尤其渝中区常住人口城镇化率和户籍人口城镇化率双双实现 100% 的高水准。与此同时，重庆全市城乡居民收入比也从 2013 年的 3.0∶1 降至 2016 年的 2.6∶1。总体来看，试点工作阶段性目标已达到，农业转移人口进城落户常态化格局已形成，改革示范效果突出。

表 20-1　2016 年重庆主城九区人口及城镇化率

	年末总人口（万人）	其中城镇人口（万人）	户籍人口城镇化率（%）	常住人口（万人）	其中城镇人口（万人）	常住人口城镇化率（%）
渝中	52.51	52.51	100.0	65.72	65.72	100.0
大渡口	26.07	26.07	100.0	34	33.09	97.3
江北	61.05	57.24	93.8	86.14	82.44	95.7
沙坪坝	81.75	71.61	87.6	113.39	107.24	94.6
九龙坡	91.72	76.66	83.6	120.18	110.8	92.2
南岸	69.95	63.97	91.5	87.39	82.99	95.0
北碚	63.43	41.99	66.2	79.61	64.35	80.8
渝北	125.16	89.08	71.2	160.25	128.59	80.2
巴南	91.48	58.27	63.7	105.12	83.13	79.1
合计	663.12	537.4	81.0	851.8	758.35	89.0

（二）"三维度"改革举措统筹推进公共服务均等化

逐步实现基本公共服务均等化是中国经济社会发展、构建和谐社会的中长期目标[1]，也能解决中国快速城镇化导致的城乡公共服务体制不一致、供给不平衡的顽疾。重庆着力从社会福利与保障、公共医疗卫生、基础设施与社区治理等三大领域破题，在新型城镇化"巨著"中挥毫写下浓墨重彩的一笔。

一是住房保障政策最具含金量。农业转移人口可享受到与城市居民同等的就业、养老、医疗、住房、教育等社会福利，其中最具含金量的是住房保障政策。2010 年，重庆在全国率先推出"有就业、无住房"即可申请的超优惠政策，向本地农民和外来人口开放城区公租房。二是居民医疗保险无缝衔接。《重庆市流动就业人员基本医疗保障关系转移接续暂行办法》（渝人社发〔2010〕214 号）规定，城镇职工基本医疗保险、城乡居民合作医疗保险参保人员流动就业时可以连续参保，截至 2015 年底，全市医疗保险参保率高达93.7%[2]，2017 年 9 月起重庆城乡居民医保统一纳入全国联网结算平台，全面实现异地就医刷卡直接结算[3]。三是合理布局与创新治理。按照"均衡布局、适于就业、配套完善、环境宜居"原则积极探索公租房小区新型治理机制，大型聚居区内公租房与商品房以 1：2 比例合理"混建"，主城区建设的 40 个公租房项目均布局在一、二环线间的 21 个大型聚居区内，每个公租房小区规划居住 5—10 万人，约占聚居区人口的 1/5，教育、医疗、公共交通等配套一应俱全，推动了新型社区内基础设施和公共服务共享。截至 2017 年 4 月，重庆主城区已入住公租房社区增至 15 个，共 35 万户、90 余万人入住[4]。

---

① 《国民经济和社会发展第十一个五年规划纲要》和党的十六届六中全会《中共中央关于构建社会主义和谐社会若干重大问题的决定》。

② 《发展改革委办公厅印发新型城镇化系列典型经验（农业转移人口市民化案例）》，中华人民共和国国家发展和改革委员会网，http://www.gov.cn/xinwen/2016-12/19/content_5149898.htm，2016 年 12 月 19 日。

③ 《城乡居民医保参保人外地住院，9 月起可望不再"垫资"和"跑腿"》，重庆市社会保险局网，http://www.cqsi.gov.cn/c/2017-07-28/521329.html，2017 年 7 月 28 日。

④ 《情暖公租房打造"百姓家"》，重庆市公共租赁房信息网，http://www.cqgzfglj.gov.cn/sdgc/201704/z20170417_402629.html，2017 年 4 月 16 日。

重庆在公共服务均衡配置方面的城镇化举措，统筹解决了医疗、社保、住房等重大民生问题，农业转移人口在"穿上"城市户口社会福利"羽绒服"的同时，也无须"脱下"农村户口承包地、宅基地、林地的"花棉袄"，实现了城镇化过程中看得见的民生实惠。

四、"四权"退出机制给农户吃下了"定心丸"

农村集体产权制度改革是农村集体所有制有效实现形式和农村集体经济运行机制的创新性探索，对于切实维护农民合法权益、激发集体经济发展活力，让广大农民在城镇化进程中拥有实实在在获得感都具有重要意义，这也是城镇化顺利推进的重要制度保障。

2015 年以来，重庆巴南区试点开展了建立农户"四权"自愿有偿退出机制的农村产权改革探索。巴南区是主城九区中农村面积最大、农民人口最多、农业比重最高的区①，城乡二元特征十分显著。该区天星寺镇政府与绿满家公司曾签署过《权利转让及预补偿协议》进行宅基地、承包地经营权及林权"三权"转让，2015 年进一步规范和完善了"三权"流转程序，改为农户自愿放弃土地承包经营权、林权、宅基地使用权、集体经济收益分配权的"四权"退出模式。社集体参照重庆市"地票"市场价和相关补充标准分别对"四权"计价，并构建起覆盖退出原则、退出机制、退出条件、退出步骤的规范制度框架。

这一机制在全市"地票"交易基础上又进行了重要创新与补充完善。通过"四权"退出整治土地 1000 余亩，修建农村便道 15 千米，已退出的 7 户实现直接财产性收入 375 万元，业主公司规划打造的农产品生产区、农产品加工区、农产品展示展销区、乡村民俗旅游区"四区融合"芙蓉溪谷项目也初步完成了土地整治和水体、景观建设。通过产权改革的大胆探索，试点区域实现了

---

① 重庆市巴南区人民政府：《重庆市巴南区农户"四权"自愿有偿退出情况》，国家发改委发展规划司网站，http://ghs.ndrc.gov.cn/zttp/xxczhjs/dfgz/201605/t20160523_804362.html。

土地规模化经营，并从制度层面保障了离"地"农民权益，集体产权关系清算
完结退出后的农户可以安心完成从"农民"到"市民"的身份转变。

综上，重庆城镇化路径可归结为"户籍制度改革＋公共服务改革＋农村
产权制度改革"的"1+1+1>3"模式，通过三大重点领域改革联合率先出击，
理顺城乡一体化发展机制，带动城镇化投融资和新型城市建设取得更新、更好
成效。

五、重庆与国内典型地区的城镇化路径比较

国内其他典型地区在城镇化浪潮中也推出了大刀阔斧的改革措施，取得
了不斐的成绩。本节从上文中三大重点领域出发进行比较，客观评价重庆试点
工作阶段性进展，选择可复制、可推广的经验。

（一）在户籍制度改革方面

2008 年中央颁布《关于推进农村改革发展若干重大问题的决定》，2011
年国务院办公厅下发了《关于积极稳妥推进户籍管理制度改革的通知》，一些
地区开始取消农业户口和非农业户口，重庆市的"三三五"户籍改革（2010
年）、广东省的"农民工积分制入户城镇"政策（2010 年）、陕西省的"推进
有条件农村居民进城落户"政策（2010 年）走在了全国最前列。2014 年，国
务院印发《关于进一步推进户籍制度改革的意见》，决定彻底取消农业户口与
非农业户口性质区分。同年，《国家新型城镇化规划（2014—2020 年）》发布，
全国户改全面铺开。2016 年，国务院印发《关于深入推进新型城镇化建设的
若干意见》和《推动 1 亿非户籍人口在城市落户方案》，进一步拓宽落户渠道，
制定实施财政、土地、社保等配套政策。户籍制度改革是推进新型城镇化建
设的首要任务，除重庆外的其他试点地区也进行了系列探索：福建省晋江市
2011 年率先在福建省实施流动人口"居住证"管理制度，并出台"无房也可

落户""先落户后管理"政策，落户办理时限大大压缩至 5 个工作日；广东省惠州市同样于 2010 年开始实施居住证制度，2016 年起取消"农业""非农业"户口，居民户口仅做"家庭户"和"集体户"标注。

（二）在公共服务改革方面

江苏省作为第一批国家新型城镇化综合试点两省之一，在公共服务方面起步远早于其他试点地区。例如，苏州市早在 2003 年就印发了《苏州市农村基本养老保险管理暂行办法》（苏府〔2003〕65 号），结合当地城镇化进程、经济发展水平及劳动力就业状况，通过将农村各类企业及其从业人员纳入城镇企业职工基本养老保险及建立农村基本养老保险制度两种方式，最大限度地将农村各类劳动力和城市居民纳入统一的社会养老保险大框架中，实现了就业统筹、流动便利的社会福利对接机制。另一试点省份安徽省人口流出现象突出，其省会合肥通过公共服务改革树立了中部地区城市就近吸纳集聚人口的典范[①]：2015 年建立起统一的城乡居民养老保险制度和城乡居民医疗保险制度，将城乡居民及在辖区内居住 6 个月以上的流动人口全部纳入基本公共卫生服务范围，且稳定就业的外来务工人员都可以申请保障性住房。福建晋江通过积分高低轮候选择享受公办学校学位、安置房购房资格等特殊政策，承诺"不让一名务工人员子女失去接受义务教育的机会"，累计向外来人口提供的保障性住房占全市配售配租总量的 59.8%，居住证持有人可享受的市民化待遇自 2010 年的 13 项拓展到 2014 年的 30 项。

（三）在农村产权制度改革方面

苏州市 2001 年开始大力发展农村社区股份合作、土地股份合作、农民专

[①] 发展改革委办公厅印发《新型城镇化系列典型经验（农业转移人口市民化案例）》，中华人民共和国国家发展和改革委员会网，http://www.gov.cn/xinwen/2016-12/19/content_5149898.htm，2016 年 12 月 19 日。

业合作等经济组织，在此基础上又从 2005 年开始鼓励农户把集体资产所有权、土地承包经营权、宅基地及住房置换成股份合作社股权、城镇保障和住房，并推动工业企业向园区集中、农业用地向规模经营集中、农民居住向新型社区集中（即"三置换三集中"政策），彻底转变了农民的生产生活方式。浙江省嘉兴市于 2008 年开展宅基地与承包地分开、搬迁与土地流转分开，以宅基地置换城镇房产、以土地承包经营权置换社会保障（即"两分两换"政策）的改革探索，盘活了农村非农建设用地存量，加快了农民向城镇、中心社区转移集聚。虽然嘉兴试点"两分两换"和苏州试点"三置换三集中"的政策举措广为人知，政策效果也较为显著，但重庆"地票"交易基础上的"四权"退出机制在全国具有绝对领先优势。从 2008 年 12 月重庆农村土地交易所成立到 2015 年 12 月《重庆市地票管理办法》出台，重庆在全国率先实现地票、承包经营权、农村集体建设用地使用权等交易与融资放开，为探索"四权"计价及退出打下了坚实路基，更为城镇化和农业转移人口市民化"大跨步"推进免除了后顾之忧。

六、小结

基于上述客观比较，反观重庆城镇化进程，我们得出如下结论：一是破除户籍壁垒是前提，重庆走在前列，全国全面开花。户籍制度改革方面，重庆户改新政颁布早于全国文件，一步到位，措施彻底，效率较高，成效领先。但不可否认，广东、陕西、福建等地的改革探索力度和影响力也是空前的，晋江、惠州等国家试点地区更是将户改作为城镇化破题的首要重点任务来积极完成。二是公共服务平权是保障，重庆和其他地区各有千秋。在公共服务改革方面，苏州起步较早，但城乡平权广度和含金量不如重庆；安徽起步较晚，但树立了中部典型；晋江外来人口待遇市民化举措较全面，尤其子女就学方面做法较先进。三是"地票"领衔农村产权制度改革，重庆起步早、做得好。以"地票"交易和"四权"退出为核心的重庆产权改革步伐远远领先于全国，其经验值得推广。总的来说，重庆城镇化试点改革成效比较显著，部分经验值得推广。

表 20-2　重庆与国内典型地区的城镇化改革路径比较

改革重点领域	国内典型地区改革经验	与重庆对比评价
户籍制度改革	广东省"农民工积分制入户城镇"政策（2010） 陕西省"推进有条件农村居民进城落户"政策（2010） 福建省晋江市"无房也可落户""先落户后管理"（2011）	破除户籍壁垒是前提，重庆走在前列，全国全面开花
公共服务改革	江苏省苏州市将农村各类企业及其从业人员纳入城镇企业职工基本养老保险及建立农村基本养老保险制度（2003） 安徽省合肥市建立起统一的城乡居民养老保险制度和城乡居民医疗保险制度，稳定就业的外来务工人员可申请保障性住房（2015） 福建省晋江市积分高低轮候选择享受公办学校学位、安置房购房资格等特殊政策（2014）	公共服务平权是保障，重庆和其他地区各有千秋
农村产权制度改革	江苏省苏州市"三置换三集中"政策（2005） 浙江省嘉兴市"两分两换"政策（2008）	"地票"领衔农村产权制度改革，重庆起步早、做得好
整体评价	重庆城镇化试点改革成效比较显著，部分经验值得推广	

七、推进国家新型城镇化的政策建议

基于综合评价与比较分析，得出了对第一批国家新型城镇化综合试点地区重庆的城镇化改革进程与成效的基本判断，提炼出几点不成熟的政策建议，供中国下一步推进新型城镇化参考。

（一）推广借鉴"1+1+1>3"城镇化路径

"1+1+1>3"城镇化路径同样适用于全国其他特大型城区，三者缺一不可、互相成全。当前特大型城区户籍制度改革基本都已铺开局面，统一户口的"窗户纸"已被捅破，为后续改革扫清了重要障碍。但由于流动人口规模大、农村存量土地多，下一步要着力抓"农民有尊严地转移"这一重点任务，首先，通过农村产权制度改革盘活存量土地资产，为农业人口转移提供资金支持；其次，通过公共服务体系重构提供城乡一体化社会保障，未来实现全国范围的社会保险城乡自由转换、顺畅接续、刷卡异地结算。可以说，产权改革和户籍改革相辅相成，户籍改革和公共服务改革两全其美。

（二）为新型城镇化综合试点争取法律保障

重庆等试点地区在探索与创新城乡一体化体制机制过程中，必然会遇到一些法律的空白地带甚至可能与现行法律冲突之处，例如《土地承包法》等农村土地使用相关法律法规。作为国家试点、试验区，是不是在涉及法律的修改或补充方面，"必须通过立法程序提请全国人民代表大会及其常务委员会作出决定"后才能实施改革，值得探讨。在这个问题上，既要维护法律的严肃性、权威性和规范性，又必须适应改革试点先导性和示范性的现实要求，否则很难实现城镇化路径的进一步突破。因此，需要争取更高级别的法律授权，以便城乡居民权利体系重建和城镇化积极稳妥扎实有序推进。

（三）加强对新型城镇化综合试点的评估

截至目前，国家发改委已公布三批国家新型城镇化综合试点，第二批和第三批分别于 2015 年底和 2016 年底前启动工作，全部三批试点均要求到 2020 年在全国范围内全面有序推广试点成功经验。因此，在 2020 年之前或"十三五"时期，如何总结并推广试点经验尤为重要。此前，国家发改委曾于 2016 年对 2 省、135 个城市（镇）试点地区进行了跟踪评估，归纳总结形成了《新型城镇化系列典型经验之农业转移人口市民化案例》和《新型城镇化系列典型经验之国家新型城镇化综合试点地区探索实践》；并于 2017 年 11 月、12

月召开了国家新型城镇化综合试点部分地区经验交流会，按照要求完成了第一批试点的评估总结工作。我们建议今后在上述经验集和交流会的基础上，进一步丰富推广形式、提高交流效率，充分调动试点地区能动性。例如可以适当增加评优、排名等激励机制，对做得好的试点进行表彰奖励（包括政策倾斜和资金支持），以鼓励现有 2 省和 246 个城市（镇）试点地区积极开拓先行先试领域，提升创新效能。

扩展阅读：

专栏 20-1

综合试点案例：重庆市城乡社保改革相关政策文件摘选 ①

一、《重庆市人民政府关于开展城乡居民合作医疗保险试点的指导意见》（渝府发〔2007〕113 号）

根据《国务院关于开展城镇居民基本医疗保险试点的指导意见》（国发〔2007〕20 号），结合重庆统筹城乡综合配套改革试点的实际需要，市政府决定，在总结新型农村合作医疗经验的基础上，开展重庆市城乡居民合作医疗保险试点，建立覆盖全体城乡居民的医疗保险制度。

（二）试点原则

1. 坚持低水平起步。根据我市当前城乡经济发展水平和医疗消费的差异，合理确定适应不同参保群体的筹资水平和保障标准。

2. 居民自愿参保。在现行财政补助的政策之内，城乡居民可自愿选择不同的筹资水平和保障标准参保。

3. 建立多渠道筹资机制。实行家庭缴费、集体（单位）扶持、政府补助

---

① 资料来源：重庆市政府网，http://www.cq.gov.cn/publicinfo/web/views/Show!detail.action?sid=4025673；http://www.cq.gov.cn/publicinfo/web/views/Show!detail.action?sid=4025568；http://www.cq.gov.cn/publicinfo/web/views/Show!detail.action?sid=4055775。

的多方筹资机制。

4. 实行区县（自治县）统筹。以区县（自治县）为统筹单位，对城乡居民合作医疗保险实行属地管理。试点初期，先组织居民在户籍所在地参保，在试点范围扩大并取得经验之后，逐步推行跨区县（自治县）转移保险关系、实行常住地参保。

5. 控制基金风险。基金管理要以收定支、收支平衡、略有结余。

各试点区政府要将城乡居民合作医疗保险工作列入重要议事日程，加强领导，精心组织，明确责任，周密部署，抓好落实；要统筹规划城镇职工基本医疗保险、城乡居民合作医疗保险、社会医疗救助和商业健康保险事业发展，并认真研究各项医疗保障制度的衔接，共同做好城乡居民合作医疗保险各项管理服务工作；对试点过程中出现的新情况、新问题要及时组织研究，并积极探索解决问题的办法，重要情况要及时向市城乡居民合作医疗保险领导小组报告。

二、《重庆市人民政府办公厅关于印发重庆市统筹城乡户籍制度改革社会保障实施办法（试行）的通知》（渝办发〔2010〕202号）

第一条　为贯彻落实《重庆市人民政府关于统筹城乡户籍制度改革的意见》（渝府发〔2010〕78号，以下简称《意见》），促进我市农村居民转为城镇居民，根据有关法律法规及政策规定，结合我市社会保障工作实际，制定本实施办法。

第二条　通过制度创新和调整完善，整合各种社会保障资源，让农村居民转为城镇居民后能够享有与城镇居民同等的社会保障待遇。

第二十八条　不愿或没有条件参加城镇职工医疗保险的转户居民，也可自愿参加城乡居民合作医疗保险。其具体办法、经办程序及待遇标准等按照我市城乡居民合作医疗保险的有关政策及所在区县（自治县）的有关规定执行。

第二十九条　城镇职工医疗保险、农民工大病医疗保险和城乡居民合作医疗保险之间的转移接续办法另行研究制定。

三、重庆市人力资源和社会保障局重庆市财政局关于印发《重庆市流动就业人员基本医疗保障关系转移接续暂行办法的通知》（渝人社发〔2010〕

214 号)

第一条　为保证我市城镇职工基本医疗保险、城乡居民合作医疗保险参保人员流动就业时能够连续参保，基本医疗保障关系能够顺畅接续，保障参保人员的合法权益，根据人力资源和社会保障部、卫生部、财政部《关于印发流动就业人员基本医疗保障关系转移接续暂行办法的通知》（人社部发〔2009〕191 号）有关规定，制定本暂行办法。

第二条　城乡各类流动就业人员按照统筹地区的现行规定相应参加城镇职工基本医疗保险（含农民工大病医疗保险）、城乡居民合作医疗保险，不得同时参加和重复享受待遇。各地不得以户籍等原因设置参保障碍。

第十一条　流动就业人员基本医疗保障关系的转移接续，由各城镇职工基本医疗保险或城乡居民合作医疗经办机构具体负责组织实施。各经办机构要高度重视，精心组织，明确落实此项工作的业务科室、窗口、人员、职责，加强沟通和协作，简化手续，共享数据，建立完善工作制度和业务流程，方便参保人员接续基本医疗保障关系和享受待遇，确保此项工作顺利实施。

专栏 20-2
综合试点案例：重庆市经验摘选[①]

一、推进农业转移人口市民化

1. 围绕"进得来"，着力深化户籍制度改革，降低农业转移人口进城落户门槛。

重庆市：2015 年市区常住人口超过 1500 万，属超大城市近年来，立足五大功能区域定位，差别化设置落户条件。都市功能核心区着力疏解人口，以务工经商 5 年和合法稳定住所为基本落户条件；都市功能拓展区按照"新增城市

---

① 《发展改革委办公厅印发新型城镇化系列典型经验（国家新型城镇化综合试点地区探索实践）》，国家发展改革委网站，2017-01-12.http://www.gov.cn/xinwen/2017-01/12/content_5 159122.htm。

人口宜居区"定位，将务工经商年限放宽到 3 年；城市发展新区按照"集聚人口重要区域"定位，将务工经商年限放宽到 2 年；渝东北生态涵养发展区和渝东南生态保护发展区着力推动人口合理减载。2016 年 1—6 月，在 2010—2015 年落户 400 多万人的基础上，全市新增进城落户 7.8 万人，其中在都市功能拓展区和城市发展新区落户的占比提高到 77.8%。

2. 围绕"过得好"，着力提升农业转移人口生活质量。

重庆市：2010 年以来，重庆率先向城市外来人口开放公租房。允许本市和外地户籍人员在同一低门槛条件下（有就业、无住房）申请公租房。同时，精心布局公租房建设，规划 21 个大型聚居社区，9 个已建成入住且全部位于轨道交通站点周边。为帮助农民工更快融入城市，重庆市着力促进公租房小区与城市商品房小区共享便利的基础设施、公共服务以及良好的社区治理服务，实现新老市民交融互动。截至 2015 年底，重庆市共建设完成公租房 21.4 万套，约 1070 万平方米，其中，约 470 万平方米分配给本市进城农民工，约 170 万平方米分配给市外户籍人员，约 64 万平方米分配给包括外地户籍的应届毕业大学生，分别占已建公租房总面积的 44%、16% 和 6%。

4. 围绕"可持续"，着力完善农业转移人口市民化成本分担机制。

重庆市：在成本分担机制方面，形成政府、用工企业、个人三方分担机制。政府承担城市基础设施和基本公共服务投入，约占 30% 对于在公共成本支出中占比较大的住房保障部分，依托国有投资集团采取市场化方式投资、建设、管理、运营，由中央和市级财政投入 30%，融资贷款占 70%，采取租售并举的方式实现运营平衡；企业承担养老、医疗等社会保险成本，约占 40%；农民承担社保个人缴费部分及其他开支，约占 30%。转户居民获得社会资本提供的"地票"收益，可作为参加城市社会保险、支付公租房租金、子女教育、创业等资金来源。据测算，在户籍制度改革的第一阶段（2010—2012 年），400 多万人转户的改革成本约 4000 亿元，在一定年限内分摊。在人钱挂钩方面，重庆市将城镇化率变动情况作为激励因素，纳入市对区（县）转移支付的重要参考。在人地挂钩方面，初步建立城镇建设用地增加规模同吸纳农业转移人口落户数量挂钩机制，以区（县）年度吸纳转移人口落户数量为依据，差异化配置城镇建设用地规划指标，满足人口集聚区用地需求。

二、促进城乡要素高效配置

5. 完善农村产权制度，提高农民财产性收入。

重庆市：建立市场化复垦激励机制，引导农民自愿将闲置、废弃的农村建设用地复垦为耕地，形成的指标在保障农村自身发展后，节余部分以地票方式在市场公开交易，同时发挥地票融资功能，激活农村土地资产。自2008年重庆农村土地交易所挂牌成立以来，共公开举办了59场地票交易会，累计交易地票19.95万亩、396.2亿元。截至2016年10月，共办理农村集体建设用地复垦项目收益权质押贷款131.48亿元。截至2016年11月，已有12.79万户进城落户居民申请复垦宅基地，实现带着资产进城。

……

7. 盘活城乡闲置资源，提高城乡土地利用效率。

重庆市巴南区：2015年，巴南区将天星寺镇芙蓉村学堂堡社作为农户"四权"有偿退出试点。主要做法：一是通过"四权"退出决议，召开社员大会，提出农户自愿放弃土地承包权、林权、宅基地使用权、集体经济收益分配权的"四权"退出概念，通过有关决议。二是进行集体资产清产核资和确权量化，将社集体资产1189万元量化确权给全体社员。三是协议有偿退出，由社集体与自愿申请、有稳定非农收入来源及其他合法住所的7户农户签订"四权"有偿退出协议，农户永久退出承包地、林地、宅基地及附属设施，注销集体经济组织成员资格，社集体参照重庆市"地票"市场价和相关征地补偿标准分别对"四权"计价，户均支付补偿资金53.57万元。四是公开交易、依法流转，社集体以整体发包方式，将农户退回的土地及相关权益交予返乡创业的村民用于农业综合开发，并支付相关费用。

五、拓宽投融资渠道

……

15. 完善政府与社会资本合作机制。

重庆市：坚持"有所为、有所不为"的基本原则，在商业模式清晰、现金流稳定、资源能平衡的公共基础设施和公共服务领域，采取以土地作价入股、特许经营、购买服务等方式吸引社会资本，探索政府和社会资本合作，目前累计签约项目 73 个，总投资约 3900 亿元。已确定社会投资人及正在进行投资人招标的项目总投资估算近 1000 亿元。通过推行政府和社会资本合作，降低了政府债务，促进了投资的平稳较快增长，推动了混合所有制发展。同时，通过深化分工，引入具有丰富实践经验、可持续运营能力、较强创新意识的运营主体，有效提高了城市运营管理效率。2016 年，探索由政府以小地块作价入股，吸引民营企业作为项目投资方，与重庆空港新城开发建设公司联合组建项目公司，前者出资建设占股 90%，后者以土地作价入股的形式占股 10%，共同建设和管理城市公共停车场。